高等学校经济与工商管理系列教材

国际银行业务

（修订本）

戴建中 编 著

清华大学出版社

北京交通大学出版社

·北京·

内 容 简 介

本书根据商业银行业务的种类分为四大部分，第一部分涉及银行的负债业务，即国际银行的资金来源。根据银行负债业务的种类，这一部分分为国际银行存款和国际银行借款两章。第二部分为银行的资产业务，分析主要的国际贷款方式，分5章，分别介绍了3种特别的贷款方式、国际贷款的协议和我国的涉外信贷。第三部分是有关银行的表外业务，分4章，分别涉及4种不同的重要国际银行表外业务。第四部分阐述银行的管理问题，分2章，包括银行的内部管理及宏观监管问题。

本书可作为经济、金融和管理类本科生的教材和教学参考书，也可供银行领域的研究人员和实际工作者参考。

图书在版编目（CIP）数据

国际银行业务/戴建中编著. —北京：清华大学出版社；北京交通大学出版社，2008.10
（2019.7 修订）

（高等学校经济与工商管理系列教材）

ISBN 978－7－81123－391－9

Ⅰ. 国…　Ⅱ. 戴…　Ⅲ. 跨国银行-银行业务-高等学校-教材　Ⅳ. F831.2

中国版本图书馆 CIP 数据核字（2008）第 138352 号

责任编辑：黎　丹

出版发行：清 华 大 学 出 版 社　　邮编：100084　　电话：010－62776969
　　　　　北京交通大学出版社　　邮编：100044　　电话：010－51686414

印 刷 者：北京时代华都印刷有限公司

经　　销：全国新华书店

开　　本：185×260　　印张：21.25　　字数：530 千字

版　　次：2008 年 11 月第 1 版　　2019 年 7 月第 1 次修订　　2019 年 7 月第 4 次印刷

书　　号：ISBN 978－7－81123－391－9/F・374

印　　数：7 001～8 000 册　　定价：56.00 元

本书如有质量问题，请向北京交通大学出版社质监组反映。对您的意见和批评，我们表示欢迎和感谢。

投诉电话：010－51686043，51686008；传真：010－62225406；E-mail：press@bjtu.edu.cn。

前 言

国际银行业的迅速发展是第二次世界大战后国际经济领域一个引人注目的现象，就在本书杀青之际，美国次贷危机的影响正从美国蔓延到全世界，为国际银行业在世界经济中的巨大影响又添加了一个新的佐证。

国际银行业的迅速发展，使得它也受到学术界的广泛重视，促使国际银行业务作为一门独立的学科得以形成并逐步得到发展。目前国外许多大学在商学院或经济学系都开设了国际银行业务这一课程，也有不少学术专著和教材相继问世（如 Andrew W. Mullineux 和 Victor Murinde 编辑的 Handbook of international Banking，Matha，Dillep R. and Hung-Gay Fung 所著 International Bank Management 等）。至于个别单独论题的著作则更是不胜枚举。我国在改革开放之后，国际银行业务也受到广泛的重视，一些大学也开设了这门课程，相继也有一些学术著作和教材问世。

然而据笔者看来，目前已有的国内外教材又都存在某些缺陷。国际银行业务是一个新兴的研究领域，这首先表现在其研究的范围目前仍然没有一个明确的边界。从现已出版的国内外专著及教材来看，有的偏重实务，有的偏重经营管理，有的则偏重对银行的监管。从内容的选择上看，也与其他专业领域存在严重的交叉。例如，在实务方面有的将国际结算的内容纳入教材，在经营管理方面有的将一般商业银行管理的内容纳入其中，也有的教材花了大量篇幅介绍有关投资学的理论，等等。所有这些，在笔者看来都严重影响了"国际银行业务"作为一门独立学科的发展。

本书是在笔者多年从事国际银行业务教学的基础上整理而成的。在内容方面，本书范围较广，包括业务、管理和宏观监管 3 个方面。对我国的涉外银行业务亦有所涉及。在材料取舍上笔者特别注重国际的角度，以与一般的商业银行业务与管理的教材相区别。不过由于许多内容国际与国内几乎难以区别，要完全做到这一点仍有困难。

本书的每一章节几乎都可以独立成书，事实上国内外也有许多这方面的专著出版。限于篇幅，笔者对每个领域只能给予相当粗略的介绍。笔者在本书的参考文献中列出了许多个别领域的专著，对某一个领域有兴趣的读者可以进一步阅读这些专著。由于笔者本人并非实际部门工作人士，且不同的机构通常会有不同的做法，其变化也非常迅速，加上篇幅的限制，故在业务方面笔者尽量不涉及具体的细节，对这方面有兴趣的读者亦可进一步阅读相关专著（特别是由实际部门人士编写的专门书籍）。

作为一个新兴的事物，国际银行业务又是变化非常迅速的领域，旧的业务不断得到革新，同时新的业务和技术又不断涌现，经营的制度和机构环境也在不断变动。国际银行业务的教材必须跟上现实的前进步伐，不断地更新内容。由于出版周期的缘故，书面资料的更新往往不能跟上现实中国际银行业务的发展步伐。为了取得最新的数据和资料，笔者充分利用了互联网上的丰富资源，以确保书中内容不至于过时。

随着金融自由化的发展，各种类别金融机构的业务交叉日益普遍，一方面商业银行日益向投资、保险等业务领域渗透，出现了向"全能银行"发展的趋势；另一方面，投资银行、保险公司也开始涉足商业银行业务，各种金融机构之间的界限日趋模糊。因此读者在阅读本书的时候，最好不要把国际银行业务作为商业银行的独有的一个业务领域，而应该把它看成各种金融机构都涉及的一种金融业务领域。

在本书的写作中，笔者参考了大量的文献，对这些文献引用均按照学术惯例作了说明，但由于本书资料的收集跨度近二十年，如果其中有些资料由于年代久远的缘故其出处有所遗漏，敬请读者及原作者指出并谅解。

书中难免存在一些缺陷，希望读者能不吝指正。

戴建中

2008 年 10 月

目　　录

第0章　绪论 ……………………………………………………………… (1)
　0.1　国际银行业务的概念 …………………………………………… (1)
　0.2　国际银行业务发展简史 ………………………………………… (3)
　0.3　国际银行业务的现状 …………………………………………… (6)
　0.4　我国银行业的发展 ……………………………………………… (9)
　0.5　战后国际银行业发展的新特点 ………………………………… (12)
　0.6　国际银行业务的影响 …………………………………………… (19)
　思考题 ………………………………………………………………… (21)

第1章　国际银行存款 …………………………………………………… (22)
　1.1　存款概说 ………………………………………………………… (22)
　1.2　外币存款 ………………………………………………………… (27)
　1.3　境外银行存款 …………………………………………………… (33)
　思考题 ………………………………………………………………… (41)

第2章　国际银行借入资金 ……………………………………………… (42)
　2.1　国际银行同业信贷 ……………………………………………… (42)
　2.2　浮动利率票据的交易 …………………………………………… (47)
　2.3　国际银行借款的利率 …………………………………………… (51)
　思考题 ………………………………………………………………… (58)

第3章　国际辛迪加贷款 ………………………………………………… (59)
　3.1　国际辛迪加贷款的概述 ………………………………………… (59)
　3.2　辛迪加贷款的当事人 …………………………………………… (64)
　3.3　辛迪加贷款的程序 ……………………………………………… (65)
　3.4　辛迪加贷款的利率及费用 ……………………………………… (71)
　3.5　辛迪加贷款的贷后管理 ………………………………………… (76)
　思考题 ………………………………………………………………… (79)

第4章　国际贸易融资 …………………………………………………… (80)
　4.1　短期贸易融资 …………………………………………………… (80)
　4.2　中长期出口信贷 ………………………………………………… (85)
　4.3　出口信贷保险 …………………………………………………… (91)
　4.4　贸易信贷的政府措施 …………………………………………… (96)
　思考题 ………………………………………………………………… (111)

第5章　项目贷款 ………………………………………………………… (112)
　5.1　项目贷款概说 …………………………………………………… (112)
　5.2　项目贷款的担保 ………………………………………………… (116)
　5.3　项目的评估与可行性研究 ……………………………………… (121)
　思考题 ………………………………………………………………… (133)

第6章　国际贷款协议 …………………………………………………… (134)
　思考题 ………………………………………………………………… (155)

第7章　我国的涉外信贷 ·· (156)

7.1　涉外企业的信贷 ·· (156)

7.2　我国的外贸信贷 ·· (161)

7.3　我国的出口信贷政策 ·· (169)

思考题 ·· (175)

第8章　国际银行外汇业务 ·· (176)

8.1　外汇与汇率 ·· (176)

8.2　外汇市场 ·· (182)

8.3　即期外汇交易 ·· (186)

8.4　远期外汇交易 ·· (192)

8.5　利率互换交易 ·· (200)

思考题 ·· (202)

第9章　国际银行担保 ·· (203)

9.1　担保概述 ·· (203)

9.2　国际银行保证——人的担保 ·· (207)

9.3　国际银行信贷中的抵押——物的担保 ·· (218)

思考题 ·· (223)

第10章　国际银行清算 ·· (224)

10.1　国际支付的工具 ·· (224)

10.2　国际银行支付系统 ·· (227)

10.3　Internet 和国际银行支付 ·· (243)

思考题 ·· (251)

第11章　国际银行信托与代理 ·· (252)

11.1　国际银行信托概述 ·· (252)

11.2　个人信托业务 ·· (255)

11.3　法人信托 ·· (257)

11.4　我国的信托业务 ·· (260)

11.5　国际银行代理业务 ·· (265)

11.6　国际私人银行业务 ·· (269)

思考题 ·· (282)

第12章　跨国银行的经营管理 ·· (283)

12.1　跨国银行的机构管理 ·· (283)

12.2　跨国银行的经营战略管理 ·· (290)

12.3　跨国银行的资产负债管理 ·· (293)

12.4　国际银行的风险管理 ·· (297)

12.5　国际破产清算 ·· (306)

思考题 ·· (308)

第13章　国际银行的宏观监督和管理 ·· (309)

13.1　各国对国际银行业的管理 ·· (309)

13.2　跨国银行的国际监督及巴塞尔协议 ·· (314)

13.3　国际银行业的自由化 ·· (324)

思考题 ·· (330)

参考文献 ·· (347)

第 0 章

绪　　论

第二次世界大战之后，国际银行业务得到了极为迅速的发展，成为战后国际金融界一个十分引人注目的现象。从根本上说，这是国际分工协作不断加深、各国间的经济依赖日益加强的必然结果，但反过来它对世界经济与政治的众多领域也产生了不可估量的影响。目前，我们在研究国际贸易、国际金融、国际投资、国际政治，以及各国国内的政治与经济等方面的许多问题时，都不能不涉及国际银行业。随着国际银行业地位的日益提高，对国际银行业的分析研究也在世界各国受到广泛的重视，经过各国经济学家的努力，国际银行业务已发展成为一门独立的学科。

0.1　国际银行业务的概念

所谓国际银行业务（International Banking），概而言之，指的是商业银行业务的国际化，或者说是跨越国界的商业银行业务。

商业银行（Commercial Bank）是历史最为悠久的一种金融中介机构，也是各国最为重要的金融机构。很难给商业银行下一个简单明了的定义，最好还是从商业银行的职能中来了解这一概念。传统的商业银行职能主要包括以下 5 个方面。

① 货币创造职能。在西方发达国家，活期存款已成为货币的主要组成部分，现钞使用的比例越来越小。而在当今社会商业银行是活期存款账户的主要提供者。商业银行通过活期存款的创造就具有了独特的货币创造职能。

② 存款吸收职能。商业银行属于存款类金融中介机构，其资金的来源主要是存户存入的各种存款。

③ 贷款职能。商业银行资金的主要投向就是提供期限长短不一的各种贷款。

④ 结算职能。通过活期存款的划拨转账，商业银行可以代理客户的资金结算，这也是商业银行的一项独有的职能。

⑤ 货币汇兑。在国际交往中，商业银行还是国际外汇交易的主要参与者，这是它在国际结算中所起的重要作用的很自然的结果。

像普通商品一样，商业银行的业务可以分为批发业务（Wholesale Banking）和零售（Retail Banking）业务。前者指银行与大机构客户之间的业务，包括银行与银行之间的业务和银行与非银行机构之间的业务，其特点是单笔业务金额非常巨大。后者则是指银行与个人客户之间的业务，故单笔业务金额一般较低。也有少数非常富裕的个人客户与银行进行金额巨大的业务，银行一般对这些客户给予贵宾待遇，为他们提供个人理财等特殊服务，这类业务通常另归入所谓的"私人银行业务"（Private Banking）。

商业银行主要是靠借入资金（存款和借款）经营的，因此商业银行的一个显著特点就是杠杆率（Leverage Rate，即资产资本比）很高。又由于商业银行的负债大多是短、中期的，故传统的银行资产也大都是短、中期的信贷，安全性高，收益则较低，所以银行从其负债和信贷所获的利差要远低于普通企业的平均收益；但由于商业银行的杠杆率较高，故其自有资本收益率仍可以达到较高的水平。

尚有另一种称为投资银行（Investment Bank）的金融机构，这种银行吸收的是长期的资金，从事的也主要是证券、房地产等长期投资业务。由于投资风险较大，其投资收益率要高于商业银行，但其杠杆率则较低。在美国等发达资本主义国家，这种区别是由法律所规定的，而在英国等国则是在长期的历史发展过程中自发形成的。不过这种区别在德国等欧洲大陆国家是不存在的，这些国家的银行可以兼营商业银行业务和投资银行业务，它们被称为"全能银行"（Universal Bank）。不过即使是在全能银行，投资银行业务和商业银行业务也是明显分离的，有着不同的组织结构、人员构成和管理方法，而且不同的银行也有各自的业务重点。

随着金融自由化的发展，各种金融机构之间的业务渗透日益加剧。即使是在美国商业银行与投资银行间的区别也在日趋缩小，现在很少有仅仅从事商业银行业务的金融机构，多数金融机构都是混业经营的。所以本书所研究的国际银行业务，最好不要视为单独的某类机构的业务，而应视为多种机构都能开展的一个业务种类。

一项银行业务主要牵涉3个要素：银行、客户及交易所采用的货币，而这三者又可以有多种不同的组合，因此国际银行业务的"国际"二字可以有多种解释或体现。它可以是银行（或其海外分支机构）与客户在不同的国家，但业务的定值货币是银行所在国或客户所在国的货币；也可以是银行和客户同属一个国籍，但业务的定值货币是第三国的货币（Aliber，1984），或三者都不在一个国家。研究者根据不同的研究目的，可以采用不同的划分标准来判定一项银行业务是否属于国际银行业务。一种定义是根据当事人是否属于同一个国家来判断一项银行业务是否属于国际银行业务。采用这种方法的好处是它与行政、司法、监管等的实施界限相符，但在这里国籍的判断也不是一件容易的事，这主要是因为有所谓外国投资的存在。一个外国银行分支机构对东道国客户的业务是否属于国际银行业务？这要涉及对所谓的本国居民的判断问题。按照WTO有关金融服务业自由化协议的规定，本地银行对外国居民的银行业务或国外银行对本地居民的业务，这属于银行服务贸易的范畴；而具有本地居民身份的外国银行分支机构对其东道国居民的业务，一般属于国内业务，但它涉及国际投资的问题。国际上甚至存在银行所有者、客户都不属于银行机构所在国的情形，如像开曼群岛这样的离岸金融市场。另一种区分国内银行与国际银行业务的标准是业务的定值货币。简单来说，如果本地银行或在该国的外国银行分支机构采用外币从事某项业务，则对该国来说的这项业务属于国际业务；反之则是国内业务。采用货币的标准的好处是它更符合外汇管理和货币政策管理的需要，而且就银行的风险承担而言，二者也是有显著不同的，外汇业务存在汇率和国际政治风险等特殊的风险。有的研究者（如 Aliber，1984）把本国银行海外分支机构从事的本币业务（如美国银行海外分支机构从事的美元业务）也归为本币业务。原因在于他认为这些海外机构的本币业务对其母国货币供应的影响是与其母国国内本币业务的影响是一样的。不过这种做法不被广泛接受。

在本书中，我们采用最为广泛的定义，即只要银行、客户及货币三者有一项不属于同一国家，就可以说是国际银行业务。

至于国际银行业务的具体内容，则基本上与国内银行业务的内容相同。没有多少业务是仅存在于国内银行业，或是国际银行业的。很多新的银行业务都是在国内银行业中首先出现，之后再推广至国际银行业的，但也有少数银行业务是先在国际银行业中出现，再反过来被运用于国内银行业的。

此外，在分析国际银行业务的概念时，还必须将其与跨国银行（Transnational Bank）和多国银行（Multinational Bank）等概念相区别。按照联合国贸发会委员会的定义，所谓跨国银行，是指在"至少5个国家和地区拥有分行或拥有多数股权的支行的存款类机构"（联合国，1981）。而根据英国《Banker》杂志的标准，跨国银行的核心资本必须在10亿美元以上，至少在伦敦、东京和纽约三大国际金融中心设有分支机构，其境外业务在其全部业务中占有较大比重，境外人员占其人员总数的一定比例[1]。如果跨国银行的经营管理完全是全球化的，而非以母国为中心，那么它又可以被称为多国银行。

虽然跨国银行和多国银行是国际银行业务的主角，但并非所有的跨国银行业务均是由它们经营的，一些基本上从事国内业务的银行偶尔也会从事国际银行业务。

0.2　国际银行业务发展简史

要理解国际银行业务的起源，必须对银行业的产生历史有所了解。值得一提的是，国际银行业务是世界上出现最早的银行业务，有着较国内银行业更为悠久的历史。现代银行业务就是在最古老的一种国际银行业务——货币兑换业的基础上发展起来的。

远在古代，随着国际贸易的出现及货币的产生，就开始有了货币兑换业。商人们在国外做生意时，常需把本国货币兑换成外国货币以购买外国商品，或是需将在国外出售商品所获外国货币兑换成本国货币。这就促进了货币兑换业的出现和兴盛。在西方，这种货币兑换业早在古希腊时就十分盛行。当时的希腊城邦林立，金银铸币种类繁多，为了方便城邦之间的贸易往来，希腊出现了一种专门从事各城邦货币兑换的货币兑换商。由于他们在一种叫作"Trapezes"的柜台上进行货币兑换业务，故被称为"Trapezion"。到了古罗马时代（公元前二百年左右），货币兑换业继续得到发展。这时的货币兑换商被称为"Argentarii"，他们在一种被称为"Banci"的小桌子上承揽业务，英文"Bank"一词即由此而来。

货币兑换业与稍后出现的存款、贷款业务的结合，产生了现代意义上的银行。在西方，这样的机构最早出现于12世纪的意大利。在当时，意大利的各王国多向居民大量举债。为了协调政府与债权人之间的关系，于是由债权人联合成立了公债公会，由公会负责承购公债

---

[1]　薛求知，杨飞. 跨国银行管理. 上海：复旦大学出版社，2002：7.

并支付债权人的本息。为提高公债的信誉，政府授予公会包税等特权，并拨给一部分公共收入，使公债的偿还有可靠的收入保障。这种公会，最早出现于热那亚和威尼斯，只不过名称有所不同。在热那亚，它被称为 Compera；在威尼斯则被称为 Monte，又与当地的其他货币经营者并称为"威尼斯的银行"（Bank of Venice）。到后来公债公会逐渐开始吸收私人存款，并经营货币兑换、代理结算等业务，因此而成为最早的公立银行，其名称也分别改为 Campsor（热那亚）和 Banchierii（威尼斯）。由于银行的经营多为意大利人，贷款的利率又比较低，因而很快取代了当地犹太人经营的高利贷业务。到资本主义开始兴起的 15、16 世纪，银行业逐渐兴盛起来。当时的著名银行有 1401 年成立的巴塞罗那的兑换银行（Jaura de Cambis），1407 年成立的热那亚的圣乔治银行（Cosu disa Giorgio），1587 年在威尼斯成立的里奥多银行（Banco di Riolto），1583 年米兰成立的圣安布洛吉奥银行（Banco di Saint Arnbrogio），1609 年荷兰成立的阿姆斯特丹银行（Banque de Armsterdam），1619 年成立的德国汉堡银行，1623 年德国成立的纽伦堡银行，1635 年荷兰成立的鹿特丹银行，1619 年威尼斯成立的流通银行（Banco Gironro）等。

在开始的时候，这些早期的银行主要从事吸收存款、货币兑换、收支结算等业务，对外贷款仍很谨慎。其存款的来源和贷款的对象都主要是教会、王室和贵族，很少有对企业的贷款。随着商人及国王们对资金需求的日益迫切，银行贷款的规模不久即急剧膨胀，并很快扩展到国外。在 14 世纪后，西欧共出现了三次国际银行和信贷的高潮。1300 年前后，意大利的佛罗伦萨取得世界银行的霸主地位。卢卡的里卡迪家族贷款资助英爱德华一世征服了威尔士，弗雷斯科巴尔家族贷款帮助爱德华二世征战苏格兰，巴迪（Bardi）和佩鲁齐（Peruzzi）家族支持爱德华三世同法国进行历史上有名的"百日战争"。到 1435 年，爱德华三世共欠巴迪家族 90 万弗罗林，结果巴迪家族因贷款收不回来而破产，佛罗伦萨银行业因之趋于衰微。第二次银行业的高涨始于 16 世纪中叶，当时热那亚取代了安特卫普成为欧洲经济的中心，并掀起了新一轮的银行业热潮。它们向西班牙的国王贷款，以控制美洲的白银，并据此大量发行汇票，还通过皮亚琴察等大交易会安排国际"冲账"，当时称会面（Scontro）。直到1622 年，这一新的试验才由于美洲白银的泛滥而归于破产（布罗代尔）。

到中世纪末期，随着资本主义的萌芽，国际银行业务有了进一步的发展。据斯蒂芬·戴维斯（Steven Davis）在其《欧洲银行》一书中考证：随着国际贸易的发展，早在 15～16 世纪欧洲就已经出现了一些经营目标、业务和组织机构都与目前境外银行十分相似的银行机构（转引自 T. H. Donaldson, 1989.）。其中最为著名的是圣殿骑士团（Templer）当时在地中海沿岸所经营的金融网络。

到 18 世纪，国际银行业在荷兰的阿姆斯特丹再次兴起，出现了第三次银行业高潮。荷兰银行对欧洲各国政府发放了大量贷款，其中有许多后来无法收回，使荷兰银行因坏账过多而受到沉重打击，从此一蹶不振。

到了 19 世纪中叶，英国由于率先完成了工业革命而跃上世界经济霸主地位，英镑成为世界上最重要的货币，伦敦也因此成为世界的金融中心。18 世纪末，兴旺的国际贸易使得英国出现了商人银行（Merchant Bank），这些银行不仅通过票据承兑、贴现等业务为国际贸易提供了巨额的贸易融资，而且早在拿破仑战争期间就开始对外国政府提供贷款，它们当中有些到今天仍然是非常重要的金融机构（如 1996 年破产的巴林银行）。伦敦的银行不仅为在英国港口靠岸的贸易提供票据承兑和资金融通业务，而且也为与英国无关的国际贸易提供各种业务。在当时，还出现了一些名闻天下的国际银行家族。其中最为有名的是罗思柴尔德（Rothchild）家族，该家族发迹于德国法兰克福犹太区的一位名叫迈耶·阿姆谢尔·罗思柴尔德的钱币、勋章和古董商。他死后他的 4 个儿子分别在维也纳、巴黎、伦敦和那不勒斯经营银行业务，并在柏林委托布莱希罗德家族为代理人办理银行业务，形成一个庞大的国际银行网络。同罗思柴尔德家族几乎同样有名的还有巴林（Barring）家族，也起家于德国，主要从事商品融资与证券交易、储蓄业务，以及充当世界上许多国家政府的财务代理人。这些银行家族在国际银行业中扮演了举足轻重的角色。

进入 19 世纪后期，西方各国逐步进入帝国主义阶段，资本输出逐渐取代了商品输出而在西方对外经济交往中占据了主要地位，国际银行业也因此获得了迅速的发展。到 19 世纪 30 年代，英国银行开始在海外殖民地设立银行分支机构，英国银行首先在澳大利亚、北美和加勒比海殖民地设立了分支机构，20 年后又在把触角伸入到拉丁美洲、南非、英属印度和亚洲殖民地、埃及、土耳其、中东和欧洲大陆（Jones，1992）。这些海外银行机构主要为所在的殖民地提供贷款和贸易融资服务。1870 年以后，其他殖民列强（如法国、德国和比利时等）也纷纷仿效英国加入了跨国银行的行列，在他们各自的殖民地建立了分支机构，其中欧洲在美国的国际银行业务发展最为迅速。特别是法国，它的对外贷款在其资本输出中占有十分重要的地位，并因此而被列宁称为"高利贷帝国主义"。当时的法国银行在全球建立了一个庞大的银行体系，对许多国家的政府和殖民地都有巨额贷款。其他地区的发达国家，如日本和加拿大的跨国银行发展也非常迅猛。一时间海外银行业的发展成为当时帝国主义势力扩张的重要内容。与英国的海外银行分支机构专注于所在地的银行业务不同，欧洲大陆的海外银行通常同时在东道国和母国开展业务。

然而经过第一次世界大战的破坏之后，欧洲经济元气大伤，而美国却借此从战前的净债务国一变而成为世界上最大的净债权国，爬上了世界银行业霸主的宝座。

第二次世界大战之后的初期，由于战争的破坏，日本和欧洲普遍感到外汇资金缺乏，因此实行了严格的外汇管制，国际银行业务的发展受到很大的限制。1958 年 12 月 29 日，西欧 14 国共同宣布取消了战后实行多年的对经常账户的限制，实行各国货币的自由兑换。在以后的六七十年代西方各国又先后基本上解除了对资本项目的限制，从而为国际银行业务的迅速发展扫清了障碍。但在整个 60 年代，国际银行业的发展仍然有限，国际贷款主要是对发达国家的私营企业的贷款，单项贷款规模偏小，在 100 万和 5 000 万之间，主要是由单个银行提供。不过需要特别指出的是，在 20 世纪 60 年代初，出现了境外金融市场及与之相适应的境外银行业务，这是国际银行业史上具有划时代意义的事件。但当时境外银行业务尚处在发展和完善阶段，其地位并不高。在 20 世纪 70 年代后，境外银行业务才有了迅猛的发展，并成为国际银行业务的主要组成部分。20 世纪 70 年代，由于石油涨价，海湾产油国积累了大量的美元储备，这些所谓的"石油美元"涌入境外金融市场，使得境外银行的存款资金急剧膨胀，与此同时，许多石油输入国（特别是发展中的石油输入国）由于石油支出增加而出现了巨额国际收支赤字，迫切需要引入外部资金加以弥补。在这样的背景下，20 世纪 70 年代成了"二战后"国际银行业务发展最为迅速的时期，其中尤以对发展中国家的贷款增长更为迅速。从 1975—1981 年，银行对发展中国家的债权以平均每年 28% 的速度增长。在 1973 年，新国际贷款总额为 330 亿美元，其中 29% 是贷给发展中国家的，到 1981 年，新国际贷款额为 1650 亿美元，其中有 32% 是流入了发展中国家。贷款主要是用于政府投资的项目或平衡这些国家的国际收支,单项贷款的规模迅速扩大,远非单个银行所能承担,故主要采取了辛迪加贷款的方式。这些银行贷款对解决发展中国家的国际收支困难,促进其经济发展方面起了很大作用。韩国、拉美各国就是典型的例子。但其中有许多国家借款过多,加之债务管理不善,终于在 20 世纪 80 年代初导致了发展中国家的债务危机。

进入 20 世纪 80 年代后,国际银行业由于卷入了 70 年代发展中国家的大规模债务危机之中而陷入困境。由于发展中国家的债务危机,银行出现了大量的坏账、呆账,国际银行信贷因而急剧萎缩。银行对国际贷款的态度变得十分谨慎,对发展中国家的贷款大幅减少,重新恢复以发达国家为主要的贷款对象,并把资金主要投向房地产、杠杆收购(Leverage Buy-out,即收购者仅出部分自有资金,而主要靠从银行借款来收购企业)等领域,同时努力拓展表外业务,如适应当时的融资证券化趋势在证券发行中充当包销人等角色。从 1980—1989 年,美国银行对房地产贷款占银行总资产比重从 29% 升至 37%,同期英国的该比例也翻了一番,达到 25%。

进入 20 世纪 90 年代后,国际银行业的严峻局面有所好转。经过 90 年代初的调整,各国际大银行逐渐从发展中国家的债务危机打击中恢复过来,同时债务问题最为严重的拉美各国经过十年的艰苦努力,债务状况大有好转,这些都为国际信贷业务的恢复与发展提供了有利条件。然而到 90 年代中期后,世界经济先后爆发了日本、东南亚、俄罗斯等大规模金融危机,严重影响了国际银行业务。

进入 21 世纪后,东南亚等国逐渐从金融危机中走了出来,这刺激了国际银行业务的恢复与发展。

但目前跨国银行的发展也并不是毫无问题的。由于跨国银行的业务规模越来越大,业务的种类越来越广泛,业务的范围也日趋国际化,跨国银行面临的风险已较过去大大增加,导致战后 70 年代以来重大的银行破产、亏损事件屡屡发生,给国际经济与金融造成了很大冲击。例如,20 世纪 70 年代奥地利的赫斯塔得银行(Herstatt Bankraus)破产事件,进入 90 年代后发生的美国国民商业银行和英国巴林银行破产事件,日本大和银行和三菱银行的巨额亏损事件等,都在国际银行业引起了极大的震动。此外,由于对银行业的管理不善,加上跨国银行的冲击,一些国家出现了银行业的危机,使得这些国家的经济发展受到严重阻碍,如墨西哥的金融危机、日本泡沫经济的破灭、东南亚国家金融危机等。形势要求各国政府改善对银行业的管理,并就对跨国银行的管理加强国际合作,以使跨国银行在今后能够更加健康地发展。

0.3　国际银行业务的现状

近年来随着国际经济的迅速发展,国际银行业务发展迅猛。根据国际清算银行(Bank of International Settlement,BIS)的统计,其报告国的国际资产总额(包括跨境资产与国内以外币定值的资产)总额从 1977 年末的 6 840 亿美元增加到 2006 年第二季度的 23 万亿美元。如果与同期世界经济的增长率相比其增长速度就更令人印象深刻。从 1980—1990 年末 BIS 报告国的国际银行资产占世界 GDP 的比例从约 10% 上升到 28%。由于拉美债务危机、日本金融危机和东南亚金融危机等的影响,这一比率在 90 年代发展迟滞,但在 90 年代末重新恢复升势,到 2006 年第二季度该比例升至 48%。这其中传统的银行存贷款业务占了绝大部分,但其所占的比重有所下降。1996 年,银行国际资产总额中银行存贷款资产占了 74.5%。到 2006 年 9 月底,该比重下降为 64.5%(BIS,2006)。

作为债权的对立面,国际银行的负债(包括以外币定值的本币负债)发展也非常迅速,其规模与国际银行资产的规模基本相当。其中传统的存借款业务所占的比重也大幅下降。从 1996 年到 2006 年 9 月,国际银行负债总额从 94 084 亿美元增长到 2 674 444 亿美元,同期存借款业务占国际银行负债总额的比重从 81.6% 下降为 64.4%。

表 0-1 显示了国际银行资产与负债的发展趋势。

表 0-1　国际银行资产与负债的发展趋势

10 亿美元

年　　份	总资产	存贷款	总负债	存贷款
1996	9 672.7	7 204.8	9 408.4	7 673.2
1997	10 370.5	7 708.7	10 151.5	8 251.5
1998	11 292.3	8 211	11 101	8 933.2
1999	11 110.6	7 887.7	10 836.4	8 844.1
2000	12 285.9	8 322.1	12 020.7	9 454.7
2001	13 176.7	8 871.6	12 969.8	10 022.9
2002	15 112.8	10 053.3	14 790.1	11 440.7
2003	18 344.1	11 869	18 008.4	13 485.7
2004	21 832.8	13 820.2	21 080	15 853.6
2005	23 910.8	15 021.8	23 123.9	17 213.3
2006	27 710.1	17 875.9	26 744.4	17 213.3

资料来源:历年 BIS Quarterly Review。

从国际银行业务的客户分布来看,自 20 世纪 90 年代以来,银行国际负债中对非银行客户的负债有明显上升趋势。从 1988 年到 1996 年,对非银行客户负债占银行国际负债的比例从 18% 升至 22%,到 2006 年 9 月则达到了 28%。但银行间负债(包括同一银行系统内部各机构间的负债和不同银行间的负债)仍然占据了国际银行负债的绝大部分。

相应地,1995 年末到 2006 年 9 月非银行客户的资产占银行国际资产总额的比重从 29.9% 上升到 41%。银行间的资产则从占国际银行资产总额的 71.1% 下降到 59%。其中同一银行系统内部各机构间的资产占国际银行资产总额的比重从 29.6% 下降到 25%,不同银行间的资产所占比重从 40% 下降到 32.6%,持有各国中央银行等货币机构的资产的比重从 0.4% 上升到 0.8%。

从区域分布来看,国际银行业务多数是由少数国际金融中心提供的。表 0-2 显示了国际银行负债(定义同上,为年初统计数据)的地区分布情况。其中英国是最大的国际银行业务中心,其国际银行负债占国际银行负债总额的比重从 1990 年初的 21% 上升到 2006 年初的 27%。其次是欧元区,其国际银行负债占国际银行负债总额的比重从 1990 年初的 16% 上升到 2006 年初的 26%,是比例上升最快的。仅这两者就占了国际银行负债的一半以上。表

0-2 为各主要国际金融市场国际银行负债的规模。可以看到日本在国际银行中心中地位下降得最快，其比重从 20％下降到仅为 4％。

但如果从相对水平来看，还是一些小的国际金融中心令人印象深刻，如加勒比海境外金融中心的国际银行负债总额达到该地区 GDP 的 56 倍多，卢森堡的国际银行负债总额为其 GDP 的 13 倍多，亚洲境外中心的国际银行负债总额也达到该地区 GDP 的 3.86 倍。

表 0-2 各主要国际金融市场国际银行负债的规模（％）

	占负债总额			占 GDP 总额		
	1990	1998	2006	1990	1998	2006
欧元区①	16	23	26	21	36	62
美国②	10	10	11	11	11	20
日本	20	9	4	45	22	23
其他发达国家③	4	4	5	22	27	44
英国	21	21	27	143	154	285
卢森堡	3	4	2	1 834	2 127	1 324
瑞士	5	5	5	165	207	317
加勒比海境外中心④	9	9	9	—	4 787	5 608
亚洲境外中心⑤	10	12	12	628	491	386
发展中国家⑥	0	0	3	—	—	16

资料来源：BIS Quarterly Review, 2006, 12.
① 不包括卢森堡和希腊，也不包括区内国家间欧元债务。
② 不包括对居民的外币债务。
③ 包括澳大利亚、加拿大、丹麦、挪威和瑞典。
④ 包括开曼群岛、巴哈马群岛和荷属安的列斯群岛。
⑤ 包括巴林、新加坡和中国香港特别行政区。
⑥ 包括巴西、智利、印度、韩国和中国台湾地区。

就经银行渠道转移的资金净流量（流出的资金减去流入的资金）来说，在 1990—1997 年期间，美国和亚太地区新兴工业化国家是国际银行市场的主要借款人，而日本则是主要的资金提供者。在该期间，美国通过国际银行市场流入的净资金达 4 330 亿美元，其中 85％为日本和英国居民提供的；与此同时，亚洲境外银行市场及其他新兴亚太地区流入的净资金达 2 635 亿美元，其中 74％为日本和欧元区居民提供的。但到了 1998 年，由于受亚洲金融危机的影响，国际资金开始流出亚洲新兴市场，回流至发达国家。受这一趋势的影响，欧元区和英国也成为国际银行资金的主要流入国。从 1998 到 2002 年，欧元区的国际银行资金净流出量急剧下降，不过在此之后有所上升，到 2006 年 6 月，欧元区重新成为主要的资金净输出国，英国的国际银行资金净流入量则从 1998 年的约 154 亿美元急剧上升为 2 696 亿美元。相反亚洲境外金融中心则从危机前的净资金流入国变成净资金流出国。从 1998 年到 2006 年，亚洲境外金融中心与中东产油国一起累计为国际金融市场提供了约 4 500 亿美元的净银行资金，主要流入了英国和欧元区。表 0-3 是国际银行业务的地区分布情况。

从国际银行业务的定值货币来看，在 20 世纪 90 年代上半时期，各主要货币的地位没有明显的变化，但是到 1997 年亚洲金融危机之后，情况有所变化，其中欧元的地位提高较快。1998 年与 2006 年相比，欧元占银行国际资产的比重从 1998 年底原欧元区货币的 22.3％上升到 2006 年 9 月的 37.56%，占国际银行负债的比重则从 22.78% 上升至 31.78%。英镑的地位也有明显提高，从 1998 年底到 2006 年 9 月，英镑占银行国际资产的比重从 4.21% 上升到 6.13%，占国际银行负债的比重则从 5.67% 上升至 7.48%。相比之下日元的地位下降最大，同期日元在占银行国际资产的比重从 10.1% 下降至 3.46%，占国际银行负债的比重则从 7.24% 下降至 2.98%。同期瑞士法郎的地位也有所下降。表 0-4 显示了 1998 年和 2006 年国际银行资产与负债的货币构成情况。

表 0-3　国际银行业务的地区分布情况

10 亿美元

	资　产			负　债			净流量		
	1993.12	1998.12	2006.9	1993.12	1998.12	2006.9	1993.12	1998.12	2006.9
欧元区	1 707.7	2 694.4	8 617.3	1 567.1	2 895	7 794.3	140.6	−200.6	823
美国	542.7	813	2 184.2	715.4	1 012.8	2 706.1	−172.7	−199.8	−521.9
日本	918.6	1 252.7	1 845.8	688.4	708.2	699.6	230.2	544.5	1 146.2
其他发达国家	128.8	178.3	828.6	152.4	410	1 252.5	−23.6	−231.7	−423.9
英国	1 050.9	1 904.6	4 970.7	1 130.6	1 920	5 240.3	−79.7	−15.4	−269.6
卢森堡	320.4	467.9	871.6	295.1	394	585.6	25.3	73.9	286.1
瑞士	358.6	593.9	1 130.6	287.2	491.3	1 025.2	71.4	102.6	105.4
加勒比境外中心	561	868.4	1 859	560.3	862.3	1 831.1	0.7	6.1	27.9
亚洲境外中心	916.9	1 027.9	1 164.4	865.6	972	925.6	51.3	55.9	238.8
发展中国家	7.9	32.6	253.9	7	24.5	432.3	0.9	8.1	−178.4
总额	6 513.5	9 833.7	23 726.1	6 269.1	9 690.1	22 492.5	244.4	143.6	1 233.6

资料来源：历年 BIS Quarterly Review。

表 0-4　国际银行资产与负债的货币构成（%）

货　币	资　产			负　债		
	1993.12	1998.12	2006.9	1993.12	1998.12	2006.9
美　元	44.11	39.16	40.66	46.65	41.24	45.31
欧　元	25.59	22.3	37.56	25.88	22.78	31.78
日　元	12.51	10.1	3.46	7.65	7.24	2.98
英　镑	3.88	4.21	6.13	5.07	5.67	7.48
瑞士法郎	3.80	2.56	1.56	4.14	2.76	1.61
其他货币	4.78	6.29	5.47	4.40	6.99	6.36
无法确定[①]	5.29	13.39	5.16	6.22	13.36	4.49

资料来源：历年 BIS Quarterly Review。
① 包括所有未提供货币构成的报告国的国际银行资产与负债。

0.4　我国银行业的发展

在我国古代，自汉唐以来同海外的贸易就十分兴盛，由此导致各种外国货币大量流入我国，同时我国的货币也大批流出国外。我国的历史学家在考古挖掘工作中就曾发现各式各样的外国铸币，其中最早的可以追溯至唐时波斯刺商王期发行的一种铸币。同样，在国外的东南亚、中东、非洲等地也发现了许多我国的各种铸币。随着中外货币交流的发展，货币兑换业务也随之出现。据载，在 17 世纪的明代，墨西哥银币"鹰洋"在中国十分盛行。一块鹰洋可以兑换到七百至一千文铜钱，相当于中国 1 两银子的价钱（1 两＝1 千文）。据旅行家卡勒里的记载：当时（1698 年）一块鹰洋可以买到足够一个人吃 6 个月的世界上最好的面包，因为中国人不爱食面粉，其价格很便宜；还可以支付一名中国厨师的每月工资，中国商人还下南洋从事贸易，只收鹰洋，年交易额达一百万比索（布罗代尔，1993）。

在我国，大约在唐宋时就出现了所谓的票号、银铺。清代时的山西票号非常有名。16 世纪山西人在内蒙古、绥远与归化、张家口等地从事贸易，由于资金调动靠镖局等方式，因此风险大，开支多，票据结算在这些贸易中出现。相传平遥县裕成颜料庄在北京、天津、四川等地都设有分号，在北京经商的老乡很多，经常需要往家乡回寄银子。为安全起见，就由西裕成的北京分庄收银，再凭信物到平遥总号取银。起初时凭借的是朋友亲戚的关系，两相拨兑，并无手续费，到后来则只要有人介绍或是同乡，就可拨兑，后业务日多，遂设日升昌票号专门经营拨兑，凭信称为溜子（溜子原为古代官员出巡时逐级索取供应的凭证）。不少晋商纷起仿效，总号均设在平遥、祁县和太谷三县，故其凭证又称祁太溜子。逐渐山西票号布天下，与经营盐业的徽商齐名。道光七年秋冬，山西票号分号已经发展到鲁、豫、奉、苏等省，从而使北方五省（直、鲁、豫、晋、奉）商人去苏州贩货每年需运银数百万两的状况变成"俱系银票往来"。至道光末年（1850 年），山西票号由日升昌 1 家发展至 11 家，分号发展到北京、张家口、天津、奉天、济南等 27 个城市，一个分号一年的汇兑业务量在 50 万两至 120 万两之间，存放款业务 30 万两。仅日升昌一家的 14 个分号，全年汇出汇入款项就达 32 225 204 两，平均每个分号 230 万两。除办理汇兑和存放款业务以外，逐渐发展到为清政府汇解京饷和军协各饷，收存中央和各省官饷，吸收官僚存款并与垫款，简直就是清政府的财政部。咸丰元年（1851 年）爆发太平天国起义，山西票号发展受到挫折，但从同治元年开始，山西票号又得到迅速发展。至光绪甲午、庚子以后，达到鼎盛，票号总数发展至 28 家，设立分号的城市增加到 80 个，并且漂洋过海，在朝鲜仁川、日本大阪、神户、东京也设有分号。光绪三十二年 28 家票号的存款总额约为 5 000 万两，贷款总额为 6 300 万两（王振忠，1995）。

鸦片战争后，一些外国银行开始来华设立机构，外资银行的进入使我国出现了现代意义的银行。在鸦片战争之前，中英贸易的很大一部分是经由在印度的一些机构（1837 年以前主要是东印度公司，40 年代以后主要是一些英印合营的银行，如阿加利银行、印度西北银行、西印度银行、汇川银行等）进行结算的。因此，鸦片战争以后，首批来华设立机构的外国银行均为英国和英印银行。1845 年，刚刚由原西印度银行改名的丽如银行（Oriental Bank，1851 年改名为"Oriental Banking Corp"。中文名除丽如银行外，也称东方银行、东亚银行公司及金定银行）率先在广州和香港设立分行，成为在华营业的第一家外国银行。1847 年，丽如银行又在上海开设了第一家外国银行分行。随后，汇隆银行于 1851 年在广州、1854 年在上海设行，阿加利银行于 1854 年在广州、1855 年在上海设行，亚细亚银行于 1854 年在上海设立了代理机构，1857 年亚细亚银行与印度伦敦中国商业银行合并，并改名为有利银行，1860 年有利银行在上海的代理机构升格为分行，麦加利银行（Standard & Chartered，后译为标准渣打银行）也于 1858 年在上海和香港设立了分行。到 1936 年止，外国在华营业的银行已达 30 家，各类分支机构总计 114 处（刘狄，1998）。

进入近代后，随着资本主义的进入，我国也出现了现代意义上的银行。光绪二十三年（1897 年），中国通商银行成立，它是我国首家民族现代银行。

解放以后，随着计划经济在我国的确立，外资银行逐渐撤出。改革开放以后，开始逐步引进外资金融机构。1979 年，日本东京银行在北京设立了我国第一家外国银行代表处。1981 年，南洋商业银行在深圳特区设立了我国第一家外国银行营业性机构。到 1984 年，有汇丰、渣打、东亚和华侨 4 家银行的营业性机构又进入上海。

在对外资银行开放的过程中，我国陆续颁布了一系列的相关法规，在 1982—1989 年先后颁布了《中国人民银行关于侨资、外资金融机构在中国设立常驻代表机构的管理方法》，《中华人民共和国经济特区外资银行、中外合资银行管理条例》，1994 年 4 月又颁布了《中华人民共和国外资金融机构管理条例》。2001 年，我国加入 WTO，在我国提交的服务业市场准入减让表中，金融业是其中的一项重要内容。根据我国与美国达成的协议，我国将允诺在 5 年内（即到 2007 年）使外国银行获得充分的市场准入。在准入后 2 年，外国银行将可以与中国企业进行人民币业务往来。在准入后 5 年，外国银行将可以与中国居民进行人民币业务往来，地理限制和顾客限制也都将被撤销。为了适应新的形势，2006 年 11 月 15 日（也就是在外国银行获得充分市场准入的前夕，中国国务院颁布了新修订的《中华人民共和国外资银行管理条例》，同年 11 月 28 日，中国银行业监督管理委员会正式对外发布《外资银行管理条例实施细则》）。

到 2005 年年底在华外资银行共设立了 225 家营业性机构和 240 家代表处，本外币资产总额为 796 亿美元；共有 19 家境外金融机构入股了 16 家中资银行，投资总额近 165 亿美元（谢登科，新华网，2005 年 10 月 9 日）。

在外资银行不断涌入的同时，我国对外资银行开放的地区和业务范围也在不断增多。最初营业性外资金融机构仅限于特区，1990 年扩大至上海，1992 年又扩大至大连、天津、青岛、南京、宁波、福州、广州等 10 余个沿海城市，到 1995 年又批准了北京、石家庄、武汉、西安、成都、重庆、杭州、合肥、沈阳、昆明和苏州 11 个内陆城市引进营业性外资金融机构。1996 年 12 月，我国允许符合条件的外资银行在上海浦东经营人民币业务，1998 年又对上海浦东被批准经营人民币业务的外资银行开放银行同业拆放市场，1999 年又允许符合条件的外资银行在沿海开放城市和中心城市经营人民币业务。

2007 年，我国履行自己在加入 WTO 时的承诺，对外资银行全面开放了人民币业务。为了能够在华开展人民币存款业务，外资银行纷纷在中国设立有独立法人资格的子银行。首批获得批准建立独立法人机构的是渣打银行、东亚银行、汇丰银行、恒生银行、日本瑞穗实业银行、日本三菱东京日联银行、新加坡星展银行、花旗银行、荷兰银行 9 家。这 9 家外资法人银行的注册地均在上海市。截至 2006 年 9 月末，上述 9 家外资银行在中国境内分行数量占外资银行在华分行总数的 34%，总资产占外资银行在华总资产的 55%，盈利占外资银行在华盈利的 58%。

截止 2006 年年底，外资银行已在华开展了 12 项基本业务、100 多个业务品种，115 家外资银行机构获准经营人民币业务。在华外资银行本外币资产总额达 1 033 亿美元，占中国银行业金融机构总资产的 1.8%，存款总额为 397 亿美元，贷款余额为 616 亿美元。某些业务已经达到一定规模，如外币贷款份额 2005 年已达到 19％。

大多数外资金融机构在进入我国后经营状况都良好，一般在进入两年后即可盈利或保持收支平衡，这在国际上都是极为罕见的。

外国金融机构的进入，为我国改革开放事业的发展做出了巨大的贡献。这首先体现在它促进了我国利用外资的发展。外资金融机构成立之后，对我国一些重要的经济建设项目提供了融资。外资金融机构在引进外国直接投资方面贡献也是十分突出的，它们在为我国三资企业提供结算、存款、贷款等金融服务方面起着十分重要的作用。

外资金融机构在我国的对外贸易方面也扮演了非常重要的角色，并且在这一领域已占据相当大的一部分国内市场。例如上海，早在 1986 年，外资银行承做的出口收汇业务已占了上海出口收汇的 50％。此外，外资银行为我国的金融业培养了大批人才，带来了先进的设备、技术和管理，并加强了我国金融业的竞争程度，这对我国国内金融业提高技术管理水平是大为有利的。

可以预见，随着我国银行业的全面对外开放，我国银行业与国际银行业的交往将大大加快。

0.5　战后国际银行业发展的新特点

1. 银行业务的全球化

银行业务的国际化首先表现在跨国银行资产的国际化上，根据联合国贸易和发展组织（UNCTAD）《贸易和发展报告》，到 1990 年，11 个发达国家的银行资产约三分之一具有国际特征，最高的达到 90％，其中三分之二为银行间资产。其次，银行业务的国际化还表现在机构分布的全球化上。在第二次世界大战前，西方各跨国银行的国际业务大多具有明显的地域性，每家银行的海外业务往往局限于一个狭小的区域。例如，战前巴克莱银行的海外业务就主要集中于非洲。而且由于通信困难，在各地的分支机构与母行之间的联系很少，业务基本上是孤立地进行的，并没有形成统一的全球性网络。而在战后，特别是 20 世纪 60 年代以来，情况有了很大变化，各主要大银行都在全球的主要金融中心设置了分支机构，形成了统一的全球机构网络。第三，银行的经营战略也发生了变化，从过去的由各分支机构各自以所在地市场为主分散经营变为从全球角度制定整个银行系统的统一的全球经营战略和方针。第四，由于银行业务的国际化，各主要资本主义国家的国内金融市场和境外金融市场之间的间隔逐渐消除，彼此因相互渗透而逐渐融为一个整体。各主要国际金融中心之间的联系也日趋紧密。利用时差的关系，各地的国际银行可以 24 小时不间断地为客户提供各种金融服务。

银行业务的全球化，从根本上说是战后生产和资本国际化的需要。国际分工协作的发展，国际直接投资及跨国公司的兴起，客观上提出了银行业务国际化的要求。因为到目前为止，银行仍然是资金国际流动和国际货币交换的主要渠道。但这仅仅是必要性，如果不是战后国际经济形势的发展为银行业务国际化创造了具体的条件，这种必要性是不可能转化为可能性的。在第二次世界大战后，由于科学技术特别是电子计算机等信息技术的进步，使得全球信息的传递、收集、处理速度加快，成本下降（据国外估计，自 1964 年以来，信息处理的实际成本约下降了 95％），这使得银行决策所需时间缩短，涵盖地域可以更为广阔，资金在全球的流动更为便捷，银行从事各种国际金融交易的成本得以大幅度地减少，业务操作速度则大大加快了。此外，银行业务的国际化与战后发达资本主义国家在资金流动、外汇交易、银行业务等领域的逐步自由化是密不可分的。离开这些领域的自由化，银行业务的国际化是根本不可能的。

银行业务的国际化虽是生产和资本国际化的结果，但它反过来又大大促进了国际商品、劳务和资本的流动，对银行业务自身的迅速扩展也起了很大的促进作用。例如，在当今的国际金融市场上，A 地的银行可以毫不困难地在 B 地筹集资金，然后将其转贷给 C 地的借款人，业务扩展余地大为增强；然而，银行业务的国际化也并非是毫无弊处的，它使各国的银行更容易受到国外事件的影响，经济的不稳定性加强。有的时候，对一家大国际银行安全性的威胁往往首先来自国外。例如，著名的美国大陆伊利诺斯银行（Bank of Continental Illinois）风波，就最先源起于其远东分行存户的挤兑，后来很快波及其在伦敦等地的外国分行，而此时美国本土的该行存户、其他银行家及美国货币当局尚未有丝毫察觉，结果该行在美国政府的全力挽救下才幸免于难。而且由于银行业的国际联系日趋紧密，一家银行的倒闭也会波及全球其他银行，引起连锁反应，加剧国际金融危机。此外，由于银行业务的国际化，政府对银行安全性的监督和保护相对于国内银行而言有所削弱。例如，各国政府对本国银行的海外分支机构及外国银行在本国的分支机构往往不会像对国内银行机构一样全力予以挽救，对这些机构吸收的存款一般也不予以保险，等等。所有这些都必然会影响到银行的安全性及其信誉。正因为此缘故，一些大银行虽然业务早已实现国际化，但对外仍十分强调其国家背景。因为这不仅可以使其在需要时更可能获得母国政府的支持，而且某些国家由于种种原因本身就是经济稳定、可靠性、效率、专业水平、中立等的象征，这对银行是十分有利的。

2. 传统业务的多样化

传统的商业银行业务主要是吸收存款和发放短、中期贷款，而在战后，国际银行业务渐趋多样化，这主要体现在以下几个方面。

（1）贷款对象逐渐从过去的主要为私营企业扩展至包括政府及公营部门

在过去，国际银行贷款的对象主要是跨国公司在海外的分支机构，一般是不向外国政府提供贷款。这主要是鉴于历史上的多次教训，银行认为对外国政府贷款的风险太大，而且传统上人们也认为政府应主要以发行债券方式从金融市场上筹集资金。但在 20 世纪 70 年代以后，由于石油美元的大量涌入，国际银行的存款资金急剧膨胀，银行急于为这些资金寻找出路，不得不打破陈规，大量地向外国政府提供贷款，使得国际银行信贷中对外国政府（特别是发展中国政府）的信贷所占比重迅速提高。20 世纪 70 年代增加迅速的对发展中国家的贷款绝大多数是对政府及国营企业的贷款。

不过，自 20 世纪 80 年代以来，由于发展中国家债务危机的出现，银行对发展中国家政府的信贷大幅度减少，使得国际银行信贷中对私人企业（主要是发达国家的企业）的贷款所占比重重新占据了优势。在进入 20 世纪 90 年代后，随着以拉美为首的发展中国家的债务负担的缓解，国际银行对东亚、拉美中经济发展前景良好的发展中国家和地区的政府及公有企业的贷款有大幅度增加，但随着东南亚金融危机的出现，这一趋势已受到阻碍。

（2）新贷款方式的不断涌现

在战后，适应于变化多端的国际金融局势，以及借款人对资金的多样化需求，出现了不少新型的国际信贷方式，如辛迪加贷款、项目贷款、浮动利率贷款、备用信贷等。这些新型贷款方式往往能筹集到传统贷款方式所无法筹集到的巨额资金，并可以满足借款人对资金的不同需求，同时又可以尽可能地减少银行所冒的风险，加强银行信贷资产的流动性。在新的贷款方式中，借款人的选择余地也大大增加了，如他可以选择不同的借款货币或是改变偿还分期等。

（3）商业银行与其他种类金融机构的业务交叉程度加深

长期以来，在一些国家的国内金融市场上不同种类的金融机构之间存在着明显的业务界限。商业银行一般仅从事收支结算业务及中短期的存、贷款业务，证券经销、中长期债券及股票的买卖，以及其他长期信贷与投资则由投资基金、保险基金、养老基金等投资类金融机构负责。然而在战后，特别是自 20 世纪 80 年代以来，商业银行与其他种类金融机构间的这种区别正逐渐减少。商业银行积极渗透到证券发行、买卖、信托、房地产投资等传统上属于投资银行等其他金融机构的业务领域；反之，其他金融机构也在积极吸收存款，开展支票结算等传统上属于商业银行的业务，二者相互渗透，界限趋于模糊。这一倾向近年来同样也表现在国际银行业中，这突出体现在目前银行在国际证券业务中所起作用日益增强，以及各种投资基金等非银行金融机构在国际金融市场上的日趋活跃等方面。这种融合趋势出现的原因主要是美国等国家的政府逐渐放宽了对金融业的管制，减少了不同种类金融机构之间相互渗透的阻碍。特别是在国际银行业中，为了使本国银行在国际金融市场上能与外国银行公平竞争，各国政府大都允许本国银行从事在国内不被允许，但在国外金融市场上却很普遍的银行业务。此外，国际银行业的融合趋势同银行在 20 世纪 80 年代后因发展中国家的债务危机而收缩对外信贷、寻求新的业务发展领域也有很大关系。

（4）金融创新的不断涌现

绝大多数的金融创新出现在 1982 年以后，这是当时动荡的国际金融局势的产物。其目的可以分为两类：一类在于分散利率和汇率风险，如货币、利率的互换交易，以及其他各种期权、期货交易；另有一类金融创新的目的在于提高金融资产的流动性，如可转换大额定期存款单（Negotiable CD）、票据发行工具（NIF）等。各种金融创新的出现，对银行的经营活动产生了深远的影响，它既增强了银行资产的流动性，又减少了银行承担的风险，大大增加了银行资产对客户的吸引力，同时它又显著地扩展了银行业务的范围，加剧了银行与其他种类金融机构间的融合。

3. 表外业务的发展

银行业务多样化的一个重要结果，就是证券买卖、信托、代理、咨询这类被人们称之为表外业务（因这些业务一般不列入银行的资产负债表）的新业务在商业银行的经营中所占的地位正在不断提高。目前许多大跨国银行的表外业务在其业务总额中所占比重已达到 50% 以上。

表外业务的发展对商业银行的影响是十分巨大的，可以说它从根本上改变了银行的形象。在过去，商业银行仅仅是信用的中介，分别向资金供求双方提供信用，银行从中获取利差。然而在表外业务中银行作为金融资产的中间商或金融服务的供应商，它获取的是价差或佣金等服务费。表外业务还使银行越来越成为银行自身及他人所创造金融资产的经营者，它由单纯的金融资产创造者一变而为集金融资产的创造者、发行者、买卖者、管理者于一身的综合角色。这种转变使银行家本身也由过去的谨慎保守变得更富于冒险性和创造性，更像一个企业家（Entrepreneur），而不是信用中介人（Media of Credit）。

4. 银行业务的证券化

传统的商业银行贷款与证券融资相比有一个很不利之处，那就是它的流动性较差，不能在必要时转手给他人。流动性的缺乏使得银行承受的风险比证券投资者承担的要大得多，使银行不得不抽出部分存款作为准备金，贷款成本因此增加，这就使得资金需求者（信誉好的）从银行借款所需支付的代价明显要高于其以发行证券方式筹集资金的成本。而银行为资金供应者提供的诸如定期存款等资产形式也是缺乏流动性的。由于各国政府对银行存款利率的水平实行控制，其收益率也相对较低。在过去，由于信息技术不发达，银行作为资金融通媒介的地位尚不至于受到多大威胁。但随着信息技术的进步，许多较大的机构投资者亦能迅速地了解国际金融市场的信息，不再有必要依赖银行。因此，从 20 世纪 60 年代开始在西方出现了所谓"脱媒"（Disintermedia）现象，即越来越多的企业不再靠银行贷款来筹集资金，而是靠发行证券获得所需资金。同样，投资者也不再将资金存入银行，而是将其用于购买证券。资金的供给者和需求者不再经过银行这一媒介牵线搭桥，而是通过证券市场直接接触。"脱媒"现象的出现严重削弱了商业银行在资金融通中的作用。为摆脱困境，商业银行不得不努力将其业务证券化以适应形势。进入 20 世纪 80 年代后，这一趋势因国际贷款业务的萎缩而大大加强。

国际银行业务的证券化，不仅仅表现在银行更加积极地参与了国际证券的发行、买卖、担保等属于银行表外业务的活动，更突出的是表现在各种金融创新上。战后银行的各种金融创新有很多都与银行业务的证券化有关。例如，大额可转让存单就是一种可以在市场上买卖的定期储蓄凭证，它实际就是银行发行的一种债券。又如，票据发行工具（Note Issue Facility，NIF），它是银行包销客户发行的短期商业票据的一种方式。采用此种包销方式时，客户可以在一定期限内持续发行短期商业票据，由银行包销，银行保证买下每次未能推销出去的票据，这样客户就可以不断发行短期票据的方式筹集到中长期资金。银行业务的证券化还表现在银行债权的证券化上。例如，银行将贷款债权以凭证转让的方式转让给其他银行或投资者（尤其是在辛迪加贷款中），如 20 世纪 80 年代后跨国银行为摆脱困境而将其持有的对发展中国家的债权出让或在与债务国政府协商后转化为当地企业的股权等。

进入 20 世纪 80 年代后，金融自由化在发达国家有了很大发展，从而在政策上为银行业的证券化开了绿灯。1986 年，英国颁布了《金融服务法案》，宣布银行业可以直接进入证券交易所进行交易，允许银行兼并证券公司，形成多种金融业务的企业集团。1997 年 10 月 8 日，英国合并了原有的 9 个监管机构，成立了金融监管服务局（Financial Service Authority）。新的监管机构统一负责对银行、住房信贷机构、投资公司、保险公司及金融市场、清算和结算体系的监管。

在美国，美联储于 1997 年初修改了《银行持股公司法》，取消了许多对银行从事非银行业务的限制，商业银行能够更加自由地从事财务和投资顾问活动、证券经纪活动、证券私募发行及一些其他非银行业务。美联储还扩大了银行持股公司附属机构可以承销和交易证券的范围，并大大减少了可能降低这些业务收益的限制。1999 年 11 月 4 日，美国国会通过了《金融服务现代化法案》（Gramm-Leach-Bliley Financial Service Modernization Act），从而基本结束了自 1933 年的《格拉斯·斯蒂格尔法》（Glass-Steagall Act）以来实行的金融分业经营、分业监管的制度。

日本过去实行的也是仿照美国的分业经营制度，20世纪80年代日本出台了《金融改革法》，准许不同行业的金融机构以子公司方式实行跨行业兼营。1997年5月，为了从根本上解决日本金融业面临的问题，日本金融当局通过了全面进行金融体制改革的法案。1998年4月，日本政府推出了金融体制的一揽子改革方案，允许金融业跨行业经营业务，半数以上银行被获准以控股公司形式从事投资银行业务。

银行业务的证券化使银行自身的经营方式也发生了很大变化。在过去，由于银行资产（贷款）及负债（存款）均是不可流通的，因而银行在设计其资产及负债方式时就不必过多地考虑这些资产及负债形式是否易被投资者所接受，仅是根据客户的要求、特点及当时金融市场状况决定其资产及负债的特点，也就是说银行创造的金融资产及负债基本上是产品导向的。银行资产及负债流动化之后，为了使银行的资产及负债能够在金融市场上广泛流通，银行就不能再无视金融市场上投资者的偏好了。此时银行创造的金融资产和负债多是市场导向的。

银行业务的证券化对银行来说具有许多好处，证券化使银行的资产和负债都实现了流动化，大大增强了银行创造的各种资产及负债品种对资金供应者及需求者的吸引力，其价格（利率）也会因流动性的增强而下降，这自然有利于银行业务的扩展。而且由于证券化使银行不再是其所创造的资产的最终持有者，银行贷款等资产的风险也随着债权的出售而由银行转移给了投资者，大大降低了银行承担的风险。此外，由于银行从事证券发行、买卖、代理等业务不计入银行的资产负债表，属于表外业务，因而银行从事证券业务还在某种程度上不受本国政府规定的法定准备金和资本充足率要求的约束，减少了银行业务所受到的政府干预。

然而，证券化对银行也有许多不利之处。由于银行并不承担其所包销的证券的风险，因而银行对其包销、买卖的证券的发行人的了解远不如传统上银行对借款人的了解，银行与证券发行人之间也缺乏银行与借款人之间经常存在的那种密切关系。此外，银行从事证券业务也并非是完全没有风险的，而且这种风险同传统的银行贷款风险有很大的不同，目前尚未找到理想的评估和处理方法。

对借款人而言，银行业务证券化也是利弊参半的。从好的一面来说，银行证券业务扩大了借款人以发行证券方式筹资的能力。对信誉较好（二个A以上信用级）的企业来说，证券筹资的成本往往低于从银行借款的成本。但是，由于只有信誉良好的少数大企业才有资格在证券市场上以较低成本发行证券，故证券化使银行失去了许多声名较低的中小企业客户。这些中小客户其中有许多实际上完全有能力偿付债务，只是不为社会上的投资者所熟知，他们在银行仍以贷款业务为主时本来是有机会从银行得到资金融通的。由于证券发行人同包销证券的银行、投资者之间的关系远不及贷款银行同借款人之间的关系密切，因而证券发行人不能指望在其财务出现问题、偿还到期债券本息有困难时能像出现偿还问题的借款人那样可以同贷款银行协商解决问题、甚至得到银行的资金支持以渡过难关。证券包销银行及证券投资者也不可能同贷款银行对借款人那样对证券发行人的财务状况进行严格的监督，这当然对督促证券发行人维持良好的财务状况是不利的。

5. 全能银行的发展

20世纪80年代后，那些原本存在严格业务区分的国家的商业银行除了努力将传统的商业银行业务证券化之外，还将业务伸展到投资银行业务和保险业务等金融领域，出现了所谓全能化的趋势。这些国家出现的金融自由化趋势为这种转变提供了可能。

所谓"全能银行"，也存在不同的层次。最高层次的全能银行是在一个公司的名义下经营全面的金融业务，各项金融业务完全整合在一起，不相互独立。目前尚不存在这样的全能银行。第二层次的全能银行只是把商业银行业务和投资银行业务合并在一个公司名下，至于保险等业务则另外设立独立的公司经营。绝大多数欧洲大陆的银行都属于此类，德意志银行集团（Deutsche Bank AG）就是这样一家银行。第三层次的全能银行其母银行主要从事商业银行业务，另外设立子公司分别从事投资银行、保险等其他金融业务。英国银行大多属于此类，如巴克莱银行（Barclay plc.）。第四层次的全能银行由不同的独立子公司经营不同的金融业务，由一家银行控股公司（Bank Holding Company）控制所有的这些子公司。美国、日本的全能银行多采用此种办法，如花旗银行集团（Citigroup）。

不同类型的全能银行主要是由各国金融法规对银行混业经营所作的不同规定所导致的。例如，美国1999年的《金融服务现代化法案》虽然废除了《格拉斯·斯蒂格尔法》法案不准混业经营的规定，但仍然坚持不同种类的金融业务在同一金融公司内部必须分开经营，独立核算，这就导致了美国的全能银行采取银行控股公司这样的形式经营。

与在国内的情况不同，国际银行在国外的业务范围要狭窄得多，主要集中在批发银行业务、证券业务和私人银行业务领域，零售银行业务规模很小。

从产业组织理论的角度来看，银行全能化的动机主要是为了提高效率，由于银行全能化的结果是银行业务范围的扩展，因此银行全能化的好处主要可从范围经济（The Economy of Scope）的角度来理解。从供给的角度来看，由于不同种类的业务在某些方面有共同性和互补性，将多项存在共同性的银行业务合并在一起可较分别经营这些业务节省人力、设施、信息等，从而节省成本。例如，银行所获取的一个客户的信息可以用在贷款、担保、证券等多项业务领域。从金融需求的角度而言，银行业务全能化可以使客户在一家公司就可得到多种金融服务，客户在一家银行开立户头后，就可以得到结算、贷款、证券买卖、信息，以及保险等服务，较之从不同的金融机构分别获得这些服务手续大为简便，可节省大量的时间、精力和成本，从而大大增加银行的竞争能力。

然而，正如一家企业的规模并非越大越好一样，一家企业的业务范围也非越广越好。不同的金融业务所需的专业人才、管理方法、企业文化等都大不相同，在超过某一最佳水平之后，随着业务范围的扩大，银行内部的关系会变得过于复杂，不同部门间的利益冲突会加剧，企业监管难度加大，导致管理成本的增加和经营风险的扩大。

此外，银行在选择业务范围时，除了要考虑范围经济外，还要考虑规模经济（The Economy of Scale）。业务多元化对银行规模经济的影响相当复杂。如果银行在不扩大总体业务规模的前提下实行业务多元化，则其原有传统业务的规模必然会相应减少。即便不同种类的业务在某些方面也具有共同性，可共同使用某些人力、设施、信息等，也不大可能弥补银行因此而导致的规模经济损失。然而如果银行靠扩大规模（如通过并购其他金融机构）来实现业务多元化，则只要银行规模没有超过最佳水平，银行业务多元化多少会对银行的规模经济有所裨益。

6. 跨国银行业的集中和垄断

在当今世界，银行业显然是属于集中程度较高的一个行业。以美国为例，1986年美国拥有14 000多家银行，但其中拥有一家或一家以上分行的银行不过158家，而这158家银行中占主要地位的不过 20～30 家，其中前 5 家银行占银行总资产的比重为 9%。到 1998 年 6 月，美国的银行数目下降到 8 984 家，前 50 家大银行的资产占了资产总额比重的 2/3。国际银行业的集中程度也很高。例如在 2006 年，《银行家》杂志公布的资本排名前 1 000 家的银行中前 25 家银行的资本额占了资本总额的 36.7%，占了资产总额的 41.6%，税前利润总额的 40.5%。即使是少数进入国际银行业的中小银行，它们往往也是追随并依附于大银行的业务活动的，因为中小银行往往很难独立开拓海外业务，多数只能以参与大银行组织的辛迪加贷款等方式从事海外业务，这不仅不会削弱大银行在国际银行业的垄断地位，反而会增强大银行的资金规模和影响力。

进入 20 世纪 90 年代后，国际金融领域的重组与并购步伐大大加快，重大并购案例层出不穷，引起了人们的广泛关注。据统计，在 20 世纪 80 年代，全球银行并购案仅 1 000 件左右，金额约 500 亿美元，而到 2007 年 10 月全球银行并购额达到 3 700 亿美元，其中跨国交际占到 55% 左右。现在金融业的并购案已占全球公司并购额的第一位。与过去，金融并购主要是强弱合并、弱弱合并、国内合并、行业内合并不同，目前金融业的并购案多表现为强强合并、跨国合并和跨行业合并，其结果是金融业的集中程度进一步加强，出现了一些规模巨大、能提供"全能"金融服务的巨型跨国金融机构。这类金融机构的出现必然会对国际经济的众多领域产生深刻的影响。

国际银行业之所以有较国内银行业更高的集中和垄断程度，其原因是多方面的。跨国银行业务主要是在银行和银行之间进行，有很强的批发性，通常交易规模很大，即使是与非银行客户的零售业务也多是与跨国公司的海外机构进行，金额也十分巨大，这就要求从事跨国业务的银行应有雄厚的资金。而且根据许多国家的法律，外国银行如果资本达不到一定规模一般是很难得到批准在当地设立分支机构的。此外，国际银行业务的客户远在国外，距离银行较远，风险较之国内银行业也要大得多，这就要求银行有强大的信息收集和分析能力，以及损失的承受能力，这通常也是中小银行难以胜任的。

然而国际银行业的高度集中和垄断并不意味着国际银行业是一个缺乏竞争的行业。由于目前国际金融市场已形成了一个全球统一的整体，因而尽管每个国家进入国际银行业的银行并不少，但从整体上看这类银行的数目并不多。加上 20 世纪 70 年代后西方各国放松管制，各类金融机构之间的业务交叉现象已十分普遍，战后国际证券投资、租赁等筹资方式也有很大发展，大跨国公司已发现它们的筹资渠道的选择余地大大增加了。而银行要招揽并留住像跨国公司这样有良好信誉的客户变得日益困难。由于彼此竞争激烈，银行不得不削减贷款利差并寻求信誉较差的客户。这也是 20 世纪 80 年代初国际银行陷入发展中国家债务危机的原因之一。

7. 各国银行业发展的不平衡

战后西方发达资本主义国家由于经济实力雄厚、金融制度发达而在国际银行业中处于垄断地位，然而它们彼此之间的相对地位是随各国经济实力对比的变化而变化的。从战后到 20 世纪 70 年代前半期，美国的跨国银行一直在国际银行业占有首要位置。在 1970 年，以资产排名的全球十大银行中有 7 家是美国银行，且前 3 家都是美国银行（Baker，2006）。然而在进入 20 世纪 70 年代后，欧洲银行业迅速崛起，到 1980 年，以资产排名的全球十大银行中有 7 家是欧洲银行，美国仅剩下 2 家，且让出了第一大银行的宝座（Baker，2006）。在 20 世纪 80 年代之后，日本银行因日元升值与日本经济实力的增强，以及"泡沫经济"的出现而迅猛发展，80 年代末日本银行一跃而居国际银行业的首位。相反美国的跨国银行由于美国经济实力的削弱和美元的疲软，加上卷入发展中国家的债务危机过深而发展缓慢，在国际银行业中的地位急剧下降。到 1995 年，以资产排名名列世界前 10 名的大银行中美国已榜上无名，而日本却独占了 8 家（The Banker），同年以资本排名的全球 10 大银行美国也仅占一家，而日本则占了 6 家，且两者的前 6 家都是日本银行。但日本银行在业务扩展的同时未能充分注意对银行资产质量的控制，具体表现在较低的税前利润和资本充足率上，因而在进入20 世纪 90 年代后其在银行盈利水平和安全性方面开始落后于美国。

20 世纪 90 年代中期以来日本银行业由于日本泡沫经济的破灭而受到沉重打击，日本银行的国际地位大为下降，其在国际银行界的信誉也一落千丈。反之，美国的跨国银行经过 20 世纪 80 年代的调整，逐渐从发展中国家的债务危机中摆脱出来，业务得到恢复和发展，其在国际银行业的地位又重新上升。就银行资产规模而言，美国银行在世界大银行的排列中虽仍较为落后，但名次已有大幅的提高。若就盈利水平和安全性来看，美国银行则独占鳌头。表 0-5 是 2006 年度世界银行按一级资本额排名前 7 名及其相应的一级资本的情况。

表 0-5　2006 年度世界银行按一级资本额的排名表

亿美元

2006 年名次	2000 年名次	银行名称	时　间	所属国家	一级资本
1	1	花旗银行集团	2005 - 12 - 1	美　国	794
2	3	汇丰控股公司	2005 - 12 - 1	英　国	744
3	4	美洲银行集团	2005 - 3 - 1	美　国	740
4	2	摩根大通公司	2005 - 12 - 1	美　国	725
5	7	三菱日联金融集团	2005 - 12 - 1	日　本	639
6	5	法国农业信贷集团	2005 - 12 - 31	法　国	606
7	6	苏格兰皇家银行	2005 - 12 - 1	英　国	486

资料来源：根据《Banker》杂志相关排名整理。

0.6　国际银行业务的影响

战后国际银行业务的迅猛发展，对世界经济、贸易与投资的影响是十分广泛和深刻的，同时也是十分复杂和利弊互见的。下面拟从利弊两个方面对跨国银行业务的影响加以剖析。

1. 国际银行业务的积极影响

（1）促进国际贸易和投资的发展

跨国银行的发展，满足了战后日益增长的国际贸易和投资的金融需要，如果没有遍布全球的银行网络的支持，国际投资和贸易的发展是不可能的。战后，银行不仅大大扩展了传统的为贸易服务的项目，如跟单托收、票据贴现、开立信用证、出口信贷等，更发展了诸如外汇期货、期权、互换交易等业务以帮助交易者避免风险，并开拓了租赁等新的融资方式，至于国际投资的发展，则更离不开银行的支持。在国际金融市场上，跨国公司是跨国银行的主要客户，实际上很多跨国银行海外分支机构就是追随跨国公司的海外业务扩张而设立的。跨国公司海外机构的许多暂时闲置资金多存入跨国银行的海外分支机构，而其海外业务所需资金的很大一部分也是从跨国银行那里借得。特别是在20世纪70年代初，美国等发达国家加强了金融管制以制止资金外流，跨国公司海外机构从母国借入资金十分困难，境外银行机构此时往往成了它们所需资金的主要供应者。此外，跨国银行还在为跨国公司调拨资金、管理财务、提供咨询、担保、买卖外汇、发行证券等金融服务方面充当了主要角色。

（2）促进了银行业的竞争与发展

银行业在各国国内大多是受到政府管制最为严格的一个行业，而国际银行业务特别是境外银行业务的发展却能在很大程度上改变这一状况。境外银行业不受各国政府的管制，享有很高的自由度。因而每当各国加强对本国银行业的管制时都会造成银行业务从本国国内金融市场向境外金融市场的转移，其结果往往是有关国家最终不得不放宽管制，以与境外金融市场争夺业务。这样银行业的自由化程度就大大加强了，从而促进了银行业的发展。20世纪70年代初美国的情形即是一个很好的例证。当时美政府由于资金外流严重，遂采取利息平衡税等措施限制资本外流，加上美国联邦储备Q项条例（限制银行存款利率水平）及存款准备金要求等规定的限制，使得美国银行将业务纷纷转向境外金融市场，最终迫使美国政府不得不取消利息平衡税、自动贷款限制，以及Q项条例等管制措施。

国际银行业务的发展还大大促进了各国国内银行业的竞争。如前所述，在各国，国内银行业通常都是一个高度集中和垄断的行业，它往往为少数大银行所把持，在有些国家甚至是直接由政府垄断经营。而国际银行业务的发展不仅使大量的外国银行进入各国的国内银行业，而且使各国银行要面临境外金融中心的竞争，银行业的竞争程度大大加强，这有利于银行改善服务态度，提高业务水平。此外，跨国银行的发展还有利于新的银行管理方法和金融工具的传播，从而有利于提高银行业的整体水平，这对发展中国家银行业来说尤其如此。

（3）有利于资本流动和国际收支的平衡

国际银行业务的发展，为各国引进外资提供了一个重要渠道。跨国银行的全球经营网络使得资金从剩余国向短缺国的转移变得异常便利。在发达国家之间，只要各国间的资金供求状况不一致引起利率稍有差异，就会迅速导致资金在国与国之间的流动，全球资金的使用效率因而大为提高。跨国银行还为调节国际收支不平衡发挥了巨大作用，它是顺差国的巨额收支顺差流向逆差国的重要渠道，从而使各国平衡国际收支的能力大为增强。例如在20世纪70年代，跨国银行就在石油美元回流中起了关键作用。如果没有跨国银行的存在，当时因石油涨价而导致的严重国际收支不平衡是很难这么快就得到缓解的。特别值得一提的是，在20世纪70年代跨国银行还是发展中国家引进外资的主要渠道。从1970—1982年，商业银行信贷占流入发展中国家的资金净额的比重从45％上升到59％，为解决20世纪70年代发展中石油输入国因石油涨价而出现的国际收支困难及满足其经济发展对外部资金的需要做出了突出贡献。

2. 国际银行业务的不利影响

（1）导致国际金融的动荡

跨国银行的发展，使得巨额资金的国际流动变得十分便利，在当今国际金融局势动荡的条件下，这会引起大规模的外汇投机活动，从而动摇国际金融的稳定。目前全世界有7.5万亿美元的短期资本在国际金融市场上流动，相对跨国银行所拥有的巨额流动资金而言，各国政府的外汇储备水平显得十分不足，根本无力抵消短期资本的冲击。布雷顿森林体系崩溃的直接起因就是巨额的短期资本流动。进入20世纪90年代后的重大汇率变动事件（如欧共体的汇率变动、墨西哥金融危机、东南亚金融危机等）也无不与此有关，这些冲击对相关国家的经济都造成了严重的不利影响。此外，国际银行业务的发展还导致了各国银行业的不稳定，从而扰乱了国际金融局势。国际银行业务的风险本来就要比国内银行业务要大得多，而跨国银行特别是境外银行业务受各国政府的监督程度又特别低，因此在国际上因从事国际银行业务导致的银行破产事件时有发生。这些破产事件都曾给国际金融及有关国家的国内经济带来极大的震动。

（2）削弱各国货币政策的效力

由于跨国银行的发展导致资金在各国间（特别是发达国家间）的流动十分容易，从而给各国控制货币供应量造成了极大的困难。各国政府再也不能像过去那样独立、有效地运用货币政策。例如，当一国货币当局采取货币紧缩政策，使得本国银根抽紧、利率上升时，跨国银行就会从国外调入资金；反之，如果因政府放松货币供应而使国内利率下跌，跨国银行又会将资金调出境外以寻求较高的利率。这种资金的调入调出部分抵消了货币政策对各国货币供应量及利率的影响，从而大大削弱了货币政策的效力。货币政策效力的削弱使得各国政府在某种程度上丧失了这项极为重要的政策工具，从而严重影响了政府对经济的宏观调控能力，并不断引起有关国家关于货币政策协调的争吵。

（3）导致全球通货膨胀的加剧

商业银行与其他种类金融机构的一个重要区别在于它具有创造货币的职能。因为银行的活期存款同钞票一样也是货币，在西方各国它是货币的主要组成部分。当银行创造的存款总额大于其吸收的初始存款额时，银行就扩大了货币供应量，其扩大的幅度（称货币乘数）主要取决于银行的存款准备金比率。根据货币银行学原理，如果仅考虑存款准备金这一要素，则货币乘数的计算公式为 $K = 1/r$（其中 $r =$ 存款准备金比率，K 为货币乘数）。国际银行业务是国内商业银行业务的自然延伸，因而它也有明显的创造国际清偿力（国际货币）的能力。这方面最为人所关注的是境外银行机构的货币创造能力。有不少经济学家认为，由于境外银行不受有关存款准备金规定的限制，从理论上说它的存款准备金比率 r 可以为零，这就意味着其货币乘数 K 可以为无穷大。因此境外银行业的发展会大大刺激国际清偿力的增长，从而加剧世界通货膨胀。1978年，境外银行存款已占了世界各主要货币供应量（以广义货币 M_2 计）的近2.7%，其中英国、比利时、卢森堡、瑞士和加拿大的该指标达到10%。

思　考　题

1. 什么是国际银行业务？它包括哪些内容？
2. 战后国际银行业务有哪些新特点？
3. 战后国际银行业务的影响是什么？

第1章

国际银行存款

1.1 存 款 概 说

1.1.1 存款的种类

所谓存款（Deposit），简单来说，就是客户存入银行的资金。客户之所以将其所有的资金存入银行，目的主要有两类。

一是为了日常货币收支结算的需要，或为了使现金有一个较为安全的保管场所，它们通常都可以迅速提取，并可通过银行进行转账划拨，用于日常收支结算十分方便。此类存款可以称为流通性存款（Current Deposit）或出纳存款、保管性存款。

由于银行经营这种存款所耗人力、物力相对较多，又因要随时应付提取或转账而需保持较高的准备金比例，使得相当大的一部分流动性存款不能用于较长期的投资以赢利，因而流动性存款通常是无息的，相反在个别情况下（如存款数额较少时）反而需支付一定数额的服务费。

活期存款（Demand Deposit）就是一种最典型的流动性存款，它是一种凭支票（Check）就可以随时将账户资金转至其他存款账户的存款，故又称支票存款。而且这种转账不需要由存户本人亲到银行办理，存户可以将支票直接开给收款人，由收款人委托自己的活期存款开户银行将支票上的款项从开票人的活期存款账户上转至自己的账户上。

在历史上活期存款曾是商业银行提供的唯一的一种存款方式，在很长一段时间内，也只有商业银行才可以吸收活期存款。由于活期存款可以直接用于收支结算，因而它也构成一国货币的一部分，商业银行通过活期存款的创造而具有了创造货币的独特职能，使其在一国经济中特别是货币政策方面占据了举足轻重的地位。在发达国家，活期存款已构成货币的主要部分。据估计，目前美国90%的收支是以活期存款转账完成的。在国际经济交易中活期存款的使用比重就更高，事实上除了旅游和非法交易，在国际收支结算中一般是不使用现钞的。不仅如此，银行业务的其他方面，如资金的贷放、货币的兑换等，也多数是靠活期存款的创造、转账完成的，因此活期存款业务可以说是银行业务的基础。

　　自 1980 年以来，由于金融创新及其他一些原因，活期存款在银行的存款总额中所占比重有所下降，提供活期存款也不再是商业银行的独家职能，其他一些种类的金融机构（如美国的互助基金等），目前也可以开立有无限支票或有限支票权的活期账户。但到目前为止活期存款仍然在商业银行的存款总额中占有一定比重，商业银行也还是活期存款的主要创造者。

　　另有一部分客户存款的目的不在于应付日常收支结算的需要，而是为了赚取利息，此类存款可以称为投资性存款（Investment Deposit）或生利存款。此类存款或需经一段固定时日后才可提取，或虽可随时提取，但提取的手续较为烦琐，因而流动性较差，用于日常收支结算很不方便；但由于它的提取概率较低，银行需对其提取的存款准备金也就可以少些，从而能够将这类存款的较大部分用于投资以获利，故银行一般较欢迎此类存款，并视这些存款的具体情况支付一定的利息。存户存入投资性存款实际上是一种贷款行为，同贷款给他人或购买债券并无本质上的区别，但由于银行一般具有良好的信誉，又往往有政府提供的一定数额内的存款保险，因而风险较之一般的公司债券低，利率也因此较低。

　　投资性存款主要有以下几种。

　　（1）储蓄存款（Saving Deposit）

　　储蓄存款也是一种可以随时提取的存款。与活期存款不同的是，储蓄存款提款时必须由存户亲自到开户银行办理，而且提款时使用的凭据不是支票，而是凭银行专门发给储蓄存款开户人的存折（Pass Book）提取，故储蓄存款又被称为存折存款。由于储蓄存款的提取手续较为烦琐，因而流动性差于活期存款，尽管它也可以随时提取。

　　为了弥补传统的储蓄存款的不足，银行创造了许多新型的、有较高流动性的储蓄存款。突出的有 1980 年后美国银行所创的 NOW 账户（Negotiable Order of Withdrawal Account，可转让提款单账户）和 ATS（Automatic Transfer Service Account，自动转账服务账户）。NOW 账户允许存户开立张数有限的对该账户的提款单，用于对第三者的支付。ATS 账户可以自动实现存款从储蓄账户向活期账户的转移，即当存户在活期存款账户上的存款余额降至某一最低数额以下时，银行自动地将存户在储蓄存款账户上的部分金额转账至活期存款账户，使存户的活期存款账户上的存款余额能维持在确定的最低水平以上。像 NOW 和 ATS 这样的储蓄存款在某种程度上已具有了活期存款的功能，但又具有能生息的优点，这是银行为吸收储蓄而采取的金融创新措施。

　　通知存款（Notice Deposit）可以说也是一种储蓄存款，不过此种存款的存户在每次提款时需提前若干天通知银行。提前的天数由银行与存户在开户时约定，有三天、七天、半个月、一个月、三个月等不同的规定，由于通知存款的提取较普通的储蓄存款难，故其利率一般高于普通的储蓄存款。

　　相对于活期存款和定期存款而言，储蓄存款所占的比重相对小些，而且多为个人户头，机构储蓄者则多为非盈利性机构。在美国，储蓄存款目前已占了银行存款总额的 25%。

　　（2）定期存款（Fixed Deposit）

　　所谓定期存款，是指这种存款在存入之后，须经一确定的时期才可提取。存款的期限可从 7 天至 8 年不等。与储蓄存款不同的是，定期存款所用的存款及提款凭证不是存折，而是一张证书，故定期存款通常又称为定期存单（Certificate of Deposit，CD），其面额可从 500 美元至 10 万美元不等。由于定期存单要到期末才能提取，其流动性较储蓄存款还低，故银行对其支付的利息也较储蓄存款高,其具体的利率水平则随定期存款的期限长短而有差异。

尽管定期存款是到期才可以提取的,但如果存款人希望提前支取,银行通常也是允许的,但银行会扣除部分利率作为处罚,以限制存款人的提前取款,存款人出于信誉的缘故一般也不会提前支取。

以上简单地介绍了银行存款的种类及其各种具体的形式,存户往往是综合考虑自己对流动性和投资性的需要来决定其存款结构的。不过,就整体趋势而言,近来投资性存款(特别是其中的定期存款)在银行存款中所占比重有逐步增加的趋势。

1.1.2 银行存款的决定因素

商业银行的存款,从其整体水平来看,其规模大小首先取决于一国居民的收入水平及储蓄习惯。一国居民的收入水平越高,其在银行的存款也就会越多。同样,一国居民的储蓄倾向越强,则同样的国民收入下该国的储蓄规模会越大。其次,银行存款的规模同所在国政府的货币政策也有很大关系。如果政府的货币政策偏紧,银行的存款利率水平就会提高,从而加强银行存款的吸引力,但紧缩政策导致的居民收入下降及货币供应增长的趋缓又会对银行存款产生不利影响。政府如果改变法定存款准备金比例,则会导致银行存款创造能力的变动,从而影响银行的存款水平。最后,金融制度的发达与否对银行存款的规模也有密切关系。在发达国家,由于日常的收支结算中广泛使用了支票、信用卡等支付手段,存款规模自然会大大增加;反之,那些收支结算仍主要采用现钞的国家,存款规模的扩大就会受到很大束缚。此外,如果一个国家除了商业银行外尚有健全的股票、债券、投资基金等投资渠道供储蓄者选择,银行存款自然也会受到很大影响。

就个别银行而言,则除了上述宏观因素外,其存款水平还取决于与其他银行相比这家银行所具有的特殊优势。这些优势如下。

(1)利率上的优势

对储蓄存款、定期存款等投资性存款而言,利率的高低是极为重要的。因此,如果某家银行在利率方面较邻近的其他银行富有竞争力,自然能吸引较多的存款。

(2)人力物力资源优势

同一般的工商企业一样,一家有着美观的营业建筑,华丽舒适的营业环境,先进的业务技术和"硬件设备",高水平、称职的营业人员的银行能吸引更多的客户来存款。

(3)银行提供的服务

银行能够对客户提供的服务多寡也是吸引客户存款的重要因素之一。例如,在西方发达国家,那些拥有宽广的停车场或汽车(Drive-in)出纳窗口的银行,以及能够提供邮递银行业务、24小时自动出纳机(24-hour Automation Teller Machine)等服务的银行会更受个人储户欢迎。对企业而言,那些能为企业提供准确、及时的簿记服务,愿意为其提供贷款的银行一般更受青睐。对跨国企业来说,拥有广泛的国际联系,能提供良好的外汇交易及国际结算服务也是选择开户银行的非常重要因素。

(4)银行的政策

首先,银行的经营管理决策是否得当,会严重影响到银行的经营业绩,进而影响到存户对银行的信任。很显然,那些实行谨慎经营策略,经营业绩良好的银行会更为存户所信任,吸收的存款会多些。反之，如果银行因不谨慎的资金贷放活动而陷入困境，资金周转不灵，则不仅难以吸收到新的存款，已流入的存款也会纷纷"逃走"，流向其他的银行。不过由于存款保险制度的推广这一市场约束机制已受到削弱。其次，银行的经营决策还会影响银行同企业存户的关系，这也会影响银行的企业存款。那些在企业存户出现资金周转困难时更愿意提供贷款支持的银行自然较贷款政策保守的银行更受企业存户的欢迎。最后，不同的银行其经营侧重点也是不同的，这就使它们对不同的顾客会有不同的吸引力，如某银行对某一领域，或某种形式的银行业务特别擅长，就会对那些较依赖此类业务的存户具有特别的吸引力。

（5）地理位置

在银行业竞争十分激烈的今天，各银行提供的服务种类及其质量往往相差不大，大银行之间的差距就更小，此时银行的地理位置就显得非常重要了。在任何一个国家的内部，各地区的经济发展往往是不平衡的，处在经济发达、收入水平高地区的银行吸收的存款显然会较经济落后、收入水平低的地区多。这是大银行为什么会不断地根据地区经济地位的变化而调整其分支机构地理分布的原因。同样，在国际银行业中，那些经济发达或发展速度快的国家就要比经济落后、发展速度缓慢的国家更能吸引外国银行的进入。具体到某一个地区内部，地理位置的差异也会严重影响银行吸纳存款的能力。特别是个人存户，他们一般更愿意与离自己住址较近的银行打交道，因而所在地区交通方便，人口密度大，且附近居民收入较高的银行机构吸收的存款就会更多些。

（6）银行的历史

银行成立的历史长短，也会影响其对存款的吸收。那些成立历史悠久，并有良好信誉的银行较新成立的银行一般更为附近存户所信任，而且存户一旦与某家银行有了存储关系，则除非出现特殊情况，一般是不会轻易改变存款银行的。

1.1.3 存款的开户、存入与提取

存户在银行无论是开立何种户头，都必须办理一定的手续；同样，当存户向其已开立的户头存入新的款项或从中提款时，也必须办理一定的手续，但不同的存款方式其所需办理的存、提款手续是有很大差异的。

1. 活期存款的手续

在银行提供的各种存款方式中，活期存款所需办理的手续最为繁复，这是因为活期存款是凭支票支取的，支取时又无须存户本人亲自至银行办理。许多银行允许在事先约定的情况下允许存户有一定限额的透支（尤其是对企业存户），因而存在伪造支票、冒支款项、开立空头支票、恶意透支等欺诈行为的可能，银行不得不多加防备。

个人存户在开立活期存款账户时，应持有关的身份证件（如社会保险证、身份证等），并提供良好财务状况证明，表明自己有可靠的收入来源，还应有银行所熟悉、信任的人士的推荐，银行还会向票据清算所查证存户是否有开立空头支票的历史。在英国，根据英国1957年《支票法》第四款，如果开户人是一名公司雇员，则还必须获取有关开户人雇主的资料，以杜绝与其雇主有关的支票欺诈行为。出于同样理由，已婚妇女开立活期存款账户，必须同时了解其丈夫本人及丈夫雇主的情况，以防夫妇共谋欺诈。

如果是企业开户，则必须由企业相应的主管人员亲自办理。开户时应提供企业决策机构决定在该行开户的决议文件，同时提供企业执照、资产负债表、损益表等表明其财务状况良好的文件。如果账户是由其他银行转入的，则转入的原因也应标明。

在开户的时候，申请人在交纳了前述各项文件时，还应填写"活期存款开户申请书"等文件。办理了上述手续后，银行经审核合格后即可准予开户。开户时银行发给开户人空白支票簿和送款簿各一本，存户向其账户追加存款时用送款簿，取款时则用支票簿。

2. 储蓄存款的开户、存入、支取

同活期存款相比，储蓄存款由于滥支、冒支的可能性相对小些，因而其开户、存款支取的手续要简便得多。在开户的时候，个人开户人只需提交身份证件即可。开户时由银行发给存折一本，以后存户无论是存款还是提款都需凭存折至银行办理，存折往往印有编号，甚至可以加密。存折内有借、贷方账目，每次存、取款均由办理业务的银行职员在上面相应栏目作登记。但随着电子计算机技术在银行存款业务中的广泛运用，有的银行在办理储蓄存款的存、提款业务已不再是每次业务都在存折上进行登记，而是给存户一张由计算机打印的账单（Statement Sheet），只是每隔一段时间由银行结账录入存折上。不过不论采取何种方式，存、取款时均应填写相应的单据，并且一般不能透支。

3. 定期存款的存入与提取

在各种银行存款形式中，以定期存款的办理手续最为简便，它实际上相当于存户购买了银行发行的债券。存户在填写了有关存款单据，并交纳了现款（亦可从其活期存款或储蓄存款账户上转入）后，即可获一张记名的存单。存户在到期日凭此单到银行提款，提款时同时还应出示有关的身份证件。若存户在未到期之前即欲取款，银行一般要扣除 3～6 个月的利息作为惩罚（在我国则是改为活期存款利率计息）。若在存款到期后未及时提取，则多余的存款天数转按储蓄存款利率计息。

1.1.4 存款业务发展简史

存款业务最早起源于金银保管业。在古代，随着经济的发展，一些人积聚了大量的金银财物，由于货币兑换业者及其他一些金匠、商人往往富甲一方，为人们所信任，又经手大量的金银财物，有着丰富的金银保管经验和良好的储藏场所，这些人遂将自己闲置不用的金银委托给货币兑换商及金匠们保管，这是最早出现的存款。

然而，此时货币兑换商尚未将其吸收的存款用于信贷。早期的货币兑换商大多并不从事货币贷放业，或虽然兼营贷款业务，也主要是靠自有资金来经营，与其存款业务是截然分开的。当时货币信贷主要是由高利贷者来提供的。高利贷业在西方和东方都有十分悠久的历史，但他们往往完全用自己的资金从事借贷活动。在西方，中世纪的犹太人有许多人从事这一职业；在中国则有钱庄、银号和典当铺等。由于纯粹靠自身的经济力量对外提供贷款，故这些人所索取的利息自然也较高，以至于遭受到其他各界人士的愤怒和鄙视。由于经济力量有限，其发展的余地亦受到很大限制。随着存款业务的发展，一些货币兑换商开始将其吸纳的存款用于贷款。起初只是将存款挪用于其自身经营的商业活动，逐渐地就扩大到对其他商人，甚至对贵族、国王的贷款。起初这种行为仅是秘密地、偶然地进行着，并且被人们认为是不道德的，但由于它对货币兑换商及各类资金需求者均有极大的好处，因而很快得到扩展并走向公开。

此种贷款业务的开展从根本上改变了存款的性质，过去的存款是保管性的，货币兑换商不仅无法从中获利，反而需履行保管、现金出纳和存款转账等职责，故此时存款人必须支付保管费用给货币兑换商。新的存款则是借款性的，相当于货币兑换商从存款人那里借入资金，再转贷给他人，故此时货币兑换商反过来需将以这些存款从事贷放业务所获盈利的一部分作为利息支付给存款人。这种存款起初被认为是"不正规的存款"（Irregular Deposit），但由于其无可比拟的优越性，很快就取代了传统的所谓"正规存款"而成为存款的主要形式。

1.2 外币存款

国际银行业所涉及的存款业务，与银行在其他领域的国际业务一样，大致可以分为三类：银行的国外分支机构所从事的当地货币存款业务；银行及其国外分支机构所从事的外币存款业务；银行与国外分支机构从事的境外存款业务（包括本币和外币存款）。第一类业务同普通的国内存款业务并无多大不同，已在 1.1 节中作了介绍，此节则主要研究第二类外币存款业务，境外存款业务则是 1.3 节的主要内容。

1.2.1 外币存款的种类

对于一个国家来说，所谓外币存款，是指与该国有关联的以外币（相对于该国货币而言）定值的各类存款。具体说来，大致包括以下几类。

① 本国居民存于国外银行机构的各类以外币定值的存款。

② 本国居民存于国内银行机构，以及设在本国境内的外国银行机构的各类外币存款。

③ 外国居民存于本国境内银行机构的各类以外币定值的存款。

④ 在许多存在严格外汇管制的国家，外币存款还包括那些可以较为自由地兑换成外汇并汇出境外的各种本币存款，以及由国外流入的、以外币转存的本币存款。

本节所指的外币存款，是指存于本国境内的外币存款，即第 2、3、4 类存款，其用途也是在存款所在国的国内，否则一般属于境外存款。

1.2.2 外币存款的管理

外币存款虽然与普通的本币存款有许多相同之处，但由于外币存款的定值货币为外币，或较之普通的本币存款更易于兑成外币，涉及存款所在国的国际收支问题，故各国政府对此类存款大都定有多方面的限制措施。

（1）指定的专业银行

在不少存在严格外汇管制的国家，都规定只有经有关部门批准的指定银行才可以从事外币存款业务。例如在我国，开始的时候只有中国银行才有权吸收外币存款，现在其他专业银行和一些非银行性金融机构在被批准后也可经营外币存款。

（2）外币存款的限额

在存在外汇管制的一些国家，对于本国居民可以拥有的外币存款数额也规定了最高限。例如，日本在 1980 年 12 月 1 日修改外汇管理法之前，企业、个人若自身无外汇收入，仅从银行买入外汇存款，则每户最多仅能存入相当于 300 万日元的外汇。

（3）利息方面的管理

对外币存款的利率，各国货币管理当局一般也采取与本币存款不同的利息政策。例如，我国由于长期以来存在外汇短缺，为鼓励存户将外汇结售给国家，故对外币存款一直采取低利率的政策，外币存款的利率往往低于可比的国际市场存款利率，只是近来外汇存款激增，外汇存款的利率才有所提高。反之，一些外汇收支有巨额顺差的发达国家为了限制外国游资的大量涌入，甚至对非居民的本币存款采取倒扣利息的作法。例如在 20 世纪 70 年代，瑞士即规定对非居民在瑞士超过 10 万瑞士法郎的存款不仅不付利息，反倒扣 10％的利息。

（4）税务的规定

在许多国家，非居民在本国银行的本币及外币存款所获利息如同其他种类的外国信贷（如债券、贷款、租赁等）的利息收益一样需要缴纳利息预扣税。例如，在我国外国居民存款利息收入就必须缴纳 10％的利息预扣税。

（5）对外汇存款转账的限制

由于国际收支主要是通过银行外汇账户的转账实现的，因此为了保持国际收支平衡和汇率稳定，有的国家就对居民与非居民的外汇存款账户的转账进行限制。例如，20 世纪 70 年代英国将其银行存款账户分为本国账户和境外账户两种。所谓境外账户，是指除爱尔兰、直布罗陀之外的非英国居民在英国开立的英镑存款账户，此账户上的收支需经特别批准，1979 年后该账户才取消。

1.2.3　我国的外币存款

我国的外币存款最早是在 1957 年由中国银行办理的，"文革"期间该业务曾暂时停止，1979 年 11 月按照国务院指示重新成立的中国银行恢复了此项业务。目前随着我国改革开放的不断深入，外币存款的规模正在不断扩大，逐渐成为国民经济建设所需外汇资金的重要来源。经营外币存款业务的金融机构也越来越多，目前除了我国的专业外汇银行——中国银行外，其他各专业银行，如工商银行、建设银行、交通银行及其他一些金融机构也被批准办理外币存款业务。

外币存款主要包括美元、欧元、英镑、日元、澳大利亚元、加拿大元、瑞士法郎及新加坡元等，种类分为甲、乙、丙三种。

1. 甲种外币存款

所谓甲种外币存款，是指法人在我国金融机构存入的外币存款，也就是机构外币存款。它在我国的外币存款中占有绝对优势。

1）甲种外币存款的存户

根据 1993 年新版《中国银行外币存款章程》，在我国可以开立甲种外币存款账户的法人机构包括：

① 各国驻华外交代表机构、领事机构、商务机构，驻华国际组织机构和民间机构；

② 在中国境外、港澳台地区具有独立法人资格的中外企业、团体；

③ 在中国境内的外商投资企业；

④ 中国保税区内的中外企业、单位；

⑤ 中国境内按照国家外汇管理规定可以保存外汇，并经批准可以开户的机关、团体、部队、学校、国营企事业单位、城乡集体企业和私营企业等；

⑥ 经中国人民银行批准可经营外汇业务的金融机构。

2）甲种外币存款的适用对象

上述各种法人机构，其下列各项外汇收入均可存入甲种外币存款账户。

① 由中国境外或港澳台地区汇入、携入或寄入的可自由兑换的外汇；如为外钞，按当日的外钞买入牌价和外汇卖出牌价折算成外汇入账；对于远期外汇票据，应等到期托收完毕后方可入账。

② 外商投资企业所有的外汇资金。

③ 中国机关团体、企业、事业单位根据国家外汇管理规定可以保存的外汇。

④ 中国境内金融机构的外汇。

3）甲种外币存款的种类

甲种外币存款的形式主要有活期、通知和定期存款 3 种。

（1）活期存款

甲类外币存款的活期账户可以分为存折户（即前面所述的储蓄存款）和往来户（即前述的活期存款）。前者凭存折办理存、提款业务，后者使用支票办理取款业务。对往来户一般每月底寄送账单，以便存户核对。不论是存折户还是往来户，起存金额均为人民币 1 000 元的等值外汇，两种账户未经银行批准均不能透支。

外币活期存款结息时按中国银行同业公会公布的外币活期存款利率和实存天数计息，每年 12 月 20 日结息一次，计息期间如遇利率调整，不分段计息。

（2）通知存款

我国的外币通知存款分一天和七天（在存款开立时约定）两种。起存金额为 5 万美元或等值的外币，需一次全额存入。

通知存款可全部或部分支取，每次部分支取金额不得小于 1 万美元或等值外币，留存部分不得小于起存金额。通知存款的存款人如欲提取存款应在约定支取的前一天或七天，填写"单位通知存款支取通知单"，加盖单位公章后，以来人送交方式通知银行约定取款日期和金额，并于约定日到银行办理支取手续，凭存款凭证及预留印鉴或其他约定的方式支取。如果单位客户不能提前将支取通知单送达银行，可采用传真、信函的方式通知银行，并于约定日到银行将支取通知单正本提交银行办理支取手续。如果约定支取日不到银行取款，此次支取通知自动失效。

通知存款按支取通知书的约定履约支取的，以存款本金为基数，按实存天数和支取日当天相应的一天或七天通知存款利率计息。实际存期未满原约定的，不予计息。

（3）定期存款

我国外币定期存款的期限分一个月、三个月、六个月、一年、二年五档。存款以存单方式发行，整存整取；起存金额不应低于人民币 10 000 元等值的外汇，须一次性存入。定期存款根据金额大小又可分为小额外币定期存款和大额外币定期存款两个档次。大额外币定期存款又称协定存款：由存户和银行双方就存款期限、金额、利率签订协定，起存金额不低于 50 万美元的或等值外汇，存期不少于一个月。例如，中国银行规定大额外币定期存款可在挂牌公告的同档次利率基础上增加 0.25 至 0.5 个百分点。

定期存款到期后可凭存款凭证及预留印鉴或其他约定的方式支取或转存，如因特殊需要，存款未到期可提前支取。

小额外币定期存款按存入日中国银行同业公会公布的定期存款相应档次利率计息，存期内如遇利率调整，不分段计息。大额外币定期存款可享受较优惠利率，但不可以自动转存。

4）甲种外币存款的使用范围

甲种外币存款可以用作以下用途。

① 可以将存款汇往中国各地或汇往境外。

② 可以按当日中国银行公布的外汇牌价兑换成人民币。

③ 可转入在存款银行开立的其他外汇账户。

④ 经批准可以支取适量外钞携出境外。

⑤ 可购买旅行支票在国内外使用。

⑥ 中国境内的机关、团体、部队、学校、国营企事业单位、城乡集体企业和私营企业等，对本账户的使用应符合国家外汇管理规定。

5）甲种外币存款的开户

凡欲开立甲种外币存款账户的机构，均须向开户银行提交下述文件。

① 驻华外交代表机构、领事机构、商务机构及国际组织机构，应提供该机构申请开户的公函。

② 外商投资企业应提供我国工商管理局签发的营业执照副本，或有关当局的注册证明文件。

③ 在中国境外或港澳台地区的中国企业，应提供对外经济贸易部批准设立机构的证明、境外所在地的注册证明及主管部门批准开户的证明。

④ 在中国境外或港澳台地区的外国企业、团体应提供其董事会或其他最高管理机构决定在国内银行开户的证件，必要时可要求提供当地注册登记文件。

⑤ 中国境内的机关、团体、学校、国营企事业单位、城乡集体经济组织申请开户，需按国家外汇管理总局"关于对公单位开立外币账户的暂行管理方法"的有关规定办理。

甲种存款账户在开户时存户必须预留印鉴，以便提款时核对。

2. 乙种外币存款

乙种外币存款是我国银行提供的一种个人外币存款账户，它最早是在 1985 年 1 月正式设立的。在此之前，我国的外币存款并不按团体和个人分为甲、乙两种。

1）乙种外币存款的存户

乙种外币存款的存户主要是居住在中国境内外、港澳台地区的外国人、外籍华人、华侨、港澳台同胞。

2）乙种外币存款的来源

根据中国银行《乙种外币存款章程》的规定，下列外汇可以存入乙种外币存款账户。

① 由中国境外或港澳台地区汇入、携入或寄入的可自由兑换的外汇、外钞。

② 其他经银行同意汇入的外汇。

3）乙种外币存款的种类

从资金来源来看，乙种外币存款分为外汇账户和外币现钞账户。如果存款资金是个人从境外汇入、携入或寄入的可自由兑换的外汇，应存入外汇账户；如果要求以外钞存入外汇账户，则应按当日外钞买入牌价和外汇卖出牌价折算成外汇入账；不能立即付款的外币票据，需经银行办理托收，收妥后方可入账。

从境外携入的可自由兑换的外币现钞，可存入外币现钞账户。

从期限来看，乙种外币存款分为定期和活期两种：乙种外币定期存款为记名式存单，存期分为一个月、三个月、半年、一年、二年五种，起存金额不低于人民币五百元的等值外汇；乙种外币活期存款只办理存折户，不办理往来户，起存金额不低于人民币一百元的等值外汇。

4）乙种外币存款的币种

乙种外币存款的货币种类为美元、英镑、欧元、日元等，如果存户以其他可自由兑换的外汇存入，可按存入日的外汇牌价折算成上述货币入账，如因特殊需要，经银行同意后也可开立其他货币账户。

5）乙种外币存款的开户

存款时存户凭护照办理开户，且必须填写开户申请书及印鉴卡一式两份，经办人员核对户名与存款人身份证件、海关申报单后，在海关申报单上批注已存外汇数额，然后再按存户要求开立活期或定期存款账户。定期存款由银行出具记名式存单；活期存款则由银行出具存折。居住在国外或港澳台地区的存户，也可来信，银行按约定的方式办理存款手续，并由银行代保管存单或存折，给存款人出具保管证。

6）乙种外币存款的使用范围

乙种外币存款可作以下使用。

① 本息可以汇往中国境外，亦可支取外钞。

② 可以支付在中国境内的旅游费用。

③ 可以兑换人民币在中国境内使用。

④ 存款人出境时，根据存款人的要求，外汇账户可直接汇出，也可支取外钞；外币现钞账户可直接支取现钞，也可汇出境外。

7）乙种外币存款的提取

① 定期存款到期，可凭存单及预留印鉴或其他约定方式支取；活期存款凭存折及支款凭证或其他约定的方式支取。

② 定期存款可预约由银行代办到期转存手续。

③ 定期存款如提前支取，可凭存单、取款约定方式及存款人有效身份证件全部或部分提前支取一次。存款人在取款时除了出示身份证件、存折（或存单）外，还必须核对签名。

④ 等值 2.5 万美元及以上的外币现金取款，须至少提前一天通知银行备付现金。

8）乙种外币存款的利息

① 存款按国家公布的个人外币存款利率计付利息。

② 存款如遇利率调整，活期存款分段计息；定期存款按原存入日利率计息。

③ 定期存款到期转存，按转存日利率计息；到期不取又不办理转移手续，过期部分按支

取日的活期存款利率计息。

④ 定期存款提前支取，提前支取部分按支取日的活期存款利率计息；未提前支取部分仍按原存入时的利率计息。

3. 丙种外币存款

丙种外币存款是一种针对我国境内居民的个人外币存款，它是随着我国对个人外汇管制的放宽，由我国各专业银行于 1984 年 7 月设立的。我国的个人外币存款之所以有乙、丙之分，是因为根据我国相关的外汇管理法律，境外个人外汇存款必须和境内个人外汇存款区分开来，分别管理。目前丙种外币存款主要根据 2006 年 11 月国家外汇管理局发布的《个人外汇管理暂行办法》（以下简称《办法》）管理。

1）丙种外币存款的种类

丙种外币存款按期限划分为定期、通知、活期及定活两便存款 4 种。

① 定期存款。丙种定期存款分一个月、三个月、六个月、一年、二年五种，以存单形式开户，起存金额为 50 元等值人民币。存款时先由存储户填写存款申请书申请开户，经银行审核后开给记名式定期存单。存单上加盖"丙种"字样，以和乙种外币存款账户相区别。

② 通知存款。起存金额一般不低于 5 000 元的等值外汇。

③ 活期存款。丙种外币活期存款只办存折户，起存金额不低于人民币 20 元的等值外汇。存款时存户填写开户申请书，经银行审核同意后开给记名式活期存折。

④ 定活两便存款。为存单户，起存金额为人民币 50 元的等值外汇。

与乙种外币存款一样，丙种外币存款根据存户存入的是外汇还是外钞，又可分为现汇户和现钞户。

2）丙种外币存款的开户

居民一次性存入等值 1 万美元以下的丙种外币存款的开户，直接到银行办理；一次性存入等值 1 万美元（含 1 万美元）以上的，须向银行提供真实的身份证明，银行登记备案后予以办理。

3）丙种外币存款的使用

根据国家外汇管理局发布的《个人汇管理办法》，对个人汇出外汇实行年度总额管理。其具体额度可由国家外汇管理局根据国际收支状况进行调整。目前的年度总额分别为每人每年等值 5 万美元。该《办法》还按交易性质将个人外汇账户分为经常项目账户和资本项目账户。经常项目项下的个人外汇业务按照可兑换原则管理，资本项目项下的个人外汇业务按照可兑换进程管理。

在经常项目下，个人提取外币现钞当日累计等值 1 万美元以下（含）的，可以在银行直接办理；超过上述金额的，凭本人有效身份证件、提钞用途证明等材料向银行所在地外汇局事前报备。银行凭本人有效身份证件和经外汇局签章的《提取外币现钞备案表》为个人办理提取外币现钞手续。

外汇储蓄账户内外汇汇出境外当日累计等值 5 万美元以下（含）的。凭本人有效身份证件在银行办理；超过上述金额的，凭经常项目项下有交易额的真实性凭证办理。

4. 人民币特种存款

所谓人民币特种存款，是指由外汇转存的人民币存款。因其资金来源是外汇，故与普通的人民币存款有很大的不同。

1）人民币特种存款的存户

根据有关规定，以下机构与个人有权设立人民币特种存款。

① 各国驻华外交机构、商务机构、驻华的国际组织与民间机构。

② 外国及港澳台地区的企业与团体。

③ 在中国境内的外商投资企业。

④ 居住在中国境内、境外的外国人、海外华侨和港澳台同胞。

⑤ 按国家规定允许外汇留存的中国人。

⑥ 其他经存款银行同意者。

2）人民币特种存款的种类

人民币特种存款只有活期存款，分为支票户（往来户）和存折户两种。支票户不计息，存折户按人民币活期存款利率计息，起存金额为团体不低于人民币1 000元，个人不低于人民币20元。存款时若存入的是外币，则以当日的外汇买入价折算入账；若存入的是现钞，则以现钞买入价折算入账。

3）人民币特种存款的使用

人民币特种存款可用于以下方面。

① 可将存款本息按支取日的外汇卖出价兑成外汇汇往境外。

② 可转存普通人民币存款账户或支取人民币现钞，并按有关规定享受侨汇待遇，但如果转入普通人民币存款账户或支取了现钞，就不能再重新存入特种人民币存款账户。

1.3　境外银行存款

境外银行存款在国际银行存款业务中出现的比较晚，但目前它在国际银行存款业务中已占有举足轻重的地位，因而有必要专门予以论述。

1.3.1　境外银行存款概述

从存款的来源和流向来看，所谓境外存款，是指存于存款货币发行国境外，并且是用于对非存款银行所在国居民的业务的存款，因此它也可以称为离岸存款（Offshore Deposit）。境外存款并不一定要是外币存款，如在伦敦境外市场上也有境外英镑存款。

1. 境外银行存款的特点

境外银行存款最早出现于英国伦敦，后来很快扩展到欧洲的一些国家。由于这类存款最初大都是以美元存入的，故境外存款又称为欧洲美元存款。但现在境外存款已扩展至世界各地，出现了亚洲美元存款、中东美元存款、加勒比美元存款等，存款的币种也不再局限于美元，出现了境外马克存款、境外日元存款、境外英镑存款、境外瑞士法郎存款、境外法国法郎存款等。

与银行的国内存款及普通外币存款相比，境外银行存款具有很多特别之处。

① 境外银行存款同其他境外金融业务一样，它的来源和流向均是在银行所在国以外，这

是它与普通外币存款的最大差别。普通外币存款的存款货币虽然也是外币，并可能来自境外，但其流向则是银行所在国的国内。

② 由于境外存款的来源和流向均在银行所在国境外，因而银行所在国（东道国）对这类存款的管制自然要较银行的国内存款和普通外币存款少得多。境外存款一般不受最高利率限制，也无法定的最低存款准备金要求。缺少束缚大大降低了经营境外银行存款的成本，使得境外银行能以更高的利率吸引存款者，同时境外银行又可以低于国内银行的利率提供贷款，这样就使得境外银行的存贷利差要小于国内银行。这大大增加了境外银行对客户的吸引力。但在另一方面，境外银行存款一般也不能享受政府对国内存款的各种优待，如存款保险等，所以风险也大于国内存款。

③ 由于境外金融市场基本上是一个银行间市场，因而境外存款也主要是银行间的相互存款。非银行存户也主要是各国政府机构、国际组织、企业、其他金融机构等机构投资者，个人存户主要是少数富有人士。相比之下银行国内存款及普通外币存款的来源就要广泛得多，既有机构、富裕阶层等大投资者，也包括广大的中小存户。

④ 境外存款的币种几乎包括目前世界上主要的国际货币，甚至包括像特别提款权（SDR）这样的人造货币。相比之下，各国外币存款的币种就要少得多，这主要是由于政府管制，及一国外汇来源的有限等原因所至。

2. 境外银行存款产生的原因

境外银行存款的出现绝不是偶然的，从根本上说，它是战后国际经济联系加强、国际分工和专业化协作进一步深化的需要和必然结果。但其产生的具体原因则较复杂，它是国际政治、经济多种因素互相作用的结果，主要包括以下几个方面。

（1）冷战的结果

最早的境外存款来源于 20 世纪 50 年代初期的前苏联、东欧国家及中国。这些国家不将本国的美元储备存入美国国内的银行，而宁愿将其存入伦敦等欧洲城市。这是因为在当时的冷战情况下，这些国家担心，如果他们将自己的美元储备存入美国国内银行，美国政府可能将这些存款封存或被美国法院判归那些声称对这些存款有索赔权的美国居民与非居民（如在当地有子公司被国有化的美国跨国公司、与该国处于敌对状态的第三国、逃亡到美国的该国居民等）。加上美国对这些社会主义国家实行封锁，他们要从美国国内银行获得贷款非常困难，这些国家也希望通过存款加强与欧洲大银行的联系，以便必要时能从这些银行获得贷款。在这以后其他一些与美国关系不佳的国家，如某些阿拉伯国家出于同样的理由也采取了向境外银行存款的做法。

（2）欧洲国家的经济政策

战后欧洲各国，特别是英国的经济政策也刺激了境外存款的发展。进入 20 世纪 50 年代后，英国经济地位下降，国际收支状况也随之不断恶化，导致英镑疲软，英国在国际银行业的领导地位受到威胁。为了改变这一局面，英国政府于 1957 年采取措施限制英国银行的对外英镑贷款，但鼓励英国银行以外币提供贷款，使得英国很快成为境外银行业务的中心，从而刺激了对境外存款的需求。

（3）美国的经济政策

进入 20 世纪 50 年代以后，由于种种主客观原因，美国的国际收支状况持续恶化，导致大量美元外流，使境外美元存款大量增加。为了制止美元外流，美国政府采取了种种限制美国资本外流的措施。例如，1963年实施的利息平衡税（Interest Equalization Tax），对美国投资者购买外国证券及对外贷款所获利息高于美国利率的差额部分以税收方式征归国有。1965年又实际自动对外贷款限制，1968年又实行强制性（Mandatory）的对外直接投资限制，这些限制使得从美国本土购买外国证券、对外贷款及对外直接投资变得十分困难且无利可图，遂使大量境外美元存款滞留境外，就地使用。此外，美国在战后很长一段时期内采取的Q项条例（限制存款利率）和法定存款准备金要求等，也增加了银行持有美国国内存款的成本，使银行存款大量流向境外。不过，上述限制虽然对境外银行存款的发展起过很大的作用，但并非是必不可少的条件。20世纪80年代后，美国逐步实行银行业的自由化，上述限制措施大多已经取消，但境外银行存款仍在迅速发展。美国国际收支的长期赤字对境外存款的产生和发展也并非是决定性的。20世纪60年代以来，一些主要国际货币国（如英国、法国等）也长期存在国际收支赤字，但以这些国家货币定值的境外存款规模并不大，而以日、德等长期国际收支顺差国的货币定值的境外存款规模都较大，且增长十分迅猛。

20世纪70年代后，石油价格猛涨，阿拉伯的各主要产油国获得了大量的美元收入，但这些国家内部吸收资金的能力却有限，因此这笔被称为"石油美元"的资金的绝大部分流回了境外金融市场，从而使在20世纪70年代后境外存款急剧膨胀。

境外金融市场自身有许多优点，如管制少、保密性强、收益高等，故对存款人具有很大吸引力，从而促进了它的迅速发展。

1.3.2　境外存款的方式

境外银行存款的方式几乎包括银行存款的所有类型，但绝大多数的境外银行存款为短期的可转让大额定期存款单。据英格兰银行的统计，在伦敦的境外存款约有70%为期限在3个月以内的短期可转让的定期存单。由于国际支付涉及的支付方式问题，在境外市场上几乎不存在使用支票的活期存款，仅有少数境外银行提供活期存款，且仅限于在小额交易中使用。所谓可转让的大额定期存款单（Negotiable Certificate of Deposit），是指可以转让的定期存单。传统的定期存单是不能转手的，这就使银行的定期存款与其他类型的证券（如国库券、公司债券、商业票据等）相比在流动性方面处于很大劣势。为了与其他类型的金融机构争夺资金，美国的花旗银行当时称（First National City Bank）于1960年8月在美国率先发行了可转让的大额定期存单，这种存单可以同债券一样在二级市场上转让，故增加了银行定期存款的吸引力。大额可转让定期存单的发行在美国获得了极大成功，成为20世纪60年代后银行金融创新的一个典型范例。1961年美国的未到期可转让大额存单金额仅为10亿美元，到1982年就急剧升为约2 000亿美元。1966年，花旗银行将可转让大额存单推广到伦敦境外金额市场，又获得了极大成功，并很快为其他银行及其境外分支机构所仿效，使可转让大额定期存单很快成为境外市场的主要吸收存款方式。

境外大额可转让定期存单的面额一般较大，最小的面额一般也在2.5万美元以上，以2.5万～10万美元之间的面额最为常见，面额在1 000万美元以上的也不罕见。存单一般以1 000美元为整数单位。由于面额巨大，故可转让大额存单的投资者多数为机构投资者。其中以银行购买的数额最多，因而境外可转让大额定期存单也主要是一种银行与银行间的存款方式。银行购买可转让大额定期存单的目的主要是为了替其暂时闲置的资金寻找出路，因为大额可转让定期存单的风险较低，收益较为丰厚，又有很强的流动性，是一种很理想的短期投资工具。出于同样理由，其他种类的金融机构及大企业也经常在境外市场上购买可转让的大额定期存单，各国中央银行也十分重视这一存款方式，他们将其视为自己的外汇储备的重要持有方式之一，就美元储备而言其重要性仅略逊于美国的短期国库券。私人购买境外可转让存单的较少，因其面额大，风险高，只有少数非常富裕的人士参与了可转让大额定期存单的交易。这些人主要是看中了可转让大额定期存单的收益高，隐蔽性好，且便于逃税的优点。

可转让存单的期限一般在 1 年以下，属于短期证券，从 1 个月，3 个月……至 1 年的都有。至于可转让定期存单的利率，则一般是根据发行当日的境外金融市场利率水平制定的，通常要比相同期限的境外金融市场代表利率低 0.125％，但仍比同样期限的国内可转让大额定期存单（包括外币存单）的利率要高些。在其出现之初，可转让大额定期存单的利率一般是固定的，但自 20 世纪 70 年代以来，由于浮动利率十分盛行，因而在境外市场上也出现了许多浮动利率的可转让定期存单（Floating CD）。浮动利率大额可转让定期存单的利率在伦敦境外金融市场上一般按伦敦银行同业拆放利率（LIBOR）确定，利率调整期可以是 3 个月、6 个月、9 个月至一年不等，其利率水平一般高出固定利率存单 15～30 个基本点。还有一种"滚动式"可转让存单，它实际上是投资者订立的一项长期的购买短期存单的协议。例如，存款人可与银行订立一项 5 年期的存款协议，存款人购入 6 个月的短期固定利率存单，到期后再重新购入 6 个月的新存单，以此滚动，直到满 5 年为止。整个期间共需购入 10 次 6 个月期的存单。每次新购入存单都必须重新规定利率，故滚动式存单与浮动利率存单极为相似，但其利率一般低于浮动利率存单。因为滚动式存单的存款人有可能违约不重新购入新的存单，故对银行来说它的风险大于浮动利率存单。

最早出现的境外可转让大额存单是以美元为面值的，发行的银行也主要是美国在伦敦的分行，但很快就出现了以英镑、马克、日元等其他主要货币为面值的存单。其中英镑可转让大额存单出现的最早，于 1968 年 12 月首次在伦敦发行，发行面额最小为 5 万英镑，最大面额可达 50 万英镑，期限从 3 个月到 5 年不等。不过，除了美元、英镑外，其他主要国际货币的境外可转让定期存单市场很小。日元的可转让大额存单市场虽然十分庞大，但基本上仍是一个国内市场，这是因为日本金融市场的开放程度较低，外国人购买日元定值的可转让大额存单受到很多限制。例如存单一般是记名的，需在发行银行登记注册，存款的利息要交利息预扣税等。德国马克的可转让大额存单市场也一直不发达，这主要是由于德国的货币政策一向较为保守，对可转让大额存单之类的新生事物不太支持，认为它对本国的汇率稳定和经济政策有效性有不利影响。除此之外，还出现了以人造的综合货币为面值的可转让大额存单。这些人造货币主要有国际货币基金组织创造的特别提款权（SDR），以及欧洲共同体创造的欧洲货币单位（ECU，现已为欧元所替代）。采用综合货币的优点在于存款的价值比较稳定，可以在某种程度上避免汇率波动的风险。这些人造货币的价值是按其构成货币的加权平均汇率估算出来的，由于各构成货币的汇率变动方向往往是不一致的，这样每种构成货币的汇率变动对人造货币汇率的影响会相互抵消，从而使人造货币的汇率变动较为稳定。不过以 SDR、ECU 等人造货币定值的存单在偿还时仍然是使用美元、日元等主要国际货币。偿还的实际金额由偿还日人造货币与提款货币的汇率决定。人造货币为面值的境外可转让存单市场目前虽然发展很快，但规模仍十分有限，不及它们在其他金融领域取得的成绩。

银行发行可转让大额存单的目的往往是为某项贷款筹措资金，存款单的发行有很强的针对性。存单的发行方式有两种，一种称为通知存单（Tap CD），这种存单只发行一张，当一家银行希望发行一笔通知可转让大额存单时，可以预先拟定一个存款利率，然后"通知"（Tap）存单经纪人，再由经纪人通知投资者，感兴趣的投资者即可与其联系前来购买。通知存单的购买者也主要是银行，因此此种存单是银行同业信贷的一种特殊方式。另一种存单称为分档存单（Tranche CD），所谓"Tranche"，在法语里就是分割的意思，即将巨额的存单分成较小面额的存单出售，以满足资金力量不是十分雄厚的存款者的需要。分档存单的发行方式与普通债券的发行方式极为相似。当一家银行希望发行一笔分档可转让存单时，银行将向社会公开发布广告，然后由一些证券经纪公司组成包销团（Underwritten Group），向发行存单的银行包销存款，包销团再将部分存单推销给其他一些证券经纪公司，组成销售团（Selling Group），再由销售团将存单出售给最终投资者。分档存单的行情在一些金融报纸杂志和金融市场行情报价系统上都会及时登出。分档存单的购买者不限于银行，还有公司、其他金融机构，以及富有的个人等。同银行同业信贷一样，存单的买卖和兑付都是通过电话、电传等进行的。银行一般不以打折方式出售存单，所以存单都是以面值出售的。与传统的不可转让定期存单不同的是，可转让期存单一般不在存款银行登记注册，仅在存单上记有购买者的姓名。

境外可转让存单的交割要比国内可转让存单的交割复杂。以伦敦的境外银行机构发行的美元可转让存单为例，投资者购买境外美元存单时，需先将美元现金存入发行银行在纽约的分支机构或其联系行，在伦敦的发行机构得到纽约的分支机构发来的收到汇款的通知后，再发给购买者相应的存单。存单到期时存单持有人可凭存单向发行机构提出兑付要求，如果购买者也是银行，由发行银行在纽约的分支机构或联系行将存单本息汇入购买银行在纽约的分支机构或联系行。如果购买者是非银行机构或个人，则可将本息汇入存单持有人的开户银行在纽约的分支机构或联系行。

大额可转让定期存单还有着十分发达的二级市场，这确保了可转让存单的高流动性。几乎在花旗银行开始在伦敦境外金融市场发行可转让大额定期存单的同时，美国的一家投资银行怀特·威尔德公司（White & Weld Corporation）在伦敦的分公司就宣布提供境外存单的贴现业务。之后许多商业银行和其他种类金融机构亦参与了二级市场的买卖，使得可转让存单的二级市场逐渐兴旺起来。可转让存单的二级市场基本上是一个场外交易市场，很少在证券交易所上市交易，这同其他种类债券的二级市场相同。其交易主要是通过经纪人进行，买卖的差价一般是 5 个基本点（0.000 5），交易金额十分巨大，多在 500 万美元至 1 000 万美元之间，参与者除了商业银行外，还包括互助基金、保险公司、养老基金等金融机构，以及公司、政府、民间团体等非金融类营利及非营利性机构。

在 20 世纪 80 年代，境外金融市场上又出现了远期的可转让大额存单（Forward CD），它实际上是存户与银行订立的在未来某个确定的日期以确定的利率发行确定数额的大额可转让存单的合同。1980 年，美国芝加哥的国际货币市场（International Monetary Market，IMM）和"芝加哥期货交易所"（Chicago Board of Trade，CBT）首先引入了存单的期货合同，境外远期大额可转让存单出现得则要晚些，为"伦敦国际金融期货交易所"（London International Financial Futures Exchange，LIFFE）于 1982 年 9 月首创。该交易所存单期货的利率决定方法是：先由清算所（Clear House）征询 10 家伦敦主要银行所报的三个月期伦敦银行同业拆放利率，去掉最高报价和最低报价，然后将其余的 8 个报价加以平均，所得利率即为同期限的伦敦境外远期可转让存单的利率，存单期货在到期时并不需要实际的现金交割，仅是就差额进行结算。境外远期可转让大额存单在开始时发展得并不快，但目前它比美国芝加哥 IMM 的远期存单发展得更快，也更为成功。

1.3.3 境外存款的再创造问题

存款从中央银行账户转入商业银行账户而形成的存款通常被称为初始存款。银行接受初始存款后，通常会将其中的绝大部分贷给其客户以谋利，这笔贷款资金又会再存入贷款银行或其他银行，从而产生新的存款，此称为派生存款。新的存款又会产生新的贷款，新贷款又产生新的存款……如此循环，直至该笔初始存款全部沉淀为银行准备金为止。

设初始存款为 R，银行存款准备金比率为 r，则如果不存在其他存款漏出渠道，该笔初始存款能导致的最终存款增加额 ΔD 为

$$\Delta D = R + R \frac{1}{1-r} + R \frac{1}{(1-r)^2} + \cdots = R \sum_{n=0}^{\infty} \left(\frac{1}{1-r}\right)^n = \frac{R}{r}$$

例如，设有一客户将一笔 1 000 元的钞票存入银行，银行准备金率为 5%，则该银行可将其中的 995 元贷出，而这 995 元又会再存入银行，银行又可据此贷出 945.25 元，如此循环，最终的存款增加为 20 000 元（1 000÷5%）。

境外银行存款同国内银行存款一样，也具有存款创造功能，同国内存款的创造一样，境外银行存款的创造倍数也同样主要取决于银行存款准备金比例。有人认为，由于境外银行没有法定的存款准备金要求，因而境外银行的存款创造能力是无限的。因此，境外银行业的发展有加剧通货膨胀的因素。然而实际上并非如此，因为尽管境外银行不受法定存款准备金比率限制，但境外银行出于安全起见不会一点准备金也不留。此外，境外银行存款还会不断地流回国内银行，因此境外银行存款的创造能力实际上也是有限度的。

此外，境外银行存款的产生与增值过程与国内银行存款有很大的不同。境外银行存款一般来源于国内银行的存款，而国内银行的存款则是来源于基础货币，从这一点来看境外银行存款基本上都为派生存款。存户将存款从国内银行机构转入境外银行机构，国内存款就变成了境外存款。但实际上存款并未转至境外市场，而仅仅是在境外银行在存款货币发行国国内设立的存款账户之间转移。

为了更好地说明这一问题，试举一例。设 A 公司在美国纽约 X 银行有一笔价值 100 万美元的三个月定期存款，该笔存款在 X 银行及 A 公司资产负债表上的表现如表 1-1 所示。

表 1-1 存款在 X 银行及 A 公司资产负债表上的表现

	资　产	负　债
X 银行		A 公司 \$100 万三个月定期存款，利率 8%
A 公司	在 X 银行 \$100 万三个月定期存款，利率 8%	

A 公司了解到伦敦的境外银行愿为同样期限的存款支付 8.25% 的利率，为了牟取高利，

该公司决定在该笔存款到期时将其转存于伦敦境外市场的 Y 银行。设 Y 银行在 X 银行也开有账户，此时 X 银行、Y 银行、A 公司资产负债表上的表现如表 1-2 所示。

表1-2　存款在 X 银行、Y 银行、A 公司资产负债表上的表现

	资　产	负　债
X 银行		Y 银行 \$100 万活期存款
A 公司	在 Y 银行 \$100 万三个月定期存款，利率 8.25%	
Y 银行	在 X 银行 \$100 万活期存款	A 公司 \$100 万三个月定期存款，利率 8.25%

从表 1-2 可以看出，该笔存款实际并未流出美国国境，仅在美国银行账户之间转移。表 1-2 中 Y 银行在 X 银行也开有账户，故 X 银行只需将 A 公司的三个月定期存款转为 Y 银行的活期存款就行，若 Y 银行是在美国国内的其他银行设有账户，则需将该笔存款转划入 Y 银行在美国的开户银行。然而，该交易却创造了 100 万美元的原始境外存款。

对 Y 银行而言，它多了一笔美元定期存款负债，但同时又多了一笔数额相等的美元活期存款资产，资产与负债正好相抵。但由于美国境内银行支付给它的利息（活期存款时为零）小于它向 A 公司支付的利息，故它必须以高于 8.25% 的利息将该笔存款贷出才可能获利。现假设 Y 银行将存款转贷给法国的 Z 银行使用，利率为 8.35%，该交易在 Y 银行和 Z 银行资产负债表上的表现如表 1-3 所示。

表1-3　交易在 Y 银行和 Z 银行资产负债表上的表现

项目 当事人	资　产	负　债
Z 银行		从 Y 银行 \$100 万同业借款，利率 8.35%
Y 银行	对 Z 银行 \$100 万同业贷款，利率 8.35%	A 公司 \$100 万三个月定期存款，利率 8.25%

该交易仍不会导致存款流出美国境外，只是使存款从 Y 银行在美国银行的账户转至 Z 银行在美国银行的账户。设 Z 银行亦在 X 银行立有账户，则该笔交易在 X 银行和 Z 银行的资产负债表上的表现如表 1-4 所示。

表1-4　交易在 X 银行和 Z 银行的资产负债表上的表现

项目 当事人	资　产	负　债
Z 银行	在 X 银行 \$100 万活期存款	从 Y 银行 \$100 万同业借款，利率 8.35%
X 银行		Z 银行 \$100 万活期存款

其中 Y 银行在 X 银行的活期存款转为 Z 银行在 X 银行的存款，而 Y 银行相应地得到一笔 100 万美元的银行同业贷款资产，资产负债仍相抵，但此时 Y 银行却有了 0.1% 的净收益。但此时境外银行存款总额则从 100 万美元增加到 200 万美元（Y 银行和 Z 银行各 100 万美元）。Z 银行在得到 Y 银行提供的同业贷款后，可以再转贷给其他银行，这一过程往往会重复多次。每转贷一次，境外银行存款就会增加 100 万美元，但贷款利率也会随之增加。

设该笔境外存款落入 Z 银行手中后，Z 银行没有再将其转贷给其他银行，而是贷给了德国的一家非银行客户 B 公司，且 B 公司也是在 X 银行开户，则情况如表 1-5 所示。

表 1-5 其他情况

当事人 \ 项目	资　产	负　债
X银行		B公司 $100 万活期存款
B公司	在 X银行 $100 万活期存款	$100 万从 Z银行借款，利率为 8.5%
Z银行	$100 万对 B公司贷款利率为 8.5%	从 Y银行 $100 万同业借款，利率为 8.35%

如果 B公司将该笔贷款用于支付美国一家客户 C公司的贷款，则情况如表 1-6 所示。

表 1-6 其他情况

当事人 \ 项目	资　产	负　债
X银行		C公司 $100 万活期存款
B公司	从 C公司进口货物 $100 万	$100 万从 Z银行借款，利率为 8.5%
C公司	在 X银行 $100 万活期存款	

　　此时由于最终接受美元存款的 C公司的账户在美国境内，该笔存款在境外市场周游一周后又回到美国，这一境外存款过程才停止。在整个过程中，美元实际并没有离开美国，只表现为美国国内银行存款的转移，对美国而言，国内银行存款总数并没有增加。

　　还有两个因素也限制了境外银行的货币创造能力。

　　① 境外银行市场主要是一个银行间的批发市场，而银行与银行间的同业拆放通常不具有货币创造能力，仅是存款在银行间的调拨。从前面例子中可以看出，境外存款的扩张速度与存款在境外银行间的转手次数有关，但存款在银行间的转手并不计入货币供应量，只有非银行客户持有的存款才真正会增加国际货币供应量，因而境外存款总额有许多虚假成分。故在估算境外银行存款的规模时，除了统计境外银行存款的总额外，还可以统计境外银行的初始存款总额。即只将国内银行或非银行机构存入境外银行的存款统计在内，而将存款在境外银行间的转手剔除不计，此称为境外银行存款的净额。例如，上例的境外存款净额增加额仅为 $100 万。

　　② 存款准备金比率并非是影响货币乘数的唯一因素，除准备金外，客户的存款还会以现金等方式"流失"，这也会降低货币乘数。

　　用境外银行存款净额去除境外银行存款的总额，可得境外银行存款的扩张乘数，以公式表示则为

$$d_f = \frac{D_f}{N_f}$$

式中，d_f 为境外银行存款的扩张乘数，N_f 为境外银行存款净额，D_f 为存款总额。

　　也可用数量模型来求导境外银行存款乘数。这里设计一个简单的模型[1]。设全球美元存款总额为 M，M 由美国境内银行存款 D 和境外美元存款 E 组成，故

$$M = D + E$$

[1] 本模型取自 International Banking: Innovations and New Policies, edited by Zhayy Mikdashi, Macmillan Press, 1988.

从境外美元存款来看，实际上存在一个 3 个层次存款行为。境外银行以存在美国境内银行的存款作为准备金，而美国境内银行又以存在联邦储备银行的存款（称为联邦基金）作为准备金。设境内美元的存款准备金比率为 r，境外美元的存款准备金比率为 q，境外银行存在美国境内银行的存款为 R_e，美国境内银行在联邦储备银行的存款为 B，则

$$q = \frac{R_e}{E}$$

$$r = \frac{B}{D + R_e}$$

再设美元存款中境外存款所占比例为 p，即

$$p = \frac{E}{D + E} = \frac{E}{M}, \quad E = pM$$

根据上述 4 个公式求解 M、E 和 D，可得

$$M = \frac{1}{r[1 - (1 - q)p]} B \qquad (1-1)$$

$$E = \frac{p}{r[1 - (1 - q)p]} B \qquad (1-2)$$

$$D = \frac{1 - p}{r[1 - (1 - q)p]} B \qquad (1-3)$$

则根据式（1-1），美元供应的综合乘数 K_m 为

$$K_m = \frac{1}{r[1 - (1 - q)p]}$$

根据公式（1-2），境外美元供应的乘数 K_e 为

$$K_e = \frac{p}{r[1 - (1 - q)p]}$$

根据公式（1-3），境内美元供应的乘数 K_d 为

$$K_d = \frac{1 - p}{r[1 - (1 - q)p]}$$

思 考 题

1. 什么是外币存款？它包括哪几个方面？
2. 政府对外币存款的管理措施包括哪几个方面？
3. 简述境外银行存款乘数的估算方法。

第 2 章

国际银行借入资金

商业银行除了靠吸收存款外，还可以靠借款的方式来筹集各项业务所需的资金。银行借款作为商业银行资金来源的重要组成部分，从本质上说与存款业务并无多大差别，都是银行以负债形式吸收的资金。只是存款的吸收对象主要是非银行客户，而银行借款的对象则要广泛得多，包括非银行客户、商业银行及其他种类的金融机构，以及中央银行等。形式也多种多样，既可以采取借款的方式，也可以采取发行债券的方式等。

在银行业务中，银行借款具有非常重要的意义。首先，银行业务有着很大的不确定性。有的时候，银行可能会遇到很多非常有利可图的投资机会，却苦于手头吸收的存款资金不足；而在同一时期，也会有一些银行因找不到足够的业务机会而造成资金闲置，这样一来有资金缺口的银行和资金有剩余的银行就可以互调余缺，彼此进行借贷，这对借贷银行双方均是有利的。对资金短缺的银行来说可以避免大好的投资机会被白白浪费，而资金有剩余的银行则可以避免资金的闲置。其次，借入资金还可使银行根据业务发展的需要来筹集资金，资金闲置的可能性可以大大降低，银行经营的成本可随之下降，利率、汇率方面的风险因此也可以大幅减少。

在国际银行业中借款业务尤其重要，因为相对于当地银行而言，外国银行机构吸收存款往往会受到东道国的许多限制，业务难以展开，故更需依靠借入资金来维持业务运营。

此外，银行借款一般不受政府在存款方面所立种种限制的影响。例如，无需提取准备金，也无最高利率及存款保险要求等，这些都会增加银行吸收资金的灵活性。

银行借入资金的渠道非常多，但最为主要的不过以下 3 种：银行同业信贷、银行的债券发行、银行与中央银行的往来。

2.1 国际银行同业信贷

所谓银行同业信贷（Inter-Bank Placement），是指银行与银行之间的信贷交易。它通常指银行之间的贷款，不过它也可以采取银行间的可转让或不可转让的定期存单买卖等其他的方式。由于银行与银行间信贷类似商品供应商之间的交易，且贷款的金额通常十分巨大（一般在 500 万美元以上），所以它又被称为批发银行业务，以与银行同非银行客户之间的规模较小的零售业务相对应。

在商业银行的借款业务中，银行同业信贷具有十分重要的意义。银行同业信贷期限短，流动性强，又有较好的安全性，是银行保持流动性的一个重要手段。在国际银行业务中，银行同业信贷更占有举足轻重的地位。它是国际银行业务资金的主要来源，并在国际银行业务中占有绝对多数的比重。据统计，国际银行的信贷有70％以上为对其他银行的放款（见表2-1）。由于银行同业信贷是国际银行贷款的主要资金来源，因此银行同业信贷利率可以视为银行筹资成本的准确代表，很自然地它也就成了绝大多数国际银行贷款利率的决定基础。

表 2 - 1　国际银行同业放款

10 亿美元

	1995	2000	2001	2002	2003	2004	2005	2006
国际银行总额	7 139.2	8 249.2	8 871.57	10 053.3	11 869	13 820.2	15 201.8	17 895.9
国际银行同业放款	5 399.8	6 153.5	6 609.16	7 531.2	8 830.6	10 327.4	11 354.5	13 190.5
同业放款占资产比例	76％	75％	74％	75％	74％	75％	75％	74％

资料来源：BIS 历年的 Quarterly Report。

即使是银行同业放款，它对一家银行加强与其他银行的联系，确保稳定的收入来源也具有重要的作用。因为一家银行如果在同业信贷市场上总是借入，而从不贷出，它是不会受到同行的欢迎的，当它急需资金时，可能找不到一家银行愿意贷款给它了。

从事银行同业信贷业务还可以使银行对银行业的状况保持最新的了解，如有关银行的情况、利率的走势等。因为抽象地评估某家银行的信誉通常是十分困难的，而通过与该银行进行同业交易或观察其他银行与该行的交易情况则能更好地了解这家银行的信誉及交易风格、技巧等。同时从事银行同业信贷业务还可以扩大银行的业务规模、提高银行的知名度。

因此并非每笔银行同业信贷交易都是为了对非银行客户的贷款，绝大多数银行都是既借入又贷出的。事实上，多数同业资金都是在经过银行间的多次换手才找到其最终用户的。

2.1.1　银行同业信贷的业务操作

设有一家银行有一笔3个月期巨额存款，但一时找不到适合的放款对象，故决定将其贷给其他银行使用，以免资金闲置。大银行自己设有同业交易部门，可以直接向其他银行询价，但小银行会委托一家专门从事银行同业信贷业务的经纪人帮其达成交易。同其他行业的经纪人（Broker）一样，银行同业信贷的经纪人专门从事在希望贷出或借入款项的银行之间牵线搭桥的业务。它通常拥有先进的国际通信系统，可与世界各地的众多银行保持直通电话联系，对同业信贷的业务也非常精通，因而能够迅速地以对借贷双方来说均最为满意的价格达成交易。相比之下小银行本身因消息不太灵通，要找到一个满意的交易对象就要费时费力得多。

在整个交易过程中，为了节省时间，双方在交谈过程中都采用约定的简化说法。例如，报价都只报借入价和贷出价小数点后的尾数部分，因为报价的整数部分（Big Figure）是双方均了解的，没有必要报出。设当时的同业拆放利率整数部分为10％，则1/16、3/16 的报价实际表示的利率为借入价 101/16％，贷入价 103/16％。大多数的同业信贷交易是以

第 2 章　国际银行借入资金

1/16％为基本的价格单位，少数也有以 1/32％为基本价格单位的。

采用经纪人进行交易也可能遇到一些麻烦。例如，A 银行与 B 银行可能已有过多次信贷往来，使其对 B 银行的债权占其资产的比例超过了政府或 A 银行内部自身规定的对单一客户债权比例的限制，故交易不能达成，此时经纪人不得不另外为 A 银行找一家愿以 101/16％借入三个月款项的银行。同样的，如果 B 银行此时由于各种原因已不再愿意以 101/16％的利率借入款项，而仅愿意以 10％借入，而经纪人未能及时获悉这一信息（这可能是因为 B 银行尚未来得及将这一愿望通知外界，或虽然告知了其他一些经纪人，但本交易的经纪人因种种原因却未及时获得此一信息），此时经纪人也只好另找一家银行介绍给 A 银行。倘若此时金融市场上的利率水平下降了，经纪人就有可能找不到愿出 101/16％价格借入款项的银行，此时 A 银行从理论上说有权要求经纪人补足最终达成的利率与原先达成的利率之间的差额。

出现原定交易无法达成的情况时，经纪人还可以采取第三者交易的做法。设 A 银行对 C 银行的贷款限额尚有很大缺额，同时 C 银行对 B 银行的限额也有很大一部分未用完，此时可由经纪人牵头，让 A 银行先借款给 C 银行，再由 C 银行借款给 B 银行，使交易得以顺利完成。当然，C 银行也会为其服务索取一定的利差作为报酬，使整个交易的成本增加。

银行同业拆放的手续较银行对非银行客户的信贷手续要简便得多。借贷双方一般并不订立正式的贷款协议，仅凭通信往来达成交易。贷款也并不需担保和抵押品，属于无担保信用。在境外市场上，绝大部分的同业信贷资金都经过多次转手。银行在借入同业资金后，往往又转手将其贷给其他银行，从中获取差价收益。据统计，境外银行同业信贷资金的再贷放比率达 40％左右，而大银行的该比率更高达 60％。

由于国际银行同业信贷业务的操作方法与外汇交易十分接近，故很多规模较小的银行将二者并于同一交易室内，以利于彼此联络和提高工作效率。有些银行甚至将同业信贷的交易员与外汇交易员并为一人。

2.1.2　银行间的备用信贷（Standby Credit）

在国内金融市场上，如果银行缺乏资金，从其他银行或金融市场上又无法借入资金，它还可以以票据再贴现和再贷款等方式从当地中央银行处借入资金，然而在境外金融市场上，则不存在这种可充当"最后借款人"（Lender of Last Resort）的机构。虽然海外银行分支机构在面临资金困难时可以通过其母银行向母国的中央银行借款，但由于境外银行业务规模巨大，又远离母国，母国的中央银行是否有能力或愿望救助本国银行的海外分支机构是令人怀疑的，这就增加了境外银行业务的风险。特别是在境外银行业务中，银行经营的主要是外币业务，获取资金就更为困难。为了安全，银行可以同国外一些有信誉的银行订立备用信贷，以便在紧急情况时可以得到外汇资金（非母国货币）支持。例如，英国银行可以同美国银行订立美元的备用信贷协议，美国银行也可以同英国银行订立英镑的备用信贷协议。银行也可以同外国银行订立备用货币互换安排（Swap），如美国银行和英国银行可以订立英镑－美元的货币互换协议，当美国银行需要英镑时，可以美元按一定的汇率从英国银行处换取英镑，到期时再以英镑换回美元；反之，当英国银行需要美元时，也可以从美国银行处以英镑换取美元。备用信贷对于规模较小的银行来说显得更为重要，因为它们的筹资能力较弱，需要比较稳定的筹资渠道。取得备用信贷还可以增强中小银行在国际金融市场的信誉，使其更易在国际金融市场上开展业务。

2.1.3　国际银行同业信贷利率

　　如前所述，银行同业信贷是国际银行信贷的主要资金来源，因此银行同业信贷的利率也就成了国际银行信贷利率的决定基础。

　　国际银行同业信贷利率与中央银行再贴现率等同样具有代表性的利率有一个很大的不同，即它并不是一个单一的利率，在一个国际金融市场上往往有许多家银行有资格报自己的同业信贷利率，而不同的银行其所报的同业信贷利率也是各不相同的。每家银行所报的同业信贷利率也不止一个，而是会同时报出借入利率（Bid Rate）和贷出利率（Offer Rate）。其中借入利率要低于贷出利率，这其中的利差就是银行从事同业交易所获的收益。在国际银行信贷中以贷出利率作为利率基础的占了绝大多数，更经常的是被称为拆放利率（Offer Rate）。也有少数以借入利率（Bid Rate）或作为借入利率与贷出利率平均数的平均利率（Mid-Rate）作为利率基础的。

　　在欧洲金融市场上，最常用来作为银行利率基础的为伦敦银行同业拆放利率（London Inter Bank Offer Rate，LIBOR），也有少数采用伦敦银行同业借入利率（London Inter Bank Bid Rate，LIBID）或伦敦银行同业信贷平均利率（London Inter Bank Mid Rate，LIMEAN）作为利率基础。此外，在欧洲大陆还有欧元银行同业拆放利率（EURIBOR）；在亚洲境外金融市场上最常用来作为银行利率基础的一般是新加坡同业拆放利率（SINBOR）或香港银行同业拆放利率（HIBOR）；在中东则有巴林（Bahrain）银行同业拆放利率（BIBOR）等。

　　如前所述，国际银行同业信贷利率并不是一个单一的利率。就 LIBOR 而言，任何一家在伦敦有一定地位的商业银行都可以提出同业拆放利率。故一项金融交易若欲以 LIBOR 为参考利率，就应选择报价的银行。为了反映伦敦银行同业拆放利率的水平，一些机构提供标准的 LIBOR 报价。金融交易双方也可以选择这些标准报价作为利率基础，其中使用最为广泛的是英国银行协会（British Bankers' Association，BBA）联合路透社（Reuters）提供的 LIBOR 报价。BBA LIBOR 每天在伦敦时间上午 11：00 公布。

　　BBA LIBOR 目前共提供 10 种货币的同业拆放利率，每种货币的 LIBOR 都拥有由至少 8 家样本银行组成的样本库（Contributor Panel），样本银行由 BBA 的"外汇及货币市场咨询小组委员会"（FX & Money Markets Advisory Panel）与 BBA 的 LIBOR 指导小组委员会（BBA LIBOR Steering Group）咨询后选出。每种货币的样本银行数至少 8 家。这些样本银行无论在地区分布和机构种类方面都具有广泛的代表性，反映了伦敦同业拆放市场的状况，都具有良好的声誉，信用状况良好，是相应货币的专业交易商，并在伦敦有较大的交易规模。

　　BBA LIBOR 货币的基本情况如表 2-2 所示。

表 2-2　BBA LIBOR 货币的基本情况

货币名称	货币代码*	样本银行数	报价基础**	协议基础***
澳大利亚元	AUD	8	a/360	即期
加拿大元	CAD	12	a/360	即期
瑞士法郎	CHF	12	a/360	即期
丹麦克朗	DKK	8	a/360	即期
欧元	EUR	16	a/360	即期
英镑	GBP	16	a/365	即期（同日）
日元	JPY	16	a/360	即期
新西兰元	NZD	8	a/360	即期
瑞典克朗	SEK	8	a/360	即期
美元	USD	8	a/360	即期

注：* 货币代码是国际标准组织制定的 ISO 4217 货币代码。

　　** a/360 指按一年 360 日的标准将相应的利率折算成年利率，a/365 则指按一年 365 日的标准将相应的利率折算成年利率。

　　*** 协议基础指报价的交割方法（fixing basis），除非另有规定，一般指"即期"（spot，即两个交易日交割）的报价。

资料来源：www.bba.org。

　　每种货币的样本银行的报价将按高低进行排列，BBA 去掉报价最高的 1/4 和最低的 1/4，将中间的 2/4 报价予以算术平均，得出的平均数就是该货币的 BBA LIBOR 报价。BBA LIBOR 包括隔夜贷款（加元、欧元、英镑和美元的贷款称为 overnight，o/n，其他 6 种货币的贷款则称 spot/next，s/n）、1 周（1w）、2 周（2w）、1～12 个月（1 m～12 m）等不同期限的贷款。期限不同，利率水平也不一致。

　　BBA LIBOR 在每个伦敦金融市场的营业日中午 12 点之前对外公布。为了使信息透明，所有样本银行提供的报价也会对外公布。除了官方合作伙伴 Reuters 以外，BBA LIBOR 还被 Bloomberg、Thomson Financial、IDC 等商业数据提供商使用。保守估计目前全球有 30 万张屏幕在同步显示 BBA 的 LIBOR 报价。许多金融网站在伦敦营业日结束（伦敦时间下午 5 点）之后获权公布当日的 BBA LIBOR，美国《华尔街日报》、英国《金融时报》等商业报纸也每日刊登前一日的 BBA LIBOR。BBA 的网站也公布时滞 7 天的所有货币的历史报价。表 2-3 即为 BBA 公布的经汇总的 2008 年 1 月 2 日各货币的 LIBOR 报价样式。

表 2-3　BBA LIBOR 历史报价表（%）

	EUR	USD	GBP	JPY	CHF	CAD	AUD	DKK	NZD	SEK
s/n-o/n	3.831 25	4.451 25	5.597 50	0.585 00	2.200 00	4.216 67	5.087 50	4.495 00	8.875 00	4.245 00
1 w	4.113 75	4.498 75	5.627 50	0.605 00	2.200 00	4.296 67	5.575 00	4.410 00	8.852 50	4.312 50
2 w	4.153 13	4.511 25	5.663 75	0.631 25	2.200 00	4.316 67	6.005 00	4.430 00	8.900 00	4.402 50
1 m	4.226 25	4.570 00	5.746 25	0.685 00	2.421 67	4.450 00	6.555 00	4.478 75	8.907 50	4.470 00
2 m	4.471 25	4.636 25	5.828 75	0.772 50	2.651 67	4.495 00	6.887 50	4.665 00	8.935 00	4.550 00
3 m	4.663 13	4.680 63	5.890 00	0.896 25	2.760 00	4.495 00	7.137 50	4.842 50	8.982 50	4.670 00

	EUR	USD	GBP	JPY	CHF	CAD	AUD	DKK	NZD	SEK
4 m	4.681 88	4.645 00	5.878 75	0.933 75	2.806 67	4.500 00	7.205 00	4.860 00	9.012 50	4.700 00
5 m	4.693 75	4.605 00	5.867 50	0.953 75	2.840 00	4.503 33	7.267 50	4.877 50	9.045 00	4.730 00
6 m	4.701 88	4.566 25	5.857 50	0.971 25	2.865 00	4.503 33	7.362 50	4.880 00	9.097 50	4.760 00
7 m	4.707 50	4.495 00	5.828 75	0.990 00	2.885 83	4.490 00	7.412 50	4.882 50	9.110 00	4.762 50
8 m	4.711 88	4.416 88	5.800 00	1.003 75	2.896 67	4.485 83	7.462 50	4.891 25	9.125 00	4.765 00
9 m	4.718 13	4.346 25	5.767 50	1.020 00	2.913 33	4.453 33	7.512 50	4.891 25	9.137 50	4.767 50
10 m	4.723 13	4.287 50	5.741 25	1.032 50	2.933 33	4.453 33	7.575 00	4.892 50	9.152 50	4.770 00
11 m	4.726 88	4.235 63	5.713 75	1.041 25	2.953 33	4.452 50	7.627 50	4.892 50	9.167 50	4.770 00
12 m	4.735 00	4.187 50	5.688 75	1.051 25	2.975 00	4.450 00	7.690 00	4.892 50	9.182 50	4.770 00

资料来源：www.bba.org.

2.2　浮动利率票据的交易

所谓浮动利率票据（Floating Rate Notes，FRN），是指一种利率可以调整的短、中期债券。虽然它的发行人并不限于银行，但却被银行广泛运用，成为国际银行借款的最主要形式之一。

浮动利率票据最初是在欧洲美元市场上出现的。第一笔欧洲浮动利率票据发行于 1970 年，到 1974 年美国境内才出现首笔浮动利率票据。一开始时浮动利率票据并没有得到多大的发展，直到 20 世纪 70 年代末它才逐渐盛行起来。浮动利率票据之所以出现并迅速得到发展，主要是由于当时世界通货膨胀现象十分严重，国际金融市场上的利率上升很快，若票据采用固定利率，投资者损失会很大。采用浮动利率票据可从更好地保护投资者的利益，从而增加票据的吸引力。这与当时国际信贷业务普遍采用浮动利率的趋势是一致的。

同其他浮动利率的信贷一样，绝大多数的欧洲浮动利率票据是以 LIBOR 为利率基础的，也有少数以 LIBID 或 LIMEAN 作为利率基础；亚洲境外金融市场上的浮动利率票据则一般以 SINBOR 或 HIBOR 为利率基础；在其他国际金融市场上也有用其他一些有代表性的利率作为利率基础的。例如，在美国金融市场上有以美国银行承兑票据利率（Bank Acceptance Rate）和经调整的可转让大额存单二级市场利率（Secondary Market Rate of CD Adjusted for Reserve Cost）等作为浮动利率票据的利率基础。

至于利率的具体确定方法则是多种多样的。最为常见的做法是以利率基础加一固定比率的溢价作为利率的确定方式，如三个月期 LIBOR＋1/8％等。由于每次调整利率时只重新估算利率基础（上例中为三个月期的 LIBOR）的数值，而溢价（上例中为 1/8％）则是固定不变的，因此采用这种利率计算方法会使浮动利率票据的利率的波动幅度与利率基础的波动幅度完全相同。这对发行浮动利率票据的银行而言，就意味着它必须承担全部的利率上涨风险，因为发行银行所支付的利率将随市场利率的上扬而提高。反之，对浮动利率票据的投资者而言，虽然它可从利率中获益，但却需承担利率下降的风险，因为当市场利率下降时，浮动利率票据的利率也会随之下调，这时浮动利率票据的收益又不如固定利率的票据了。

由此可见，浮动利率票据无论是对发行的银行还是其投资者均是利弊参半的。为了使浮动利率票据的利率风险能控制在双方都可以接受的水平之内，国际金融市场出现了各种各样的新的浮动利率票据利率确定方法，以满足投资者对利率风险的不同要求。这些新方法中目前运用较广的有以下几种。

（1）保底封顶浮动利率票据（Mini-Max FRN）

此种浮动利率票据规定有利率浮动的上下限。若根据利率基础计算出的票据利率超过了上限（或下降），则票据利率将不再随利率基础浮动，而仅按上限（或下限）决定，此时浮动利率票据实际成了固定利率票据。保底封顶浮动利率票据可使票据的发行人和持有人所承受的风险均限制在一个合理的界限内，故它对双方都是有利的。但由于其计算方法复杂，故不太受欢迎。最早的一笔保底封顶浮动利率票据是丹麦政府在1985年2月发行的，发行金额为2.5亿美元。

（2）封顶浮动利率票据（Capped FRN）

此种浮动利率票据只对利率的浮动设一最高限，若根据利率基础计算出的票据利率超过了这一最高限，票据利率即按此最高限计算。至于利率下浮则无限制。该种票据的出现晚于封顶保底的浮动利率票据，它最早是由印度苏伊士银行（Bank Indoseuz）于1985年6月发行的，其利率的最高限为13％，期限12年，发行额达2亿美元。封顶浮动利率票据只使发行银行避免了利率上涨过快的风险，却不能使票据投资者避免利率下降的风险。

还有一种延迟封顶浮动利率票据（Delayed Capped FRN）。此种浮动利率票据在票据发行后的最初几年利率不封顶，在此之后利率才封顶。克里斯蒂尼亚银行（Christiania Bank）在1985年9月于奥斯陆首次发行了此种票据，发行金额为1亿美元。

（3）保底浮动利率票据（Drop-Lock FRN）

此种浮动利率票据只设有下限，规定当根据利率基础计算出的票据利率降至某一最低限后，利率即改为按最低限计算。例如，芬兰一家企业发行的一笔浮动利率票据，利率按LIBOR＋14％计算，如果按公式计算出的票据利率降至7％以下，利率就按7％计算。与封顶浮动利率票据不同，保底浮动利率票据可使票据的投资者避免利率过低的风险，但不能使票据的发行银行避免利率过高的风险。

（4）可转换浮动利率票据（Convertible FRN）

可转换浮动利率票据的持有人可以在一定条件下将其持有的浮动利率票据转换成固定利率票据，所换票据的固定利率水平通常在浮动利率票据发行的时候即予以确定。有的可转换浮动利率票据在任何时候均可以转化为固定利率票据，有的则只能在发行后过一段时间才可以行使转化权利。前述的保底封顶、封顶、保底3种浮动利率票据实际上也是可转换的浮动利率票据。因为如前所述，当票据的利率升至最高或降至最低限时，上述3种浮动利率票据就变成固定利率票据。不过它们的转换是自动的，即在超过某一界限后就自动变成固定利率票据，而在回到界限内时又会重新变成浮动利率票据。

（5）逆向式浮动利率票据（Reverse FRN）

逆向式浮动利率票据最早是由一家名为莎丽·马克斯（Sallie Max）的学生信贷营销市场协会（Student loan Market Association）于1986年2月首先发行的。与传统的浮动利率票据有所不同，逆向式浮动利率票据的利率决定方法不是在利率基础上加上固定的附加率，而是从一固定利率中减去利率基础。这种利率计算方法可使浮动利率票据的利率在利率基础下降时反而上升，即其利率变动的方向与利率基础的变动方向正好相反，而传统的浮动利率票据的利率则是与其利率基础同方向变动的。

逆向式浮动利率票据对那些看跌利率的投机者是十分有利的，因为如果市场利率下跌，购买逆向式浮动利率票据就可获得较购买传统的浮动利率票据更高的收益；反之，传统的浮动利率票据则受看涨利率的投机者欢迎，因为它的收益在利率上涨的情况下要高于逆向式的浮动利率票据。若综合利用逆向式浮动利率票据和传统的浮动利率票据，则可避免利率风险。因为如果投资者分别购买同等数额和期限的逆向式浮动利率票据和传统浮动利率票据，那么它实际上获得的是一笔固定利率的票据。例如，设某投资者购买利率为 12％－LIBOR 的逆式浮动利率票据，同时又购买利率为 LIBOR＋1/8％的传统浮动利率票据，金额均为 5 万美元，则该投资者实际得到的是价值 10 万美元、利率为 $6_{1/16}$％的固定利率票据。同样，发行银行也可以靠此方法来避免利率风险，但难度要大些，因为由于金融市场上投资者偏好的缘故，银行发行的两种浮动利率票据的最终销售额极有可能不一致，从而使银行不能完全避免利率风险。

（6）延付浮动利率票据（Deferred Coupon FRN）

此种浮动利率票据在发行后的一段时间内不付利息，此相当于贷款中的宽限期，这之后才开始付息。例如，巴黎国民银行（Bank National de Paris）在 1986 年 6 月发行的一笔浮动利率票据，金额为 100 万美元，期限为 5 年，前 2 年不付息，后三年利率为 LIBOR＋0.45％。

（7）加速浮动利率票据（Accelerated Coupon FRN）

此浮动利率票据与延付浮动利率票据正好相反，它在前期的利息较高，后期则较少甚至为零。例如，国民澳大利亚银行（National Australia Bank）发行的一笔浮动利率票据，期限为 7 年，前 4 年按 LIBOR＋0.35％计息，余下 3 年免息。加速浮动利率票据最早出现于 1986 年。

（8）递增式浮动利率票据（Step-up FRN）

递增式浮动利率票据与延付浮动利率票据很相似，只不过后者在票据发行的初期利息为零，在这之后的期间内每期所付利息可以相同，而前者则在整个期间内均需支付利息，且所支付的利息是逐步递增的。例如，1986 年克里斯蒂亚银行发行的一笔递增浮动利率票据，期限为 4 年，头年利率为 LIBOR－0.6％，次年为 LIBOR，后两年为 LIBOR＋0.3％。

（9）递减式浮动利率票据（Step-down FRN）

递减式浮动利率票据与递增式浮动利率票据相反，它的利率是逐步下降的。例如，英国一家名为萨缪尔·希尔的商人银行发行的一笔递减式浮动利率票据，期限为 30 年，前 5 年利率为 LIBOR＋1/2％，第二个 5 年利率为 LIBOR＋3/8％，余下 20 年按LIBOR＋1/4％计息。

（10）可选择偿还浮动利率票据（Puttable FRN）

该种浮动利率最先是由花旗集团（City Corp）于 1981 年发行。此种浮动利率票据无确定的偿还日期，但在经过一段时间后，持有人可以任选一利率调整日要求偿还。

（11）多种偿还分期选择浮动利率票据（Multi-Amortization FRN）

传统的浮动利率票据一般只有一种偿还分期方式，但现在有的浮动利率票据规定有多种偿还分期供发行人选择。即允许发行人在票据的期间内改变偿还的分期，当然此时利率确定方式也应有相应的变化。例如，莱茜国民通讯公司（Laisse National des Telecommunica-tion）在 1985 年发行的一笔浮动利率票据规定，发行人可要求以下列 3 种方式之一偿还票据：每月偿还，利率为 1 个月 LIBOR＋1/8%；每三个月偿还一次，利率为三个月 LIBOR＋$1_{1/10}$%；每 6 个月偿还一次，利率为 6 个月 LIBOR＋$1_{1/6}$%。

（12）多种货币选择浮动利率票据（Multi-Currency Option FRN）

传统浮动利率票据一般是以什么货币作面值货币就以什么货币偿还，但近年来也出现了含有多种货币选择权的浮动利率票据，即发行人可以在规定的两种以上货币中任选一种作为偿还货币。例如，1986 年北欧投资银行发行的一笔逆向式浮动利率票据，就可以在两种货币中任选一种偿还。同样地，偿还货币改变时票据利率的决定方法也应改变，以反映不同货币筹资成本的差异。

（13）永久性浮动利率票据（Perpetual FRN，P-FRN）

真正的永久性浮动利率票据是由国民威斯特敏斯特银行（National Westminster Bank）于 1984 年 4 月首次发行的，该笔票据发行额为 3 亿美元，利率为 LIBOR＋3/8%。与普通的浮动利率票据不同的是，永久性浮动利率票据是无期限的，这点它很像可选择浮动利率票据，不过可选择浮动利率票据的持有人仍然可以要求偿还，但永久性浮动利率票据的发行人却无偿还的义务，持有人只能靠在二级票据市场上转让票据才能收回投资。从这一点来看永久性浮动利率票据更像优先股，但它的债务偿还次序要先于优先股。在英国，根据英格兰银行的规定，永久性浮动利率票据必须有在一定条件下转化为发行人的普通股股票的权利。没有此项权利的永久性浮动利率票据不能成为银行的初级资本，故永久性浮动利率票据一般是可转换的浮动利率票据。大多数的永久性浮动利率票据是由银行发行的，英国、加拿大、澳大利亚的银行采用的较多。永久性浮动利率票据对于银行的好处在于它可以列入银行的资本，故能提高银行的资本资产比，而又毋需扩大银行的股本，是成本低廉的提高资本资产比的方法。外币定值的永久性浮动利率票据因毋需偿还，故对发行银行也无外汇风险。但永久性浮动利率票据在美国银行较为少见，这主要是税务上的问题所致。因为美国国内税务局认为永久性债券是股权，其利息支付不能作为发行人的利息成本从发行人的应纳税收入中扣除。美国银行更多的是采用可选择偿还浮动利率票据。

（14）进出永久性浮动利率票据（Flip-Flop P-FRN）

永久性浮动利率票据由于无偿还的义务，对于持有人是有一些不便的。有时永久性浮动利率票据的持有人迫切需要资金，又不愿将手中的票据脱手，为了解决这一问题，就出现了进出永久性浮动利率票据。此种永久性浮动利率票据允许持有人将永久性浮动利率票据换成其他类型的短期票据，过一段时间后又重新将短期票据换成永久性浮动利率票据。例如，1985 年 2 月世界银行发行的一笔永久性浮动利率票据，按 3 个月美国国库券利率＋0.05% 计息，但在每三个月的利率调整期内持有人均可将票据变成普通的三个月期短期票据，利率与三个月的美国国库券利率相同。持有人愿意时，可以在普通票据的到期日重新将普通票据换回永久性浮动利率票据。

（15）延期交割浮动利率票据（Deferred purchase FRN）

此种浮动利率票据在发行时，投资者仅需支付所购票据面值的一定比例，等过一段时间后（半年、一年等）再支付余下部分。此种票据对投机者很有吸引力，因为它使投资者可以较少的资金从事较大规模的浮动利率票据交易，这同股票的保证金交易十分相似。在需支付余下的金额之前，如果浮动利率票据的价格上涨，投资者即可将其售出，可获价格上涨所带来的全部好处，所获收益可比完全的现金交易放大数倍，具体放大倍数视定金比例而定。但此种票据的风险也是很大的，因为如果投机者的预测不准，浮动利率票据的价格反而下降了，此时投机者蒙受的损失也会同倍放大。

2.3　国际银行借款的利率

2.3.1　银行借款利息的计算方法

由于银行借款的种类较多，故其借款利息的计算方法也是多种多样的，其中较为常见的主要有以下几种。

（1）单利计算法

如前所述，银行的对外借款大多为短期借款。短期借款的本息一般是期末连本带利一次性支付的，此时多采用单利计息法。这也是最为简单的利息计算法，具体方法是将本金、利率和期限三者直接相乘。设本金为 P，期限为 t（日），年利率为 i，则该借款的利息 I 为

$$I=Pt\frac{i}{360} \tag{2-1}$$

而本息和 F 为

$$F=P\left(1+\frac{i}{360}t\right)$$

【例 2-1】 某银行从另一家银行借入一笔三个月的同业资金，年利率 10%，金额 100 万美元，则三个月后银行应付利息为

$$I=100\times10\%\times\frac{90}{360}=2.5（万美元）$$

在计算利息时，一年以 360 日计，故当 t 按日计算时，年利率应除以 360 以得出日利率。不过少数货币的信贷也有以 365 日计的，如英镑信贷，此时年利率应除以 365。这些国家的利率在同按 360 日计算利息的国家比较利率时，应作相应的换算。如 t 以月计，则年利率应除以 12 以得出月利率。

（2）余额递减法

如果银行借款（如某些浮动利率票据）为期限在一年以上的中长期信贷，则一般采用分期偿还的方法，此时利息计算通常采用余额递减法，它实际上是单利法的一个变种，只是每次计息时仅计算本期到期的本金所应付的利息，计算公式则同单利法。

【例 2-2】 设银行发行的某笔浮动利息票据金额为 100 万美元，期限两年，每半年等额偿还本金一次，年利率为 10%，则银行的利息支付情况如下。

$$I_1=25\times10\%\times\frac{1}{2}=1.25（万美元）$$

$$I_2 = 25 \times 10\% = 2.5 \text{ （万美元）}$$

$$I_3 = 25 \times 10\% \times \frac{3}{2} = 3.75 \text{ （万美元）}$$

$$I_4 = 25 \times 10\% \times 2 = 5 \text{ （万美元）}$$

银行 4 期付息总计为 12.5 万美元。

（3）复利率法

复利率法与余额递减法的差别在于利息分期计算，但并不分期支付，而是将每期利息计入下一期的本金中，即所谓的利滚利。这样计算出来的借款利息总额将超过按单利法计算出的利息总额。其计算公式为

$$F = P(1+i)^n \tag{2-2}$$

复利率法在银行借款中应用较少，它主要适用于分期计息，但本息是到期一次性偿还的信贷，如银行存款等。

【例 2-3】 设某银行吸收了一笔存款 100 万美元，年利率为 10%，期限 3 年，则 3 年后该笔存款的本息和为

$$F = 100(1+10\%)^3 = 133.1 \text{ （万美元）}$$

其中利息 31.1 万美元。

若计息期不是一年，而是三个月、半年等，则上述公式应作如下改动。

$$F = P\left(1 + \frac{i}{t}\right)^{n \times t}$$

其中 $1/t$ 为计息期占一年的比例。

设上例存款的期限为 3 年，每半年计息一次，则该存款本息和变为

$$F = 100\left(1 + \frac{10\%}{2}\right)^{3 \times 2} = 100(1+5\%)^6 \approx 134 \text{ （万美元）}$$

其中利息为 34 万美元。

（4）贴息法

此种方法适用于票据贴现或无息债券的发行，此时利息的计算法与单利法相同。所不同的是利息不是在期末时在本金之外收取，而是在期初时从票据的面值中扣除。

【例 2-4】 某银行将一张价值 5 000 美元、3 个月后到期的商业票据向中央银行贴现，贴现率为年率 12%，则中央银行应扣除的利息为

$$5\,000 \times \frac{3}{12} \times 12\% = 150 \text{ （美元）}$$

而中央银行付给该银行的金额仅为 4 850 万美元，故银行按普通信贷支付的年利率实际应为

$$\frac{150}{4\,850} \times \frac{12}{3} \times 100\% \approx 12.37\%$$

高于名义的贴现率 0.37 个百分点。如果考虑期初支付利息的时间价值大于期末支付利息的时间价值，其实际利率还要高些。

（5）利息平均法

所谓利息平均法，是指先计算出借款者应付的总利息额，然后再将其平均分摊到每个偿还期内。此法主要用于分期偿还的信贷。

【例2-5】 设有一笔银行借款价值100万美元，年利率为10％，每半年付款一次，期限为2年，则以单利法计算出的利息总额为

$$100 \times 10\% \times 2 = 20 \text{（万美元）}$$

而每次支付利息为5万美元，每次应付的本息和为30万美元。

利息平均法通常在分期付款买卖、融资租赁等商品信贷中运用较为广泛，在银行借款中则应用较少。此种计息法对借款人来说是非常不公平的，因为借款人在贷款期间就分别偿付了本金，因而所付利息应比到期一次性偿还全部本金所应支付的利息低些，故采用利息平均法时借款人实际支付的利率要高于名义利率。有些国家的法律禁止这种做法。

有的时候，利息不是平均分摊的，而是前期少后期多，或前期多后期少，前者称之为延迟付息法，后者为加速付息法。

2.3.2 利率与国际银行的筹资策略

利差收入是银行收益的传统来源，尽管现在费用和佣金收入在西方国家已成为商业银行收入的主要来源，但利差收入对银行来说仍然具有十分重要的意义。银行利差收入可来源于3个渠道。

（1）在途资金的利差（Float）

这是指在银行结算中由于转账的不同步使银行在利息上获益。本书第11章将有详细的论述。

（2）借贷利差（Spread）

指相同期限的银行借款和贷款之间的差额，如银行存款与银行贷款之间、同业信贷中借入利率与贷出利率之间的差异使银行所获的利差收益。

（3）不对称利差（Mismatch）

这是指银行通过不同地点、不同货币、不同期限的信贷的利率存在公开的或潜在的利差所获的收益。如果相同期限、相同货币的信贷在不同的金融市场上存在差异，则从利率较低的金融市场上借入资金再在利率较高的金融市场贷出就可获利，此称为套利（Interest Arbitrage）。如果是不同货币的信贷之间存在利率差异，则还需考虑汇率的波动问题；如果银行通过远期外汇交易抵补外币信贷的汇率风险，则此种套利为抵补套利，具体详见本书第12章。另一种不对称利差则来源于不同期限信贷的利率之间的差异，这是银行利差收入的主要渠道，它是通过循环信贷（Revolving Credit）的方式实现的。为了最大可能地降低信贷的成本，银行往往会根据其贷款业务的期限结构及不同期限的利率水平来设计其借款策略。

所谓循环信贷，是指在借入（或贷出）一笔资金后，在到期后再借入（或贷出）该笔资金的本息。设 N_1 期限信贷的利率为 R_1，N_2 期限的利率为 R_2，根据前述的银行利息单利计算公式，可得二期循环信贷的收益（TR）情况，公式为

$$\text{TR} = \left(1 + \frac{N_1}{360}R_1\right)\left(1 + \frac{N_2}{360}R_2\right)$$

设一次性 $N_1 + N_2$ 期信贷的利率为 R_0，则 $N_1 + N_2$ 期循环信贷与同期一次性信贷的利差（NR）为

$$NR = \left(1 + \frac{N_1}{360}R_1\right)\left(1 + \frac{N_2}{360}R_2\right) - \left(1 + \frac{N_1 + N_2}{360}R_0\right)$$

式中若 NR 小于 0，即

$$\left(1 + \frac{N_1}{360}R_1\right)\left(1 + \frac{N_2}{360}R_2\right) < 1 + \frac{N_1 + N_2}{360}R_0$$

借短贷长的做法才会是有利可图的。这种做法较为常见，这是由于银行借入资金的形式多为短期的缘故。借短贷长时银行先借入短期资金，按中长期贷给顾客，借款到期时再借入新的资金偿还旧借款的本息，以此循环到顾客全部偿还了贷款的本息为止。如果在贷款期间借款人分期偿还了部分贷款本息，则每次新借款可不必借那么多，只需借入部分新贷款，再加上本期贷款收回的本息来偿还上期的借款本息，只要前二者之和等于后者就可以了。

【例 2—6】 设某银行提供了一笔期限为半年、价值为 100 万美元的贷款给一顾客，年利率为 12%，期末一次性偿还。为此银行借入了 3 个月的短期同业资金以支持该笔贷款，借款年利率为 10%。3 个月后又重新借入 3 个月同业资金以偿还前笔借款，则该银行的借款情况如下。

第一次借款本息：$100 \times \left(1 + \frac{90}{360} \times 10\%\right) = 102.5$ 万美元

第二次借款本息：$102.5\left(1 + \frac{90}{360} \times 10\%\right) \approx 105.06$ 万美元

实付利率（单利法计算）为年率：$5.06\% \times 2 = 10.12\%$

该行可获借贷利差年率：$12\% - 10.12\% = 1.88\%$

相反，若 NR 大于 0，即

$$\left(1 + \frac{N_1}{360}R_1\right)\left(1 + \frac{N_2}{360}R_2\right) > 1 + \frac{N_1 + N_2}{360}R_0$$

此时借长贷短就是有利可图的了。借长贷短是指银行借入长期资金进行循环短期贷款。

【例 2—7】 设某银行借入 6 个月的短期资金，金额为 100 万美元，利率为年率 8.1%。银行将这笔资金作三个月的短期贷款，利率为 9%，三个月后再将到期本息做三个月的短期贷款，利率仍为 9%，到期后以收回的贷款本息偿还借入的 6 个月借款。此时银行的收益和支出情况如下。

第一次贷款：$100 \times \left(1 + 9\% \times \frac{90}{360}\right) = 102.25$ 万美元

第二次贷款：$100 \times \left(1 + 9\% \times \frac{90}{360}\right)^2 \approx 104.55$ 万美元

借款本息：$100 \times \left(1 + 8.1\% \times \frac{180}{360}\right) = 104.05$ 万美元

则银行所获净年收益率为 $0.5\% \times 2 = 1\%$。

前面所作的分析都假定利率是不变的，然而实际上在金融市场上利率是不断变动的，因此不论是借短贷长，还是借长贷短，都有一个利率的预期问题，即银行再次进入金融市场借

（贷）款时利率的估计问题。因此银行借贷款期限的不一致是会导致风险的，这一风险也就是利率风险，即市场利率变化出乎银行预料而可能给银行造成的损失。在借短贷长时，它是指银行再次借款的利率上升而给银行带来的损失。仍按例 2-6，设 3 个月后金融市场的三个月期同业拆放利率升为 12%，则银行第二次借款的本息总额变为

$$102.5 \times \left(1 + 12\% \times \frac{90}{360}\right) = 105.58 \text{（万美元）}$$

这样银行为了支持该笔 6 个月的贷款所实际付出的成本升为年利率 $5.58\% \times 2 = 11.16\%$，银行所获利差降为 0.84%。如果 3 个月后的利率提高至 13.7% 以上，则借款成本可能超过银行 6 个月的贷款利率 12%，银行将亏损。因此，如果银行预计市场利率将会上升，而且上升的幅度会较大，则银行改为采取借长贷短的做法将是有利可图的。

然而，如果银行估计借款利率将有下降的趋势，则从上面的公式来看，银行的筹款成本将会随贷款期限的延长而下降，银行借短贷长获利会增加。如果利率下降的幅度足以补偿因贷款期限加长而给银行带来的各种不利影响，那么银行将会愿意以低于短期贷款的利率提供较长期限的贷款。按例 2-7，设银行第二次借入款项时贷款利率降为 9%，则其筹款成本为

$$100 \times \left(1 + 10\% \times \frac{90}{360}\right)\left(1 + 9\% \times \frac{90}{360}\right) = 104.8 \text{（万美元）}$$

则银行借款的年利率为 9.6%，低于 3 个月期的借款利率，此时银行以 9.6% 以上的利率贷款即可获利，这样银行 6 个月的贷款利率就可以低于 10% 的 3 个月的短期借款利率。

在借长贷短时，利率风险表现为再次贷款的利率下降给银行净收益带来的不利影响。按例 2-7，设银行 3 个月后第二次贷款时的利率下降至 7%，则第二次贷款的本息为

$$102.25 \times \left(1 + 7\% \times \frac{90}{360}\right) \approx 104.04 \text{（万美元）}$$

此时银行 6 个月的循环贷款利率将下降为年率 8.08%，低于银行 6 个月的借款利率 8.1%，此时银行应改为借短贷长。

由于长短期信贷之间存在这种关系，套利活动会使长短期利率之间达成一种平衡，从而使得若不考虑信誉、规模效益、风险等因素，循环信贷应无利可图，即 NR 应为零，则长短期贷款利率之间应存在下列等式。

$$N\left(1 + \frac{N_1}{360}R_1\right)1 + \left(\frac{N_2}{360}R_2^e\right) = \left(1 + \frac{N_1 + N_2}{360}R_0\right)$$

其中，R_2^e 是第 2 期短期利率的预期值。

根据上述公式，可以利率为竖轴、期限为横轴，得出利率与期限的关系曲线，如图 2-1 所示。

如果金融市场上利率是稳定不变的，利率期限关系曲线应是一条坡度不高的上升曲线，如曲线 X，即利率应随贷款期限的延长而略有上升。因为从例 2-6 来看，由于复利率的存在，采取循环短期信贷的综合成本要高于一次性的相应期限的长期信贷。而且在正常情形下，贷款期限越长，其流动性越差，贷款人所冒的风险（如利率风险、汇率风险）也就越大，它自然也要为此索取较高的报酬作为补偿。同样，较长期限的借款可以使借款人在一个

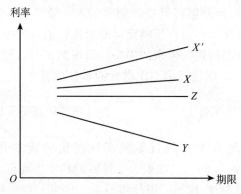

图 2-1　利率与期限关系曲线

更为宽裕的时间内偿还贷款的本息，并可将借款用于更长期的用途以博取收益，这对借款人自然更为有利，因此借款人往往也愿对较长期限的贷款支付较高的利率。如果利率在未来有可能会上升，则利率期限关系曲线是一条坡度较高的上升曲线，如直线 X'。此时长短期利率的差异加大，借短贷长有利。反之，若利率在未来有可能会下降，且下降幅度较大，则长期利率会低于短期利率，利率与期限成反比，即利率-期限曲线将是一条向下倾斜的曲线，如直线 Y。如果利率直线的倾斜度足够大，则借长贷短就有利可图了。若利率下降幅度不大，该曲线的倾斜坡度将不大，甚至有可能是一条平行于横轴的直线，如直线 Z，此时利率不随期限变化而变化。故观察金融市场的利率-期限关系曲线可以了解投资者对未来利率走向的预期。

从前面的分析可以看出，利率和期限的关系更为常见的是如 X 线所示，故银行更多的是采取借短贷长，但在借短贷长时，银行面临的风险是无限的，因为利率上升的幅度从理论上说是无限的。事实上在发生金融危机的特殊时期，借款成本确实曾变得极为高昂，如在 1967 年的欧洲货币市场上，欧洲英镑隔夜贷款的利率曾高达年率 1 000％，在 1972 年欧洲货币市场上欧洲美元的隔夜贷款也曾高达年率 40％。但是在借长贷短时，利率的风险则是有限的，最多的不会超过借款利率（此时银行贷不出去款，借入的资金闲置在银行的活期账户上，贷款收益为零）。此外，借短贷长时还会存在融资风险（Funding Risk），因为在银行再次进入金融市场时，也许会发现自己再也找不到适当的短期资金来支持还款了。在实际交易中，只要还有信誉，并且愿意不惜代价支付高利息，银行一般是能够借入它所需的资金的。但对融资风险仍不能忽视，因为在金融危机的极端情况下，信贷市场可能被关闭或变为单向市场（即只有买方没有卖方），银行仍然可能无法获得所需的融资。因此，借短贷长的风险要大于借长贷短。

为避免上述因借贷期限差异而导致的利率风险和融资风险，银行一般对同一期限的借贷差额采取限制，使之不超过它认为是安全的水平。通常银行会编制两份报表，一份是期限表，该表将银行资产与负债按不同的偿还期限由短至长进行分类，并计算每一期限类的资产与负债差额，如表 2-4 所示。

表 2 - 4 资产负债分期表

万美元

账户 信贷期限	资 产	负 债	净 额
通知和储蓄存款	6 500	2 300	4 200
1～7 天	4 000	4 045	−45
8 天～1 个月	15 000	14 950	50
1～2 个月	0	3 231	−3 431
2～3 个月	0	3 000	−3 000
3～6 个月	20 300	22 000	−1 700
6～9 个月	2 400	4 700	−2 300
9～12 个月	3 400	2 300	1 100
透 支	24	0	24
1～2 年	7 400	5 000	2 400
2～3 年	1 200	698	502
3～4 年	6 100	3 800	2 300
4～5 年	8 400	700	7 700
5 年以上	8 000	0	8 000
资本和结构融资	4 500	20 300	−15 800
总 额	87 224	87 024	0

另一份则为利率分期表，该表按利率决定分期的长短对银行资产与负债进行分类，如表2-5所示。

表 2 - 5 利率分期表

万美元

项目 利率固定期	无息	7 天以内	7 天～ 3 个月	3～12 个月	1～2 年	2～3 年	3～4 年	4～5 年	5 年以上	总 计
资 产	—	300	13 000	35 000	8 500	5 000	2 000	1 500	150	65 450
负 债	1 000	3 000	19 050	31 000	6 100	4 100	400	800	90	65 450
净 额	−1 000	−2 700	−6 050	4 000	2 400	900	1 600	700	60	0

利率分期表和资产负债分期表是有所不同的。例如，银行可能贷出一笔期限为一年的贷款，但利率却是每6个月确定一次，若银行以3个月的短期借款来筹措所需资金，则此时银行的融资风险为9个月，而利率风险却仅为3个月。因此银行重新借款一次后，贷款的利率就可以重新确定了。

利用复杂的计算机程序，银行还可以根据每一分期资产与负债的金额、期限（自报告日起至到期日）、利率等因素计算出每个期限内资产与负债各自的加权平均利率。例如，设某一期限内银行的借款利率如表2-6所示。

表 2 - 6 某银行一个月期借款情况表

编　　号	期限/日	金额/万美元	利率/%	(1)×(2)	(1)×(2)×(3)
1	5	2 000	12%	10	120
2	10	3 000	11.5%	30	340
3	28	5 000	11%	140	1 540
总　　数	—	10 000	—	180	2 005

以期限和借（贷）款金额相乘之积〔(1)×(2)〕作为权数，可得该期限内银行的加权平均借（贷）款利率，其公式为

$$AR = \frac{\sum\limits_{i=1}^{n} r_i n_i q_i}{\sum\limits_{i=1}^{n} q_i n_i}$$

式中，AR 为一定期限内银行的加权平均借（贷）款利率，r_i、n_i、q_i 分别为该期限内第 i 笔借（贷）款的利率、期限、金额。

按上述公式，可得上例中银行一个月期内的借款平均利率为

$$AR = \frac{2005}{180} \times 100\% \approx 11.139\%$$

思　考　题

1. 银行同业信贷对国际银行有何重要意义？
2. 简述银行长短期利率的关系。
3. 简述借款利息的计算方法。

第3章

国际辛迪加贷款

所谓辛迪加贷款（Syndicate Loan），是指由两家以上（通常在十几乃至几十家、上百家以上）银行在共同的贷款文件基础上按同一贷款条件联合对一家客户提供的贷款，也有人将其称为银团贷款。不过二者是有区别的。在国际上，所谓银团（Consortia），往往是指国际联合银行。这是由数家银行共同建立的新的国际合资银行，它可以视为永久的贷款辛迪加，但以独立身份对外从事信贷业务，资金则由各参与银行提供。

辛迪加贷款目前是国际银行信贷的主要资金筹措方式。

3.1　国际辛迪加贷款的概述

3.1.1　辛迪加贷款的特点

从辛迪加贷款的定义来看，首先是辛迪加贷款的贷款银行不止一家，但并非多家银行参与的贷款就是辛迪加贷款，真正的辛迪加贷款必须是参与的银行在同一套贷款文件下按共同的条件提供的，是一个单项贷款。

这并不是说参与辛迪加贷款的银行是在单一的贷款条件下提供贷款的，只是说相同地位的贷款参与人所获得的条件是相同的。目前的辛迪加贷款相当灵活，主要是为了吸引更多的银行参与。一项辛迪加贷款往往会按贷款期限等条件划分为不同的档次，认购不同档次贷款的银行所面临的贷款条件自然是不同的。

辛迪加贷款的组织也要远比普通的单一银行贷款复杂。就技术上说，辛迪加贷款与债券筹资非常相似。通常它要先组织一个经理银行团（类似于债券发行的包销团），由经理银行团包销贷款，其他参与银行从经理银行团处认购贷款份额（类似于债券发行中的投资人）。在贷款期间还有一家银行充当代理行作为辛迪加的代表，负责与借款人联系。

与债券投资一样，辛迪加贷款是一种公开的（Publicized）信贷，也就是说，有关交易在结束后会在媒体上公布。

辛迪加贷款的另一个特点就是它的贷款金额通常非常巨大，这是因为金额不是特别巨大的贷款需求单个银行就能够满足，没有必要采取辛迪加的方式组织贷款；而且由于辛迪加贷款组织复杂，成本高，小额贷款采取辛迪加方式就规模效益方面来说也不划算。

同样的道理，由于辛迪加贷款手续复杂，组织的时间一般比较长，因此辛迪加贷款一般被用于中长期贷款，即期限在一年以上的贷款。

如果多家银行分别与同一借款人单独签订贷款协议，此称为俱乐部贷款（Club Loan）。参与俱乐部贷款的银行非常少，故没有设立经理银行团，也没有贷款的包销、推销等环节。参与银行的地位是平等的，不存在分工和地位的差异，所有的参与银行一起参与贷款协议的谈判。虽然也规定了代理行，但它并不由贷款参与银行磋商决定，而是由提供最大贷款份额的银行担任，且它只负责贷款本息的收回，不负责贷款资金的收集和发放，贷款由各参与银行按统一的贷款协议分别提供。

3.1.2　国际辛迪加贷款的发展简史

辛迪加贷款最早出现于 20 世纪 30 年代的美国。当时的美国金融市场上出现了由数家银行共同对某一客户的贷款，当时称为联合贷款。这是辛迪加贷款的雏形，但它严格说来仅是一种俱乐部贷款，同现今的辛迪加贷款还是有很大不同的。

真正的辛迪加贷款是在境外金融市场已充分发展的 20 世纪 60 年代末才出现的。比较公认的第一笔国际辛迪加贷款是 1968 年对奥地利政府提供的一项贷款。它由银行家托拉斯公司（Bank Trust）和雷曼兄弟公司（Lemman Brothers）作为牵头银行，共有 12 家银行作为经理银行，金额为 1 亿美元。该贷款的组织共花了 2 个月，合同最终达成又花了一个月。贷款的成功极大地促进了辛迪加贷款的推广普及，辛迪加贷款的技术也日趋成熟。到 1972 年由汉诺威制造商（Hanover Manufacturers）银行牵头组织的对意大利兴业银行的一笔金额为 2.5 亿美元的辛迪加贷款时，辛迪加贷款所有的程序已几乎全都具备了。

在整个 20 世纪 70 年代，国际辛迪加贷款发展十分迅速。国际银行信贷的发展主要就是辛迪加贷款的发展，它很快成为国际银行信贷的主要形式。从 1970—1980 年，欧洲辛迪加贷款从 47 亿美元增长到 760 亿美元，增长了 16 倍，而且这还不包括 70 年代末的重新安排信贷。到 1981 年，辛迪加贷款已占国际资本市场上中长期银行信贷的 72.4%。20 世纪 70 年代国际辛迪加贷款一个最为重要的特点，就是以发展中国家为主的政府借款（包括各级政府机构、中央银行、国营企业等的借款）的迅速发展。在过去，国际银行信贷和国内银行信贷一样，都是以私营企业为主要借款人的，其贷款对象主要为跨国公司的海外分支机构。因为传统的金融理论认为，政府应主要以发行债券的方式筹集所需资金，因为政府的信誉高，比较容易在金融市场上以较低的利率成本发行债券融资。然而在 20 世纪 70 年代，政府贷款发展十分迅速，逐渐成为辛迪加贷款的主流。据世界银行的资料刊物《国际资本市场上的借款》（*Borrowing in International Capital Market*）统计，1976—1981 年的国际辛迪加贷款几乎有 75% 是借给政府部门的，这其中对发展中国家的信贷又占了绝大部分。究其原因，主要是由于在 20 世纪 70 年代初国际银行存款资金急剧膨胀，银行急于为这些资金寻求出路，而第一流的私营大企业此时又多寻求以发行股票、债券的方式直接筹集资金，对银行贷款的需求非常有限，银行不得不退而求其次，将资金贷给信誉相对差些的发展中国家政府。而且不少国际大银行当时认为，政府是不可能破产的，因而对政府的贷款也是十分安全的。就发展中国家而言，由于当时的贷款条件十分宽松，故它们也认为对外借款是一条成本低廉的引进外资渠道，比引进外国直接投资所付代价低得多，因而也积极扩大对外借款。

在 20 世纪 70 年代初，由于资金相对比较充足，银行在国际辛迪加贷款业务方面的竞争异常激烈，致使辛迪加贷款的条件愈益宽松，非常有利于借款人。在 1972 年，辛迪加贷款的期限从刚开始的 5 年左右升至 7～10 年，加息率却从 5 年期贷款为 1％～2.5％下降至0.5％～0.75％。到 1973 年，辛迪加贷款的条件更加优惠，其中对英国电力部的 10 亿美元贷款期限达到 10 年，加息率低至 0.375％，却仍然广受国际银行业的欢迎，一个星期就推销完毕。1974 年初，石油输出国组织将石油价格提高了 3 倍，大量石油流入国际金融市场，更刺激了国际辛迪加的发展。然而在 1974 年 5 月，美国中型银行富林克林国民银行破产，同年 6 月，原西德的赫斯塔特银行因从事买进美元、卖出马克的投机失败而破产，引发国际金融市场的信用危机（Credit Crunch），银行同业信贷往来急剧减少，加息率增加，这使得国际辛迪加贷款急剧萎缩。1974 年末辛迪加贷款恢复后，贷款条件变得十分苛刻，加息率上升至 1％，期限缩短为 5 年以内。但在 1975 年之后，国际辛迪加贷款得到恢复和发展，到 1980年，平均加息率又下降为 0.5％，期限平均上升至 8.4 年。

进入 20 世纪 80 年代后，由于作为国际辛迪加贷款主要借款人的发展中国家有许多出现了债务危机，致使国际辛迪加贷款大幅度下降。到 1984 年，国际辛迪加贷款降至 500 亿美元。特别是对发展中国家的贷款下降更猛，到 1988 年，发达国家在国际辛迪加贷款中所占比重猛升至 83％。不过在 20 世纪 80 年代那些信誉良好的借款人仍然可以非常优惠的条件获得新的辛迪加贷款。例如，东南亚的马来西亚、印尼等国由于经济发展迅速，又不像其他发展中国家那样借入了大量外债，故有很高的借款信誉。又如 1982 年，对马来西亚的一笔国际辛迪加贷款期限长达 10 年，加息率低至 0.375％，却仍然有大批的银行踊跃参与。相反，那些陷入债务危机的发展中国家即使许以非常优厚的贷款条件，仍很难借到新的外债。例如，当时对巴西的数笔国际辛迪加贷款，期限 8 年，加息率高达 2.125％，却仍然少有银行问津。贷款条件的这种两极分化局面，是银行吸取了 70 年代的教训，对借款人信誉日趋重视的结果。在对发达国家的贷款中，国际银行将辛迪加贷款的重点重新转移至像跨国公司海外分支机构这样的传统银行贷款对象，使得对私营部门的贷款在国际辛迪加贷款中的比重大幅度增加，特别是大力发展杠杆收购贷款（Leverage Buyout，LBO，即为跨国公司收购、合并其他企业或反收购、反合并提供资金支持）。例如 1980 年，希克拉姆公司为了收购柯纳克公司，仅两星期内就筹资 35 亿美元用于购买柯纳克公司的股票，而杜邦和柯纳克公司也各筹资 30 亿美元合力对抗希克拉姆公司的收购，最终是杜邦公司和柯纳克公司取得了胜利，由杜邦公司出面收购了柯纳克公司。此外，在 1981 年，美孚（Mobil）石油公司、海湾石油公司各借款 60 亿美元，得克萨斯石油借款 55 亿美元，马拉松石油公司借款 50 亿美元用于企业的收购。

在 20 世纪 80 年代，国际银行吸取了 70 年代的教训，在国际辛迪加贷款的具体操作技术方面也作了许多改进，如贷款更多地采取了项目贷款的方式，以确保信贷的安全。为了适应 20 世纪 80 年代日益动荡的金融局势，贷款的条件也日趋灵活，如给予借款人多种货币选择、多种偿还分期选择等便利，并加强了贷款的流动性，使参与的银行可以十分方便地将其贷款份额转让给别的银行。

从 1987 年开始，由于各国际大银行逐步从发展中国家债务危机的打击中恢复过来，国际辛迪加贷款开始从谷底中走出。进入 20 世纪 90 年代后债务负担最为沉重的拉美地区发展中国家经过长达 10 年的努力，债务状况也已大有好转，这更大大减轻了许多国际大银行（特别是美国的跨国银行）的压力，国际辛迪加贷款逐渐恢复了迅速发展的势头。不少国际大银行甚至开始恢复对拉美等地区的发展中国家政府的贷款。到 1997 年，国际辛迪加贷款年签约额达到 11 362 亿美元，但是东南亚金融危机的爆发及美国在 21 世纪初的银行调整使得国际辛迪加贷款额有所下降。2004 年后，随着世界经济的恢复与发展，国际辛迪加贷款又得到迅猛的发展。到 2006 年国际辛迪加贷款年签约额达到 21 640 亿美元。

20 世纪 90 年代后国际辛迪加贷款年签约额及对应的国际债券净额和新公布的股票发行额的情况见图 3-1。

图 3-1　国际辛迪加贷款年签约额

国际辛迪加贷款年签约额的地区分布见表 3-1。

表 3-1　国际辛迪加贷款年签约额借款人的地区分布

10 亿美元

	1995	1996	1997	1998	1999	2000	2001	2002	2003	2004	2005	2006
发达国家	612.4	799.8	973.8	822.1	962.1	1 329.1	1 269.2	1 197.9	1 130.4	1 635.4	1 989	1 843.7
境外金融中心	18.2	19.8	32.9	8.2	8.8	40.1	35.9	28	22.9	43.3	39.7	61.2
发展中国家	66.9	81	129.2	74.8	55	95.1	75.7	70.5	87.8	128	203.2	258.9
国际金融组织	0.3	0.2	0.3	0.1	0	0.6	0.7	0.4	0.3	0.2	0.4	0.2
总　　额	697.8	900.8	1 136.2	905.2	1 025.9	1 464.9	1 381.5	1 296.8	1 241.4	1 806.9	2 232.3	2 164

资料来源：国际清算银行，Quarterly Data of Banking Statistics。

从表 3-1 可以发现，各地区所吸收的国际辛迪加贷款年签约额的比重在 20 世纪 90 年代后变化一直不大，发达国家在吸收国际辛迪加贷款方面一直占有绝对优势。以 2006 年为例，发达国家约占该年国际辛迪加贷款签约额的 85.2%，流入发展中国家的辛迪加贷款额为 11.96%，境外金融中心占 2.83%，国际金融组织 0.01%。

1989 年 3 月北京新世纪饭店有限公司所借入的贷款是我国的首家辛迪加贷款，金额为 7 200 万美元，由 10 家银行组成。1986 年，我国首次以国内银行组成辛迪加对外提供买方信贷，金额为 2.7 亿美元，由国内 14 家银行组成，用于支持中信承建伊朗德黑兰的地铁项目。

这是我国的首笔对外辛迪加贷款。

3.1.3 国际辛迪加贷款的优点

20 世纪 70 年代后，国际辛迪加贷款之所以能得到如此迅速的发展，并最终成为国际银行信贷的最主要形式，是和它较之普通贷款对借款人和贷款银行均有许多优点是分不开的，下面分别予以分析。

1. 对贷款银行的优点

就贷款银行而言，辛迪加贷款的好处在于它可以使各银行联合力量，相互取长补短。国际银行贷款的规模通常都十分巨大，往往是单个银行无力单独提供的，或即使个别大跨国银行有此能力，它们也不会愿意。因为出于安全的考虑，银行不愿意其资金过多地投入到某一单个项目中。几乎每家银行都规定有对单个项目、单个借款人及单个国家的贷款限制，各国及国际银行监管机构也设有此方面的限制要求。此外，不同的银行对不同地区的金融市场、不同种类的银行业务、不同的产业部门的熟悉程度是大不相同的，由不同优势的银行联合起来共同提供贷款，对于贷款资金的筹集、合同的谈判、贷款项目的实施与监督都是十分有利的。

对中小银行而言，辛迪加贷款在这方面的优点就更为明显，因为中小银行多为地方银行，资金力量薄弱，而且业务多局限于所在地周围的一片狭小范围内。而国际贷款的金额大多十分巨大，借款人又远在万里之遥的国外，有关信息的收集十分困难，信贷的风险也很大，这些都是中小银行所力不能及的。辛迪加贷款可以使中小银行有机会参与巨额的国际贷款，所获利息也往往高于这些银行在国内的贷款所得，并可以利用大银行的信息收集和风险判断能力。许多中小银行之所以毫不犹豫地参与某项国际辛迪加贷款，往往并非是因为它们对该笔贷款有多少了解，而仅仅是因为这笔贷款是由一些它们十分信任的国际大银行牵头组织和推销的。大银行业务范围广泛，拥有全球性的信息收集与分析能力，因而对中小银行来说，大银行的参与本身就是一笔辛迪加贷款的可靠保障。

辛迪加贷款的另一个好处在于它可以减少贷款的风险。辛迪加贷款主要是通过风险的分散化来减少风险的。首先，就每一笔辛迪加贷款而言，由于每个参与银行仅负担部分贷款资金，该项贷款的风险也就由所有的参与银行分担了，这样每个参与银行在该项贷款中所承担的风险自然就会大大降低。其次，由于每家参与银行在该项贷款中仅承担部分资金，则银行同样数额的资金就可以参与更多的贷款项目或其他业务项目，使银行拥有的资产分散化，从而降低银行总体的风险水平。此外，由于辛迪加贷款的贷款银行多，借款人如果违约（拒付利息）会影响多家银行，导致多个国家政府的政治压力，而不像普通贷款那样仅影响一家银行、一个国家，这自然会更为严重地影响借款人的信誉，削弱其今后在国际金融市场上的筹资能力。因此，在辛迪加贷款中，借款人更难以采取违约（Selective Default，即对一家或几家债权人违约，但对其他债权人仍履行还本付息义务）的做法。

2. 对借款人的优点

对借款人来说，辛迪加贷款的优点主要如下。

① 辛迪加贷款使借款人仅凭一笔贷款就可筹集巨额的资金。按 1981 年美元价值计算，最大的美国银行能够单独提供的最大贷款额为 4.5 亿美元，而采取辛迪加贷款方式超过 60

亿美元的贷款也可以很容易地安排。在辛迪加贷款出现之前，借款人一次性筹集巨额资金只有发行债券一种途径，而目前辛迪加贷款已占了国际资本市场上中长期公开信贷（Publicized Credit）的一半以上。例如，1996 年辛迪加贷款为 5 320 亿美元，同期国际债券净发行额为 5 124 亿美元，股票为 814 亿美元。事实上，辛迪加贷款就是模仿债券发行而创立的一种新型融资方式。

②借款人还可以通过与多家银行分别借款来筹集巨额资金。与此种方式相比，辛迪加贷款显得更为简便：借款人只需解释一次他的财务状况和借款条件，只有一份贷款合同需要协商签订，只需支付一次有关法律费用。因而辛迪加贷款对借款人而言效率更高、费用更省，而且由于借款人只在金融市场上出现一次，其借款的金额、借款条件等情况都易为国际金融市场的其他参与者所了解，这对其信誉的影响自然是十分有利的。相反，如果采取多笔贷款的方式筹资，则不仅费时费力，而且由于借款人出入金融市场过于频繁，国际金融市场的其他参与者就很难准确地掌握其债务状况，极可能夸大借款人的借款规模。

③对于信誉不是特别良好的借款人来说，通过发行债券来筹集资金十分困难，或是必须提供十分优惠的条件才能做到，此时辛迪加贷款往往成了他们唯一可能的筹集巨额资金的方式。因为债券的投资者人数众多，又无一个领头者可以对发行人的信誉作保证，因而发行人必须享有广泛的知名度才能使其发行的债券在金融市场上较容易地推销出去。而在辛迪加贷款中只需有一家或数家信誉良好的大银行对借款人的财务状况有深入的了解就可以了，这自然较容易成功。而且由于债券涉及的投资者较多，政府有关部门对它的监管自然更为严格，这也是债券市场较辛迪加贷款市场更难入的一个原因。正由于此，辛迪加贷款在发展中国家和所谓的"中央计划经济国家"引进的间接投资中占有绝对比重。只有市场经济发达的资本主义国家政府及其信用等级在（AA）以上的私营企业才有能力在国际债券市场上以低于辛迪加贷款的成本大量筹资。

3.2　辛迪加贷款的当事人

辛迪加贷款参与的银行虽然众多，但各参与银行在贷款辛迪加中所处的地位、承担的职责是有很大不同的，据此可以将参与的银行分为以下几类。

（1）牵头银行（Arranger）

牵头银行是一笔辛迪加贷款的发起人和领导者，由它出面组织经理银行团，代表其他贷款参与人与借款人谈判、磋商和起草贷款协议草案。不过牵头银行和借款人之间只存在契约关系，即受其委托组织贷款辛迪加，并不能代表借款人与其他贷款银行签订协议。

规模较小的辛迪加贷款只需一个牵头银行就可以了，但有些数额巨大的贷款可能会有两家甚至两家以上的牵头银行，不过它们之间可能存在职责上的分工，甚至是地位的差异。

（2）经理银行（Manager）

经理银行通常由多家银行组成，由它们组成经理银行团（Manager Group）。经理银行负责贷款推销期间的管理、包销等事宜，类似于债券发行中的包销团（Underwritten Group）。各经理银行在集团中的地位和作用是不同的，其中在贷款辛迪加的组织和管理中起主要作用且包销较大贷款份额的银行被称为主要经理银行（Leader Manager），又称主干行。通常牵头银行都会在经理银行团中充当主要经理银行。普通经理银行又称干事行，在贷款辛迪加的组织和管理中仅起辅助作用，包销的贷款份额也较主要经理银行少，故地位次于主要经理银行。

（3）副经理行（Co-manager）

还有一些银行一般不参与贷款辛迪加的组织管理，以及贷款包销。但这些银行由于各种原因而得以在贷款辛迪加中处于较高的地位，如提供了较大份额的资金、与借款人有特别密切的关系，或仅仅是由于该银行在国际金融市场上享有良好的声誉、有助于贷款的推销等。这些银行被给予副经理行的称号。

（4）代理行（Agent Bank）

参加辛迪加贷款的银行还要选出一家银行作为代理行，它在贷款协议签订至贷款本息全部偿清的整个贷款期间代表贷款辛迪加的全体参与人与借款人保持联系，并负责处理贷款期间发生的与贷款有关事宜。

（5）参与行（Participate Bank）

参与行是辛迪加贷款的一般参与者，它在贷款中只提供资金，并不参与贷款辛迪加的经营和包销。参与行在辛迪加贷款中虽然地位低下，但对于一家银行来说仍具有十分重要的意义。这是因为即便是仅作为参与行，银行从辛迪加贷款中所获的收益仍是颇为可观的，远大于国内信贷，而且对于一家希望涉及国际信贷业务的银行来说，充当参与行是一个很好的起点。银行可以先多参与由别家银行牵头组织的辛迪加贷款，以结识众多的国际大银行，并积累辛迪加贷款业务的经验，在此之后，银行可逐步谋取经理银行，甚至牵头银行、代理行之类的重要职务。

3.3 辛迪加贷款的程序

不同的辛迪加贷款，其业务操作过程是会存在差异的，下面仅就国际辛迪加贷款的惯常做法作简要的讲述。

1. 寻求报价

希望获得辛迪加贷款的借款人首先必须挑选一家银行或数家银行组成的集团作为牵头银行，由该银行出面替自己组织贷款。牵头银行的胜任与否对一笔辛迪加贷款的成败是十分关键的，借款人自然不会掉以轻心。选择牵头银行的方式是多种多样的，如果借款人已是国际金融市场的常客，对国际银行业十分熟悉，特别是已有过辛迪加筹资的经验，则情况要简单些，借款人会挑选一些自己十分熟悉的银行向其询价。如果借款人在此方面并无经验，则一般需聘请一家咨询机构帮助自己筹划借款事宜。咨询人可以是一家投资银行，也可以是一家商业银行。前者一般仅起着咨询人的作用，后者则有可能成为该贷款的牵头银行。不论在哪种情况下，借款人一般不会仅向一家银行发出邀请，而是会采取招标的方式，向多家银行提出邀请，从中选出一个令自己最满意的银行作为牵头银行。即使是充当咨询人的商业银行，一般也需与其他银行竞争牵头银行这一职位。在投标的邀请书中，借款人可以列明自己所要求的最低贷款条件，如金额、期限、偿还方法、利率及其他费用等，有的甚至对贷款的组织、推销方式等也有所要求。投标银行根据借款人的要求，以及自己对该项贷款及国际金融市场局势的判断，拟订自己的报价（Offer）。报价应包括贷款的基本条件及关键的合同条款。这些承诺的贷款条件应尽量做到既使借款人满意，又能令足够多的银行感兴趣，从而以利于今后贷款的推销。

报价应该是有期限（Expiry Date）的，这是因为金融市场瞬息万变，不用多长时间原有的报价条件就可能显得过低或过高。通常报价的有效期为报价提出日后的一个月。即便如此，报价里通常还会规定如果在有效期内金融市场发生"实质性的不利变化"（Material Adverse Change），报价银行有权修改或收回原有的报价。此即所谓的"实质性的不利条款"。类似的条款也会出现在正式的贷款文件中。

报价可以电传的方式告知借款人，在发完电传后，报价银行仍需再一字一句地认真核对电文内容及借款人的电传号码等是否有错，并注意报价是否是在投标截止日期之前寄出的（通常的投标截止日期为2个星期）。

借款人须将收到的报价逐一加以审核。首先是检查报价是否满足了自己提出的最低要求。如果不满足，则应先予以剔除，然后对那些满足条件的报价进行比较。比较时应综合考虑各个因素，而不应拘泥于某一项指标（如利率），还应考虑报价银行的推销能力。如果报价是由两家以上银行联合提出的，则还应考虑这些银行涉及市场的广泛程度等。借款人选定一家或某个集团的报价银行的报价后，即可向该中标银行出具委托书（Mandate Letter）及其他有关文件，如借款人的企业章程、营业执照、合资合同（如借款人是合营企业）、必要的政府批文等。相应地，中标的银行应向借款人递交贷款承诺书（Commitment Letter），表示愿意接受委托。该中标银行即正式成为该项辛迪加贷款的牵头银行。

委托书除委托中标银行替自己牵头组织贷款之外，还如同报价一样要将贷款的基本条件列出。这些基本条件即是报价银行在报价中所提出的条件，某些较为详细的报价甚至采取经投标人签字后即可转为委托书。但与报价不同，委托书所列的条件具有法律约束力，任何一方不能单方面修改。

在银行的报价中应提出，如果报价被接受，借款人向报价银行出具了委托书，则在该贷款的组织期间，借款人不应再在金融市场上推出其他借款。此称为干净市场条款（Clear Market Clause）。

2. 组成经理银行团

在得到委托后，中标的银行或银行集团就成了贷款的牵头银行。牵头银行一方面与借款人就贷款条件进行谈判，另一方面即着手邀请其他银行参与组成经理银行团。牵头银行或牵头银行集团自然也就成了经理银行集团的主要经理银行。受邀请担任经理银行的银行应具有广泛的水平程度、技术和专业专长，以及地理分布等，这对今后辛迪加贷款的管理、推销是极有好处的。这些银行根据其在经理银行集团所处的地位及承销的贷款金额被赋予不同的称号，如经理银行、共同经理银行、参与银行等。

经理银行团组成后，即可以对借款人承销贷款。承销贷款的方式与证券的承销是十分相似的，主要也是包销和最大努力承销（Best Efforts）两种。

包销又可分为全额包销（Fully Underwritten）和部分包销（Partly Underwritten）。在全额包销方式下银行将贷款全部金额都包下来，这样当贷款推销出去的金额少于经理银行团的估计时，经理银行团将不得不自己出资将其补足，结果其最终实际的出资额会高出其原先计划的规模。全额包销对借款人最为有利，它可以较为确定地按预定的条件借到贷款。

采用全额包销的方式并不意味着经理银行团完全不可以改变贷款条件或解除包销义务。全额包销也是有前提条件的，即要求在经理银行团提出报价日后国际金融市场状况并无实质性的变化，或即使有变化，也在制定报价时经理银行可以预期的范围内。如果在经理银行团包销后，情况发生了实质性变化，则经理银行团可以要求同借款人协商，改变原定的包销条件，并不一定要履约的义务。

采用部分包销方式时，经理银行团只承诺提供贷款的部分金额。如果最终筹集到的资金尚不足该部分金额，则由经理银行团补足，其余部分则视贷款的推销情况而定，经理银行团对此并不负任何责任。因此，这种包销方式借款人只能确定地得到部分金额的贷款。不过通常承销的贷款金额会占全部贷款额的很大比例。

如果采用最大努力承销时，经理银行团只答应尽自己的最大努力为借款人筹集贷款，并在贷款组织成功时承担一定比例的贷款金额。但若贷款组织得不成功，经理银行团筹集不到足够的贷款资金，则经理银行团并无义务提供任何金额的贷款，借款人将什么也得不到。

部分包销、最大努力承销显然对借款人是不利的，因为它的不确定性很大，借款人很可能得不到所预期的贷款。不过部分包销或最大努力承销也并非对经理银行团毫无约束力。因为倘若贷款组织得不成功，贷款推销不出去，此时虽然经理银行团仅承担部分责任甚至完全不承担任何责任，它仍会对经理银行团特别是牵头银行的国际信誉造成不利影响，并会影响牵头银行与借款人的关系，这些显然是经理银行团及牵头银行所不希望见到的。

部分包销、最大努力承销并不会减少借款人的责任，如为贷款备忘录提供准确且详尽的信息、为贷款做宣传等。如果由于借款人的原因导致贷款不成功，经理银行团未能把贷款全部推销出去，那么下次借款人要借款就可能要付出更高的成本。

部分包销、最大努力包销在辛迪加贷款的发展初期运用较为广泛，但在 1977 年之后，由于银行之间竞争的加剧，这两种方法就渐渐地较为少见了，目前绝大部分辛迪加贷款都采用全额包销的方式。

3. 贷款的推销

经理银行团在向借款人包销了贷款后，就可以向其他银行推销该笔贷款。首先，借款人将授予经理银行团一份授权书（Authorization Letter），正式授权经理银行团为其组织贷款，经理银行团在接受了正式委托后，即和借款人一起准备一份发行备忘录（Placement Memorandum）。该备忘录应包含有关本贷款及借款人的详细情况，内容往往长达五六十页以上。如果借款人是一家私营企业，备忘录的内容应包括贷款的用途、担保情况、借款人的财务状况（如资产负债、盈亏状况等）及其未来走势的预测等。对于政府借款人而言，则除了贷款项目本身的情况外，还应包括借款国的财政收支、国际收支及外债状况、经济增长率、通货膨胀率等宏观经济指标。虽然一个国家经济情况的资料可以从其他一些渠道获得，但一个简明扼要、内容全面的备忘录仍是非常有益的，特别是有些国家有许多资料往往没有英文文本，只有本国文字的文本。备忘录一般是由借款人提供数据，而由经理银行团和借款人共同拟订。借款人应保证这些资料的准确性、完整性及新颖性，经理银行团对这些资料不负责任，也不对这些资料向其他参与银行提供保证或发表评价，这一点和证券推销的征募书是不同的。尽管如此，一个好的经理银行团仍应对备忘录提供的资料进行认真审核，以杜绝任何疏忽或欺诈行为。此外，经理银行团还须与借款人磋商达成一份贷款协议草案，并将与借款人达成的贷款条件列成一个简明的清单。在这些文件的准备过程中，一般须聘请律师提供咨询并具体草拟文件条款。

准备好上述文件后，即可开始贷款推销工作。在正式开始推销之前，经理银行团应举行会议，确定贷款的推销方针、推销工作的时间安排，以及各经理银行之间的任务分工等重大事宜。贷款推销工作一般由主要经理银行总负责，其他经理银行各自承担不同的工作。它们当中有的负责与借款人继续就贷款的条款进行谈判（这一般由主要经理银行负责）；有的负责记录贷款的推销情况（如已联系的银行名单、它们的反响、答应参与的银行承诺的贷款额及对贷款条件的修改意见等）；有的负责对外联系，向各银行发出参与邀请，解答被邀请银行提出的各种疑问并倾听它们对贷款协议的意见。对于不同的地区，还可以设立地区协调人（Regional Co-ordinator）负责该区的推销，还有的银行将负责与媒体的联络等公关事宜，甚至会有银行专门负责贷款完成后的签字仪式。经理银行团的成员越多，它们之间的分工就可以越细。

推销工作计划一经确定，经理银行团即可开始邀请银行的工作。为了确保贷款能顺利地推销出去，经理银行团往往会邀请比实际需要数目多得多的银行，以防其中的一些银行拒绝邀请。（具体的邀请数目由经理银行团根据当时国际信贷市场的现状和贷款的具体情况及以往的工作经验决定。根据各种考虑经理银行团会拟订一份计划邀请的银行的名单，并请借款人审查同意。通常借款人不会无理由地拒绝名单中的某家银行参与。大的辛迪加贷款往往需邀请数以百计的银行，而最终参与的可能仅为其中的一半。）

对于被邀请的银行，经理银行团一般要求限期给予答复，到期后就不再接受参与邀请了。不过如果贷款推销不畅，在到期后仍未筹集到足够的贷款，则邀请期可以延长。在邀请的时候，一般先向被邀请的银行发一份电传介绍有关本贷款的基本情况，其详细程度应足以使被邀请的银行作出是否不参加该项贷款的决定；如果被邀请的银行感兴趣，则再寄送发行备忘录及贷款协议草案。被邀请银行根据这些材料作出是否参与此项贷款，以及如果愿意参与，希望承担多大份额贷款的决定。

参与行的来源大致有3种，一是由经理银行团主动邀请参与的银行，这是参与行的主要来源。国际大银行一般都保存有多达500家以上的银行资料，记载了这些银行过去参与辛迪加贷款的详细情况及其他方面的一些资料，其中包括各银行所偏爱的贷款领域、其各类资产的收益率情况、目前的状况等。经理银行团可以从自己保有的银行资料中选出那些符合要求，又可能对本贷款感兴趣的银行，并与其联系，邀请它们参与贷款。二是有的时候，借款人会要求与其关系密切的某家银行被接受参与该项贷款。三是有些银行会主动与经理银行团联系表示有兴趣参与贷款。

一项辛迪加贷款推销的结果，无非是以下3种：筹集的贷款金额恰好符合借款人打算借的数额；筹集的贷款金额多于借款人打算借的金额；筹集的贷款金额少于借款人打算借的金额。第一种情况自然没有什么问题，出现第二种情况也比较容易处理。如果借款人愿意多借，则可以增加贷款的金额；如果借款人不愿意，则各参与银行所承担贷款金额可以按比例减少。最为难办的是第三种情况，当筹集的贷款金额不足时，应视贷款的包销方式不同而采取不同的处理方法。若是全额包销，应由经理银行团补足差额，若是部分包销，则当筹集的金额少于包销的部分金额时，也应由经理银行团补足；若所筹集金额已达到或超过包销的金额，则经理银行可不予补足。如果贷款采用的是最大努力包销的方式，则贷款可能被取消。

一般来说，一项成功的辛迪加贷款推销结束后，经理银行团最终承担的贷款份额大约为其包销额的 50%～70%，其中牵头银行本身应承担约 10% 的贷款额。不过若是贷款金额异常巨大，经理银行团及牵头银行最终承担的份额会小些。

4. 签订贷款协议

在推销辛迪加贷款的同时，经理银行也在就贷款协议继续与借款人进行磋商，受邀请的银行在收到贷款协议草案后，也可以提出自己的修改意见。任何答应参与的银行在收到贷款协议的最后文本之前，均不对贷款承担任何责任，若最终的贷款协议不能令其满意，它可以随时退出。不过，答应参与的银行最好事先声明它的修改意见的哪些部分对它说来是十分关键的。

在与借款人达成最终贷款协议并经各参与行认可后，即可正式举行贷款协议的签字仪式。一般而言，对应由何人代表借贷双方签字国际上并无严格的规定，贷款的参与行一般是由银行的董事长、总经理或其他高级职员参加，私人借款人也是如此；但如果借款人是政府，则通常由财政部长出席签字。无论是何人参与，都必须获得其所代表一方的书面授权。贷款协议的签署仪式也没有一定的惯例，通常以方便签字仪式的完成为原则，一般以合同中签名出现的顺序安排座位。图 3-2 是一项辛迪加贷款协议的签字代表座位及签字顺序图。

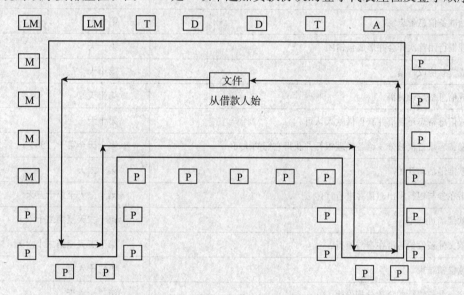

图 3-2　辛迪加贷款协议签字顺序图

注：D—Debtor（借款人）；T—Trustier（受托银行）；A—Agent（代理行）；LM—Leader Manager（牵头银行）；M—Manager（经理银行）；P—Participants（参与行）。

一项由 25～40 家银行组成的辛迪加贷款协议，其签字仪式一般需 1 小时左右。

在举行签字仪式时，还可以邀请有关的政府官员、新闻界人士参与。这对于提高参与银行和借款人的知名度是十分有利的，而且它也是贷款的有关当事人（借款人、参与银行、担保人等）碰头会面的绝好机会，可以借此场合商讨新的合作机会。

在过去，每一家参与银行通常都可以得到一份有原始签名的协议，但目前一般只有少数参与者，如借款人、牵头银行、代理行和代表银行辛迪加的咨询律师可以获得至少一份原件，其他参与银行可以获得副本。副本与原件内容相同（Conformed Copy），但其签名是打印的而不是原始签名。

贷款协议签字生效后，借贷双方还应在国际上发行量较大的报纸或杂志上刊登广告，将贷款的情况公之于众，因而辛迪加贷款属于"公开信贷"（Publicized Credit）的一部分。此种广告又被称为"墓碑广告"（Tombstone Advertisement），它对于提高借贷双方在国际金融市场上的知名度及信誉是非常有益的。有的参与银行特别是牵头银行还将广告用有机玻璃等材料制成招牌，放在银行办公桌上或展览柜里，以扩大宣传。贷款协议一经签字生效，整个贷款的组织推销工作即告结束，这一过程短的只需 15 天，长的可达 3 个月以上，一般为 6 个星期即 40 多天。

一项典型的辛迪加贷款组织推销日程可用表 3 - 2 来表示。

表 3 - 2　一项典型的辛迪加贷款组织推销日程表

借款人出具委托书	第一天
牵头银行与借款人就辛迪加贷款的推销策略达成一致意见	第一天
指定咨询律师	第一天
组成经理银行团	第一天至第十天
开始准备信息备忘录	第一天
经理银行团首次开会并形成包销团	第十天
完成贷款协议首稿	第十天
完成信息备忘录首稿	第十天
完成信息备忘录首稿并获得借款人认可	第十天
信息备忘录首稿被分发给各经理银行并获得它们的认可	第十天至第十二天
贷款推销活动开始	第十二天
向潜在参与银行发出邀请并进行宣传	第十二天至第十五天
贷款推销进行中	第十二天至第二十六天
贷款文件被发给各潜在参与银行	第十五天至第二十六天
贷款推销结束	第二十六天
决定各参与银行的贷款分担份额	第二十六天
达成贷款协议	第三十三天
贷款协议签字	第三十八天
资金筹集完毕	第三十八天至四十天

具体的日程安排会随不同的贷款而有差异。由于辛迪加贷款通常金额巨大，故即使每家银行仅承担部分金额通常也会超过一家银行海外分支机构所获得的贷款额度授权，因此被邀请的分支机构往往要向总行申请特别批准，这就比普通的贷款需要花费更多的时间，加上贷款组织复杂，故辛迪加贷款一般要比普通的单个银行贷款花费的时间要长。如果希望邀请非本金融中心的银行参与，所需时间会更长；贷款组织越复杂（如需要邀请参与的银行越多），

所需时间也会更长。

3.4　辛迪加贷款的利率及费用

辛迪加贷款的利率及其他附加费用是参与银行的收入来源，对借款人来说它也是其借款成本的主要组成部分，因此它在辛迪加贷款中占有极为重要的地位。

3.4.1　辛迪加贷款的利率构成

辛迪加贷款多数属于中长期信贷，其利率一般采用浮动利率，即贷款利率可以随市场利率的变动而变动。这种利率大致可以分为以下 3 个组成部分。

（1）银行筹款成本

银行筹款成本是指银行筹集资金的成本。如果把贷款利率视作信贷资金这一特殊商品的价格，那么银行筹款成本就是决定这一价格的基础，如同商品的生产成本是决定商品价格的基础一样，故银行筹款成本又被称为利率基础。不过，普通商品的成本核算还是相对比较容易和客观的，而银行筹款成本的估算则较为困难些，因为没有一个客观的标准可供衡量。在国际信贷中，一般以银行同业拆放利率（Inter Bank Offer Rate）来代表银行的筹款成本。在欧洲辛迪加贷款中，最常用来作为银行利率基础的为伦敦银行同业拆放利率。因为伦敦为欧洲银行业中心，伦敦银行同业拆放利率是最能代表欧洲银行筹款成本的利率。

不过，在伦敦有资格报同业拆放利率的银行多达 30 家，故辛迪加贷款的借贷双方尚需选定具体采用哪家银行的 LIBOR 报价作为贷款的利率基础。可采用的选择办法主要有：以某一家局外银行（未参加该辛迪加贷款的银行）所报 LIBOR 作为利率基础；以某一家参与行（一般为主要经理银行、经理行或代理行）所报 LIBOR 作为利率基础，或以多家参与银行所报的 LIBOR 平均数作为利率基础；以数家局外银行 LIBOR 报价的平均数作为利率基础；以一家或数家参与银行和一家或数家局外银行的 LIBOR 报价平均数作为利率基础；以某一公共标准（在第 2 章提及的 BBA 所报的 LIBOR）作为基础。

银行同业拆放又有不同的期限，分隔夜、一个月、三个月、六个月、九个月、一年不等。不同期限的银行同业拆放，其利率也是有所不同的，这也应在选择利率基础时予以明确。目前绝大多数的辛迪加贷款以六个月期的 LIBOR 作为利率基础，这是因为辛迪加贷款的利率调整期及贷款的偿还分期一般均为 6 个月。银行为支持贷款而借入的同业资金一般也为 6 个月。

由于银行同业拆放利率也是随金融市场供求状况的变化而不断变化的，因而利率基础的确定也有一个时间选择问题。在欧洲辛迪加贷款中，一般以每次利率调整日前的两个营业日上午 11：00 的 LIBOR 作为利率基础。

除了 LIBOR 外，在国际辛迪加贷款中也有其他一些著名的同业拆放利率经常被用来作为贷款的利率基础。例如在亚洲金融市场，一般以新加坡银行业同业拆放利率（SIBOR）或香港银行同业拆放利率（HIBOR）作为利率基础，这两地均为亚洲金融市场的中心。此外，除了拆放利率外，各主要国际金融市场上也有以同业借款利率（Bid Rate）或拆放利率与借款利率的平均数（Mid Rate）作为利率基础的。

（2）基本附加率

在基础利率之上，银行首先会添加一笔利差（Margin）作为提供信贷的起码收益。该利差即为贷款的基本附加率，又称最低附加利率。基本附加率是对任何一位借款人均要征收的，它的高低主要取决于贷款金额的大小、期限的长短、金融市场的货币供求状况、贷款货币的汇率走势、银行间的竞争状况，以及银行的经营费用等要素。仅在利率基础之上添加基本附加率的利率被称为优惠利率（Prime Rate）。银行仅对与自己往来密切、信誉良好的客户才采用优惠利率。在美国，作为贷款利率基础的往往不是银行同业拆放利率，而是优惠利率。由于美国在国际银行业中享有很高的地位，近年来在国际辛迪加贷款中也有采用美国银行优惠利率作为利率基础的。它与银行同业拆放利率的区别主要在于它是银行对非银行客户的贷款利率，而非银行与银行之间的贷款利率。

（3）溢价

对于那些一般的借款人，银行除了收取基本附加率外，还须根据借款人及该贷款项目的具体情况再添加一笔高低不等的溢价（Premium）。溢价首先取决于借款人资信的高低，作为承担较高风险的补偿。借款人的信誉越差，利率的溢价也就越高；反之，借款人的信誉越好，则利率的溢价越低。

类似地，借款人是否频繁出入国际贷款市场也会影响辛迪加贷款的溢价。一个在国际市场颇有声誉的公司的首次辛迪加借款往往会受到追捧，该贷款的溢价就会较低；反之，如果借款人频繁在金融市场上举债，贷款银行认为借款人已经负债过多，那么它的新贷款的溢价就会很高。

与贷款银行之间的关系也是一个重要的决定因素。如果借款人与贷款银行关系密切，贷款的溢价可能会低些，有些银行甚至会通过低利贷款来换取对借款人的其他服务合同。（Hurn，1990）

如同浮动利率票据一样，浮动利率贷款的溢价也可以是固定的或是浮动的。溢价浮动有多种方式。一种是递增式（Step-up）的，即溢价是随时间的延长逐步递增的。递减式（Stepdown）溢价与递增式相反，它是逐步下降的。贷款银行也可以规定溢价可以随借款人信誉的变化而变化。例如，银行可以规定一些财务指标（如最高负债率、最低利润率等），如果借款人达到了这些指标的要求，就可以按照原来的溢价；如果财务状况远远超过了这些指标，溢价可以向下调整；反之，如果借款人达不到最低财务指标的要求，溢价就会向上调整。

在以银行同业拆放利率作为利率基础时，基本附加率和溢价往往并在一起，不分别列明。而如果以优惠利率作为利率基础，则实际上是将利率基础和基本附加率并在一起，而溢价则单独列出。

【例3－1】 设某辛迪加贷款的利率以 A、B、C、D、E 五家银行所报的 6 个月期银行同业拆放利率平均数作为利率基础，基本附加率为 0.05%，溢价为 0.05%，则其利率构成如表 3－3 所示。

至于借款人每期实际应支付的利息额，可以按第 2 章中所述分期偿付的单利法计算。设上例贷款金额为 600 万美元，分 6 次还清，则第一、二次应付利息分别为

$$第一次应付利息＝100×\frac{15.12\%}{2}＝7.56(万美元)$$

$$第二次应付利息＝100×15.14\%＝15.14(万美元)$$

表 3-3　某贷款利率构成

利　　率	本　　期	6个月后
A	15.00	15.02
B	15.01	15.03
C	15.02	15.04
D	15.03	15.06
E	15.04	15.07
平　均　数	15.02	15.04
基本附加率	0.05	0.05
溢　　价	0.05	0.05
最终利率	15.12	15.14

3.4.2　贷款的其他费用

在一项贷款中银行除了收取利息外，还会征收一些其他费用。国际辛迪加贷款由于参与的银行多，组织管理工作也比一般的贷款复杂，故银行收取的费用种类也多些。

辛迪加贷款涉及的附加费用主要有以下几种。

（1）牵头费（Praecipium Fee or Arrangement Fee）

这是牵头银行因领导了一项辛迪加贷款而获取的报酬。牵头费可以是一笔绝对数额，也可以按贷款总额的一定百分比收取。牵头费可以在牵头银行获得委托书时支付，也可以在贷款协议签订时支付。多数情况下牵头银行在获得委托书时至少可以得到部分该笔费用。

（2）包销费（Underwritten Fee）

包销费是付给参与包销的经理银行的报酬。这笔费用可以在包销协议生效时一次性支付，也可以在规定的包销期间内根据包销的有效期按一定的年率支付。

（3）管理费（Management Fee）

管理费是经理银行团因组织并包销了辛迪加贷款而获取的报酬。该费根据各经理银行所处的地位可以有不同的名称，如主要经理银行费、经理银行费等。与包销费不同，管理费是按每家经理银行实际承担的贷款份额的一定百分比计算的，费率一般在 0.15%～0.5% 之间。承担的贷款金额越大，管理费率也就越高。

（4）并费（Pool）

管理费其实从包销费中支付。借款人按包销银行包销的贷款数额支付一笔总的包销费给经理银行团，而各经理银行按其实际承担的贷款金额获得管理费。如果各经理银行并不最终承担其包销的全部贷款金额，而是将其中的一部分推销给其他参与银行，就可能产生一笔盈余，这笔盈余就被称为并费。例如，贷款协议可规定承担 2 000 万美元以上贷款的经理银行可获 0.5% 的包销费，而 1 000 万～2 000 万美元之间的只能获取 0.25% 的包销费。某家牵头银行包销了 2 000 万美元的贷款,如果它自己最终承担了这笔贷款金额,则它可以收取 0.5％的管理费,共计 10 万美元;但如果它把所包销份额的一半出售给了其他一些银行,最终自己只承担了 1 000 万美元的贷款,则它只能按 0.25％的费率收取管理费,共计 2.5 万美元,由此产生了 7.5 万美元的并费。并费通常并不会退给借款人,而是在包销银行之间按提供的贷款比例分配或归牵头银行所有。

(5) 参与费 (Participation Fee)

参与费是付给每家参与银行的报酬,按各参与银行最终实际贷款金额的一定百分比计算。参与费也可以根据参与银行提供金额的不同档次规定不同的费率标准。

(6) 杂费 (Out of Pocket)

此费用是指辛迪加贷款的牵头银行及其他经理银行因组织贷款而花费的零碎开支,包括车马费、宴请费、律师费、通信费、印刷费等。这些费用均应由借款人负担。杂费的收取办法有两种:一种是订一个费率,一次性收取;另一种是规定一个最高限额,根据牵头银行提供的账单收据实报实销。

管理费、参与费和杂费都是在贷款协议签订之时就一次性收取的,故与牵头费(在获得委托书时至少部分得到支付)及包销费(在包销开始时或整个包销期间收取)统称为前端费 (Front-end Fee),又称启用费。它的总数一般在贷款总额的 0.5％～1％之间。

【例 3-2】 设有一笔辛迪加贷款,价值 4 亿美元,由一家牵头银行、8 家经理银行、20 家参与银行组成的贷款辛迪加提供。贷款采用全额包销,其中牵头银行包销 8 千万美元,每家经理银行各包销 4 千万美元。最终牵头银行承担了 4 千万美元的贷款,各经理银行提供 2 千万美元,其余的贷款由每家参与银行各负担 1 千万美元。前端费的分配如下,牵头费 0.125％,管理费 0.125％,参与费 0.25％。如果不考虑并费问题,则

$$牵头银行的牵头费＝4 亿×0.125％＝0.005 亿美元$$
$$牵头银行的管理费＝0.8×0.125％＝0.001 亿美元$$
$$经理银行的管理费＝0.4×0.125％×8＝0.0005 亿美元×8$$
$$牵头银行的参与费＝0.4×0.25％＝0.001 亿美元$$
$$经理银行的参与费＝0.2×0.25％×8＝0.0005 亿美元×8$$
$$参与行的参与费＝0.1×0.25％×20＝0.00025 亿美元×20$$

前端费分配如表 3-4 所示。

表 3-4 前端费的分配

万元

费用 \ 银行	牵头银行	经理银行	参与行	总 和
牵头费 (0.125％)	50	—	—	50
管理费 (0.125％)	10	5×8	—	50
参与费 (0.25％)	10	5×8	2.5×20	100
总 和	70	10×8	2.5×20	200

还有一些费用是在贷款协议签订后需要支付的,故不属于前端费,这些主要费用包括代理费和承诺费。

代理费（Agent Fee）是对代理行在贷款期间所承担的额外责任的报酬，其收费标准视事务的繁简和贷款金额的大小而定，费率一般在 0.25%～0.5% 之间，按贷款的总额在整个贷款期间分期收取。近年来的辛迪加贷款有时会规定如果由于某种原因导致代理行的工作负担大幅增加，代理行有权要求增加代理费。例如可规定：当贷款运转正常时，代理费按某一正常费率支付；反之，如果借款人还款出现困难或违反了贷款协议，需要代理行出面协调解决问题时，代理费将按某一调高的特别费率收取。

在贷款协议签字生效后，贷款银行还会征收一定比例的承诺费（Commitment Fee）。承诺费自提款日后某一规定日期开始起计算，按借款人尚未提取的贷款余额的一定比率提取。贷款银行之所以收取承诺费，是为了鼓励借款人尽快提取贷款，以免自己的资金闲置。

【例 3-3】 一笔为期 5 年的 1 000 万美元贷款，3 月 10 日签订贷款协议，提款期为半年（即至 9 月 10 日），承诺费从签订贷款协议起一个月后（即从 4 月 10 日开始）起算。该借款人提款情况如下：3 月 15 日提款 100 万美元，4 月 5 日提款 200 万美元，5 月 10 日提款 500 万美元，6 月 11 日提款 100 万美元，8 月 15 日提款 100 万美元，设承诺费率为 0.25%，则其承诺费支付情况如下。

3 月 15 日提取的 100 万美元和 4 月 5 日提取的 200 万美元因未到 4 月 10 日的承诺费起算日，故无须计算承诺费。

4 月 10 日至 5 月 9 日共 30 天，此期间未提取的借款为 700 万美元，故应付承诺费为

$$700 \times 0.25\% \times \frac{30}{360} = 14.583\ 3(万美元)$$

5 月 10 日至 6 月 10 日共 32 天，此期间未提取的借款为 300 万美元，故应付承诺费为

$$200 \times 0.25\% \times \frac{32}{360} = 4.444(万美元)$$

6 月 11 日至 8 月 14 日共 65 天，此期间未提取的借款为 100 万美元，故应付承诺费为

$$100 \times 0.25\% \times \frac{65}{360} = 4.514(万美元)$$

8 月 15 日至 9 月 9 日共 16 天，此期间未提取的借款为 0，故应付承诺费为 0。

承诺费共计：

$$14.583\ 3 + 4.444 + 4.514 = 23.541\ 7(万美元)$$

承诺费的支付情况如表 3-5 所示。

辛迪加贷款的各项附加费用对参与银行特别是牵头银行和经理银行来说，具有十分重要的意义，因为它是银行从辛迪加贷款中所获收益的重要组成部分，能够显著地影响贷款银行的收益率。可以从下列公式中求出贷款的实际收益率。

$$PV = \frac{AP_1}{(1+i)} + \frac{AP_2}{(1+i)^2} + \cdots + \frac{AP_n}{(1+i)^n} = \sum_{i=1}^{n} \frac{AP_t}{(1+i)^t}$$

式中：PV 为贷款本金；AP_t 为第 t 期的支付总额，包括当期应付本息加代理费、承诺费等其他费用；i 为贷款实际收益率。

表 3-5　承诺费支付表

万美元

提款日期	提款金额	未提余额	承诺费
3月15日	100	900	0
4月5日	200	700	0
5月10日	500	200	14.583 3
6月11日	100	100	4.444
8月15日	100	0	4.514
总　　计	1 000	/	23.541 3

有的时候，如果借款人坚持要求银行认为不能接受的（根据借款人的信誉或其他情况）较低利率溢价，贷款银行可以适当地提高各项附加费用（特别是前端费）的水平。这样尽管利率会偏低，但贷款的实际收益仍会保持在令贷款银行满意的水平。有的借款人会愿意接受这种安排，因为贷款的利率溢价往往被认为是借款人信誉的晴雨表，相对而言附加费用就不那么受人注目了。不过，上述贷款利率溢价和附加费用之间的负相关关系只是从某一项具体的贷款来看才是如此。从贷款的整体来看，贷款的利率溢价和附加费用的变动趋势常常是一致的，即当资金供应紧张时，贷款的利率和附加费用会同时上涨；反之，当资金供应相对宽松时，贷款的利率和附加费用均会下降。经理银行团的态度也是决定附加费率结构的一个决定因素。如果经理银行团希望有较多的中小银行加入辛迪加，则各级附加费的分配会较平均些；反之，如果经理银行团希望控制辛迪加的规模，只希望大银行参与，则附加费率可能会向提供较多金额的银行倾斜。

3.5　辛迪加贷款的贷后管理

贷款协议签订后，即进入协议的执行阶段。正如前面所述，贷款执行期间有关贷款的事务主要是由代理行负责，所以本节也主要涉及与代理行的有关问题。

3.5.1　代理行的职责

代理行的职责范围一般涉及以下诸方面。

① 按时从各参与银行收集资金。

② 在贷款咨询律师的帮助下审核借款人是否满足了贷款合同所规定的提款前提条件（Conditions of Precedent，参见第6章贷款协议中有关内容），以及借款人的提款手续是否完备、应提交的凭证及文件是否齐全。如果准确无误即签发提款通知（Notice of Draw down），允许借款人提取贷款。每次借款人提款时都应做好此项工作。

③ 如果是浮动利率的贷款，代理行须按贷款协议规定的方式定期确定当期利率水平。

④ 根据所确定的利率水平，按时从借款人那里收回本期应收回的贷款本息。代理行应将其收回的本息按比例（Pro Rata）公平地分发给各贷款参与人。这在借款人能正常还款时不

会有什么问题，但如果出现借款人未能完全支付应付本息的情况，则该条款就显得尤为重要。

⑤ 检查贷款的抵押品，定期重新估价这些抵押品的价值。倘若这些抵押品的价值有所下降，应获取新的抵押品以维持抵押的金额；为了避免抵押品的灭失和毁损，还需要进行必要的保险。

⑥ 在贷款期间按期从借款人那里接受有关的财务资料，并视需要有选择地将其分给其他贷款参与人。这些资料通常包括借款人的年度或季、月财务报表，借款人或某一独立的会计师提供的借款人未发生违反合同情况的证明文件等。

⑦ 在发生意外情况时（如借款人违约），负责召集全体贷款参与人商讨解决的办法。多数并非关键的议题，如豁免借款人对某些非关键贷款条款的违约等只需多数通过即可，所需多数比例可随议题的重要性、贷款金额的大小及参与银行的数目等因素而有所差异，有的只需半数通过，有的则需三分之二多数通过。但对贷款条款的任何基本修改都应该取得参与银行的一致同意。这些基本条款包括改变贷款的利率、贷款的延期等。

代理行的职能并没有固定的规定。在过去，代理行的职权较大，它有权自行处理类似挑选借款人财务资料的审计人员、保险之类的事情，可决定哪些从借款人那里获取的资料应分送给贷款参与人，某项抵押品是否符合贷款合同的要求，有权自行处理贷款期间出现的某些问题，甚至判定借款人是否已违约等。但目前的趋势是：减少代理行的决定权，使其成为一个仅仅传递信息、提供咨询、具体执行贷款协议及贷款辛迪加的其他决定、召集贷款参与人集会的一个邮箱（Postbox）性质的执行机构。这种状况是由代理双方共同造成的，代理行越来越不愿意因履行过多的义务而需承担过多的责任和风险。同样地，现在也有越来越多的参与行不愿将过多权利交给代理行，而希望自己对贷款能有更好的了解与控制。

尽管如此，代理行较之其他的参与行对贷款仍负有更多的责任，至少应起到咨询的作用。代理行在借款人出现违约迹象时，必须果断地决定是否向贷款辛迪加建议宣布借款人违约，这要求代理行应有很强的判断力和魄力。不仅如此，代理行还应具有丰富的经验和想象力，使得它在贷款出现偿还危机或其他问题时能提供有效的处理方案供全体贷款参与行参考。

因此，一个精明、能干的代理行对于一项辛迪加贷款的安全起着十分关键的作用，故对于选择哪家银行作为代理行必须慎重对待。有些辛迪加贷款甚至在贷款的推销之初就明确规定由哪家银行作为代理行。大多数情况下牵头银行是代理行的自然人选，但也有以一家经理银行作为代理行的。和证券发行不同的是，辛迪加贷款不能以没有参与该贷款的商业银行或投资银行作为代理行。因为若代理行与其所代理的辛迪加贷款没有关联，它可能更多地考虑借款人的利益，而不是贷款参与银行的利益。特别是当借款人出现无力偿债迹象时，倘若代理行不曾在贷款中投入资金，则它就可能不会及时地向贷款辛迪加发出警告，并努力劝说贷款辛迪加采取补救措施。

代理行在履行贷款的支付、本金及利息的回收职责时，是存在风险的。根据协议，代理行通常应在收到借款人当期应付的本息后，迅速地将其分发给各贷款参与人，但如果代理行只是在确认已收到借款人偿还的本息后才向其他参与行支付，则这中间至少会间隔一天的时间，从而给其他贷款参与行带来利息上的损失。若考虑时差因素，这种损失可能会更大些。为了避免这一损失，有的辛迪加贷款就规定代理行必须在每个偿还日自动地将应收回的本息支付给各参与行。如果借款人未按期还本付息，代理行所垫付的款项由参与银行退还给代理行；或规定如果借款人的信誉状况仍然良好，代理行应按期自动分发本息，而如果借款人的信用发生了恶化，则允许代理行等借款人应偿还的本息实际到账后再支付给各贷款参与行。后种情况下如果借款人已付清了应付本息，而代理行出于种种原因却并不知晓，以至于延误了对各贷款参与行的支付，则代理行应赔偿各贷款参与行的利息损失。损失可以按各参与银行主要资金筹措市场上的短期资金利率（如英国的 LIBOR、美国的货币市场利率等）决定。

代理行还可能较贷款辛迪加的其他参与银行与借款人有更为密切的联系，如参与了对借款人的其他辛迪加贷款，甚至在其中也充当了代理行。在这种情况下，代理行可能与其他参与银行之间发生意见冲突，如当借款人已出现违约迹象时，是否应及时宣布借款人违约，提前收回贷款等。对此类冲突代理行应同其他参与银行尽可能地协商解决，如果实在达不成一致意见，代理行可以要求免去代理行的职务，改由其他参与银行担任代理行一职，以保护全体贷款辛迪加成员的利益。代理行在什么情况下、经过什么程序可以辞去代理行的职务，这应在贷款协议中作明确规定，有的辛迪加贷款在这方面的规定是十分宽松的。代理行可以在任何时候辞去代理行的职务，甚至在其他参与银行争执不下、无法选出新的代理行的情况下，有权指定一家参与银行为自己的继任者。不过大多数辛迪加贷款不采用这样的规定，更为常见是规定在原代理行提出辞职后，给予贷款的其他参与银行一定的宽限期（如一个月）来挑选新的代理行。如果在规定的期限内其他参与银行选不出新的代理行，原代理行才有权自行指定自己的继任者，但该继任者仍需满足一定的条件。由于继任的代理行往往是在贷款处于困难的时候上任的，因而很自然地它应获得较原代理行所得更高的代理费。如果原代理行是因保护自己的利益而辞职的，则由此而增加的费用应由代理行负担。

3.5.2 代理行与参与行的关系

参与行与牵头银行及经理银行之间的关系也没有一致的规定，传统的观点是任何一家银行都应根据自己的独立判断来决定是否提供一项贷款，因此所有的辛迪加贷款参与银行都应对自己提供的款项负责。一旦出现借款人违约、无力偿还贷款的情况，牵头银行和经理银行只承担自己所投入的那部分资金的损失，对其他参与行的贷款则不负任何责任。然而如前所述，由于参与行往往为地方中小银行，其经营的规模、业务范围一般较牵头银行和经理银行要小得多，根本没有能力对遥远的外国借款人进行正确的信用分析，故在绝大多数情形下，它们都是因辛迪加贷款是由为其十分信任的大银行所牵头、组织、推销而放心地投入资金的。参与行自然认为经理银行团对它负有类似证券包销团对证券投资者那样的职责，一旦贷款偿还出现困难，有的参与行就会回头找经理银行团，要求它们给予赔偿，由此导致的法律纠纷时有所闻。其中最著名的就是 20 世纪 70 年代中期发生的"Colocotronis"案。有家名为"European American Bank"（EAB）银行牵头为一家名为"Colocotronis Shipping Group"的公司组织了一笔辛迪加贷款，结果借款人违约了。不少参与了该贷款的美国地方银行向法院起诉 EAB，声称该行在信息备忘录中误导了自己。后来该案在庭外和解，EAB 实际上偿还了这些参与银行所提供的贷款。鉴于此，后来的辛迪加贷款备忘录中通常会声明（Disclaimer）：备忘录一般是由借款人提供数据，由借款人保证这些资料的准确性、完整性及新颖性，经理银行团对这些资料不负责任，也不对这些资料向其他参与银行提供保证或发表评价，各参与银行应根据所获的备忘录独立作出自己的判断。

在许多辛迪加贷款中，参与行还可以在贷款期间将其承担的贷款份额部分或全部转售给其他银行。一些辛迪加贷款甚至在贷款销售时就附有票据，以利于贷款在金融市场上的转让。参与行转让贷款份额的动机很多，如认为该项贷款已不再安全或找到了更有利可图的投资机会，也可能仅仅是因为参与行对该借款人或借款国的债权超过了限定的安全水平，但又希望对借款人或借款国提供新的借款，等等。

但是，借款人、代理行及经理银行团往往希望对贷款份额的转让加以控制。因为太多新银行的加入可能使贷款辛迪加和借款人在需要协调解决问题时更难达成一致意见。代理行一般也希望自己能对所有的参与银行都有所了解，并将参与银行的数目控制在合理的规模之内。限制的方法是多种多样的，有的在贷款协议中明文规定可以得到转让的银行的资格，如规定转让只能在原贷款辛迪加成员之间进行、转让时不能增加借款人的负担、须经有关当事人的同意、须将权利和义务一同转让等。有的辛迪加贷款则采取限制注册银行的办法，即参与银行转让贷款份额后并不改变贷款开始时登记在册的银行名单，这时出让的银行和受让的银行实际上是一种转贷款的关系，受让银行仅对出让银行拥有债权，但对原借款人无任何债权关系，而出让银行则仍持有对借款人的原有债权。很明显，这种做法对于受让的银行是很不利的，因为它享受不到原贷款协议对参与银行规定的许多权利，如不能得到贷款协议规定的各项保障条款的保护、各种抵押权利等，倘若借款人违约，所有的赔偿都必须先归原参与银行（出让行）所得；同样，贷款本息的回收也首先是付给出让行，再由出让行转付给受让的银行，如果出让行在得到借款人应付本息后或赔款后并不转付给受让银行，受让银行就会面临坏账风险。为了避免这一风险，受让银行在出让行签订的转让协议中会规定出让行仅作为受让行的一个受托人（Trustee），代受让行回收与转让的贷款有关的所有款项，但如果此时出让行将该笔贷款的业务与其他业务混在一起，则此种做法并不能使受让银行获得任何额外的保证。

思 考 题

1. 国际辛迪加贷款有哪些优点？
2. 辛迪加贷款的主要当事人有哪些？它们的各自职责是什么？
3. 辛迪加贷款的其他费用包括哪些？

第4章

国际贸易融资

所谓贸易融资，是指商业银行对进出口贸易的资金融通。在商业银行的各项业务中，贸易融资的历史是十分悠久的，它几乎是同商业银行的兴起同时出现的。在今天，贸易融资不仅自身在银行的国际业务中占有很大的比重，而且它同银行的其他国际业务（如国际结算、外汇买卖等）也有着非常密切的联系。因此，各大国际银行对贸易融资业务都十分重视，往往设有专门的机构负责此项业务。

贸易融资根据其期限的长短，可以分为短期贸易融资和中长期出口信贷。这两类信贷在信贷的条件、适用范围等方面均有很大不同，下面分别予以论述。

4.1　短期贸易融资

短期贸易融资是指期限在一年之内的贸易融资，一般适用于原材料、燃料、零部件、消费品等制造周期短、价值不大的商品，故其融资的额度一般也较小。根据信贷的对象不同，又可以分为对出口商的融资和对进口商的融资。

4.1.1　对出口商的短期贸易融资

在银行提供的短期贸易融资中，对出口商的贸易融资占了绝大多数，这是由短期贸易融资金额小、期限短的特点所决定的。银行对出口商的短期资金融通方式种类极多，具体说来可分为以下几种。

1. 装船前信贷

装船前信贷是出口商接受出口订单之后，至出口货物装船或装上其他运输工具前这段时间银行对出口商提供的短期信贷。对出口商来说，装船前信贷较之装船后信贷更为重要，因为对出口商品的制造商或销售商来说，制造或购买出口商品时对短期流动资金的需求要比在货物装船后迫切得多，此时流动资金的缺乏可能使出口交易合同无法按时得到履行，而装船后信贷的有无则不过会影响出口商品资金回收的快慢罢了。因此，装船前信贷对出口商，特别是资金力量较为薄弱的中小出口商有着十分重要的意义。但对银行而言，装船前信贷的风险却要大于装船后信贷的风险，因为它不能像装船后信贷那样可以拿出口货物作抵押。

　　装船前信贷的融资方式主要有打包贷款（Packing Credit），这是银行在出口商从货物仓库提货到将其打包装船期间为其提供的一种资金融通方式。最初它主要应用于农、矿、原材料等初级产品和工业半成品的贸易，如今在工业制成品的贸易中也有十分广泛的应用。打包贷款以尚在打包装船之中的出口货物为抵押，具体来说出口商通常以进口商提供的信用证为抵押向银行借款。如果不采用信用证结算方式，也可以票据或贸易合同为抵押借款，因此装船前信贷至少应有贸易合同。

　　银行对在该行开有活期存款账户的出口商，也可以透支（Overdraft）的方式对其提供融资，即由银行向为出口商提供货物的制造商或供应商代付货款，而并不要求出口商在其活期账户上有足够的存款余额。透支一般用于满足出口商难以预见的、突发的流动资金需求，故其信贷金额事先较难估算。出口商应事先与存款银行进行磋商，对透支的额度、有效期限作明确规定。

2. 装船后信贷

　　所谓装船后信贷，是指银行在出口商将其货物装船或装上其他运输工具后对其所提供的信用。装船后信贷有短、中、长期之分，此处仅涉及短期装船后信贷。后面将要论述的出口信贷为中、长期的装船后信贷。

　　装船后信贷在短期贸易融资中应用最为广泛，而且大多数都与进出口贸易有关的结算方式①及其相应商业票据有很大关联。装船后信贷往往采取贴现的方式，由银行贴现出口商持有的远期票据（出口商开立并经进口商承兑的远期汇票或由进口商出具的本票，不采用票据结算时可以用贸易合同），使出口商提前得到现款。银行在买进远期票据时按一定的贴现率扣除部分票面金额作为利息。具体来说，对出口商的短期装船后信贷可采取以下方式。

　　（1）票据抵押贴现

　　当交易采用票据托收（Documentary Collection）方式结算时，出口商可以将相关的票据向银行贴现。所谓票据托收，是指出口商将相关的贸易票据交给自己的往来银行并委托该银行向进口商收取交易款项。相关的票据可分为两类：一类是金融票据，即出口商开具的由进口商承兑的汇票（Bill of Exchange）或进口商开具的本票（Promissory Note）；另一类是贸易票据，如发票、货运单据、检验证书、原产地证书、保修单等。如果托收仅涉及金融票据，即为光票托收；反之，若还包括贸易票据，则称为跟单托收。如果所涉及的金融票据是远期票据，为了尽快收回资金，出口商可以将票据向银行贴现，银行则从日后托收的货款中收回贷款。

　　（2）信用证抵押贴现

　　如果交易是以信用证方式结算的，出口商可以进口商往来银行为进口商开立的信用证为抵押从银行获得票据贴现。与托收形式下的票据贴现相比，信用证方式下的票据贴现是无追索权（Without Recourse）的，即当进口商拒付时，银行不可以回头向出口商索赔。故信用证及其项下的贴现不构成出口商的债务，与托收相比对出口商来说具有更好的保障。

　　（3）应收账款抵押贴现

　　如果交易采用汇款方式进行，则出口商可以合同及应收账款（Accounts Receivable）为

---

　　① 关于国际结算的知识，由于它已属于一门独立的学科，这里就不作深入的介绍，有兴趣深入了解其知识的读者可阅读相关的教科书。

抵押从银行获得贴现。

（4）票据承兑

票据承兑是指由银行对出口商持有的远期票据予以承兑（Acceptance）。经银行承兑的商业票据可以很容易地在二级票据市场上出售，使出口商获得现款。也可由进口商将远期票据连同有关货运单据交其往来银行托收。银行在收入票据后另外开立由其承兑的远期银行票据给出口商，这些银行承兑票据在二级票据市场也可以很容易脱手。

4.1.2 对进口商的短期贸易融资

对进口商的短期贸易融资是指进口商往来银行提供给进口商的短期资金融通。这种短期资金融通用于弥补进口商将进口货物脱手与支付出口商之间存在的资金时间差，它可以采取普通的流动资金贷款的方式提供，但更多的情况下采取的是和贸易结算方式，特别是信用证结算方式结合的一种特殊的短期贸易融资方式。当进口商在信用证开证行存有足够的款项时，如果开证行以进口商在该行存留的活期存款支付出口商，则银行并没有对进口商提供融资；但如果进口商在开证行并未存有相当于信用证金额的活期存款，那么实际上开证行是为进口商提供了融资，因为它代垫了货款。

银行对进口商的融资可以是无抵押的，也可以是有抵押的。其中无抵押的短期贸易融资较为少见，因为有资格借入此种贷款的进口企业很少，其原因如下。

① 借入短期贸易信贷的进口商多为专业贸易商，这是由短期贸易融资的对象多为原材料、消费品等价值小的货物这一特点所决定的。专业贸易商一般经营规模小、固定资产少，大多数资产为存货形式的流动资本，而且负债率比较高。国外一般银行可接受的负债资本比在美国为 1.25∶1，而进口商多达 5∶1，甚至更高。

② 由于使用短期贸易信贷的进口商实力大多较弱，而其客户有许多却是规模很大的公司，故进口商对其很容易产生依赖性。一旦大客户停止或减少订货，进口商的业务会受到严重影响。同出口商相比，进口商的地位往往也十分脆弱，因为出口商也多是大制造商，实力雄厚，在供货紧张时容易发生推迟甚至停止供货的事件，使进口商的业务规模受到限制，收入减少，甚至无法履行同客户的订单，信誉受到损害。

只有当进口商拥有很高的信誉，财务状况非常好，且银行与进口商有非常密切的关系时，才可以采取无抵押的进口商融资。无抵押融资的好处是它手续简便，可减少银行和进口商的工作量。

抵押贷款时银行不仅考虑进口商的财务状况及其商业信誉，还将进口商的某项资产或收入作为还款的抵押，其中最常见的抵押品为进口商品。据此发放的贷款额度同进口商品的特性有很大关系。如果所融资的商品需求旺盛，用途广泛，或具有标准性，或是有十分发达的期货市场，可在短时间内脱手，并且转手的代价很低，则银行会十分愿意以这些商品为抵押发放相当于这些商品价值较大比例的贷款。符合这些要求的商品包括原材料、矿产品、用途广泛的标准制成品等；反之，如果进口商品属于需求下降的商品，或是非常专业化、用途狭窄的专业设备，则银行愿意提供的贷款金额就十分有限了。因为这些商品在市场上很难迅速且低代价转让出去，一旦借款人违约，贷款银行凭出售这些抵押品所能挽回的损失十分有限。

为了保证自己对抵押的进口商品能切实地拥有控制权，贷款银行可以设法取得进口商品的仓储收据，如货运提单（Bill of Lading）等。仓储收据以贷款银行的名义开立，并在贷款时转交给贷款银行。进口商只有在支付了部分或全部本息，或是提交了其他抵押品后，才可由银行通知仓库允许进口商提取部分（或全部）被抵押的商品。通知可以加密电话的方式（但应随后附上书面通知）或事前以书信方式通知，进口商再凭有关凭证取货。如果仓储收据是可转让的，则在进口商偿还贷款时，将其转让给进口商以利其提货。另一种抵押方法是由存储进口商品的仓库出具存储证明（Warehouse Guarantee），证明其所收到商品是以银行的名义存入仓库的。

当公共仓库有碍进口商的正常营业或对进口商而言成本过高时，进口商品也可以改为储存在进口商自己的仓库内，此称为现场仓储。但仓库应该是独立的，不应存有其他物品，并应由公共仓储公司派专人管理，监督货物的进出情况。为确保贷款安全，银行往往会对监管的公共仓储公司规定一限额，要求如果库存降至该限额就停止发货，该限额一般和贷款额度相关。

在采用现场仓储时，贷款银行承受的风险要比采用公共仓储时大得多，因此这种仓储是否可靠，很大程度上取决于监管的公共仓库公司的诚实和管理能力。在国外，以子虚乌有之仓储物资为抵押骗取贷款的事时有所闻。为确保贷款安全，银行应经常去仓库查点，看货物是否如单据所言那样存在，库存量是否有出入，库存商品是否有损坏，等等。

如果进口商是一名销售商，则可采取信托方式，即先由贷款银行拥有所涉进口商品的所有权，直至商品出售为止，银行再与进口商订立信托协议，由进口商代为保管并销售这些商品。信托方式对借款人的信誉要求很高，因为贷款银行并没有实际控制这些商品，故它接近于无抵押贷款。信托方式一般适用于汽车、重型设备、电器用具等进口商品，因为其仓储数量易于衡量。

除进口商品外，进口商也可以用其他有形或无形资产作抵押从银行获取进口融资。

4.1.3 保理业务

所谓保理业务（Factoring），是指一种综合的应收账款管理（Account Receivable Management）服务。国际最大的保理商行业组织——"国际保理商联合会"（Factors Chain International，FCI）是这样定义保理业务的。

"保理业务是综合了流动资本管理、信用风险保障、应收账户会计及托收服务的一揽子金融服务。这一服务是在保理商和某一卖者之间达成的协议之下提供的。根据该协议，保理商购买该卖者的应收账款，而且该购买通常是无追索权的并由保理商担保债务方（买者）支付货款的财务能力。如果债务方破产或因信用原因无力支付其债务，保理商将对卖方支付。当卖方和保理商处于不同的国家时，这一服务就叫作国际保理业务。"（FCI，2007）

从上述定义可以看出，保理业务的关键是银行无追索权地贴现（也就是买断）出口商的短期票据。如前所述，普通托收方式下票据贴现业务一般是有追索权（Recourse）的，即当进口商拒付时，银行可以回头向出口商索赔。

信用证和其项下的融资对出口商来说虽然更具信用，但对进口商来说它手续烦琐、成本高昂（因开证行会收取较高的手续费或要求进口商在开证行保留一定数额的存款），不及托收（Collection）、赊账（O/A）方式及其项下的融资方便且成本低廉。进口商的高成本就意味着出口商竞争力的下降。随着国际贸易竞争的日益激烈，越来越多的进口商要求采取托收或赊账方式等非信用证结算方式，但这些非信用证结算方式对出口商来说都不如信用证安全。为了克服这一缺陷，保理业务得到了迅速的发展。保理业务保留了托收、赊账等结算方式的优点，同时把风险转移给了保理商，提高了交易的安全性，避免了非信用证结算风险较大的缺陷。不仅如此，由于应收账款被买断给了保理商，保理业务下的融资对进口商来说就不像普通的信用证或托收项下的融资那样构成负债，这就扩大了进口商扩展业务的能力。

保理业务是于 20 世纪 60 年代在欧美各国首先开展的，随着保理业务的发展，越来越多的保理机构在市场上出现。这些保理商绝大多数都是国际上著名的商业银行或其他种类金融机构的附属机构，或与这些金融机构有着密切的联系。同时先后出现了几个国际性的保理业务行业组织，其中业务量最大、成员最多、分布范围最广泛的组织是"国际保理商联合会"（FCI）和"国际保理商协会"（IFG）。FCI 以银行或其他金融机构的附属保理机构会员为主，IFG 的会员则主要由独立保理商组成，2006 年 FCI 共有会员 219 名，遍及全球 62 个国家和地区，其会员的国际保理业务量占了世界国际保理业务总量的 72%；若仅考虑传统的双保理业务，则占了国际保理业务的 80% 以上。2006 年，全球保理业务总量已达 1342.88 多亿欧元（FCI，2007）。

保理业务包括有单保理（即仅涉及一个保理商）和双保理（即其业务会涉及两个保理商）两种。国际保理业务中主要采用的是双保理。

4.1.4 短期贸易融资的条件

短期贸易融资的一个突出特点就是它与所涉及的国际贸易的情况密切相关。这一点在出口商融资中体现得尤为明显。从银行的观点看，短期出口商融资属于"自偿性"的信贷。只要融资条件是根据贸易的具体情况决定的，其本息的偿还是十分安全的。因此，短期出口商融资的条件通常是由涉及的贸易合同所决定。

短期出口商融资的条件主要包括以下内容。

（1）贷款的额度

短期出口商融资的额度由贸易合同的金额决定。打包贷款的额度可以小于贸易合同的金额，而装船后信贷由于大多采取贴现的方式，故一般按贸易合同的全额提供。

（2）期限

如前所述，每项具体短期贸易融资的期限一般不超过一年，但贸易信贷通常是在一个总的贷款额度下以循环信贷方式提供的，总额度的有效期限可以达一年以上。至于每项出口商融资的具体期限，则要视这项交易的结算方式而定。一般来说，出口商融资的期限应相当于出口商垫付资金至其实际收到进口商的货款所需的时间，这包括出口商往来银行向进口商银行收款所需的时间及延期付款的期限（如果不是即期付款）。其中装船前信贷的融资期限通常要长于装船后信贷，因为前者是出口商尚在制造或购买出口商品时就提供的，但这也并非绝对。交易的付款日距交货日越远，则短期贸易融资期限也会越长。

如果出于某种原因（如生产上或原材料采购上的困难、运输上的困难或进口商要求延迟交货等），出口交易不能在原先规定的期限内完成，致使出口商不能按期偿还所借的短期贸易信贷，出口商应及时向贷款银行提出展期申请；否则，出口商不仅要支付高额的违约罚息，还会严重影响其信誉，致使以后的借款更为困难。一般来说，如果还款延误是由于出口商不能控制的原因所致（如运输上问题），银行是会允许贷款展期的。

（3）贷款货币

这通常由贸易合同规定的支付货币决定。

（4）偿还方式

由于短期出口商融资期限在一年以内，故一般采取到期一次性偿还的方式。由于贷款银行通常也是贸易的结算行，故出口商一般无须偿还贷款，而由贷款银行从收到的货款中扣除贷款本息。

对进口商融资的条件与对出口商融资的条件相似，但对进口商融资不具有自偿性，因为进口商只有在使用进口货物创造出收入（当进口商是制造商时）后或将进口货物出售（当进口商是销售商时）后才有收入偿还贷款本息，因此对进口商融资的期限往往不是由交货和结算的期限决定，而取决于进口商的资金周转周期。为了防止被迫变卖进口商品的事件发生，进口商融资的额度一般也少于合同的金额。

4.2 中长期出口信贷

通常所说的出口信贷，一般都是指银行提供的中长期贸易融资。之所以称为出口信贷，是因为中长期贸易融资不论是对出口商提供的，还是对进口商提供的，大多数都是由出口国的银行提供的，并都有国家的支持，都有促进出口的动机在内。

中长期出口信贷同短期的贸易融资一样，一般也分为对出口商的融资（称为卖方信贷）和对进口商的融资（称为买方信贷），下面分别予以介绍。

4.2.1 卖方信贷

所谓卖方信贷（Seller's Credit），顾名思义，也就是对出口商提供的中长期信贷。但它的最终目的仍是希望借此增强出口商对进口商提供延期付款等商业信用的能力，以促进出口商的出口。

卖方信贷的程度相对比较简单，其基本过程可以分为以下几个步骤。

① 出口商和进口商订立贸易合同，并决定以延期付款的方式完成出售货物的交易。

② 出口商向银行商借贷款，签订贷款协议。

③ 进口商按期支付货款，出口商收入后再据此偿还银行贷款。

卖方信贷的流程可用图 4-1 表示。

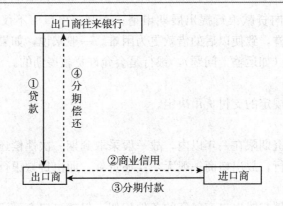

图 4-1　卖方信贷流程图

卖方信贷对进口商的好处主要在于手续简便，因为它集融资与融物为一体，不需要进口商分别商谈货物买卖与借款问题。但它对进口商的弊端也是很多的，因为它实质上仍是通过商业信用实现的，因而它的金额有限，期限也较短（一般在 5 年以下）。此外，卖方信贷的成本（包括利息、信贷保险费、承诺费、管理费等）一般是不另外计算的，而是全部打入向进口商索取的货款中，所以采用分期付款等商业信用方式成交的出口交易其价格一般高于现汇支付的货物价格（一般高出 3％～4％，有时达 8％～10％），但具体多少是货物的价格、多少是信贷的成本一般是很难分清的。这不利于进口商的成本核算，也不利其在与出口商谈判时的讨价还价。对出口商而言，此时出口商需要出面向银行申请贷款，并在以后偿还借款，这不仅较为麻烦，还会增加出口商的债务负担，并增加相应的风险（如坏账风险和外汇风险等），因而卖方信贷对出口商来说也是十分不利的。不过对银行来说，由于借款人是本国居民，故贷款的风险要比提供给外国进口商的买方信贷要小些。

由于卖方信贷对出口商和进口商均有许多缺点，故它在国际贸易中被使用得较少，主要用于交易金额不太大的轻工产品等制成品。

4.2.2　福费廷（Forfaiting）

"Forfaiting" 一词，源自法文 "Forfait"，意思是放弃或让出对某项事物的权利。所谓福费廷交易，是指在国际贸易中，出口商将经过进口商承兑的中期商业票据无追索权售予一家银行，从而提前取得现款。不难看出，福费廷是银行以票据贴现方式提供的一种卖方信贷，它同保理业务是相似的，只不过福费廷涉及的是中期票据，而保理业务则是短期票据。

福费廷首先出现于 20 世纪六七十年代的东西方贸易，当时由于东西方缓和局势的出现，东西方贸易（特别是西欧与前苏联、东欧国家的贸易）发展很快。但由于西方的出口商对东方国家国有企业的信誉不放心，感到政治风险很大，又由于西方国家政府的政策，这些贸易很难取得西方国家的出口信贷保险。这自然不利于东西方贸易的开展，于是福费廷业务就应运而生。最早承办此项业务的主要是西欧的金融机构，特别是当时的联邦德国和瑞士的银行。主要的经营者有德国的法兰克福财务公司、苏黎世的瑞士联合银行、伦敦的福费廷公司、意大利的米兰担保公司，业务的主要对象为前经互会国家，首先是前苏联，其次是前东德，第三是匈牙利（后让位于当时的捷克）。但目前福费廷已普遍应用于许多地区的出口贸易，成为卖方信贷中使用十分广泛的一种方式，而不再仅仅是在进口商资信差，又弄不到足够的出口信贷保险时采取的一种补救做法。

1. 福费廷业务的程序

福费廷业务的主要程序如下。

① 出口商与进口商洽谈贸易合同，商定使用福费廷方式达成交易。

② 出口商与有关银行磋商，事先取得银行承做福费廷的承诺。

③ 开立远期票据。可从下列两种形式中任选择一种：由出口商向进口商签发远期汇票（Drafts），经进口商承兑后寄还出口商；或由进口商开具本票（Promissory Notes），寄送给出口商。票据一般分为数张，分别有不同的期限，每张票据的期限间隔一般为半年，这样每隔一段确定的时间进口商就支付一笔贷款。

④ 不论采取何种票据形式，都需寻求一家由银行认可的第一流金融机构的担保（通常是进口国的中央银行），作为银行承受额外风险的补偿。而这在普通的票据贴现中是并不需要的，一般的票据贴现有出让方的背书即可。保证的方式主要有两种：一种是由担保银行出具保函（Guarantee Letter），保函应是无条件（Unconditional）的和不可撤销（Irrevocable）的；另一种方式则是在票据上背书，保证自己在买方违约时代为付款，其做法是在票据上写上"Per aval"字样，并盖章、签字生效。后一种做法由于较为简便，且易于转让，故使用较多。担保的银行应事先取得承做福费廷银行的认可。如果银行认为担保行的资信不高，进口商应另行更换，直至承做福费廷的银行满意为止。担保行经确定后，出口商和进口商才可以正式签订贸易合同。

⑤ 出口商在发运货物后，将全套货运单据通过银行正常途径寄送给进口商，以换取经进口商承兑并附有银行担保的承兑汇票（或进口商开立的本票）。

⑥ 出口商取得票据后，按照原先的约定到承办福费廷业务的银行处贴现票据，取得现款。

⑦ 承办福费廷的银行买进这些票据后，通常并不将其持有到期末，而是转手将它们在二级票据市场上出售，银行从中获取差价。

⑧ 进口商按期兑现每张票据。

福费廷业务的贴现率一般按市场利率确定，除了贴现利率外，也征收一定比率的管理费，在信贷提供之初由出口商一次性支付。银行还征收承诺费，从银行承做福费廷业务之日起至出口商实际来贴现票据之日止按一定费率收取。福费廷的期限一般也为中期，约在3~7年之间，最长可达12年。信贷的金额一般高于普通的卖方信贷所能提供的数额，少的几十万，多的可达几千万元，信贷的对象则多为资本货物。

2. 福费廷的优点

福费廷业务与普通的卖方信贷相比，对出口商有许多好处，具体好处如下。

① 由于票据贴现是以无追索权的方式进行的，因而它不像普通的卖方信贷那样构成出口商的负债，有利于改善出口商的资信状况。

② 由于无追索权，出口商自然也就无坏账风险，也没有外汇风险，这些风险全部都转嫁给了承做福费廷的银行。

③ 由于出口商不承担风险，因而也就不需由其出面申请出口信贷保险。

④ 由于使用票据，不像普通的卖方信贷那样需繁杂的文字手续，故更为简便。

⑤ 福费廷业务往往不受经合组织关于出口信贷的有关决议的约束，在贷款条件方面可以更为灵活。例如，可按合同金额的 100% 融资，信贷不必限于提供福费廷国家产品的出口，汇票或本票的期限可以根据出口商资金周转的情况予以适当修改，利率、期限等条件可以较普通出口信贷更为优惠等，这些都有利于促进出口。

对进口商而言，福费廷业务的影响则较为复杂，福费廷业务手续简便，不需进口商自己寻找贷款银行，这点与普通的卖方信贷相似，但使用福费廷时进口商需要有第一流的银行担保，这又是福费廷业务不如普通的卖方信贷之处，会增加进口商的交易成本。

4.2.3 买方信贷

所谓买方信贷（Buyer's Credit），也就是银行直接向进口商（买方）提供的中长期出口信贷。

1. 买方信贷的程序

买方信贷可以采取两种不同的方式：一是由出口商的往来银行直接贷款给进口商；二是由出口商往来银行先贷款给进口商的往来银行再由进口商往来银行贷款给进口商。如果是采用第一种方法，则其程序大致如下。

① 进口商与出口商洽谈贸易合同，并商定采用某家银行提供的买方信贷。

② 进口商以贸易合同为基础，再同出口商的往来银行签订贷款协议。

③ 进口商用其借得的买方信贷以现汇向出口商支付货款。

④ 进口商在以后一段期限内按商定条件向贷款银行还本付息。

如果采用的是后一种方式，则其程序如下。

① 进口商往来银行与出口商往来银行签订贷款总协议，规定一项总的贷款额度。

② 出口商与进口商达成贸易合同。合同应列明使用某家银行提供的买方信贷，否则银行是不会批准贷款申请的。

③ 贸易合同签订后，进口商即向其往来银行提出贷款申请，进口商往来银行批准后即根据原先的总贷款总协议向出口商往来银行申请使用贷款额度，出口商往来银行经审核后如认为符合协议规定的条件，即向进口商往来银行拨付贷款，再由进口商往来银行转付给进口商。

④ 进口商得到贷款后，即以此款现汇支付出口商的货款。

⑤ 在以后的一段时间内，进口商按合同规定的条件向进口商往来银行偿还贷款，再由进口商往来银行转还给出口商往来银行。

买方信贷的两种方式可分别以图 4-2 和图 4-3 表示。

在国际贸易中，实际上经常采用的是后一种形式的买方信贷。尽管它多了进口商往来银行这一环节，看上去较第一种方式复杂，但由于此时出口商往来银行和进口商往来银行事先定有总的贷款协议，因而具体的每笔买方信贷反而更为简便。

2. 买方信贷的条件

在过去买方信贷的条件一般是非常优惠的，因为它往往有政府的支持。政府直接出面提供的买方信贷自不必说，即使是商业银行提供的买方信贷，也由于政府给予利息补贴等待遇，其条件一般也较商业信贷优惠。不过，由于买方信贷的目的在于促进提供买方信贷国家

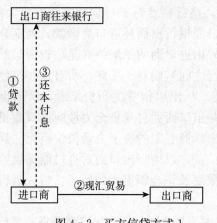

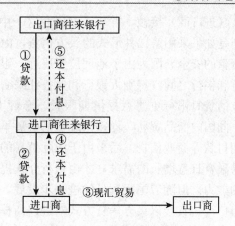

图4-2 买方信贷方式1   图4-3 买方信贷方式2

的商品出口，故尽管其条件较市场条件优惠，它仍然不能计入一国的经济援助额之内。近来，为了限制在出口信贷领域的过度竞争，国际社会对买方信贷的利率水平、偿还期限及偿还方式作了明确的规定，而且随着国际贸易自由化的不断加强，这种限制正变得日益严格。买方信贷的优惠程度已大为降低，关于国际社会对出口信贷条件的限制规定详见本章第三节。

提供买方信贷的银行通常对申请买方信贷的贸易金额规定有最低点。如果交易涉及的货物金额达不到这一最低要求，就不能使用买方信贷。各国规定的起点各不相同，如英国提供给我国的买方信贷起点是最初为500万美元，后降为100万美元，以后又声称考虑我国发展轻纺工业需要中小型机械设备，将起点再降为5万美元；法国同我国签订的买方信贷协议起点金额虽无明文规定，但一般掌握在成套设备1 300万法郎，单机400万法郎左右，如果单机价格在100万法郎左右，一次进货4个达400万法郎以上，也可申请。

除利率外，买主信贷也须征收管理费（约在0.1％～0.5％之间），有的国家规定在签订总信贷协议后一次性支付，有的国家则规定每次具体申请时按具体贷款金额支付。此外，还有承诺费，费率也在0.1％和0.5％之间，每3个月或6个月计算一次。

在过去，买方信贷的提款货币均为提供买方信贷国家的货币，因为买方信贷都是用来购买提供买方信贷国家的商品的，然而在现在，为了更好地满足进口商的不同需要，许多国家也愿意以非本国货币提供买方信贷。例如，英国即凭借其伦敦的境外金融优势，近年来提供了不少非英镑的买方信贷。至于偿还货币，则一般是借什么货币的贷款就用什么货币偿还，与普通商业信贷相同。

3. 买方信贷的优点

在今天的国际贸易中，买方信贷是最为常见的出口信贷形式，在世界出口信贷总额中所占比重远远大于卖方信贷。之所以出现这种局面，主要是因为买方信贷与卖方信贷相比，不论对出口商还是进口商都有许多优点。

对出口商来说，买方信贷不需要由出口商出面从银行借款，而是直接收进现汇货款。这不仅省却了出口商的许多麻烦，而且还不增加出口商的负债，没有坏账风险和外汇风险。

对进口商来说，买方信贷的优点主要如下。

① 相对卖方信贷而言，买方信贷的金额大、期限长。这主要是因为买方信贷从本质上说是一种银行信贷，而不像卖方信贷那样是商业信用。由于在买方信贷时银行直接与实际的借

款人（进口商）接触，省却了出口商这一中间环节，银行自然对于贷款的安全有更大把握，特别是如果采用第二种形式的买方信贷，由于由进口商银行出面替进口商借款，则更容易保证贷款的安全。因为由于地理位置遥远，银行对于外国进口商的了解终究是比较困难的，而银行和银行之间（特别大银行和业务往来密切的银行之间）则易于了解。所有这些都使得在买方信贷时银行更愿意提供期限长、金额大的信贷。从出口信贷的历史来看，情形也是如此。同国内商品贸易一样，国际贸易中最早出现的是出口商凭自身资金力量向进口商提供的延期付款等商业信贷。后来由于国际贸易的发展，出口商有限的资金力量很快就无法满足对贸易融资日益增长的需求，才由银行介入提供卖方信贷，以增强出口商对进口商提供商业信用的能力。但随着国际贸易的进一步发展，需要期限更长、金额更大的贸易信贷，银行就绕开出口商，直接以买方信贷方式对进口商提供融资。

② 贷款与贸易相分离，这有利于进口商核算成本，并通过分别与出口商及贷款银行谈判以降低成本。

4.2.4　银行对中长期出口信贷的审核

同其他种类的银行信贷一样，银行对其发放的中长期出口信贷也必须进行认真的审核。与短期贸易信贷相比，中长期出口信贷一般不具有自偿性，故其风险要大得多，银行对它的审核自然也就更为严格。

银行对中长期出口信贷的审核主要包括以下几个方面。

（1）出口国的国民经济效益

由于提供中长期出口信贷的多为国家银行，或虽是私人商业银行，也需要申请政府的补贴、出口信贷保险等，故银行在考核出口信贷申请时，应首先考虑该项贸易合同是否对出口国的经济发展有利，如对经济增长、就业，特别是外汇收支计划及出口发展计划的影响等。

（2）进口国的经济情况

在审核信贷申请时，还应考虑进口国的情况，应注意的方面如下。

① 该出口项目是否符合进口国的经济政策。因为中长期出口信贷并不是单纯的商业行为，它涉及两国的经济合作关系。而且进口国政府所奉行的经济政策还会直接影响到其对出口项目的态度，进而影响到出口项目能否顺利完成。

② 进口国的国际收支状况及国际收支政策。由于中长期出口信贷一般是需以外汇来偿还的，故进口商是否有可靠的外汇供应来源对贷款的安全是十分关键的。一国的外汇供应是否充足，首先取决于其国际收支状况。一个国际收支持续逆差、外债负担沉重的国家，其进口商要想获得足够的外汇供应自然是十分困难的。进口商的外汇供应还取决于进口国外汇制度，在实行自由外汇制度的国家，由于外汇可以自由买卖，故只要进口项目是有效益的，偿还贷款的外汇就不愁得不到。在一个有严格但非常有效的外汇管制制度的国家，凡符合外汇管制用汇规定的出口项目其外汇来源一般也不成问题，但如果进口项目不符合用汇的规定，则即使进口项目效益很好，也难将赚得的当地货币转换为外汇以支付出口信贷的本息。此外，还应考虑进口国的外汇汇出问题。为防止贷款本息的汇出被禁止或延期的事情发生，可以向买方国家的有关主管机构寻求担保，取得准许将该项贷款本息汇出境外的承诺。

③ 进口国的政治稳定，如有无内乱、外乱入侵的危险、罢工情况等。

④ 进口国的法律制度，特别是有关进口管理、外汇管理、外债管理、税收等方面的制度。

⑤ 如果交易属大型工程采购项目，则还应考虑与工程施工有关的一些问题，如工程的承包、当地劳动力、原材料、水、电等的供应状况及价格水平、施工场地的交通运输状况及地质、水文、气象等情况。

（3）对出口合同的审核

为保证贷款的安全，贷款银行还应仔细审查出口合同的各项条款，特别是其中有关支付的条款。

（4）对出口商的审核

贷款银行还应审核出口商是否有能力履行合同，具体包括以下内容。

① 出口商及其供货者是否有能力按合同要求及时、足量地供货。

② 出口商提供的商品是否符合合同中对出口货物质量的要求。

③ 出口商生产出口商品所需的原材料、零部件等投入是否有可靠的供应来源。

④ 出口商的财务状况如何，如其资金力量、资产负债状况、盈利状况。如果出口商仅是一个力量较为薄弱的销售商，银行应设法将该出口商品的制造商也参与到出口合同中来。

⑤ 出口商是否有足够的经营管理能力以保证合同的顺利履行。

（5）对进口商的审核

进口商的信用对贷款偿还的安全来说是最为重要的，因为不论是卖方信贷还是买方信贷，最终都是由进口商来偿还的。对进口商来说，银行应对以下几个方面认真加以审核。

① 进口商的性质，如是政府机构或国营企业，还是私营企业。如果是私营企业，是个人企业、合伙企业，还是股份公司；是责任有限的独立法人实体，还是无限责任的非法人实体，是当地企业，还是外国公司等，不同性质的企业其信用是有不同特点的。

② 进口商是制造商还是销售商；如果进口商是制造商，它是已建立的老企业，还是尚未投产运营，还在建设之中的新企业。

③ 进口商在其所在行业或所购设备方面有无实际经验。

④ 如果所购设备是用于新建项目的，进口商是否有能力组织项目的设计研究、施工、安装、试运转，项目是否作过充分的可行性研究、其盈利前景如何等。

4.3 出口信贷保险

所谓出口信贷保险，是指保险机构对由出口商或出口商往来银行所提供的贸易信贷所给予的保险。目前绝大多数的贸易信贷都会寻找此种担保，它已成为贸易信贷业务的重要组成部分。

4.3.1 出口信贷保险业务的发展简史

由于在出口贸易中，出口商所承受的风险一般远远大于国内贸易所需承担的风险，因而在很早的时候，出口商就想方设法寻求对其向进口商提供的贸易融资进行担保的方法。最初的时候，出口商一般是以卖断票据（保理）的方式直接从向其提供贸易融资的银行处取得担保。到了 20 世纪初，一些私人的保险公司开始涉足出口信贷保险业务。但私人出口信贷保险公司由于实力有限，存在许多缺陷，如业务规模有限，承受风险能力低；保险险别少，只能保商业险，不能保政治险；仅对出口商提供保险，而不对提供出口贸易融资的银行提供保险；保险额度较低，保险成本则较高。

1929—1933 年经济大萧条期间，国际经济局势急剧动荡，各国货币的汇率波动频繁，外汇及贸易管制加剧，使得出口贸易的风险加大，私人保险公司的缺陷日益暴露，越来越不能适应当时的动荡局势，业务规模急剧萎缩，并时常发生有关的保险公司停付股东股息，甚至破产事件。而出口信贷保险业务的下降，又加剧了国际贸易的不景气状况。

为了摆脱经济萧条，刺激对外贸易的发展，各发达资本主义国家纷纷出面支持本国出口信贷保险业务，它们或是由国家直接成立国营的出口信贷保险机构，或委托某家私营保险机构承保出口信贷风险，但全部风险由政府承担。例如，英国于 1919 年在西方各国中率先设立了国营的"出口信贷保证局"（Export Credit Guarantee Department），德国于 1932 年委托私营出口信贷保险机构"赫尔墨斯出口信用保险公司"代理政府的出口信贷保险业务，法国在 1946 年成立了"法国外贸保险公司"（COFACE），瑞士于 1934 年成立了"出口风险保证部"（Export Risk Guarantee，FRG），意大利政府成立了"国家信贷保险公司"（Sezione Asscurazione Credito Alla Exportazione，SACE），比利时成立了"国家保险办公室"（Office National Du Dacroire，OND），美国则由其对外贸易专业银行——进出口银行负责承保非商业风险，另由"外国信贷保险协会"承保商业风险。

最初的时候，出口信贷保险机构仅对出口商提供保险，即保证在进口商无力支付货款时，由保险公司给予出口商一定的赔偿，出口商凭借保险公司的保险凭证再向银行申请贸易信贷。然而，此种保险方式并不能完全消除提供贸易信贷的银行所面临的风险。因为出口信贷保险机构仅对出口商承保由于进口商过失或不可抗因素而导致的无力偿付风险，而如果贷款的拒付是由于出口商的过失（如未按合同要求按期提供货物，或所提供货物的数量、质量不符合要求）所致，则保险公司是不负责赔偿的，但它却关系到银行提供的出口信贷的安全。此外，出口信贷保险机构对出口商的保险并不包括从出口票据的兑付日至出口商有权向保险公司索赔日之间的利息损失，而这对银行则是十分重要的。由于以上原因，政府支持的出口信贷保险机构开始直接向银行提供保险，但多数只向那些持有出口保险单据的出口商所借的银行出口信贷提供保险。对银行的出口信贷保险不仅承保由于进口商方面原因导致的拒付风险，对因出口商的过错而导致贷款无法回收也给予保险，不过此时保险公司保留向出口商索赔的权利。此外，政府支持的出口信贷保险还可以保政治险，各种险的保险额度也要大于私人保险公司，保险成本却低于私人保险公司。

4.3.2 出口信贷保险的申请手续

无论是出口商还是出口商往来银行，在向出口信贷保险机构申请担保时，都应填写表格。如果申请人是出口商，申请表格应包括以下内容。

① 出口公司的名称和详细地址。

② 公司的注册资本、认缴资本和实缴资本。

③ 公司董事的姓名和地址。

④ 出口货物的种类。

⑤ 出口货物的价值。

⑥ 出口的支付条件。

⑦ 进口商的姓名和地址。

⑧ 出口商提供的出口信贷估计金额和期限。

⑨ 出口信贷的偿付条件。

⑩ 保险所需的期限和金额。

若保险申请是由提供出口信贷的银行办理的，则申请表格应包括以下内容。

① 对出口商资信的一般评价。

② 出口商履行责任能力的简况。

③ 出口商最近的资产负债表和损益表。

④ 对出口商前景的预测。

⑤ 关于进口商的资信情况和过去来往经历。

根据申请人在申请表中提供的上述材料，出口信贷保险公司就可以决定是否提供保险。如果申请被批准了，保险公司就可以和申请人订立一份保险合同，或是将合同制成可以转让的保险凭证，以便出口商将其转让给银行，以获取银行的出口信贷。在保险合同或保险单证中，除了写明保险公司应承担的义务外，也应明确规定出口商应负的责任，如要求出口商应按合同规定履行供货义务，如在供货过程中发生了意外情况，应及时通知保险公司，等等。对于短期贸易信贷，有的国家的出口信贷保证机构在对出口商的信用进行认真审核后，不采取逐笔申请的做法，而是在保单中规定一保险额度，该额度内出口商提供的短期贸易信贷可以自动获得保险，不必再经保险公司批准，这样可以简化手续，相应地也就能降低出口商所需缴纳的保险费用。例如，美国的外国信贷保险协会（FCIA），就对出口商订有"自定信用限额"，该限额的 70％可自动获得美对外信贷保险协会的保险，不必再经其批准。

4.3.3 出口信贷保险的条件

出口信贷保险的条件一般在保险合同或保险单证中有明确规定，它主要包括以下内容。

1. 承担的风险范围

出口信贷保险承保的风险范围是极为广泛的，但具体内容则随国家的不同而有很大的差异。在过去，当出口信贷保险主要是由私人保险机构负责时，保险的范围仅包括商业风险，而后来出现的国家保险机构则大多也保非商业风险。

所谓商业风险，一般是指出口交易双方可以控制的风险，主要是指因各种原因进口商接受货物后，未能按合同的规定如期支付货款的风险。有的出口信贷保险公司还将出口商已照合同履行了供货义务，但进口商拒绝或延迟接受货物的风险也列入商业风险。也有的保险公司将政府客户拒付货款的风险排除在商业风险之外，将其视为非商业风险，而将商业风险仅限制在私营进口商的拒付风险范围之内。非商业风险，则是进出口方均无法控制的风险，即通常所说的不可抗力，主要包括政治险和自然灾害险。政治险包括战争、内乱、外敌入侵、罢工、征用和没收、实行外汇管制、注销进口许可证等；自然灾害险则包括地震、水灾、火灾、飓风等灾害造成的损失。

除了上述商业险和非商业风险，近年来各国的出口信贷保险机构还增加了一些新的保险项目。

（1）通货膨胀险

对于期限较长的合同（如大型工程购货合同），通货膨胀因素对出口商盈利的影响是十分巨大的，故一些国家的出口信贷保险机构也开始对通货膨胀风险提供保险。例如，英国的出口信贷保证局规定：出口商从签订合同日至实际装船日为止的这段时期内，因通货膨胀而导致的费用上升的一部分，以及制造期或建设期在两年以上的大型设备采购合同或承包工程合同，因通货膨胀而导致的成本上升的全部均可向该局投保。

（2）工程保险

大型的国际工程合作合同，较之一般的货物采购合同含有许多特殊的风险。对这些风险，不少国家的出口保险机构也给予保险。例如，英国出口信贷保证局提供的国际合作险，该险对金额在 2 000 万英镑以上的大型国际合作项目，因其他合作成员的倒闭或因其他经济原因而使本国企业受到的损失提供保险。该局还提供工程参与者无力偿付险。该险对大型国际合作项目中因其他国家合作者未按合同履行义务，而使参加该项目的英国企业蒙受的损失提供保险。

（3）保证的再保证

对银行向出口商提供的各种担保，如履约保证、投标保证、预付款保证等，有些国家出口信贷保证机构也给予再保证。在过去，出于安全的考虑，银行对于它向出口商提供各种保证十分谨慎，定有严格的条件，如要求出口商为保证提供足够的抵押品，甚至要求出口商在本银行保持至少相当于银行保证金额的存款，这大大增加了出口商的负担。由国家出口信贷保证机构出面向银行提供再担保，不仅可以鼓励银行多为出口商提供担保，也可以大大减轻出口商的投保成本（保费及存款要求方面），从而促进出口贸易的发展。为了鼓励出口，出口信贷保证机构还可以为外国进口商银行提供担保。例如，当出口商往来银行对进口商往来银行的信誉有怀疑，因而拒绝保兑进口商往来银行为进口商开立的信用证时，可以由出口信贷保险公司为该信用证提供担保，此称信用证担保或转移担保。对于出口商而言，此担保与一般的出口信贷保证效用是一样的，也可以确保其提供的出口信贷的安全。

（4）外汇风险保险

有的国家出口信贷保险还提供汇率风险保险，对出口商因汇率波动而蒙受的损失提供保险。

保险公司一般要求出口信贷的投保人实行"全额投保"，即按出口信贷的全部还本付息额及可能出现的全部风险投保，尤其是短期贸易信贷。这样做的目的在于防止出口商或银行仅将其有风险的信贷部分投保，从而加大保险公司承担的风险。不过有的时候，保险公司也会允许投保人仅保商业险，而不保非商业险。有时如保险机构认为投保人的风险分布是均匀合理的，则也允许投保人仅按信贷的部分金额投保。

2. 保险额度

出口信贷保险机构对出口商或银行所承受的损失通常并不予全额赔偿。私人保险机构的赔偿额一般不超过出口商货款损失的 75%，其余的 25% 由投保的出口商自行承担。国营或由国家支持的出口信贷保险机构提供的赔偿额度一般要高些，可以达到90％以上。例如，瑞士的"出口风险保证部"对本国出口商规定的最高赔偿额为信贷总额的95％，德国的赫尔墨斯出口信用保险公司对出口商的赔偿额商业险为60％，政治险为90％。对于银行投保人而言，赔偿的额度可以更高一些。例如，英国"出口信贷保证局"对银行提供的出口信贷的赔偿额度即达100％；法国"外贸保险公司"对银行的买方信贷保险额度为政治险90％，商业险85％，制造险90％。

3. 保险费率

出口信贷保险机构对投保的出口商或银行按其投保金额收取一定比例的保险费，保险费率的高低取决于出口商及进口商的信誉、赔偿比率、投保期限及贷款偿还期限等多种因素。一般来说，由于目前各国的出口信贷保险业务大多得到政府的支持，故保险费率往往偏低。出口信贷保险机构所获的保险费收入通常抵补不了其付出的赔偿金额，由此而可能产生的亏损由国家给予补贴。各国政府之所以这样做，自然是为了降低出口商或银行提供出口信贷的成本，以提高本国出口商品的竞争力。

保险费的征收方法，不同的国家有不同的规定，一般可采取下列3种方式之一。

① 一次性收取。即在投保时一次付清保险费，比利时即采取此种方法。

② 分期收取。即在整个投保期间分期收取，一般为每年收取一次。英国的中长期出口信贷保险即采用此种方式。

③ 混合收取。即在投保之初先一次性收取一笔基本保险费，余下部分在整个投保期间分期收取。德国即采取此种方法，英国对短期贸易信贷也采取此种做法。

4. 赔偿方法

出口信贷保险机构只有在进口商无支付能力时，才履行赔偿的承诺。不过，对于什么叫"进口商丧失支付能力"，国际上并没有统一的规定。有的国家的出口信贷保险机构认为只要进口商未按期还本付息，即算无支付能力；而在另一些国家，保险公司则认为只有进口商完全丧失了清偿债务的能力，即其资产已无法偿付其所有债务，才算作是无支付能力。例如，英国的出口信贷保证局规定的无支付能力即为后一种，它规定的"无支付能力"包括：法庭宣告债务人破产；法庭决定管理债务人的资产；法庭批准部分满足债权人的要求；法庭清理债务人的资产或自动清理等。当发生进口商无支付能力的情况时，出口商或出口商往来银行即可向投保的保险公司申请赔偿。对出口商来说，由于进口商无力履行付款义务可能是因一时资金周转不灵，其财产被清算后仍有可能偿清所欠债务，故保险公司一般只是在最终确定了进口商确实丧失了偿付能力后才给予赔偿，不过延迟理赔仍然是有时间限制的。例如，英国的出口信贷保证局规定：保险公司应在出口商损失发生后的30天内给予赔偿，如在12个月内仍未能确定损失的实际数额，保险公司应先付其承诺的赔偿金额的四分之三，待损失最终确定时，再多退少补。对银行来说，则只要其投保的出口信贷已逾3个月未能收回应收的本息额，保险公司就应按其索赔金额的100％予以赔偿，但此时保险公司保留向出口商或进口商索赔的权利。英国的出口信贷保证局还规定：该局按100％赔付给银行的款项和该局按90％赔付给出口商的款项之间的差额，也应由出口商退还给该局。

一般来说，出口商或出口商往来银行同出口信贷保险机构之间的交往是不公开的，进口商通常并不知道他所购买的货物是否投保，或即使知道已经投保，也难以知道投保的金额、期限、费率等条件。只有在特殊条件下，保险公司或投保的出口商、出口商往来银行才会向进口商告知有关出口信贷保险的情况。

4.4 贸易信贷的政府措施

20 世纪以前，对国际贸易的融资基本上是由商业银行及其他私营金融机构独立经营的，并未得到政府的多少扶持。然而在进入 20 世纪后，特别是第二次世界大战以来，各主要发达资本主义国家纷纷放弃了对国际贸易的自由放任政策，而开始积极鼓励本国对外出口的贸易政策。随着这种政策倾向的转变，各国政府对本国出口贸易的融资问题均非常重视，将其视为促进本国出口的一项重要手段。

4.4.1 政府对贸易融资的鼓励措施

在当今世界，绝大多数的国家都对本国的贸易融资采取某种鼓励措施，这些措施的种类十分丰富，而且随国家的不同而有很大的差异。归纳起来，各国政府支持贸易融资的措施主要有以下几种。

（1）信贷保险

为了鼓励银行对出口商（或进口商）提供贸易融资，政府往往通过其设立的专门机构对贸易融资提供保险，使提供贸易融资的银行在进口商拒付货款，以致贷款本息难以收回时，可以从该保险机构获得赔偿，从而使提供贸易融资的银行避免风险。

（2）利息补贴

政府对于商业银行所提供的贸易融资可以给予一定数额的直接的财政补贴，使银行能够以低于市场条件的利率向出口商（或进口商）提供贸易融资。

（3）税收优惠

有些国家对于银行从为本国出口商提供的贸易融资中所获利息收入给予减免所得税的待遇，以减少银行提供贸易融资的成本。

（4）直接融资

在许多国家，政府甚至成立国营的专业银行直接为本国的出口贸易提供信贷，其贷款条件自然要远比商业银行按市场条件提供的信贷要优惠。

（5）再信贷

在发达资本主义国家，各国的中央银行一般都为商业银行提供票据再贴现业务。商业银行可将其因贸易融资业务而从出口商处获得的贸易票据向中央银行出售，以获取资金融通，对这些票据中央银行往往会按十分优惠的利率予以贴现，以鼓励银行提供贸易融资。

（6）信息服务

不少国家政府的出口信贷机构还为出口商和提供出口信贷的银行提供诸如进口商资信、各主要商品的国际市场行情、主要进口国的市场状况、经济政策等多方面的信息资料。

4.4.2 贸易融资的政府机构

为了支持本国的贸易融资业务，刺激出口，国际上有许多国家都设置有专门的从事贸易融资和保险的政府机构或委托某家私营机构代为提供此类业务，这些机构已成为各国政府出口信贷政策的重要组成部分。最早设立贸易融资和保险机构的国家是发达国家，如英国于1919年成立的"出口信贷保证局"、美国在1934年成立的"美国进出口银行"等，但有不少发展中国家也设立了此种机构。发展中国家中最早设立该类金融机构的国家是墨西哥。早在1939年，墨西哥就成立了国民对外贸易所，韩国于1969年成立了进出口银行，印度于1964年成立出口信贷担保有限公司，泰国也于1993年批准设立了出口信贷机构。下面对主要的几个西方发达资本主义国家的出口信贷机构作一简要说明。

1. 美国

美国的出口信贷体系主要由美国进出口银行（Export and Import Bank，EXIM Bank）和外国信贷保险协会（Foreign Credit Insurance Association，FCIA）构成。美国进出口银行是根据美国总统1934年颁布的一项行政命令建立的，属于联邦政府的一家独立机构，它最初的名字是华盛顿进出口银行，1936年改名为美国进出口银行。1945年美国国会通过的一项《进出口法》（该法案曾被多次修订，最新的一次修订是2002年），再次确定了该机构作为官方出口信贷机构的地位。经过数十年的扩展，该行已由华盛顿哥伦比亚特区的一家地方银行公司发展成为美国最主要的出口信贷融资和保险机构。

根据美国的《进出口法》，美国进出口银行的最高权力机构为董事会（Board of Directors），共由7人组成，其董事长、副董事长、三名专职董事均由总统直接指定，但只有3人可以来自同一党派，另两名董事分别由商务部长（Secretary of Commerce）和贸易谈判代表（Trade Representative）兼任。

除董事会以外，另有以下5个部门可以影响美国进出口银行的经营。

① 总统。他在一些关键问题上有决策权，可以政治理由否决EXIM对某些项目的融资，这一权力在实践中可以很大程度上授权给国务卿行使。

② 由董事会任命的15人顾问委员会。委员会对银行的政策进行审核，15名顾问分别代表金融、政府、小企业、服务部门、劳动力、制造业和贸易等各个领域。

③ 国会。它对美国进出口银行的活动有监督权。美国进出口银行每年须向国会递交一份关于其经营状况和竞争力水平的详细报告，国会还负责批准该行每年度的预算计划。此外，超过1亿美元的融资、保险、担保项目，核电站开发项目的融资与担保等均要经由国会批准。

④ "国际货币和金融政策全国顾问委员会"（National Advisory Committee on International Monetary and Financial Policies）。它有权对所有超过3 000万美元的美国进出口银行业务进行审查，任何混合信贷也必须由该委员会一致同意。

⑤ 管理和预算局（Office of Management and Budget）。这是美国负责财政收支检查的机构，因美国进出口银行需要政府的资金投入，故它有权审查美国进出口银行的所有活动。

美国进出口银行的资金来源包括：注册股本，到2006年财政年度为10亿美元；留存的经营盈余转化的股本，但由于出口信贷与保险的优惠程度越来越高，美国进出口银行近些年来通常都是亏损，2006 年为－11 亿美元；借款，短期资金可从财政部总额借款，最高可达 60 亿美元。2006 财政年度 EXIM 从财政部的借款额为 49.1 亿美元，加上对财政部的 18.3 亿美元应付账款，对财政部的总负债达到 67.4 亿美元。

美国进出口银行对外提供的业务包括保险、担保和直接贷款三类。

1）保险

美国进出口银行提供的保险为所有以跟单托收、无担保信用证（Unconfirmed L/C）、赊账（Open Account）等方式提供的短期贸易融资提供保险。保险期限一般在 181 天以内，最长不超过一年。保险额度为私人客户商业险 95％，政治险 95％；政府客户均为 100％，无担保信用证交易均为 90％，大宗农产品交易均为 98％。

保险业务包括以下几项。

① 小企业出口信贷保险（Small Business Export Credit Insurance）。这是为那些新加入出口市场或只是偶尔出口，且财务状况健康的小企业的提供的出口信贷保险。

② 短期单一买主出口信贷保险（Short-Term Single-Buyer Export Credit Insurance）。这是为向单一买主的一笔或多笔短期贸易信贷提供的保险。

③ 短期多买主出口信贷保险（Short-Term Multi-Buyer Export Credit Insurance）。该保险可以为出口商提供的对多个客户的单一或多项交易提供保险。在该保险项下，出口商可事先得到一个保险额度，在该额度内的贸易融资可以自动得到保险。

④ 租赁保险（Lease Insurance）。美国进出口银行提供的租赁保险有两种：一种是为经营租赁提供的保险，一种是为融资租赁提供的保险。

⑤ 金融机构买方信贷保险（Financial Institution Buyer Credit Export Insurance）。这是为金融机构的短期买方信贷提供的保险。保险期限为一年以内。

⑥ 信用证保险（Letter of Credit Insurance for Banks）。这是对外国银行开立的无担保信用证提供的保险。该保险对无论是由于政治或商业方面的原因而导致外国开证行无法兑现信用证给本国接受该信用证的银行所带来的损失提供保险。

⑦ 中期出口信贷保险（Medium-Term Export Credit Insurance）。中期出口信贷保险分为为出口商银行提供的保险和直接对出口商提供的保险两种。因为银行在申请该保险时必须从出口商处获得相关的贸易及支付凭证，故前者被称为跟单保险（Documentary Policy），而后者被称为非跟单（Non Documentary）保险。保险范围包括政治险和商业险，最高保额为 1 000 万美元。保险期限根据合同金融的大小可达 2～5 年。

2）担保

① 贷款担保（Loan Guarantee）。这是直接为外国进口商提供的借款担保。该担保可对商业险和政治险提供 100％的担保，无保额上限。

② 流动资本担保（Working Capital Guarantee）。美国进出口银行对银行提供的装船前信贷提供担保，担保的额度通常可达到贷款本息的 90％。由于有进出口银行的担保，出口商可获得的装船前信贷的额度大幅增加。一般来说，对各种原材料存货的贷款额度可从没有担保时的 25％上升到 75％，应收账款则从 0（无法取得贷款）上升到 90％。担保期限一般为一年，特殊情况下可延长至 3 年。

③ 信贷担保额度方案（Credit Guarantee Facility Program）。这是为美国银行与外国银行之间签订的出口信贷额度提供的担保。美国进出口银行保证获得外国银行出口信贷的外国

进口商将按时偿还贷款，外国银行获得此项担保后就可以为购买美国资本货物的进口商提供条件优惠的贷款。担保额度为出口商品价值的 85％，担保期限为 2～5 年。

④ 外汇贷款担保（Foreign Currency Guarantee）。这是对美国商业银行提供的外汇贷款提供的担保，它也是美国进出口银行对非美元出口信贷提供的唯一的支持方式。美国进出口银行不直接提供非美元出口信贷。

3）直接贷款

美国进出口银行通常不直接提供短期（181 天以内）的贸易融资，对短期贸易融资采取对出口商或出口商提供保险或担保的方式给予扶持。美国进出口银行主要提供期限在 7 年以上的固定利率的中长期出口信贷，具体的期限、利率、偿还方式等贷款条件根据有关出口信贷的"君子协议"的规定决定，申请贷款的贸易合同金额一般不低于 1 000 万美元。

美国进出口银行的经营规模受《进出口银行法》的限制。根据 2002 年重新修订过的该法案，美国进出口银行的业务总额（包括贷款、保险和担保）不得超过 1 000 亿美元。由于美国进出口银行的业务通常是亏本经营的，因此其实际业务规模还要受到美国国会每年批准给它的财政补贴的限制，虽然国会并没有对其业务规模作任何限制。

从 2001 到 2005 财政年度，美国进出口银行每年批准的新贷款、担保、保险业务总额（Total Exposure）在 101.2 亿美元到 139.4 亿美元之间，支持的美国出口贸易额在 130 亿美元到 178.5 亿美元之间。2006 年财政年度（截至 2006 年 9 月 30 日），美国进出口银行批准的新贷款、担保、保险业务总额为 121.5 亿美元，这些风险承担额支持了约 161.2 亿美元的美国出口额。2006 年财政年度美国进出口银行的风险承担总额（累计业务余额）为 578.3 亿美元。其中担保业务余额规模最大，为 424.6 亿美元，占了风险承担总额的 73.4％，保险业务余额为 69.7 亿美元，占 12.1％，直接贷款为 59.5 亿美元，占 10.3％。总的来说，担保和保险所占的比重自 2002 年以来均有所上升，特别是保险所占的比重，其所占比重几乎上升了一倍。

根据美国的《进出口银行法》，美国进出口银行在办理出口信贷及保险业务时，应遵循以下原则。

① 与私人资金来源的关系。进出口银行提供的出口信贷和保险应补充和刺激私人出口信贷和保险的发展，而不是取而代之。因此只有在出口商无法从私人途径获得进出口银行认为是条件合理的融资和保险时，进出口银行才出面提供融资和保险。

② 国内影响。根据 1968 年美国国会通过的议案，进出口银行在提供出口融资与保险时应考虑其所支持的出口项目对美国国内的相关行业的竞争地位、短缺物资的供应、就业等的不利影响。只有此种不利影响小于出口项目所带来的好处时，进出口银行才可以批准给予融资和保险。

③ 出口项目的信誉。进出口银行在提供融资和保险时，虽然采取较商业银行和私营保险商更为积极的态度，但仍需认真考虑所支持的出口项目的安全性，除非总统有特别的指令。由于遵循了这一原则，故尽管进出口银行提供的出口融资和保险条件十分优惠，该行仍保持了收支平衡并略有盈余。直到 1992 年，其成本才列入财政部预算，由国会每年拨款。

④ 外国的竞争。根据进出口法，美国进出口银行的一个重要职责就是帮助美国出口商免受外国不正当竞争的危害。出口商在申请进出口银行的信贷和保险时应证明其面临着有官方补贴的外国出口商的不正当竞争。进出口银行在提供融资和保险时应注意使其所提供的融资

与保险的条件能够与潜在的外国竞争者所能获得融资与保险的条件相竞争。1978年进出口法修订后，进出口银行甚至被允许对被认为受到外国出口商不正当竞争的美国国内厂商提供金融支持。

⑤ 政治因素。美国进出口银行在提供出口融资与保险时还不能违背美国的对外政策，如反核扩散、环境保护、反恐怖主义、人权等。

⑥ 根据美国国会第17号公共法案的规定，受美国进出口银行支持的出口项目必须以在美国注册的船舶进行航运，除非外国买主从美国海商总局获得例外同意。

为了加强与私营营业银行的合作，在财政部的支持下美国进出口银行还联合美国的外贸银行协会（Bank Association of Foreign Trade，BAFT）于1970年成立了私营出口融资公司（Private Export Funding Corporation，PEFCO）。该公司是一家私营机构，由进出口银行、54家商业银行、1家投资银行、7家工业公司组成，其业务包括对获得美国进出口银行担保或保险的出口商提供优惠的贸易融资。

美国还有另一家名叫外国信贷保险协会（Foreign Credit Insurance Association，FCIA）的公司对外提供出口信贷保险。该机构原是由美国进出口银行联合了53家美国著名的海事和意外保险商于1961年设立的，总部设在纽约，并在洛杉矶、休斯敦、迈阿密和芝加哥等地设有分部。后来由于FCIA入不敷出，1983年时私人保险机构已基本上完全退出，该机构遂成为美国进出口银行的独家代理机构。1991年，FCIA成为一家名叫Great American Insurance Group公司的分公司，而该公司又是一家名为American Financial Group的上市公司集团的旗舰公司。

FCIA可提供的保险项目可分为短期和中长期两种，短期的保险期限又可分为多买家保险（Multi-Buyer Policy）和单买家保险（Single Buyer Policy）。多买家保险又分为一般多买家总保险和关键账户多买家保险（Key Account Multi-Buyer Policy）两种。一般多买家总保险是一种有年度总限额的总保单，可以为出口商在投保期间内所有期限在180天以内且累计保额没有超过年度总限额的贸易融资提供保险，并可加保60天的国内买方信贷险，总保险期限为1～2年。关键账户保险可以为合同期限内被保出口商最大的10～20项交易提供在180天以内保险，并可加保60天的国内买方信贷险，只要被保累计总额不超过保险限额，总保险期限为1年。无论是总保险还是关键账户保险都有限额可以撤销的（Pay as You Go）和限额不可取消的（Non-Cancelable Limits）的保单。前者保险额度可由保险公司单方面撤销，且总保险期限仅为1年；而后者的保险额度未经投保人同意是不可撤销的。

单买家保险（Single-Buyer Policy）是为单项交易提供的保险，分为短期（Short Term）险和中期险（Medium Term）两种。短期险也是期限为一年的总保险，可为出口商在合同期间内对某个单一客户的所有期限在180天以内且累计保额没有超过年度总限额的贸易融资提供保险。中期险可为1～2年的出口信贷提供融资。不论是短期或是中期的单买家保险均可保合同金额的90%，其保险额度均是不可撤销的。

FCIA的保险均包括商业险和政治险。在索赔的时候，投保人应在违约事件发生后的30～150天之内，填写并呈交索赔申请书。FCIA在收到索赔书后通常在5个营业日内即可予以赔偿。

除FCIA和PEFCO外，还有商品信贷公司（Commodity Credit Corporation）和海外私人投资公司（Overseas Private Investment Corporation）。前者由农业部管理，主要业务为美

国农产品出口提供担保，以鼓励银行向农产品出口提供固定利率的出口信贷；后者隶属美国国务院，主要业务是有选择地促进美国在发展中国家进行长期投资和技术投资，方式是完成政府出资的援助计划。

2. 英国

英国的出口信贷体系是世界上成立最早的，经过几十年的演变，目前的英国政府能够为其出口商提供在发达国家中相对较为广泛的信贷服务。

英国的贸易信贷，无论是短期的还是中长期的，均由私营商业银行负责。在英国甚至有专门的商人银行（Merchant Bank），为出口商提供票据承兑等服务。由于私营机构可以满足出口商的需要，英国政府最初主要是为出口商提供出口信贷保险。英国政府很早就成立了出口信贷保证局（Export Credit Guarantee Department，ECGD），对私营金融机构提供的贸易信贷提供担保，只是在战后为了与其他发达国家竞争英国政府才开始提供出口信贷利息补贴，使之能成为条件优惠的信贷。

ECGD成立于1919年，总部设在伦敦，另有10个分部设在英国各地。英国议会于1978年通过且于1991年修订的《出口担保和海外投资法》（Export and Investment Guarantees Act 1991）详细规定了该局的业务和职责范围。

ECGD为英国政府的一个独立机构，直接对贸易、投资和外国事务大臣及贸易与产业秘书两位官员负责。此外，为ECGD专门成立的"出口担保顾问委员会"（Export Guarantees Advisory Council）对ECGD的活动也会产生影响。目前它由能广泛代表各行业利益的10位杰出企业家、律师及其他社会成员组成，成员由贸易大臣任命，该委员会对ECGD的重大决策提出审批意见。

该局的最高管理机构为理事会（Management Board），包括主席1名，执行理事4名，非执行理事5名。

ECGD的资金来源包括：一是财政部的拨款（Exchequer Financing），2006年财政年度的净拨款为−8.71亿英镑，即该年财政部不仅没有向ECGD拨款，反而从后者获得了盈利，这是该年ECGD扭亏为盈的结果；二是累计盈利，在2006年财政年度，ECGD终于弥补了历年累计的亏损，实现了盈利，该年ECGD的盈利为33.49亿英镑；三是国会拨款（General Fund），2006年财政年度为1 600万英镑。

ECGD提供的业务主要有出口信贷担保和出口保险两种，出口信贷担保是对银行提供的中长期出口信贷保险，具体根据出口信贷的种类分为买方信贷担保和卖方信贷担保两种。顾名思义，买方信贷（Buyer Credit Facility）担保就是ECGD对商业银行所提供的买方信贷提供的担保，被担保的买方信贷期限应在2年以上，合同金额不少于100万英镑或等值其他外币（实际上获得担保的项目一般都在500万英镑以上）。而卖方信贷（Supplier Credit Financing Facility）担保则是ECGD对商业银行所提供的卖方信贷提供的担保，其所担保的卖方信贷通常是以福费廷，即无追索权的票据贴现方式提供的，期限一般在2~5年，合同金额不少于25 000英镑或等值其他外币。由于起点金额较低，ECGD通常会与商业银行签订期限较长的总担保合同，这样每笔具体业务就不必单独申请担保。

除单个出口项目的担保外，出口信贷担保还可为出口信用安排（Lines of Credit）提供担保。这里所说的信用安排是指一家英国商业银行与国外的商业银行之间达成的总信贷额度协议，该协议可以为合同期限内的所有符合条件的贸易合同提供贸易融资。该担保保证如果进口商未能按时偿还在该信贷安排下提供的贷款，ECGD 将负责赔偿出口商的损失。

出口信贷担保还可为项目融资（Project Financing）担保。这是 ECGD 对能带动英国出口的大型投资项目提供的担保，项目发起人可凭此担保从商业银行获得优惠的项目融资。被担保的项目包括有限追索权的项目融资（Limited Recourse Project Financing）、结构性公司融资（Structured Corporate Financing）及外汇项目融资（Foreign Exchange Earning Projects）等。

出口保险是 ECGD 提供的另一项主要业务，包括出口保单（Export Insurance Policy）和海外投资保险（Oversea Investment Insurance）。出口保单可以为出口商自己提供的贸易融资提供保险。即使出口商利用了银行提供的出口信贷且获得了 ECGD 提供的出口信贷担保，出口保险仍然可以为出口商提供额外的保险。因为出口信贷担保是为银行量身定做的，没有考虑出口商承担的但银行却不承担的风险。

标准的 ECGD 保险可保以下商业风险。

① 买主或担保人（如果适用）破产。

② 买主或担保人对到期应付款项在到期后 6 个月内未能付款。

③ 买方不履行合同项下义务（非出口商原因所致）。

可保的政治风险包括：

① 在英国之外发生的政治、经济或行政事件，阻碍了合同款项下支付的兑换或转账；

② 买方国家的政府或立法机构影响履行合同的行为；

③ 进口国颁布的法律，该法律的实施意味着某种支付，虽然该支付不会解除买方根据合同对出口商应负的义务，但买方根据该国法律却可以解除应承担的支付义务；

④ 在英国国外发生的影响合同履行的敌意行为或内乱；

⑤ 在合同签订后在英国发生的会影响合同履行的行政或立法措施，如取消或不再更新某项出口许可证或施加新的出口许可证。

海外投资保险是 ECGD 为英国海外投资提供的一项保险，所有对英国海外企业的股权投资和贷款（包括贷款担保）均可获得该保险。该保险仅保政治险，内容包括：财产没收（Expropriation，如不予正常补偿的国有化等）；战争；长达 6 个月以上对企业兑换并对外汇出利润、利息或本金款项的限制；东道国政府违反其对被担保的投资项目所作的承诺，如许诺提供支付担保、建设项目所需的基础设施等。

ECGD 的另一项业务是固定利率出口融资（Fixed Rate Export Finance，FREF）。该业务负责对商业银行的贸易信贷提供利息补贴。凡商业银行为支持向欧共体以外国家的出口而提供的期限在 2 年以上的固定利率的贷款，在获 ECGD 担保之后，如果该固定利率低于同等条件下的市场浮动利率（商定的 LIBOR 利率加固定的溢价），则 ECGD 负责补贴二者之间的差额。但反过来，如果该固定利率高于同等条件下的市场浮动利率，则商业银行应将多余盈利退还给 ECGD。这实质上是一种利率互换。

在 2006 年，FREF 支持的出口信贷余额达到 25.7 亿英镑，其中美元贷款 16.08 亿英镑，占 62.6%；英镑贷款 6.4 亿英镑，占 23.5%；其他贷款 3.58 亿英镑，占 13.9%。

据 1991 年"出口和投资担保法案"，ECGD 的出口信贷与保险业务额英镑最高限制为 350 亿英镑（不包括投资保险），但经下议院决议通过后可以增加 50 亿英镑；外币业务额最高限制为 150 亿特别提款权（SDR），经下议院同意可再增加 50 亿 SDR。到 2006 年财政年度（2005 年 7 月—2006 年 7 月）底，ECGD 的担保及保险业务为 151 项，总价值为 22.30 亿英镑，其中买方和卖方信贷担保为 14.85 亿英镑，占了 66.7％，出口商融资保险为 5.06 亿英镑，占 22.7％，海外投资保险额为 2.39 亿英镑，占 10.7％。ECGD 所支持的项目的规模最低可至 2.5 万英镑，高的可达 1 亿英镑。

3. 法国

法国的出口信贷体系主要有法国出口信贷保险公司（La Compagnie Fransaise d'Assurance pour Le Commerce Exterieur, Coface）。

法国出口信贷保险公司（Coface）成立于 1948 年，是一家全球化的私营信贷保险公司，在 60 个国家和地区设有分支机构，若包括通过一个名叫有 Credit Alliance Network 的代理网络为外国客户提供的业务，业务涵盖的国家达到 93 个国家和地区。公司有员工 5 500 人，服务的顾客达 85 000 家。目前公司有资本金 0.7 亿欧元，投资者权益（Shareholder's Fund）10.14 亿欧元。2006 年 Cofafe 年营业额为 13.43 亿欧元，其业务分为四块，其中自营业务包括三个部分：保险及相关服务，2006 年业务额为 10.9 亿欧元，占了公司业务总额的 79.6％，其中出口信贷保险业务额为 4.456 亿欧元；公司信息（Company Information）服务，为客户提供市场咨询等信息服务，这项业务 2006 年业务额为 1.25 亿欧元；保理业务，2006 年的营业额为 0.54 亿欧元。目前，Coface 已并入 Banques Populaires Croup，是该公司集团的一家附属子公司。

公司提供的信贷保险业务的核心为"全球联盟保单"（Globalliance Policy），这是一种模块化的保险品种，可根据客户的具体要求拟订具体的保险内容。Coface 已在 75 个国家和地区提供此项业务。

此外，Coface 还接受法国政府的委托代理政府提供的出口信贷保险业务，这一业务列入公司的"公共业务管理"（Public Procedures Management）项下。政府提供保险业务包括中长期出口信贷保险（3 年以上的出口信贷保险）、市场调研保险（Market survey Cover）、外汇险（Exchange Risk Cover）及投资险（Investment Insurance）等。这些都是私营保险公司无法以市场条件提供的。Coface 在该项业务中是以代理人的身份提供服务的，保费收入及相应的赔偿额均归法国政府所有，Coface 仅赚取一定的管理费。2006 年，Coface "公共业务管理"业务的营业额为 0.58 亿欧元。

在过去，法国还有专门负责中长期出口信贷的银行——法国外贸银行（La Banque Fransais du Commerce Exterieur, BFCE）。法国外贸银行是一家股份公司，为法国企业进入国际市场提供资金和服务。除自营业务外，该银行还代理法国政府提供的中长期出口信贷业务。法国财政部对代理业务项下的筹资成本和其提供的出口信贷的利差给予直接的补贴，贴补率为规定的 OECD 的出口信贷利率与银行资金成本（按法郎信贷的三种代表利率，即 1 年、5 年期的金融市场利率和二级市场上可比债券的投资回报率的平均值加一定手续费确定）的差额。政府还为该行在国际金融市场的筹资活动提供担保，但目前该行已并入 Natexis Banques Populaires，由该行接管了 BFCE 原先所代理的业务。

4. 德国

德国的贸易信贷主要由商业银行、德国出口信贷集团（Ausfuhrkredit-Gesellschaft m. b. H., AKA）和复兴信贷银行（Kreditanstalt Für Wiederaufbau, KFW）负责提供。

德国出口信贷集团（AKA）成立于 1952 年，是一家私营商业银行银团，到 2006 年有

23 家成员行，德意志银行为牵头行。AKA 总部设在德国法兰克福，公司有核心资本 1.361 亿欧元。成员行除了认购股本外，还为该行提供备用信贷，该备用信贷为 A、C 两类无补贴信贷业务的资金来源。

AKA 业务宗旨是促进德国和欧盟国家的出口，提供的融资形式如下。

（1）A 方案

此为卖方信贷，融资额度为私人买方时 85%，政府买方时为 90%，出口商信誉很好的情况下也可以达 100%，利率既可以是浮动的，也可以是固定的。

（2）B 方案

由德意志联邦银行（德国中央银行）出面为 AKA 提供票据再贴现业务，使 AKA 可以据此为出口商提供票据贴现业务，其实质仍是一种卖方信贷。该方案设立于 1950 年，期限在 1～4 年之间。期限在 2 年以内的，其贴现利率为德意志联邦银行贴现利率加 0.75%，或按 4.5% 的固定利率；期限在 2 年以上的，按君子协议规定的参考利率。其利率较 A、C 方案的利率低，主要用于对发展中国家出口。

（3）C、D、E 方案

这是 AKA 根据市场条件提供的一般的中长期出口买方信贷。C、D、E 三种方案的区别主要在于贷款的资金来源方式，C 方案和 D 方案由申请参与贷款的成员银行组成的贷款辛迪加提供资金，而 E 方案则直接由申请参与贷款的成员银行提供资金，不组成辛迪加。C 方案的贷款利率可以是固定利率也可以是浮动利率，D、E 方案则一般为浮动利率。浮动利率一般以 EURIBOR 或 LIBOR 加成的方式确定。E 方案还可以其他参考利率作为利率基础。

所有方案的贷款利率原则上都需事先获得 Euler HERMES 公司的出口信贷保险。

AKA 还接受德国政府的委托对客户提供以 OECD 关于出口信贷"君子协议"规定的"商业参考利率"（CIRR，参见本章 4.4.3 节）提供的优惠买方信贷。该类买方信贷的资金由德国政府从一项特别的"出口融资项目"资金（Export Financing Program，ERP）提供。对德国企业来说，只有对属于 OECD 官方开发委员会（Development Assistance Committee，DAC）所规定的第一类（Part 1）发展中国家的出口才有资格采用此种利率；贷款的期限至少在 4 年以上；只提供欧元和美元两种货币的贷款。除利息外，借款人还必须支付年率 0.375% 的承诺费及一定的管理费。

截至 2006 年，AKA 的资产总额达到 36 亿欧元。

除了 AKA 外，KFW（德国复兴信贷银行）也提供中长期的出口信贷，KFW 成立于 1948 年，总部位于 Frankfurt，但在 1994 年，公司在柏林设立了分支机构。

20 世纪 90 年代，KFW 曾为德国蒂森克虏伯公司和上海宝山钢铁厂冷轧项目及上海地铁项目提供过贷款。

KFW 为德国的对外援助机构，故该机构提供的出口信贷有很强的援助性，优惠程度高于 AKA 所提供的各种信贷，主要用于对发展中国家援助项目的出口。例如，该组织对上海地铁贷款的利率就仅为 0.75%。

KFW 旗下还有一家名为复兴信贷-伊佩克斯（KFW-IPEX）的商业银行，专门从事进出口融资和项目融资。目前，整个银行的商业贷款中有 10% 流向了中国，总额达 55 亿欧元。在 2003 年，该银行新发放贷款共计 115 亿欧元，其中流向国外的资金总额达到 54 亿欧元。

德国的出口信贷保险主要由赫尔墨斯信贷保险公司（Hermes Kreditversicherungs-AG）

提供。该机构于 1919 年由两家公司（Münchner Rückversicherungs-Gesellschaft 和 Globus Versicherungs-AG）联合成立，是一家私营出口信贷保险机构，从 1926 年开始接受德国政府委托提供出口信贷保险，并一直延续到战后。1960 年，赫尔墨斯公司的业务纳入联邦预算法案。1996 年，安联（Allianz）公司收购了赫尔墨斯公司。1999 年，赫尔墨斯公司和另一家名为欧拉（EULER）的法国信用保险公司签订了合作协议。2002 年，欧拉公司正式并购了赫尔墨斯公司，并改名为欧拉-赫尔墨斯公司，但赫尔墨斯公司仍然主要负责德国的业务。

赫尔墨斯公司提供的保险视私人买主、政府部门买主和其他公共部门买主而有所不同，前者由担保（Garantie）提供保险，后者由保证（Burgschaft）提供保险；保险内容包括政治险、商业险和外汇险，政治险保险额度为 90%，商业险为 85%。德国还设有出口信贷保险内阁委员会（IMA），专门负责出口信贷保险政策的制定。该机构设立于 1949 年，每两周开会一次。由经济部长负主要责任，但他要征求财政部长、经济合作部长、外交部长的意见。

5. 日本

日本的中长期出口信贷主要由日本输出入银行（The Export and Import Bank of Japan，JEXIM）负责。该行成立于 1950 年，行政上隶属大藏省，为日本的一家政府银行。1999 年，日本将输出入银行与负责对外援助的日本海外经济协力协会合并，成立了日本国际协力银行（Japan Bank for International Cooperation，JBIC）。

JBIC 的最高管理机构由 1 名总裁，2 名副总裁，7 名高级执行理事，2 名审计师组成。总裁、副总裁和审计师由内阁总理大臣直接任命。总行设在东京，另在大阪设有一家办事处，负责办理京都、大阪、神户以西地区的业务。与其他国家的进出口银行不同的是，JBIC 在海外设有 26 个代表处，包括北京、香港、曼谷、河内、雅加达、科伦坡、马尼拉、新德里、巴黎、华盛顿、墨西哥、里约热内卢、布宜诺斯艾利斯、哥伦比亚、悉尼、贝鲁特等。

该行的业务分为两部分：国际金融业务（International Financial Operations，IFO）和海外经济协力业务（Overseas Economic Cooperation Operations，OECO）。前者的目的在于促进日本的进出口贸易和日本企业的海外经济活动，以及国际金融秩序的稳定；而后者则侧重于对发展中国家的经济援助，两者的业务是严格分开的。

JBIC 的主要资金来源包括：注册资本，在 2006 财政年度，JBIC 在国际金融业务项下有资本约 0.99 万亿日元；从"财政投资与贷款方案"（Fiscal Investment and Loan Program，FILP）及"政府邮政人寿保险基金"（Government Post Office Life Insurance Fund，一个管理日本邮政储蓄的基金）的借款；在国内与国际金融市场上发行的债券和票据；累积盈利等内部融资。在 2006 财政年度，JBIC 在国际金融业务项下的累计盈利约为 722 亿日元。

国际金融业务中与进出口贸易相关的业务包括以下几项。

① 出口贷款。这是 JBIC 为日本企业对发展中国家的大型机电产品出口提供的贷款。

② 进口贷款。这是日本独有的一种贸易信贷，用于支持外国出口商对日本的出口，期限一般为 10 年。日本增加此种贷款形式的目的主要是为了消除日本日益增加的国际收支巨额顺差，以及支持日本必需的某些战略资源投入，如矿产、石油、煤、盐、棉花等货物的进口。

③ 海外投资贷款。这是为日本企业从事海外业务开发提供的贷款。

④ 担保。为了促进资金对发展中国家的流入，JBIC 还对私人金融机构对发展中国家提供的贷款及发展中国家政府发行的政府债券和日本企业海外分支机构发行的公司债券提供担

保。JBIC 还对日本企业的大型机电产品进出口及海外投资项目提供履约担保。

在 2006 财政年度，JBIC 在国际金融业务项下有预算 1.06 万亿日元，未到期贷款及其他融资 7.9 万亿日元，担保额 1.06 万亿日元。

日本的出口信贷保险过去主要由日本政府的通产省（MITI）国际贸易管理局的进出口保险课（EID）提供。该课成立于 1930 年，从 1950 年到 2000 年的 50 年期间，EID 的保险额累计达 350 万亿日元，支付赔偿额 2.3 万亿日元，涵盖了 25％的日本出口额。

2000 年，日本成立了出口与投资保险公司（Nippon Export and Investment Insurance，NEXI），取代 EID 负责出口信贷保险工作，公司有股本 1044 亿日元。2001 年该公司的保险总额约为 10 万亿日元，保费收入 421 亿日元。从 2001—2006 年的 5 年里，该公司的累计保险额约为 391 万亿日元，大约涵盖了同期日本出口额的 20％，支付保险赔偿额 2.4 万亿日元。

NEXI 的股本由日本通产省全额提供。为了增加 NEXI 的信用，日本通产省还为 NEXI 的保险业务提供了再担保。

NEXI 提供的保险主要有以下几种。

① 出口信贷保险（Export Credit Insurance）。这是给予日本出口商或中间商的保险，担保的对象既包括普通的商品贸易，也包括知识产权交易。

② 买方信贷保险（Buyer's Credit Insurance）。这是对参与 JBIC 的出口信贷计划，对外国进口商提供买方信贷的日本商业银行提供的担保。

③ 对制造商的贸易保险（Trade Insurance for Manufacturers）。这是专门对从事出口或中间贸易的日本制造商提供的出口信贷保险。

④ 对中小企业的出口信贷保险（Export Credit Insurance for SMEs）。这是专门为从事出口贸易的日本中小企业（SMEs）提供的出口信贷保险。

⑤ 出口票据保险（Export Bill Insurance）。即对日本商业银行持有的无信用证担保的出口票据给予保险，政治险可保面额的 82.5％，商业险为 80％。

⑥ 出口保函保险（Export Bond Insurance）。这是对日本商业银行出具与出口有关的保函（如投标保函或履约保函等）提供的担保，保险范围包括因保函收益人不合理索赔而使开立保函的银行蒙受的损失，可保损失的 100％。

⑦ 预付款进口保险（Prepayment Import Insurance）。这是对日本进口商提供的一种保险，担保日本进口商在支付了预付款后能按时获得所购买的商品。

⑧ 海外投资保险（Overseas Investment Insurance）。这是对在海外进行直接投资提供的保险。该险不包括商业险，只包括政治险，承保期限可长达 15 年。一般规定，投保人自己应承担 10％的风险，故只保 90％。对某些风险大的国家，投保比例更低，且承保条件更为严格。

⑨ 海外无购买约束条件贷款保险（Overseas Untied Loan Insurance）。这是对日本企业或商业银行对外国政府或企业提供不附带出口要求的长期商业信贷（包括贷款、债券发行及对海外分支机构的信贷提供的担保等）提供的担保。

4.4.3　发达国家关于出口信贷的"君子协议"

由于国际竞争的加剧，各国政府均为对本国的贸易信贷特别是中长期出口信贷提供优惠，使得中长期出口信贷的条件一降再降，但无限制的出口信贷竞争是非常有害的，这在 20 世纪 30 年代经济萧条时就有深刻教训。当时的西方各国为了摆脱经济萧条，竞相扶持本国的出口信贷业，结果是两败俱伤。鉴于此，发达国家一直在这方面谋求协调彼此的行动。早在 1934 年，来自法国、意大利、西班牙和英国的公私出口信贷融资及保险机构就在瑞士的伯尔尼组成"国际信用保险管理联盟"，简称"伯尔尼联盟"（Berne Union）。其宗旨在于促进成员之间交换出口信贷融资及保险情况，协调出口信贷的竞争。该联盟属于民间机构，对各成员并没有约束力，而且联盟成立后不久就因第二次大战爆发而停止活动。1953 年，联盟重新召开会议，并改名为"国际信用和投资保险联盟"，并达成一项谅解。其主要内容是：根据不同商品类别确定提供出口信贷的最长偿还期，其中资本货物为 5 年，半资本货物为 3 年，耐用消费品为 18 个月，原料和消费品为 6 个月；国家信贷保险机构不承担全部出口信贷风险，出口商本身至少应承担 15％的风险；进口商应至少支付相当于合同金额 15％～20％的定金。

伯尔尼协议签订后，并未能在成员国之间得到彻底的贯彻执行。自 20 世纪 60 年代开始，在协调出口信贷政策方面，"伯尔尼联盟"已不再起什么作用，这项工作改由经济合作与发展组织（OECD）负责。1976 年 7 月，在经过多年的磋商之后，经合组织的成员国终于就中长期出口信贷的条件达成一致意见，并在此基础上通过了一份《官方支持的出口信贷指导原则协议》（Arrangement on Guidelines for Officially Supported Export Credits），内容包括出口信贷的融资额度、最低利率、最长偿还期的限制，以及成员国之间的有关出口信贷条件争议的商讨方式等。该协议于 1978 年正式生效，但它对各成员国也并无法定的约束力，而是由各成员国自觉遵守，故被称为"君子协议"（Gentlemen's Agreement）。

"君子协议"对出口信贷各项条件的规定如下。

① 进口商利用买方信贷限于进口资本货物，如单机、成套设备和有关劳务等，一般不能用于进口原材料和消费品。

② 进口商应于合同起始日或起始日之前支付至少相当于合同金额 15％的现汇，并且除了通常的出口信贷保险和担保外，对该笔现汇不应给予其他任何形式的官方支持。如果合同包括从第三国进口的商品和劳务，且这些商品和劳务没有获得任何官方支持，则可以在计算现汇支付额时将其从合同金额中扣除。

③ 贷款应为分期偿还，不能采用到期一次性偿还的方式，本金应该平均分摊到每一期。第一笔本息的偿还不应晚于合同起始日后 6 个月，之后分期偿还间隔不应少于 6 个月。

④ 出口信贷的利率。由于有政府的补贴，买方信贷的利率一般是低于同样条件的商业信贷利率的，但是为了防止恶性竞争，"君子协议"中对各协议签字国可以提供的最低买方信贷利率水平作了限制。最初的时候，协议按照 OECD 的官方开发委员会（Development Assistance Committee，DAC）的标准将世界上所有国家和地区划分为第一（高收入国家）、第二（中等收入国家）和第三种类型（低收入国家）三类，再根据还款期限的不同分别规定最低利率水平，这些最低利率水平由特别提款权（SDR）的利率加一定的加成决定。SDR 的利

率由构成 SDR 的货币美元、日元、法国法郎、德国马克、英镑的代表利率按各构成货币在 SDR 中所占权数平均计算得出。

进入 20 世纪 90 年代后，"君子协议"的最低利率标准作了重大修改，其主要精神是降低出口信贷利率的优惠程度。无论是哪一类国家，所有官方支持的固定利率的出口信贷均改为采用商业参考利率（Commercial Interest Rate of Reference，CIRR），每种货币的出口信贷的商业参考利率（不论是由货币发行国提供的还是由其他成员国提供的）等于该货币的基础利率加 100 个基本点。基础利率可以下列两种方式决定：一种是按出口信贷期限长短规定不同的利率水平。偿还期不超过 5 年（包括 5 年）的出口信贷的基础利率按 3 年期政府债券收益率决定；偿还期 5 年以上至 8.5 年（包括 8.5 年）的出口信贷利率，按 5 年期政府债券的收益率决定；偿还期在 8.5 年以上的信贷，按 7 年期政府债券的收益率决定。另一种是各种偿还期的出口信贷的利率均按 5 年期政府债券收益率决定。

成员国可以结合自己的情况具体确定本国出口信贷的基础利率，并将其通知其他成员国，其他成员国在以该国货币提供出口信贷的时候也应采用同样的基础利率标准。一个成员国提前 6 个月通知其他成员国并经全体成员国协商同意后可改变其基础利率，其他成员国也应相应改变以该国货币提供的出口信贷的利率基础。对于低收入国家还可采用特别提款权（SDR）利率加上 50 个基本点作为最低利率标准。

在规定的 CIRR 之上，成员国还应根据进口国家和地区的不同收取一定的风险溢价（Premium）。"君子协议"对每一个进口国都规定了一个"最低风险溢价率"（Minimum Premium Rate，MPR）。适用于一个进口国的 MPR 由以下因素决定。

① 该出口信贷进口国的国家风险类别。君子协议根据各进口国的国家信用风险状况，自己拟订了一套确定国家风险状况的评价体系。协议所定义的国家风险包括 5 项内容，每项有一定的得分。根据总体得分"君子协议"把世界各个国家和地区分为 8 个类别（Category），其中 0 类由 OECD 的高收入成员国（每年由世界银行根据规定的国民总收入门槛确定）组成，对这些国家的出口信贷不需要加任何风险溢价；其余 1～7 类国家的风险逐级上升，各国根据其得分被划入不同的风险级别。

② 该出口信贷是否存在"君子协议"风险评估体系所没有包含的其他风险。

③ 该出口信贷风险期限（Horizon of Risk，HOR）。HOR 计算公式为

$$HOR = \frac{1}{2}(\text{贷款的提取期}) + \text{偿还期}$$

同时假定贷款是每半年偿还一次的。如果贷款不是标准的半年偿还分期模式，则其偿还期应根据相关公式进行调整。

MPR 的计算公式为

$$MPR = [(a \cdot HOR) + b] \cdot (PC/0.95) \cdot QPF \cdot PCF \cdot (1 - MEF) \cdot BRF$$

其中，a 和 b 为系数，不同风险类别的国家根据表 4-1 取不同的值。

表 4-1　国家风险类别系数表

	国家风险类别							
	0	1	2	3	4	5	6	7
a	n/a	0.10	0.225	0.392	0.585	0.780	0.950	1.120
b	n/a	0.350	0.350	0.400	0.500	0.800	1.200	1.800

PC 为涵盖比例（Percentage Cover），指出口信贷产品担保的风险相对于标准产品所担保的风险的比例。

PCF 为涵盖比例因子（Percentage of Cover Factor）。如果 PC≤0.95，则 PCE＝1；如果 PC＞0.95，则

$$PCF=1+\frac{(PC+0.95)}{0.05}\times 涵盖比例系数$$

涵盖比例系数根据进口国国家信用风险类别的不同根据表 4-2 而取不同的值。

表 4-2　涵盖比例系数表

	国家风险类别							
	0	1	2	3	4	5	6	7
涵盖比率系数	n/a	0	0.003 37	0.004 89	0.016 39	0.036 57	0.058 78	0.085 98

QPF 为产品质量因子（Quality of Product Factor）。"君子协议"将出口信贷产品分为：低于标准的产品（Below Standard Product），包括不担保保险期间出口信贷利息或虽然担保利息却另需加付合理的附加保险费的出口信贷保险产品；标准产品（Standard Product），担保范围包括保险期间的利息，且不另收附加保险费的出口信贷保险产品，以及直接的出口信贷或融资；超标准产品（Above Standard Product），是比一般出口信贷保险担保范围更广的担保产品。不同质量类别的产品按表 4-3 取产品质量因子。

表 4-3　产品质量因子表

产品质量分类	国家风险类别							
	0	1	2	3	4	5	6	7
低于标准	n/a	0.996 5	0.993 5	0.985	0.982 5	0.982 5	0	0.98
标　准	n/a	1	1	1	1	1	1	1
高于标准	n/a	1.003 5	1.006 5	1.015	1.017 5	1.017 5	1.02	1.02

MEF 为国家风险缓解/剔除因子（Country Risk Mitigation/Exclusion Factor）。"君子协议"允许成员国根据协议规定的原则和条件在其出口信贷保险的保险范围中剔除某些国家风险，或采取协议规定的某种国家风险缓解技术（如采用某种第三方信托管理贷款项目的收益）。一种出口信贷产品如果采取了此类技术，就可以在其 MPR 的计算中加入某个国家风险缓解/剔除因子以降低其 MPR。

对担保范围仅涵盖协议所列的国家信用风险前三项的出口信贷产品，MEF＝0.5；对未采用任何国家风险缓解技术的出口信贷产品，MEF＝0；对采用某种国家风险缓解技术的出口信贷产品，MEF 按协议附件 7 规定确定的原则取值。

BRF 为买方风险涵盖因子（Buyer Risk Cover Factor）。如果出口信贷产品保险的范围不包括买方风险（因买方过失导致贷款无法偿还），则 BRF=0.9，反之则 BRF=1。

【例 4-1】（MPR 的计算）设有一提款期为 1 年、还款期限为 5 年的买方出口信贷，买方处于某一第三类国家，贷款人承担的国家风险相当于标准风险，同时还承担了买方风险，未采取任何风险缓解技术，试计算该信贷的 MPR。

解 该信贷的 $HOR=1/2+5=5.5$，$a=0.392$，$b=0.4$，$PC=1$，$QPF=1$，$MEF=0$，$BRF=1$，$PCF=1+\dfrac{(1-0.95)}{0.05}\times 0.004\,89=1.004\,89$，则

$$MPR=(0.392\times 5.5+0.4)\times \frac{1}{0.95}\times 1\times 1.004\,89\times(1-0)\times 1\approx 2.7$$

④ 出口信贷的期限。"君子协议"首先是对国家和地区重新分类，将原来的三类国家并为两类。新标准将那些被世界银行列入"毕业"（graduation）名单的国家划为第一类（Category I），其余国家均为第二类。分类的标准仍然是人均 GNP 的水平，世界银行每年会重新审核该名单。对第一类国家，出口信贷的期限最长应该不超过 5 年，特别情况下可达 8 年半。对第二类国家，最长期限为 10 年。

"君子协议"最初制定时，其适用范围不包括军用产品和农产品。另外，"君子协议"后来陆续对船舶、核电站、除核电站以外的发电站、项目融资、民用飞机等领域制定了特定的特殊原则。例如，船舶的最长偿还期为 12 年，现汇支付比例应不少于 20%，贷款利率最低不能低于协议所规定的所谓"特别商业参考利率"（Special Commercial Interest Rate of Reference，SCIRR）。SCIRR 由普通的 CIRR 再加上 75 个基本点决定。核电站的最长偿还期为 15 年，贷款利率最低不能低于协议所规定的所谓"特别商业参考利率"。地面卫星通信站的定金最低为合同金额的 10%。民用飞机的最长还款期为 12 年，若以美元提供，其最低利率 10 年以内期限的按美财政部债券（10 年期）加 120 个基本点确定，10~12 年期限的按美财政部债券（10 年期）加 175 个基本点确定，其他定价货币则另有规定。以上规定适用于大型飞机，小型飞机另有规定。可再生能源、水电站项目的最长偿还期为 15 年，贷款利率 12 年以内的按 CIRR 计算，12~14 年（包括 14 年）的在 CIRR 上再加 20 个基本点，14 年以上的采用 SCIRR。项目融资的最长偿还期为 14 年，贷款利率 12 年以内（包括 12 年）的按 CIRR 计算，12 年以上的在 CIRR 上再加 20 个基本点。借款人最迟应在贷款协议签订后 24 个月内支付第一笔本金。如果借款人在合同签订后 24 个月才支付第一笔本金，则第一笔本金偿还额应不少于贷款总额的 2%。第一笔利息则最迟应在贷款协议签订后 6 个月内支付，利息偿还分期间隔应不少于一年。

4.4.4 关于出口信贷保险的伯尔尼联盟

虽然在 20 世纪 50 年代末伯尔尼协议自行失效，但伯尔尼联盟仍是协调世界各国出口信贷政策特别是出口信贷保险政策的主要机构之一。其作用主要包括两个方面：一是成员国之间交流情报，该联盟秘书处将各成员上报的本国出口信贷利率、期限、优惠条件和进口商违约、索赔等情况汇总并通报全体会员；二是通过成员之间不定期交换意见和定期会晤，交流各成员对出口信贷和官方担保的意见，协调各国的出口信贷政策。到 2007 年，伯尔尼联盟

有成员 50 个，分布于 32 个国家和地区。2005 年，该联盟成员担保的国际交易数额超过 1 万亿美元，这约占世界出口贸易的 10％。从 1982 到 2005 年，该联盟成员累计支持了 9.5 万亿美元的出口贸易和 2 250 亿美元的外国直接投资。在此期间成员总共支付了 1 740 亿美元的赔偿额。伯尔尼联盟的最高机构为秘书处（Secretariat），它其实不在伯尔尼，自 20 世纪 70 年代以来一直在英国伦敦。

对于那些不够条件加入伯尔尼联盟的发展中国家和转型国家的出口信贷保险机构，伯尔尼联盟另牵头成立了布拉格联盟（Prague Union），该联盟现有成员 29 名。截至 2005 年末，该联盟成员的业务额约为 145 亿美元，保险费收入为 1 亿美元，支付赔偿数额为 0.58 亿美元。

思 考 题

1. 何为保理业务？其程序是什么？
2. 买方信贷较卖方信贷有何优点？
3. 政府对贸易融资的鼓励措施主要有哪些？
4. 关于出口信贷的"君子协议"的主要内容是什么？

第 5 章

项目贷款

在国际银行贷款中，项目贷款占有十分重要的地位。如果说辛迪加贷款是目前国际银行信贷的主要组织方式，则项目贷款可以说是国际银行贷款的主要使用方式。

5.1 项目贷款概说

1. 项目贷款的概念

所谓项目贷款（Project Loan），广义来说就是指以某个特定的投资项目作为对象的贷款，即贷款的资金是专门用于指定的投资项目的，不能用于其他用途。狭义的项目贷款还应指这种贷款的偿还是完全以贷款项目的收益为基础的。有些贷款（如许多援助性质的政府贷款和国际经济援助组织的贷款）虽然是专用于某个预定项目，但其偿还的保证却并不限于贷款项目本身的收入，而是包括借款人的全部财产和收入。

所谓项目（Project），是指在一定的时间内，有既定的限制条件及预定目标的一次性任务。例如兴办一家工厂，修建一条铁路，矿产的开采，乃至一条生产流水线的建立，均属于项目的范畴。项目建设通常属于投资活动，相反像原材料的采购、产品销售等行为，则属于日常的企业经营活动，不是项目。

与项目贷款同类的概念还有所谓的对象融资（Object Finance）。对象融资是指对飞机、轮船及船队、卫星、火车等商品的融资。这些商品建造周期长，一般需要预定，其贷款也是从融资商品使用所获收益中得到偿还，故对这些商品的贸易融资与项目融资相似。

大体来说，项目贷款具有以下特点。

① 项目贷款的名义借款人通常不是项目的发起单位（Sponsor），而是为该项目的建设与经营而专门设立的具有独立法人身份的项目实体（Project entity）。某些情况下借款人也可以是项目发起人，此时贷款银行对借款人的追索权受到了严格的限制。

② 由于作为借款人的大多是新建立的，没有任何以往的经营记录和收益，也没有任何其他资产的项目实体；或虽然是项目的发起单位，但贷款银行对借款人只有有限的追索权，故项目贷款的还本付息主要是依靠贷款项目的未来收益。这与传统的融资方式大不相同，传统的融资方式是以借款人的信誉、资产和它现在及未来的财力作为偿还保证的。因此，在项目贷款中，若项目的未来收益预计将难以偿还贷款的全部本息，则即使项目发起人的经营状况

良好，有足够的偿还能力，银行也不会愿意向该项目贷款。反之，则即使借款人的财力不够，银行也会同意对该项目提供贷款。

③ 贷款方式的多样化。对某一特定项目的贷款往往不是一种，而是多种贷款形式的组合。除了商业银行贷款外对项目的贷款还包括政府或国际经济组织的贷款、出口信贷，以及以租赁方式提供的信贷等，它们在项目的不同阶段和对不同的部分提供融资，以使贷款结构能最佳地满足项目的需要。

④ 担保的重要性。由于在项目贷款中项目的发起人不是项目的借款人，故它对项目的风险是不承担全部责任的，这些风险大部分由贷款银行承受。为了减少风险，银行自然会多方寻找对项目的担保，因此担保在项目贷款中就具有了十分重要的意义。除了项目的发起人应对项目提供部分保证外，某些第三方（银行、项目所在国政府、项目的供应商和产品买主等）也可以提供担保。

⑤ 手续复杂。由于银行在项目贷款中实际上承担了项目未来的风险，因而项目贷款大都手续复杂、文件浩繁，贷款银行试图以此来保证贷款能够得到顺利偿还。

⑥ 难度大。由于项目贷款的风险大，涉及方面多、手续繁复，故难度很大。它要求牵头银行有很强的项目评估和分析能力，并且此能力应能广泛地被国际银行界所承认，从而使其可以较容易地组织起规模庞大的辛迪加贷款。在国际银行界中具备这样能力的银行是不多的，据估计经常参与项目贷款的大银行全世界大约仅 30 余家。

2. 项目贷款的发展简史

项目贷款的发展历史并不长，它始于 20 世纪 30 年代的美国，其雏形最早出现于美国得克萨斯油田的开发。20 世纪 30 年代中期，大萧条刚刚过去不久，金融界对企业的信心仍不足，贷款十分谨慎，而石油开发又需要大量的资金，项目贷款就是在这样的背景下出现的。最初银行是以石油开采公司拥有的、已开采出来并装在储油罐里的石油为抵押提供贷款。到后来银行逐步认识到，贷款的抵押品不一定非要局限在开采出来并储存在地上的石油不可，只要储量已探明确实，埋藏在地下的石油其实也是很可靠的贷款保证。因为根据当时的技术水平，石油储量的勘探与开采已不存在多大问题，银行这样做其实风险并不大。这种以未开采的石油储量为抵押的贷款就是项目贷款的雏形，它和一般的抵押贷款是有本质不同的。到了五六十年代，美国石油业又出现了称为产品支付金融的信贷形式，其做法是先由石油公司将石油预售给某一买主（可能仅为该贷款项目专门设立的项目实体），该买主再以此销售合同为抵押从银行借款，再以所获贷款预付石油公司的货款，石油公司以所得预付款为资金再开采石油。这实际上也是一种变相的项目贷款。

20 世纪 40 年代末，花旗银行贷款给希腊船王奥纳西斯购买万吨油轮，以得克萨斯石油公司的空船租赁合同为依据。1956 年，花旗银行、大通银行及美洲银行共同向美国和其他国家的航空公司提供巨额贷款，用于购买波音 707 飞机，期限为 7～10 年。这些交易也是建立在现金流量预估的基础之上的，但它属于所谓的对象融资，而不是真正的项目贷款。

国际项目贷款则是在 20 世纪 70 年代后才出现的，它最早运用于英国的北海油田开发。1970 年，英国不列颠石油公司在英国的北海发现了开采储量达 18 亿桶的福蒂斯油田，但该公司实力较弱，无法靠自身能力筹集开发所需的巨额资金，于是经缜密考虑后决定采用项目贷款。该贷款总额相当于 3.6 亿英镑，其中一半以美元支付，由 66 家银行组成的贷款辛迪加提供，1972 年正式达成协议。贷款的组织形式如图 5-1 所示。

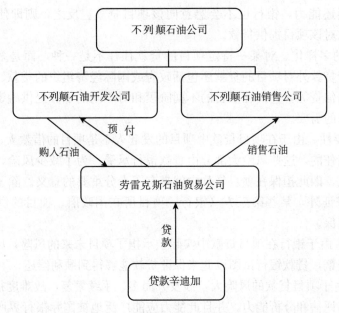

图 5-1 北海油田项目贷款组织图

该贷款是以类似产品支付金融的形式组织的，先由为该贷款项目专门设立的项目实体——"劳雷克斯"（NOREX）石油贸易公司从银行借款，再根据该公司与不列颠石油开发公司（不列颠石油公司的负责石油开采的分公司）的产品预购合同向开发公司预付石油货款，开发公司凭这些资金开发出石油后，再据合同出售石油给劳雷克斯石油贸易公司，后者再将购入的石油转售给不列颠石油销售公司（不列颠石油公司的一家负责石油贸易的分公司），再以所获贷款偿还银行的贷款本息。

在此之后，国际项目贷款有了迅速的发展，成交的项目贷款日益增多，逐渐成为国际银行信贷的主要形式之一。而且每项贷款的规模越来越大，包括的领域越来越广泛，所涉及的技术越来越先进、复杂。除了发达国家的投资项目外，对发展中国家大型项目的融资也逐渐增多。项目贷款还成为国际性和地区性开发机构及各国政府开发机构对发展中国家提供援助贷款的主要形式。

在项目贷款之初，在项目贷款中居领导地位的主要是美国及加拿大的一些跨国银行。这些国家的银行早在20世纪30年代就开始对其国内石油开采等行业提供项目贷款，在项目贷款方面积累了丰富的经验，故它们在后来的国际项目贷款中唱主角是十分自然的事。不过，在20世纪70年代后，特别是随着北海油田的开发，西欧、日本的一些大银行也开始积极地参与了项目贷款。参与项目贷款的银行有的涉足许多地区和行业的投资项目，而有的仅参与自己较为熟悉的地区和行业的项目贷款。

3. 项目贷款的优点

项目贷款之所以能得到如此迅速的发展，是与其独具的优点是分不开的。这些优点大致有以下几个方面。

① 项目贷款能提供若单靠项目发起人自身无法获得的巨额贷款。因为项目贷款的还本付息主要是以项目的经济收益潜力为基础的，而不是以项目发起人的本身实力为基础。当今世界，由于通货膨胀的加剧，技术的日趋复杂和新颖，项目所需的规模经济的不断扩大，以及

矿产开采难度的加大等诸方面的原因，投资项目的资金需求额增长很快。仅仅在 20 世纪五六十年代，100 万～200 万美元的矿产开发项目还被认为是十分庞大的项目，而在今天价值数十亿、上百亿的项目比比皆是。如此庞大的投资即使是规模巨大的跨国公司也难以完全凭自身力量筹集。特别是目前西方企业盛行负债经营，资产负债比已很低，筹措新的巨额资金的能力更受到很大限制。

② 采用项目贷款有利于改善项目发起人的信誉。项目贷款对项目发起人的追索权是有限的，而且一般不作为它的正式负债。因为借款人不是项目的发起人，而是项目的实体，发起人最多仅是对项目贷款提供部分的担保，而担保是一种或有负债，属于表外业务。许多投资者，特别是那些信息收集和分析能力差的中小投资者在评估企业的信誉时，往往会不知或忽视像项目贷款这类表外债务的存在。贷款银行和信誉评级机构虽然有日趋看重表外负债的倾向，但其重视程度仍然不如直接借款之类的表内债务。在贷款协议中，贷款银行对借款人表外负债的限制也要比直接负债少。因此，有的时候尽管发起人有能力借入巨额资金，但为了减少他对项目承担的风险他也愿意采用项目贷款的方式。

不过像项目贷款这样的表外负债较之直接的借款对项目发起人的影响虽然要小些，但它对项目发起人的信誉还是有明显的不利影响。因为在项目贷款中，发起人不仅要投入巨额的资本金，而且还必须以各种方式为项目提供担保，虽然仅是部分担保。故如果项目投资失败，发起人受到的打击将是巨大的。正是基于这一原因，一些公司在兴办了大型投资项目后，其在金融界的信誉会出现下降。例如壳牌（Shell）石油公司在 1980 年由于组织了一笔价值达 34 亿美元的 Bolride 油田开发项目贷款，就被标准普尔公司将其信用级别从 AAA 降为 AA＋。

③ 对合资项目而言，项目贷款是一种非常有利的资金筹措方式。参与合资企业的各个母公司的经济实力是不一致的，而且其所在国的法律、制度、政府政策，以及经营的策略都大不相同，若以母公司名义借款将十分困难，不如以合营企业自身的名义筹集贷款，这样做还可以减少各母公司对合资企业承担的责任。

④ 对贷款银行来说，项目贷款能使银行对贷款的风险有更好的控制。因为项目贷款虽然减轻了项目发起人对项目承担的风险，但同时它在发起人其他已经营的和在建的项目与贷款项目之间也起了风险阻断作用。即如果发起人的其他项目经营失败，发起人也不能以贷款项目的收益来弥补其他项目的亏损及偿还其他项目所欠的债务，贷款项目的收入应首先用来偿还项目贷款的本息。也就是说，只要贷款银行能确保贷款项目的经营成功，贷款的偿还就不会存在困难。目前国际上已发展完善了一整套的项目管理方法，包括项目的评估与可行性研究、项目贷款的提取与使用、项目工程的招标与投标、工程施工的监督、项目的事后评价等一系列过程，使项目建设的成功有了较为可靠的保障，从而为项目贷款的推广打下了基础。由于项目贷款使贷款银行对贷款资金的使用及其效益有很强的控制能力，它因此也成为国际经济组织及各国政府对外提供援助性贷款的主要形式。

4. 项目贷款的对象

由于项目贷款要求对贷款项目的未来收益有可靠的保证，因此适合采用项目贷款的是那些技术成熟、收入稳定、市场风险小、涉及管理的因素少的投资项目。

根据这一标准，最适合采用项目贷款的是那些矿产开采项目。矿产储量一经探明，开采通常不会遇到什么困难，矿产品属于初级产品，不涉及加工制造过程，产品差异不大，故对技术、管理、推销的要求较低，销售一般不存在什么问题，许多矿产品甚至在开采出来之前即可通过期货市场售出。因此矿产开采项目的未来收益是最易预期，也是最为稳定的，故最适合采用项目贷款。出于同样理由，矿产冶炼项目也较适合采用项目贷款。

基础设施项目，如输油、输气管道、铁路、公路、港湾、桥梁、电站，以致宾馆饭店等类项目，也非常适合采用项目贷款。因为这些项目所创产品（服务）的未来销量虽然不如矿产品的销售量那样容易估计，但其管理、技术的含量仍是较低的，只要事先的项目评估工作做得好，能保证项目建成后有足够的用户，项目的成功还是比较有把握的。不过，对基础设施项目的贷款与矿产项目的项目贷款有一个很大的不同，对基础设施项目的贷款往往是在项目一开始实施时就提供的，而矿产项目一般是要等到储量已完全探明后才提供。

制造业是最不适合采用项目贷款的行业，这是因为在制成品的生产与销售中技术与管理的因素有着决定性的影响。以服装业为例，尽管是同样的原材料，企业的加工技术、管理水平、服装的款式、推销的技巧等决定了所生产出来的服装的成本及在市场上的受欢迎程度，有的可能无人问津，有的则可能十分畅销。另外，人们消费习惯的改变等外部因素对制成品的销路也可以产生致命的影响。故制造业的未来收益是较难确定的，很不适合采用项目贷款。

不过随着项目贷款的日益普及，项目贷款也推广到了制造业。对于技术已较为成熟、市场确有保障、发起人在该行业又有很好的声誉的项目，还是会有银行愿意提供贷款的，不过这样的项目仍较少，对制造业更多地还是采用传统的贷款方式。

5.2　项目贷款的担保

如前所述，项目贷款的偿还完全依赖于所贷款项目的未来盈利状况，发起人对项目的成败所承担的责任是十分有限的，贷款项目的风险基本上是由贷款银行承担，因此项目贷款的风险与传统贷款的风险有很大的不同，贷款银行对它的风险也有一些特殊的处理方式。

依据项目投资的不同阶段，项目贷款的风险可分为两类：建设阶段的风险和营运阶段的风险。

1. 项目建设阶段的风险

在项目的建设阶段，项目所面临的风险主要有以下几种。

（1）成本超支风险（Overrun Risk）

成本超支风险是指项目的实际建设成本超过估计成本的风险。此时如果没有足够的资金来弥补增加的开支，项目将会因资金缺乏而无法建成，贷款也就无法归还。

在项目的建设过程中，成本超支是非常普遍的现象。例如前述的首笔国际项目贷款——北海油田开发项目贷款的金额原先估计为 3.6 亿英镑，最终贷款额却升至 8 亿英镑。美国阿拉斯加输油管道项目的建设成本更是比预计成本增加了 400%。造成项目建设成本超支的因素很多，有技术的、经济的、政治的等诸方面的原因。例如建筑材料的涨价，工资水平的上涨，工程承包者的管理和技术水平，意外自然灾害（地震、水灾、台风等）的破坏等，都会使项目的建设成本上升。此外，在项目的筹备阶段中对项目的设计及成本估算是否精确，也会严重影响项目成本超支的可能性。尤其是涉及新的、未广泛使用过的技术的项目，项目的设计者发起人及承包商都不太熟悉的项目，其建设成本的估算难度更大，更容易出现意想不到的问题。甚至在项目建设过程中，也会出现重新修改设计，增、改部分工程内容的情况，导致建设成本的大幅增加。此外，如果事先对项目工地地质、水文、气候等自然环境未作深入调查，在施工过程中也可能会遇到意外的情况，从而导致成本的超支。

对于成本超支的风险，贷款银行首先应认真考核项目发起人、设计者、承包商的资历，以尽量消除成本超支的源泉。同时要做好项目的可行性研究报告，以获得项目成本的尽可能准确的估计，使项目超支的风险降至最低。另一方面，贷款银行还应寻找新的资金来源，以便在发生成本超支情况时，项目能够获得足够的追加资金来弥补资金的缺口，使项目得以顺利地按时完成。

补充的资金可以从下列途径中获得。

① 项目的发起人。实力雄厚的项目发起人可以承诺对项目的超支成本给予不限金额的融资。

② 贷款银行。贷款银行可以同意在项目成本超支时，追加一部分贷款以弥补资金缺口。

③ 其他银行。也可以由一些未参与原项目贷款辛迪加的银行组成一个新的贷款辛迪加，对项目的超支成本提供一定限额以内的贷款承诺。

④ 项目的其他有关方。如项目产品的买主、项目所在国的政府、项目的担保银行等亦可以允诺对项目的超支成本提供融资。

（2）项目建成风险（Completion Risk）

即使项目有足够的资金支持，项目也有可能由于某种原因不能按期完工甚至根本无法完工，导致项目贷款的无法偿还。

导致项目无法完工的原因、基本上与导致成本超支的原因相同，如自然灾害的打击、项目事先可行性研究的不足、项目施工过程中出现意外的情况，以及罢工、内乱、外敌入侵等。这些因素在导致成本超支的同时，都有可能导致项目工期的延长，甚至不得不中途停止工程的建设。

对于项目的建成风险，除了应认真做好事先的项目可行性研究工作外，挑选一家可靠的承包商来负责工程的施工是至关重要的，它对工程能否如期完成起着决定性的作用。为了避免可能的项目建成风险，贷款银行还可以要求项目的发起人提供完工担保。完工担保主要包括两点：一是按照原先的设计要求按期完成工程；二是使项目在建成后能按原设计要求在试运转期内在规定成本水平内达到规定的产量要求。有的时候，如项目的完工风险不大或是项目发起人的信誉良好，贷款银行亦可能接受部分的完工担保，如只要求工程能达到某一进度或降低完工后项目的生产能力要求等。

但是，完工担保并不意味着发起人必须完成此项工程。因为有许多投资项目在还未完工之前就可能由于种种原因（如市场需求变化、工程成本超支过大等）而变得无利可图，以至于不得不中途停止，也有些不可抗因素可能使工程最终无法完成。因此项目的发起人或某第三方还应向贷款银行提供偿还担保，保证在项目无法建成时发起人或担保的第三方仍然负责偿还贷款。

在项目建设阶段，对借款人来说是风险高峰期，在此阶段贷款银行往往通过索取发起人对项目的全额担保使发起人对项目承担全部的建设阶段风险或是要求比运营阶段更高的利率。

2. 项目营运阶段的风险

在项目顺利投产营运后,由于各种原因,项目仍有可能产生不了足够的收入来偿还贷款的本息,从而使贷款无法收回,这就是项目营运阶段的风险,它主要包括以下几种。

1)政治风险

由于战争、罢工、国有化、政府政策、法规更改等原因,可能导致项目在建成后无法正常运转,或经营成本上升,导致盈利下降甚至亏损。政治风险多涉及不可抗因素,对此目前尚无十分有效的防范措施。贷款银行除了应在项目评估阶段注重对项目的政治风险研究外,尚可采取以下措施来减少贷款的政治风险。

(1)保险

在项目所在国及贷款银行所在国,政府都可能提供政治险的保险业务,投保此类险可以减少项目的政治风险,特别是国有化的风险。

(2)与当地企业合资

若项目有当地企业的参与,则往往能获当地政府更善意的对待,从而减少项目的政治风险。

(3)设法让当地政府或某国际经济组织参与

因为若当地政府持有项目的股份,它就不大可能采取对项目不利的措施。若项目有国际经济组织的参与,出于对外经济关系的考虑,当地政府在采取不利于项目的措施时也会谨慎些。

(4)广泛选择贷款银行

在考虑贷款辛迪加的组成时,尽量增加参与银行的数目,并使参与银行(特别是经理银行)的地区分布广泛化,这样若项目贷款失败,受影响的银行就较多,当地政府在采取对项目不利的政策时顾虑也会多些。

2)经营风险

这里所谓的经营风险(Operational Risk),是一个比较广泛的概念,指在项目的营运阶段由于市场因素所导致的各种风险,它又包括以下几种。

(1)产量规模

虽然目前的技术水平已使人们可以在项目建设之前就对项目的生产能力作出较为准确的估计,但在项目投产后实际产量仍可能达不到原设计的要求。例如当项目涉及新技术、新产品时,产量的估计可能会有较大误差;生产所需的某些投入,如劳动力、原材料、电力、供水等,可能因事先的考虑不周或某些意外事件的影响而得不到足够的供应;项目的产品由于市场需求的不足而达不到预计的销售水平等。这些都会使项目的实际产量低于原先估计的水平,从而使项目创造不出足够销售收入。

(2)生产成本

有的时候,由于原材料、零部件、劳动力、水电供应、交通运输等投入的价格上扬,导致项目的生产成本上升,从而使项目的净利润减少,甚至出现亏损。若项目产量达不到预期的要求,也可能因没有规模效益而使成本上升。

(3)产品价格

项目的产品可能由于市场需求萎缩等原因,其价格达不到原先估计的水平,使得项目的净利润减少。

（4）管理风险

狭义的经营风险就是指管理风险，指由于项目组织管理体制方面的缺陷导致的风险。如果项目管理不善，也可能使项目创造不出足够的收益来偿还贷款的本息。项目发起人的管理能力对项目经营的好坏起着决定性的作用，但有的时候，尽管项目发起人在管理能力方面享有很好的声誉，项目仍有可能出现管理不善现象，如发起人所选的项目管理人员不称职，项目所经营的业务是项目发起人所完全不熟悉的，项目对发起人的意义不大等。此时项目发起人可能对项目缺乏应有的重视，致使其管理水平较低，发展缓慢。

（5）金融风险

这是指因项目的财务管理不善所导致的风险。包括：项目负债过多，资本-负债率低，导致债务偿还出现困难；负债的期限结构不合理，未能与项目的收入期限结构相符合；项目负债的利率结构，即浮动利率-固定利率负债的比例不合理，使得项目面临的利率风险加大；项目负债的货币结构不合理，致使项目面临的外汇风险加大。

对于项目的经营风险，项目贷款的银行亦可采取各种措施予以避免。

① 股本比例。贷款银行可以要求项目发起人以股本形式对项目投入一定比例的资本，这样项目经营的成败同项目发起人的利益就有密切关系，可以促使项目发起人努力改善项目经营。贷款银行希望发起人的股权投资应在贷款之前或至少与贷款同步。

② 担保。除了要求投入一定比例的自有资本外，贷款银行往往还会要求发起人为项目贷款的偿还提供一定的担保。贷款银行还可以寻求与项目有关的一些第三方（如项目产品的买主、项目所在国及贷款银行所在国的政府、项目发起人的往来银行等）为项目提供担保。这些担保加起来有时可以使全部的贷款本息得到偿还保证，但有时仅能获得部分金额的保证，此时贷款银行自己仍需承担一部分项目风险。

③ 差额支付协议。贷款银行和与项目有关的某一第三方签订"差额支付协议"，规定当项目没有足够的收入偿还贷款的本息时，所短缺的本息额由该第三方代为支付。

④ 销售合同。为了确保项目的收入，项目实体还可以同项目的买主订立预售合同，使项目实体在项目运营后一段时间内可以按规定的价格或不低于某一水平的价格出售一定数量的项目所创造的商品或服务。当项目所创造的产品或服务在市场上属于紧俏商品时，项目就比较容易找到愿意订立这种合同的买主。此外，项目实体还可以和项目产品的买主订立一种被称为"提货或付款"（Take or Pay Contract）的合同。该合同与普通的"且取且付"（Take and Pay）预购合同的不同之处在于：购买者即使实际未购买项目的产品，也必须支付某一最低数额的款项，该款项一般足以支付项目贷款本息及项目的其他最低现金支出（如保险费、项目的最低维修费用、折旧费等）。这种合同一般在基础设施项目（如输油管道、铁路、货运码头、电站等）中运用较多。

⑤ 保险。贷款银行还可以要求发起人以项目实体为受益人投保某些险别，如财产险等，这样在发生某些意外事件时，项目实体可以得到一定的补偿。与船舶和飞机保险不同，项目保险的收益往往不足以完全补偿贷款的损失，但仍可减少其损失。

项目运营方要确保保险是充分和有效的，除了按时支付保费，还要注意收集所有可能影响投保风险的信息，按照保险公司要求的标准管理项目，并随时注意保险公司政策的变化，以免到时索赔不成。贷款银行一般要求项目实体将保险受益权转让给它，并在贷款合同中明确予以规定。

⑥ 抵押。贷款银行还可以在贷款合同中规定将项目建成后项目实体拥有的各项财产作为抵押，以保证贷款的偿还。

可用于抵押的资产包括：

- 项目实体的土地、建筑物和其他不动产，但要考虑当地法律是否允许外国人拥有不动产，若不允许，则应考虑委托当地机构代贷款银行保管担保品；
- 特许权或其他准许，但如果没有所在国政府同意，一般不可以转让，而且即使可以转让，一般也不可以转给外国人；
- 履约保函项下的权利，可由项目公司转给贷款银行；
- 工业产权，当贷款银行接管被抵押的项目实体时，通常也希望获得项目实体购买的专利、商标等工业产权，但工业产权出让方可能反对这样做；
- 项目已获的销售收入及其他收入；
- 其他权利，如合资合同、建设和供应合同、运输合同，以及其他与项目运输相关的能源供应等合同；
- 信托。为了保证项目的收入被优先用于贷款的偿还，项目的贷款银行还可以设立一信托安排，规定项目产品买主支付的货款及项目的其他收入均应先支付给规定的受托人，由受托人将收入先用于当期贷款本息的偿还，余下来的才转付给项目实体。
- 加速偿还规定（Recapture）。为了便利贷款的偿还，在项目贷款合同中还可以规定：当项目的实际利润超过了原先预计的某一水平时，这些超额收益可以用来提前偿还贷款。这一条款可以适用于项目的全部收入，也可以适用于项目的某项特殊收入。收入指标可以采用项目的利润、销售额，甚至是项目最终产品的价格。当贷款银行对项目的前景担心时，可采取此种做法。

3）外汇风险

国际项目贷款同其他国际信贷一样，也存在外汇风险，而且与其他国际贷款相比，其承担的外汇风险可能更广泛些。

项目贷款的外汇风险包括以下几个方面。

（1）偿还贷币的外汇风险

对于借款人而言，项目贷款属于外币借款，因此若在贷款偿还时贷款货币的汇率上升，借款人可能会出现偿还困难。

（2）经营中的外汇风险

若项目的某些重要投入（如原材料、零部件等）需要从国外进口，或项目生产的产品严重依赖海外市场，则汇率的变动会严重影响项目的生产成本和销售收入，进而影响贷款的偿还。

（3）外汇管制的风险

若借款国存在外汇管制，则借款人可能被禁止将外汇汇往国外，致使其无法履行偿还责任。即使借款人可以自由地履行偿还责任，若项目本身创造不出足够的外汇收入，则项目实体可能购买不到足够的外汇（由于外汇管制的缘故）来偿还贷款本息，尽管项目的收益状况可能良好，此称为转移风险（Transfer Risk）。

前两种风险可以统称为汇率风险，对此风险项目贷款银行一般是无能为力的，主要靠项目实体在其经营活动中采取各种办法加以避免，如可订立远期外汇合同、调整外汇收支的结算日期、合理安排项目收支的货币结构等。对于外汇管制的风险，则主要与当地政府的经济政策有关，可采取与对付政治风险类似的方法予以避免（事实上外汇管制风险亦可视为政治风险）。贷款银行除了在项目评审时要求发起人出具必要的政府的证明、批件，以确保项目贷款还本付息所需外汇未违反当地政府的外汇管制规定外，还应寻求有关的外汇管理部门的担保，以保证项目能够获得足够的还本付息用汇额度并能被顺利地汇出国外。

5.3 项目的评估与可行性研究

所谓项目评估与可行性研究，是指研究某一项目是否可行，并在此基础上提出最佳的项目实施方案的一种行为。项目的可行性研究对项目经营的成败起着十分关键的作用，可行性研究做得越仔细，对项目所需的投资规模、建设周期、建成后的经营成本和收益的估计就越精确，项目经营成功的可能性就越大。事实上，绝大部分的投资项目在其可行性研究阶段就已经被决定了命运。鉴于此，可行性研究对于以项目的未来收益作为偿还基础的项目贷款的意义是十分重大的。贷款银行不仅要求发起人在申请项目贷款时应提交尽可能详细的可行性研究报告，而且自己也应独立自主地对项目进行详尽的分析，写出自己的项目可行性研究报告。

根据联合国工业组织的分类，项目周期可以分为投资前、投资和生产3个周期，可行性研究是在投资前时期进行，它又按这一时期的不同阶段分为机会研究、初步可行性研究和可行性研究3个层次。机会研究是为了选择投资项目、鉴别投资机会而做的，它相当粗略，更多的是依靠总的估计数，而不是详尽的具体数据，对投资额的估算精度一般仅要求达到误差不超过±30％，但要求时间短，一般仅为1～3个月，花钱不能太多，研究费用只能占总投资的0.2％～1％。

一旦机会研究表明项目是可行的，即可着手进行初步可行性研究。不过，在有些时候可不经机会研究阶段而直接进行初步可行性研究。初步可行性研究的目的是对项目设想作初步的估计，以决定是否有必要进一步进行详细的可行性研究以作出投资决定，初步可行性研究对投资费用估计的精确度要求达到20％，时间为3～4个月，所需费用占总投资费用的0.5％～1.5％。

初步可行性研究通过后才可进入正式可行性研究阶段。正式可行性研究必须对项目设想作详尽的技术、财务、经济的分析，以便在此基础上作出是否实施该项目的决定，以及选出该项目的最佳实施方案（如果项目可行）。正式可行性研究的投资费用精确度应达到±1％，所需费用也应有所控制，这随项目规模不同而有区别，小项目一般在投资估计额的1％～3％之间，大项目则一般占0.2％～1％。

对贷款银行而言，要求借款人提交的一般都是正式的可行性研究报告，银行自己编写的也多为正式可行性研究报告。

可行性研究最早出现于20世纪30年代，当时美国政府在田纳西流域的综合开发和利用项目中首先运用了此一方法。第二次世界大战后，可行性研究得到迅速发展，发展到今天几乎所有的投资项目都会做可行性研究，其理论也不断得到充实和完善。目前可行性研究已发展成为既包括运筹学、电子计算机技术、工程技术等自然科学技术，也包括经济计量学、经济预测学、市场营销学、管理与组织学等经济与管理科学的综合性学科。也正是由于可行性研究技术的日趋成熟，才使项目贷款的推广成为可能。

可行性研究内容主要包括技术评估、财务评估、国民经济评估、风险评估 4 部分，其中国民经济评估分析的是项目的社会效益，故与项目贷款关系不大。本章仅涉及技术评估、财务评估、风险评估。

1. 可行性研究的技术评估

可行性研究的技术评估主要是从技术方面对项目进行估计和分析，并为后面的财务评估和经济评估打下基础。

1）项目概述

项目可行性研究报告首先必须对项目的基本情况作一概述，说明项目的背景，包括有关的国际、国内经济形势和经济政策趋向，叙述项目设想的大致情况和主要数据，项目的发展历史，如有关的重大事件，已作过的项目研究（机会研究与初步可行性研究）的情况及其结论，等等。

2）市场需求分析

项目分析的第一步就是对拟议中的项目所生产的产品的需求状况作详细的调查、研究、分析，具体包括以下几项。

（1）市场当前需求的规模和组成

即项目产品目前的有效需求水平，包括国内需求水平及国际需求水平。当前的需求水平一般可用目前市场的该产品销售量来表示，不过在市场受到扭曲，如价格、汇率受到控制或者进口受直接限制时，市场的销售量就不能很好地表示该时期的需求水平了。除估计当前市场上总的需求量外，还应该将市场细分并进行分析。

（2）市场需求的预测

除当前的需求状况外，必须对在项目建成投产期间项目产品的需求状况进行预测。预测的基本步骤为：

① 收集当前市场需求水平和结构及其在过去一段时间变化趋势的数据；

② 确定以往需求的主要决定因素及其对以往需求的影响，并预测今后这些因素可能的发展趋势及其对需求的可能影响；

③ 采用一种或综合采用几种方法根据以上数据对需求进行预测。这些方法包括消费水平法、超前指示数法和回归模型法等，具体采用哪种方法应视项目的具体情况而定。如果项目所生产的是新产品，那么可对照其他国家在类似情况下的市场情况预测本国情况。

（3）市场渗透

除对项目产品总的需求状况进行估计外，还应该预测本项目可能获得的市场份额。这需要考虑：国内、国外的竞争状况及本项目的竞争能力；本项目采取的销售战略。

（4）销售分析

必须对可能的销售量和销售额作出预测，并制定相应的销售战略。这包括以下内容。

① 产品定价，它对项目的产品销售量及销售额乃至项目的盈利均有十分重要的影响。产品定价政策首先应考虑项目的生产能力，预计的生产成本，定价应使项目投产后生产出来的

产品能够完全销售出去并获得相应利润；其次，产品定价还应考虑市场需求状况，在项目投产的初期，由于生产成本很高而市场又未完全打开，此时定价可能低于单位生产成本，但经过一段时间的努力生产成本下降，该价格将会高于单位生产成本，从而使项目盈利；

② 推销措施，包括广告、宣传等；

③ 经销系统，应概括地对拟议项目的经销系统作一叙述，包括经销渠道、经销机构等。

3）生产能力分析

在对市场需求与销售作了详尽的分析与预测后，投资者应在此基础上对项目的生产能力进行分析，首先必须确定项目的生产能力，即项目在一定时期内能够生产的产品数量，包括：可行的正常生产能力，指在正常的生产条件下能达到的生产能力；额定最高生产能力，这是指项目技术上可行的最大生产能力。生产能力的确定应综合考虑市场的需求量、项目的生产技术水平、本项目可获得的资金来源，以及生产的规模效益。投资者应在综合考虑这些因素后估计出一个最佳的生产规模，理论上这应为利润额最高的生产规模。

除估计项目的生产能力外，投资者还应规定详细的生产计划，表明生产活动的时间安排和生产阶段的划分，以及各个生产阶段的产量估计。生产计划的规定除要考虑项目的技术性质外主要应考虑项目不同阶段需求状况的区别。

4）原材料和投入

原材料和投入的分析是可行性研究的重要内容之一，它涉及可行性研究的许多方面，投资者应综合考虑这些因素作出判断。原材料和投入可分为原料（包括农、牧、畜产品、矿产品）、加工的工业材料、制成品（包括各种零部件）、辅助材料（如包装材料、涂料和清漆等）、公用设施（如水电等）。

原材料和投入的分析应包括以下内容。

① 原材料和投入的特点。主要应说明原材料与投入的以下特点：物理性能，如其尺寸、体积、形状等；机械性能，如其弹性、刚度、疲劳强度等；化学性能，如其成分、纯度、氧化与还原能力、可燃性等；电气和磁力性能，如磁化能力、电阻、电导性能等。

② 原材料和投入的来源。原材料和投入的来源对项目可行性分析的意义是十分重大的，事实上许多项目的技术、设备和产品组合在很大程度上取决于原材料和投入的性质。原材料的可得数量常常决定了项目的生产规模，甚至有许多项目本身就是为了利用某种原材料而建立的。在选择项目的原材料和投入的供应来源时，首先应考虑前面所分析的项目所需原材料的性质和数量，其次还应考虑原材料的运输和运输费用问题，以及供应来源的稳定性。如果是进口的原材料，则还应考虑这种进口所需外汇的限制，以及政府采取限制该投入进口的措施的可能性。

③ 原材料和投入的价格。应对项目所需各种原材料和投入的价格进行分析和预测，这在估计项目成本时有重要意义，原材料和投入的价格预测应从国内外供给和需求状况两个方面综合考虑。

④ 供应计划。应根据生产计划列出原材料和投入的供应计划，以及由此所需的库存设施。

5）项目地点和地址

项目地点和地址的含义是有区别的，项目地点是指项目所在的地理区域，它包括的范围相当大；而项目地址则是从项目地点中挑选出来的项目的具体场所。

（1）项目地点的选择

选择项目地点应考虑以下几点。

① 政府的政策。不少国家都制定有地区发展政策，如对某些地区的某些部门采取投资优惠政策，或对另一些地区的一些部门采取投资限制政策，在选择项目地点时应考虑这些政策对项目经济效益的影响。

② 项目的具体特点。项目地点的选择在很大程度上取决于项目的具体特点，即该项目是偏重于市场还是原材料和投入，以及与进口或出口的关系。某些项目的产品，其原材料及其他投入在加工成最终产品后体积、重量减少很大，那么项目地点应靠近原材料或投入的产地，以减少运输费用；反之，如果原材料在加工成制成品后体积、重量增加很大，以及所需原材料和投入地点分散或产品易磨、易损，那么项目地点应靠近市场。如果项目对进口或出口依赖很大，那么应靠近沿海港口。

③ 基础设施。根据项目对能源、运输、水、通信、住房等基础设施的要求考虑项目的地点，确保项目有充足且费用合理的基础设施可供使用。

④ 社会经济环境。项目地点的选择也应考虑社会经济因素对项目的影响，这些因素包括：劳动力状况，即可获得的劳动力的质量、数量及其工资水平；当地的经济政策、法律及其对本项目的影响；项目对环境的污染情况及污染的处理措施；自然环境条件，它在某些项目中也有重大影响，如气候情况等。

（2）项目地址的选择

一旦选出了合适的地点，就可进一步从地点所在区域挑出一最佳场所作为项目的地址。挑选项目地址时应考虑的因素主要包括：土地费用、场地的整理、基础设施、社会经济环境和自然环境。要求大致与项目地点的选择相同，只不过更具体些。如运输应详细考虑附近的运输线路、港口、车站等，具体确定水、电的来源。自然条件方面还应十分重视地址的地质、地面、水文情况，以免增加施工量或在项目运转后出现问题。

项目地点与地址的选择目前已发展成一门单独的学科。

6）技术与设备

可行性研究应详细分析项目所需技术与设备的选择，技术分析应包括以下内容。

① 所需技术的种类。选择技术首先应与项目所能得到的生产要素状况相适应，有许多项目其可得原材料的特点与应用的技术关系密切。技术的要素密集程度也应考虑所在地区的实际情况确定。例如在发展中国家往往资金缺乏，劳动力过剩，采用劳动力密集的技术就有利于它们扬长避短，提高项目效益。此外，技术选择还应考虑当地的吸收能力，使所选择的技术既有一定水平，又不至于过于先进而不能为当地劳动力所掌握。

② 技术来源。选择出适当的技术后，应找出获得该技术的最佳来源，包括国内、国外的技术提供者。应从适用性、价格等多方面考虑，以确定最佳技术提供者。

③ 获得方式。获得技术的方式有：许可证贸易，合资、合营，技术服务，聘请技术人员，等等。应根据项目的具体情况选择最佳的技术获得方式。

④ 技术费用。应对获得技术所需费用作尽可能详尽的估计，以利成本核算，并为将来的技术谈判作参考。

生产设备的选择与技术的选择有紧密的联系，有时甚至是合二为一的，技术即包含在所选择的设备中。除技术考虑外，选择设备时应考虑设备的配置和组合，使各生产工序能连接起来，不致发生瓶颈或脱节现象。

7）土木工程

项目的可行性研究应详细分析建设该项目所需的土木工程情况，包括场地的开拓和整理、所需建造的建筑物及其平面分布、建筑所需的材料、工艺的质量与数量要求、项目地址的水文、地质状况等。应根据这些情况估计出项目的工程量，并结合对所需建筑材料和设备单价的估计推算出工程建筑的成本，这些都是工程招标时的重要依据，也对项目成本的估算有很大影响。

8）劳动力

可行性研究应对项目所需劳动力的情况作估计，具体包括以下内容。

① 项目的人员配备，包括项目所需的劳动力的种类及其各自的数量、质量要求。劳动力的种类可分为熟练、半熟练和非熟练工人、管理人员、工程技术人员、销售人员等。对这些人员配备的分析首先要考虑项目的生产计划对人员的要求，估计时应参考适当的劳动力消耗标准。其次应参考劳动力市场，特别是当地劳动力市场的状况，如项目将来能获得的劳动力数量及其来源、有关的劳资关系状况及有关劳动力的立法情况等。

② 工资标准。按照劳动力市场的状况预测项目建成后各种劳动力工资标准的变化趋势。

③ 培训。不少项目需预先制定对劳动力的培训计划，以便提高项目工作人员的技术水平，使项目能够尽快得到充分利用。可行性研究应对此进行分析，定出详细的劳动力培训计划。

④ 人力费用。综合以上情况，可对项目的人力费用作出大致估计。

9）项目的管理

应对项目的机构设置安排，如生产车间、小组、行政、管理机构、销售组织的设置等在可行性研究中作详细的分析，并制定一套最佳的管理方法，在此基础上应对项目的各项管理费用作出估计，它在项目总成本中有时占有很大比重，不可掉以轻心。

10）项目执行的时间安排

项目的实施可分为招标、签订合同、施工和运转等若干阶段，每一阶段所需时间都应有尽可能精确的估计，并在此基础上订出正确的时间计划，项目进程计划的任何失调都可能使项目不能按期完工。

2. 项目的财务评估

财务评估的目的是为了从项目自身的角度分析和评价拟定项目的经济效益，它是判断项目是否可行的重要方面。财务评估主要包括以下内容。

1）现金流量表

可行性研究中应将估计的项目现金收入或支出按其发生的时间列表归类，这是分析项目经济效益的基础。

2）总投资费用

总投资费用决定了项目投资规模的大小，对项目可行性和项目的成本与利润均有很大影响。总投资费用大致由固定资产和净周转资金两部分组成。

（1）固定资产

包括固定投资和投资前资本费用。固定投资包括：土地的整理费用；土木工程费用；机械设备；某些纳入固定资产的资本开支，如工业产权使用费等。投资前资本费用包括以下几项开支。

① 初始资本费用，包括创办开支和股票发行开支。创办开支是指企业在创建时期所花费用，如草拟公司章程、申请贷款、签订合同所需费用等。股票发行开支则是企业在发行股票时开支的印刷费、广告费、经纪人手续费、承销手续费等。

② 研究开支，包括项目规划设计所需各项费用，如可行性研究费用、项目设计费用等。

③ 投产前支出，这类开支包括：投资前阶段雇用的人员工资费用，旅费，工棚、临时办公室等预备性设施费用，投产前产品销售费用，培训费用，施工期间贷款利息，试运转费用等。

（2）净周转资金

净周转资金是项目正常运转所需的流动资金，它等于流动资产减去流动负债。流动资产包括应收账款、存货、半成品、成品、现金；短期负债主要是应付账款。

总资本费用的估算可采用编制概算的方法，即以作技术分析为基础逐项估计投资费用，然后加总。这种估算方法较为准确，但对项目的技术分析要求详尽、准确，这样估计出来的总投资费用才不至于有很大误差。

在由于时间紧迫或其他原因无法对项目作详尽的技术分析时，可采用某些简便的方法。总投资费用的简便估算方法主要有以下两种。

一种是系数法，即以技术分析中所确定的设备投资为基础，其他费用可按一系数估算，如可采用下列公式估算固定投资。

$$K=[K_r(1+R_1+R_2+R_3)]\times1.5 \tag{5-1}$$

式中，K 为固定投资，K_r 为设备投资，R_1 为建筑费系数，R_2 为安装费及主要原材料费系数，R_3 为其他费用系数，1.5 为综合系数，这些系数值均由过去类似项目的实际数据中得出。

另一种是单位能力投资估算法。据过去类似项目经验获得拟建项目单位生产能力投资额数据，再按项目技术分析得出拟建项目的生产能力数据，然后按下述公式得出总投资费用。

$$K=K_pQ\frac{P_1}{P_0} \tag{5-2}$$

式中，K 为拟建项目建设投资额，K_p 为单位生产能力投资额，Q 为拟建项目生产能力，P_1 为建设年份价格，P_0 为单位能力投资额数据取得年份的价格。

3）项目的资金筹集

资金筹集问题直接限制了项目的可能规模，并能影响项目的经济效益。一个项目规划得再好，如果没有足够的资金作保证，那也无法建成，故项目可行性研究中需对项目的资金来源及其筹集方式做仔细的分析。

资金筹集的方式主要有以下几种。

（1）股票发行

发行股票是筹集资金的重要方式，通过这种方式获得的资本称为自有资本，它是一个项目的资本基础。股票的优点是它不需要偿还，不构成企业债务，缺点是其持有人会参与项目的决策和利润分红。股票发行多了，参加企业管理和利润分红的人也多，故股票发行应控制在适当范围。不过，在许多项目中，自有资本由发起人提供，不发行股票。

（2）借款

借款是从外部借入的资金，它不会增加借款企业经营管理参与者和利润分红者的人数，但需付利息，到期要还债。借款方式主要有：长期贷款，主要是由国内外开发机构和其他金融机构（如保险公司等）提供；中、短期贷款，主要由国内外商业银行提供；债券，即在国内外债券市场上发行债券，其期限有长有短。

各种筹集资金的方式都是利弊相参的，在研究时除尽可能估计出本项目可以从各种来源筹集到的资金外，还应参照项目的实际情况拟出一个筹集资金方式的最佳组合。其中包括：自有资金和外借资金的最佳比例，以便使项目既有稳固的资金后盾和良好的信誉，又能以少量自有资本带动尽可多的资金；自有资金中优先股与普通股之间、借债资金中各种借款方式之间的最佳比率，以使资金费用减少到最低程度。

4）生产成本

生产成本包括总成本和单位成本，它的大小直接影响了企业的经济效益，是反映项目盈利性的一个重要综合性指标。因此，生产成本的估算准确与否与可行性研究的成败有很大关系。

生产成本的大小与生产规模的大小有很大关系，一般来说生产成本的估算以正常生产能力下的生产成本为准。总生产成本可分为制造成本（包括人力费用、原材料费用、工厂管理费等）、行政管理费用、销售和分销费用、财务费用和折旧费 4 项，其中前三项又可称为经营成本。总生产成本还可分为固定成本和可变成本两项。在进行可行性研究的技术分析时，应对相应的各项成本开支作出估计，以便最后加总成总成本。

除总成本外，还应估计单位成本，以作为定价参考。单位成本的估算法是将总成本除以估计的生产能力。

在财务分析中除应估算总投资费用、生产成本外，还应估算总资产。总资产为固定资产加上流动资产。

5）项目自身的盈利性

项目的盈利性是从项目自身角度来看项目经济效益，它对项目的可行性有十分重大的意义。任何项目，不管其对整个国民经济的价值如何，均不可能在长期亏损的条件下保持有效运行，同样它也是项目贷款偿还的根本保障。

项目自身的经济效益主要从下列指标中反映出来，在财务分析中应对这些指标作精确的估计。

（1）净现值

不同时间的资金流量其价值是不同的，未来的某一资金流量所相当的现在资金的价值，称为该资金流量的现值。

资金的现值以对未来的资金按某一规定的贴现率折现的方式得出。例如，设有一笔未来资金 F 元，如果贴现率为 i，该现金流量发生在离现在 n 年以后，那么该笔现金的现值 PV 为

$$PV_n = \frac{F}{(1+i)^n}$$

其中，PV_n 为 n 年后资金 F 在年后的现值。

将项目在各时期的现金流入量的现值之和减去项目的各现金流出量现值之和，所得差额即为净现值，其计算公式为

$$NPV = \sum_{i=0}^{n} \frac{F_t}{(1+i)^t} - \sum_{i=0}^{n} \frac{A_t}{(1+i)^t}$$

其中，NPV 为净现值，A_t 为第 t 期的现金流出量，F_t 为第 t 期的现金流入量，i 为现金贴现率。

现金的贴现率 i 在财务分析时一般用市场利率代替，但评估者也可选用它认为合适的比率进行贴现。一般来说，只有净现值大于 0 的项目才是有利可图的，净现值越大，项目的盈利性也越大。

净现值的缺点是它是绝对额，而非比例，故不利于投资额不同的项目间的比较。一个投资额大的项目，即使净现值高于另一个投资额小的项目，也可能不如后者合算。

（2）内部收益率

内部收益率也就是使净现值为零的那个贴现率，它可从下列公式中求得。

$$\sum_{i=0}^{n} \frac{F_t}{(1+i^*)^t} - \sum_{i=1}^{n} \frac{A_t}{(1+i^*)^t} = 0$$

则

$$i^* = \sqrt[t]{\sum_{i=0}^{n} (F_t - A_t)} - 1$$

式中，i^* 即为内部收益率。

不过，现实中 i 可以从复利表中估算出。例如，设复利表中贴现率为 i_1 时净现值 NPV_1 为正，而贴现率为 i_2 时（$i_2 > i_1$）查表得净现值 NPV_2 为负，则净现值为零时的贴现率 i 的计算公式为

$$i^* = i_1 + (i_2 - i_1) \frac{NPV_1}{NPV_1 + NPV_2}$$

内部收益率是项目投资的盈利率的体现，因此一般内部收益率应高于市场利率。内部收益率越高，表明项目的盈利率也越高，经济效益越佳。内部收益率是比率，故可用于投资额不同的项目间的比较。

净现值和内部收益率是反映项目经济效益的两个最重要指标。各项目方案的细节可能有所差别，但其优劣大致都能在这两项指标中反映出来。除这两项指标外，还有一些较简易的反映项目经济效益的指标。

（3）投资回收期

投资回收期是指项目赚得的净收益回收最初投资所需的时间，此处净收益指纳税后净利润加上财务费用和折旧。

投资回收期是评价项目经济效益的重要指标，项目回收期越短，资金周转就越快，资金效益也越高，项目的风险也越小。一般来说，可根据以往经验预先确定一个可以接受的回收期，再将项目预选方案的估计回收期与之对照，只有回收期不超过预定回收期限的方案才是

可接受的。

投资回收期的估算根据是否考虑资金的时间价值可分为静态投资回收期和动态投资回收期两种。静态投资回收期不考虑回收资金的时间价值，而是将其简单相加，至累计回收资金等于或超过项目投资额的那年即为投资回收期，计算公式为

$$\sum_{j=1}^{T-1} R_j < C_0 \leqslant \sum_{j=1}^{T} R_j$$

其中，R_j 为第 j 年的投资回收累计额，C_0 为投资总额，j 为时间，T 为投资回收年。

动态投资回收期是将各次回收的资金按市场利率或其他由评估者选择的贴现率折算成现值，回收的累计资金现值总额等于或大于投资资金现值总额所需时间即为投资回收期。其公式为

$$\sum_{j=1}^{T-1} \frac{R_j}{(1+i)^j} < C^* \leqslant \sum_{j=1}^{T} \frac{R_j}{(1+i)^j}$$

式中，C^* 为投资资金现值总额，C^* 为

$$C^* = \sum_{j=1}^{T} \frac{C_j}{(1+i)^j}$$

式中，C_j 为第 j 年投资额。

除用公式计算回收期外，还可用列表的方式，其优点是一目了然。

【例 5-1】 设某项目总投资费用为 10 300 美元，项目资金回收情况如表 5-1 所示，则其简单投资回收期计算方法如下。

表 5-1 简单投资回收期计算

千美元

时　　期	回收金额	年末节余
第一年（施工期）	—	10 300
第二年（施工期）	—	10 300
第三年	870	9 430
第四年	2 030	7 400
第五年	2 330	5 070
第六年	3 500	1 570
第七年	3 500	0

由表 5-1 可知，投资回收期为 7 年。

(4) 简易收益率

简易收益率是指为达到设计产量的正常年份所得利润与最初投资额的比率。这一比率计算较容易，可作为项目收益率的替代。简易收益率可分为总资本简易收益率和自有资本简单收益率，前者的计算公式为

$$R = \frac{NP + I}{E + L} \times 100\%$$

其中，R 为简易收益率，NP 是净利润（扣除折旧、利息费用和税款），I 为利息支出，E 为股本投资额，L 为借入资金额。也有估计自有资本简单收益率的，其公式为

$$R' = \frac{NP}{E} \times 100\%$$

其中，R' 为自有资本简易收益率。

3. 风险与不确定因素的分析

财务与国民经济分析都是以对项目的决定因素有确定了解为假定条件的。由于这些因素是确定的，因而项目的经济效益也就是确定的了。但是在实际生活中，决定项目的许多因素是不确定的，从而使项目的经济效益也变得不确定，这就给项目的评估带来许多困难。为了正确地对项目的效果进行评估，必须对项目进行风险和不确定性分析。

使项目效果不确定的原因很多，主要有：决定项目的某些重要因素在未来的变动常常难以准确预测；项目建设及运转过程中可能出现某些意外事件影响项目的经济效果；决策人在预测项目决定因素时可能会发生偏差；某些项目决定因素在项目评估时常常难以准确地估计（这在国民经济效益评估时经常发生）。

所谓风险（Risk），是指项目预期效果与实际效果可能发生偏差而给投资者带来的损失。不确定性（Uncertainty）则是指项目的经济效果无法在事先予以准确估计。不确定的情况又可分为两类：如果项目的效果尽管是不确定的，但各种可能结果的概率分布可知，则项目是非完全不确定的；如果项目的可能结果的概率无法估计，则项目的结果就是完全不确定的了。

对项目进行风险和不确定分析的主要方法有：盈亏平衡点分析、敏感性分析、概率分析等。

1）盈亏平衡点分析

盈亏平稳点分析用来分析某一决定因素对项目经济效果的影响。该方法是找出使项目效果达到临界值——即只有项目的经济效益优于该值时才是可接受的——的该因素数值。

例如，设某项目的价格是不确定的因素，该项目的总收入 $TP = PQ$（P 为价格，Q 为总销售量），该项目总成本 $T_c = C_f + C_v Q$（C_f 为固定成本，C_v 为单位可变成本），其利润 $TP = PQ - T_c$。只有盈利至少为 0 时项目才是可接受的，则

$$PQ - (C_f + C_v Q) = 0 \Rightarrow P^* = \frac{C_f + C_v Q}{Q}$$

即项目产品价格至少不应低于 $(C_f + C_v Q)/Q$，否则项目就是不可接受的了。

2）敏感性分析

敏感性分析用于分析项目的经济效益对项目某一有关因素的敏感程度。采取的方法主要是列表和图示。敏感性分析有单项因素敏感性分析和多项因素敏感性分析两种。

设在某项目财务分析时无法对市场利率（贴现率）进行估计，则可使用多个可能的贴现率数据观察其变化。在这里估取 0.5%、10%、15%、20% 五档，设该项目净现值随贴现率变化而变化的情况如表 5-2 和图 5-2 所示。

表 5 - 2　贴现率表

万元

贴现率	0	5%	10%	15%	20%
NPV	35	20	0	−10	−20

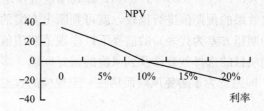

图 5 - 2　贴现率敏感性分析

从表 5 - 2 及图 5 - 2 中可以看出，项目的净现值对社会贴现率是敏感的，但只要贴现率保持在 10% 以下，就能保证项目净现值大于零，项目就是可接受的了。

在项目评估中通常要求对多个互相排斥的方案作出选择，此时敏感性分析能够对项目优劣作出判断。如图 5 - 3 所示，某企业拟添置一设备，采用的方案有购买及租赁 1、租赁 2 两种租赁方案，设在项目评估中利率是不确定的因素，给出项目 3 个不同方案的估计净现值随利率变化而变化的曲线，从中可以看出：当利率大于 15% 时，租赁 2 方案最佳，因为其净现值最高；当利率小于 15% 时，购买方案为最佳。租赁 2 与购买方案在 E 点的价值相同，而不论何种情况下（除非利率小于 0），租赁方案 1 均不可取。

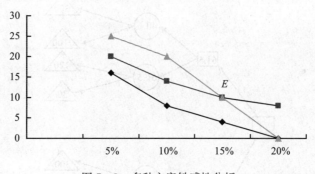

图 5 - 3　多种方案敏感性分析

3）概率分析法

如果能够掌握项目各种可能结果发生的概率，那么就可用概率论的知识对风险进行数量分析。常用的方法有以下几种。

（1）期望值法

如果某一项目方案可能导致 n 种不同的结果，每种结果的概率已知，那么可以这些结果的数学期望值作为该方案的预期效果。其公式为

$$E(X) = \sum_{i=1}^{n} X_i P(X_i)$$

其中，$E(X)$ 为该项目方案效果的数学期望值，X_i 为该方案的第 i 个可能结果，n 为项目可

能的结果数目，$P(X_i)$ 为出现第 i 个结果的概率，且有 $\sum\limits_{i=1}^{n} P(X_i) = 1$。

例如，设某项目方案的可能结果有两个：成功和失败。如果成功，可获净现值 100 万元；如果失败，则可能损失净现值 100 万元，失败和成功的可能性各占一半，那么该方案的预期效果是：$E(X) = 100 \times 1/2 + (-100) \times 1/2 = 0$，即其净现值预期值等于 0。

对于项目不同方案的效果的预期值进行比较，就可判断出方案的优劣，一般来说在风险相同（一般以项目方案的期望方差为代表）的前提下以净现值期望值较大的方案较佳。但如果各方案的风险不同，则项目的选择就要涉及到风险的偏好问题。多数投资者属于风险厌恶型（Risk Aversion）的，即愿意为了避免风险而牺牲一定规模的收益。

（2）决策树法

决策树法也是一种在不确定情况下对项目的各种方案进行比较的方法，它是将项目的各种可能的结果用树一样的图形绘出，以便对各种结果进行分析。

设项目采用的技术有两种方案：一种是从国外引进设备，需投资 20 万元，若采用高质量原料，则可获利 300 万元；若采用低质量原料，则将亏损 100 万元；另一种是采用国产设备，需投资 10 万元，采用高质量原料，可获利 120 万元；采用质量差的原料可获利 30 万元。若不对原料进行处理，则原料质量好的概率 $P(S_1)$ 为 0.35，质量差的概率 $P(S_2)$ 为 0.65。若对原材料进行预处理，则使得质量好的概率提高到 0.85，质量差的概率降低为 0.15。下面以决策树图说明之，如图 5 - 4 所示。其中，"□" 为决策起点，"○" 为决策变点，"△" 为决策终点。

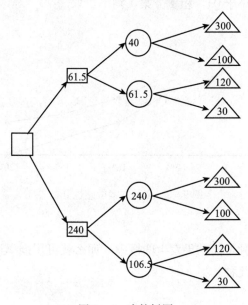

图 5 - 4　决策树图

下面计算可能结果的效益。

若对原料不进行预处理，则

$$E(A_1) = 300 \times 0.35 + (-100) \times 0.65 = 40$$

$$E(A_2) = 120 \times 0.35 + 30 \times 0.65 = 61.5$$

若对原料进行预处理，则

$$E(A_1)=300\times0.85+(-100)\times0.15=240$$
$$E(A_2)=120\times0.85+30\times0.15=106.5$$

从以上分析可以看出，采用引用设备并对原材料进行预处理的方案最佳，因为其获利最多。

思 考 题

1. 项目贷款有何特点？
2. 项目贷款较传统的贷款形式有何优点？
3. 项目贷款建设阶段的风险主要有哪些？

第 6 章

国际贷款协议

有些国际贷款的双方当事人并不需要签订贷款协议，如银行同银行之间的同业贷款就不需要签订正式的协议，仅凭简单的凭据即可达成。但是，银行对非银行客户的贷款双方当事人则一般需签订较为正式的贷款协议（即合同），以法律的形式明确双方的权利和义务。贷款的协议可以十分简略，但也可以非常冗长繁复，这取决于各贷款交易的具体特点、贷款金额的大小，以及贷款银行对借款人的熟悉程度和信任程度等多种因素。例如，对信誉卓著、规模庞大的跨国公司的贷款其协议就可以简略些；反之，一般的小公司因其信誉较低，对其贷款的协议就要复杂得多。某些期限较短、贷款金额不大的贷款，其贷款协议一般也较为简单，而期限长、金额大的贷款的协议则往往较为繁复。

不过，相对来说，国际贷款协议近年来有变得越来越复杂、越来越长的趋势。之所以如此，客观上主要是由于以下因素所造成的。

① 国际贷款协议的灵活性增强。这突出体现在国际贷款协议中浮动及可变条款的日趋增多上。不仅利率往往是浮动的，借款货币、偿还分期等也均可变，而可变条款的增多必然会相应地增加贷款协议中对这些灵活条款的解释、限制等的条款，这自然会使贷款协议变得复杂。

② 在当今国际贷款的谈判中，律师的作用日益增强，因为银行经理和借款人从事国际借款的工作普遍不及经常从事这方面咨询工作的律师时间长、经验丰富，而且贷款银行由于对借款国的法律不熟悉，也离不开当地律师的咨询。近年来律师在贷款协议的拟定中越来越倾向于试图使自己的客户避免任何可能的损失，不管这种损失实际发生的可能性有多大，这也使得贷款协议变得日益全面、琐细。

③ 自 20 世纪 60 年代以来，国际金融局势日趋动荡。特别是 70 年代以来，国际货币制度进入浮动汇率时代，汇率波动及金融冲击更加频繁剧烈，借贷双方为了避免风险，也在贷款协议中增添了一些处理意外事件的条款。

④ 在贷款协议中保护贷款银行利益的条款日益增加的情况下，借款人也要求增添保障自己利益的条款，并对协议中保障贷款人利益的条款作一些限制规定，以保护自己的正当利益。

⑤ 战后辛迪加贷款、项目贷款等新的贷款方式发展迅猛，并逐渐在国际贷款中占据了主要地位，这些贷款方式牵涉的方面较多，管理也更为复杂，故需要许多特殊的条款确定各参与方的权利和义务，并协调他们相互之间的关系。

尽管贷款协议的具体内容不尽相同，但一份正规的国际贷款协议还是具有一些共同的条款的，具体如下。

1. 鉴于条款（Where As Clause）

鉴于条款是任何经济合同都应有的条款，也就是在贷款协议的开头部分，简要地写明本贷款协议的起因、目的及借贷双方的名称、地址等。如果是辛迪加贷款，则还应写明各贷款参与人在贷款辛迪加中的地位，如牵头行、经理银行、代理行、一般参与行等。

2. 定义（Definition）

这也是法律合同通常都会有的条款。该条款对合同的一些重要的法律、财务、会计及组织术语作明确的规定，以尽量避免日后因对条款解释产生歧义而产生纠纷。

3. 贷款的金额与货币（Amount and Curvency）

在贷款协议里应有专门的条款规定本贷款的金额。如果是辛迪加贷款等多家银行提供的贷款，协议还应列出各参与银行所承担的份额。如果参与银行较多，应以附件的形式列出参与银行的名单及各银行提供的份额。

在国际贷款协议中，除了贷款金额外，还应明确规定贷款的提取及还本付息所采用的货币，这是国际贷款与国内贷款一个很大的不同。

各种货币的汇率往往并不是固定不变的，特别是在目前以管理浮动汇率为主的国际货币体系之下，汇率的变动就更为频繁、剧烈。不同的借款货币由于其汇率变动趋势的不同会严重影响借款人以本币或其他外币计算的借款成本，因此它也是影响借款成本的主要因素之一。

一般来说，若其他条件不变，以汇率有下降趋势的货币（称疲软货币）作为借款货币对借款人来说是有利的，因为它意味着借款人将以价值下降的货币偿还贷款；反之，若以汇率有上升趋势的货币（称坚挺货币）作为借款货币，对借款人而言是不利的。

不过，这只是就一般情况来说的，实际情况就要复杂得多，因为若考虑利率等其他因素，则借疲软货币和借坚挺货币二者的成本孰高孰低就很难一概而论了。因为在正常的情况下，疲软货币的利率一般较高，而坚挺货币的利率则往往较低。出现这种现象的主要原因在于：疲软货币的发行国的国内通常都存在严重的通货膨胀现象，故其政府一般会倾向于提高利率以抑制通胀。贷款银行为了抵补其在汇率方面可能遭受的损失，往往也会对疲软货币的贷款索取较高的利息。而由于借款人多愿意借入疲软货币，造成对疲软货币贷款的需求增加，客观上也为贷款银行提高疲软货币贷款的利率提供了可能。反之，坚挺货币的发行国多为物价较稳定的国家，其国内的利率水平一般较低，而且由于贷款银行可以从汇率上升中得到好处，故通常也愿意接受较低的贷款利率。金融市场上的抵补套利活动也会导致同样的结果（参见8.5节）。

由于利率和汇率之间存在着上述关系，故借款人借入疲软货币可能从汇率变动中获得的好处往往会被高利率导致的损失所抵消；反之，借入坚挺货币虽然在利率方面可能获利，但在汇率方面却可能蒙受一些损失，二者也可以相互抵补。在一个相对自由的、完善的国际金融市场体系下，市场机制的作用可以通过上述利率和汇率抵补机制使疲软货币和坚挺货币贷款的实际成本彼此相差无几。此外，所谓疲软货币、坚挺货币，一般都是建立在对一种货币的汇率的未来趋势的预期上的，而这种预期不可能是一定准确的，若借款人的预测有误，那么借款人会弄巧成拙，在汇率方面蒙受巨大损失。这一风险的存在更增加了贷款货币选择的复杂性。

为了扩大借款人的选择余地，贷款协议中往往还订有多种货币选择条款（Multi-Currency Option Clause）。该条款规定，借款人除了可以按贷款协议中所规定的货币提取贷款外，在一定条件下还可改以其他货币提取贷款。这样借款人就可根据自己的实际需要或其对汇率变动趋势的预测而随时更改借款的货币，这对它来说自然是十分有利的。

国际贷款的偿还货币（即还本付息时所用货币）在贷款协议中也应明确规定，一般来说商业性国际贷款的借款货币和偿还货币是同一的，即借什么货币就应以什么货币来偿还。

4. 贷款期限（Length of the Loan）

在贷款协议中应明确规定贷款的期限及贷款期限的划分。国际中长期贷款一般可以分为提款期（Available Period）、宽限期（Grace Period）和还款期（Repayment Period），如图6-1所示，协议应明确规定各期的起始和结束日期。

| 提款期 | 宽限期 | 偿还期 |

图6-1　贷款期限示意图

所谓提款期，是指借款人可以提取贷款的时期，过期后借款人将不能再提取贷款。宽限期自借款人提款结束时起算，在此期间贷款银行只计息，不要借款人还本。在宽限期之后借款人才需要分期偿还本息。通常所指的偿款期限，一般是指自提款期结束到借款人偿还完最后一笔本息为止的期间，即宽限期和偿还期之和。

同贷款利率一样，贷款期限也是决定借款成本的重要因素。

5. 贷款的提取

贷款往往是分批分期提取的，每次提取的日期、数额在合同中应明确规定。合同中还应规定，借款人在提款时应提前若干天通知贷款银行以便贷款银行准备好资金供其提取。提款时借款人尚需办理一定的手续，如需填写一定的提款申请表格、提交规定的单据及证明文件等。如果手续不完备，贷款银行可以拒绝付款，甚至采取措施追回已贷出的款项。

提款地点也应在贷款协议中明确规定，这在法律上有十分重要的意义。因为提款地点通常被视为贷款合同中的义务履行地，而根据有些国家的法律，如某一项合同的双方当事人由于疏忽或其他原因未在合同条文中对该合同的准据法作明确的或暗示的规定，则一旦发生诉讼，法院可以义务履行地法律作为合同适用的准据法。国际贷款中通常规定以提款货币发行国的某处作为提款地点，这对贷款银行是有利的。例如，若规定以某一第三国作为提款地点，贷款银行就须先将资金拨到该第三国的某一往来银行账户上；如果贷款银行所在国实行外汇管制，不准将资金拨往该国，则由于该贷款协议的准据法不是贷款银行所在国法律，贷款银行就不能以外汇管制为由要求免除责任。

在提款期内，借贷双方中的任何一方出于某种原因而不能履行自己的义务的，另一方可以根据有关法律采取所谓的"救济"（Salvage）措施。对贷款银行而言，在提款期内的违约主要是指其不能按期提供所承诺的贷款，这通常是由于贷款银行破产或其他原因所致。根据英国及其他一些国家的法令，借款合同一般不采用强迫履行（即强行要求贷款银行履行合同，提供贷款协议中规定的贷款）的救济方法，但借款人可以就此向贷款银行索赔，索赔的额度以订约时借款人可以预见的因违约而导致的自然损失为限。这些所谓的"自然损失"可以包括以下几个方面。

① 借款人重新从别处获得借款所需支付的费用开支，如律师费、管理费、杂费等。

② 借款人重新从别处借入款项可能会多支付的利息,即新贷款的利率超出原贷款利率的差额。

③ 借款人因无法从其他来源借入资金,从而导致原定的某项交易无法完成,甚至因而破产而造成的损失,不过索赔此"类推损失"(Consequential damage)有一前提,就是借款人必须证明它在借款时已将借款用途告知了贷款银行。

借款人在提款期间的违约行为主要是指其不按规定如期提走所借款项。根据英国等国的有关法律,此时贷款银行也无权要求法院强迫借款人"实际履行"借款义务,只能要求借款人给予适当的赔偿;但贷款银行也有义务及时将资金用于他途,以减轻损失。

6. 贷款的用途

为了避免不必要的法律纠纷,保障贷款的安全,对于贷款的用途贷款银行一般会在贷款协议中作某些限制,这些限制如下。

① 贷款不能用于非法目的,如用于资助法律所禁止的进出口贸易、侵权行为,或是反对某个友好国家的军事冒险行动。贷款银行一旦发现贷款被用于非法用途,应立即拒绝借款人的提款,否则不仅该贷款将得不到法律的保护,还可能因被认为有意资助借款人从事非法活动而受到法院起诉。

② 不能用于公司收购活动。许多国家的法律都不允许银行提供资金以帮助一家公司收购另一家公司,否则可能被视为局内人而受到起诉。

③ 不能用于长期投资项目。商业银行贷款通常都是短、中期的贷款,如果被用于长期投资项目,资金的偿还就没有保障,贷款的风险因而大为增加。因此,除了一些项目贷款外,一般的贷款都不能用于长期投资项目。

④ 对于政府借款来说,贷款不能用于公共用途。这主要是为了使政府借款人不能够享受主权豁免权,从而使贷款银行避免主权风险。

7. 贷款的先决条件(Conditions Precedent)

所谓贷款的先决条件,是指在提取第一笔贷款之前,也就是贷款协议正式生效之前,借款人应该满足的条件,否则贷款银行可以拒绝借款人的提款。这些先决条件主要包括两个方面:一是声明和保证,二是应提交的文件。

(1)声明和保证

所谓声明和保证,主要是指借款人就与贷款安全性密切相关的某些情况对贷款银行所作的说明及对这些说明的完整性、准确性的保证。这些声明和保证主要包括以下几个方面。

① 法律地位的说明。借款人应声明自己是依法注册的法人实体,其存在是合法、有效的,并有良好的资信和固定的注册办公地点,以及有订立借贷协议、经营与贷款项目有关业务的合法权利。

② 借款人已经取得签订和履行贷款协议的必要授权,包括借款人的有关管理机构的借款授权和必需的政府授权、批准和许可。对于私营借款人而言,一般只有董事会才有权作出巨额借款的决议;政府的有关部门对外借款则需议会或有关主管部门的批准。对于国际借贷而言,由于关系到外债负担和国际收支平衡,故在许多国家无论是私人的还是政府的借款,都需取得有关政府部门的对外借款批准及持有外汇和汇出外汇的批准;有时借款人还必须取得经营与贷款项目有关的业务的批准。

③ 签订和履行贷款协议并不违反借款人所在国的法律、法规、法院判决和政府规章、组

织文件（如企业章程、合资合同、合资协议等），也未违反借款人与任何第三方订立的合同。该条款的目的是防止贷款银行因贷款而卷入到与借款人有关的法律纠纷之中，因为若贷款协议的某些条款或贷款本身违反了借款人所在国的法律，则不仅贷款的偿还会发生困难，贷款银行自身也可能因被法院判决参与了借款人的违法行为而惹上麻烦。而若贷款协议与借款人和某第三方签订的合同发生了冲突，第三方可能以贷款银行诱使借款人违反自己和借款人签订的合同为由对贷款银行提起诉讼，因为按一些国家的法律，诱使他人违约构成侵权行为。

④ 借款人还应申明，本贷款协议及其他与本贷款有关的须由借款人履行的文件，一经签字并按贷款协议的规定提交即构成对借款人有法律约束力的义务。

⑤ 外国法院就贷款协议的有关纠纷作出的判决，在借款人所在国可以得到强行实施。

⑥ 对于政府或政府机构、官方组织的贷款，借款人还应宣布贷款属于借款人的私法的、商业性的行为，而不是公法上的、政府的行为。该项规定的目的在于避免对政府的国际贷款中所存在的"主权风险"。因为如前所述，根据许多国家的法律，政府在从事商业活动时无权享受主权豁免权利。

⑦ 贷款银行并不因其签订、履行或强制履行贷款协议而被视为借款人所在国的居民，或被视为在借款人所在国设有住所，或在借款人所在国营业。借款人所在国法律并不因为贷款银行签订、履行或强制执行其在贷款协议中规定的权利、义务而要求贷款银行在贷款银行所在国取得营业许可或以其他方式取得经营业务的资格。订立这一条款的目的，是为了使贷款银行被视为外国居民，而不至于因贷款而被视为借款人所在国的法人实体。这不仅可使贷款银行不受借款人所在国政府的一些行政法规的管辖，而且在税务待遇方面也能得到很多好处。

⑧ 财务状况的声明。在财务状况方面，借款人应保证做到以下几点。

一是借款人提交给贷款银行的财务报表是最新的，真实并完整地反映了截止制表日时借款人的财务状况及业务经营情况，没有重大的错误和遗漏，并且从制表之日起到贷款合同签订时为止，借款人的财务状况及其经营情况未发生实质性的不利变化（Material Adverse Change）。所谓财务资料的完整及准确，并非指借款人提交的财务资料不能有错误或遗漏，而是指借款人必须本着"最大善意"（Uberriae Fidei）披露有关的信息，即并非故意隐瞒重要的事实或出现明显的、完全可以避免的错误。根据有关国家的法律（如英国），不披露并不等于作虚假说明，只有对于那些明确要求公布完整、准确信息的合同，才可以未披露重要的事实作为撤销合同的理由，因而该条款使得借款人承担了较一般经济合同更为严格的披露事实的义务。

二是未发生，或据借款人所知，可能发生对借款人的财务状况或营业活动产生重大不利影响的法律诉讼。借款人并没有不履行对其财务状况有影响的任何合同、法律文书或抵押权项下的义务，并因此导致违约事件。

三是借款人除了本协议允许的之外，未在其现在或将来的全部或部分收入或在其任何资产上设置任何担保物权，包括抵押权、质权、留置权等。

在与政府订立的贷款协议中，一般不订立保证财务资料完整、真实性和没有卷入诉讼的声明。

在贷款协议中，除了借款人外，贷款的担保人及合资者（如果借款人是合资企业）也须在贷款协议中作相应的声明，其内容均与借款人的声明相似，不过要稍微简略些。

（2）提款的书面凭证

在贷款协议正式生效、借款人提取第一笔款项之前，借款人应交纳一系列的文件和凭据。这些书面文件也是贷款协议正式生效的前提条件之一，同样必须在贷款协议中详细说明。如果这些规定的文件上交不全，那么即使贷款协议已经签字，它仍不能正式生效，贷款银行仍有权拒绝借款人的提款。

这些必需的书面文件如下。

① 保证书或其他担保凭证。

② 各种授权书的副本，如公司有关决策机构（董事会或股东大会）授权借款的决议、贷款谈判代表及签字人的授权证明。

③ 各种必要的政府批准文件，如对外借款的批准文件、用汇及汇出外汇的批准文件、经营与贷款项目有关的业务的批准文件等。

④ 借款人组织机构的文件副本，如营业执照、公司章程，合资合同等。

⑤ 借款人的财务报表。

⑥ 律师意见书。由于贷款银行不熟悉外国的法律，故通常坚持借款人应出具借款人所在国可信赖的律师机构就该贷款协议提供的意见书。

⑦ 如果是项目贷款或出口贷款，借款人还需提交一些特殊的文件。例如在项目贷款中，应提交贷款项目的可行性研究报告、施工计划等。出口信贷则应提交有关的贸易单据。

8. 贷款的偿还（Repayment）

贷款协议应明确贷款偿还的方式、时间表、地点、分期等。偿还分期的规定往往和贷款利率的调整分期是一致的。目前有的国际贷款协议还订有多种偿还分期选择（Multi－Mortification Choice）条款，允许借款人视其方便选择偿还的分期。

此外，有的贷款协议中还订有提前偿还的条款，即规定无论是借款人还是贷款银行在一定条件下均可以要求提前偿还贷款。贷款银行要求借款人提前偿还可能是由于银行不能控制的因素使银行不可能再继续向借款人贷款，也可能是因为借款人违约而使银行决定终止对借款人的贷款并加速收回已贷款项。借款人要求提前偿还贷款则往往是因为市场条件的变化，使得借款人有了新的、更便宜的资金来源，或是借款人资金出现剩余，或是为了避免预期的利率、汇率波动风险。不过，由于借款人主动提前偿还贷款打乱了银行的资金运用计划，对银行是不利的，因而贷款银行在贷款协议中通常对此作一定的限制，并规定若借款人主动提前还款，应付给贷款银行一笔溢价（Premium）作为补偿。

提前偿还的贷款通常会被逆序从贷款的金额中扣除，即首先从最后一期应偿还贷款中扣除提前偿还的贷款。

在某些情形下，贷款银行也可能取消借款人尚未提取的贷款。这或是因为在提款期中贷款银行发现借款人违反了贷款的前提条件，或是因为在提款期结束时借款人未完全提取贷款。

9. 贷款的利率及其他费用（Interest and Other fees）

在贷款协议中应明确规定利率的水平、构成、决定基础，以及贷款银行有权收取的其他费用等。国际中长期贷款的利率一般均属于成本补偿利率，即贷款银行力图将所有可能的成本增加风险都转嫁到借款人身上，以确保自己能获得一定水平的收益。贷款银行之所以要这么做，主要是因为贷款行为和其他种类的投资活动有很大的不同。其他种类的投资活动（如工商业投资）所获的利润通常较为丰厚，所以若经营成本略有上升并不会严重影响整个投资的盈利。而贷款活动就不同了，贷款的利率一般低于其他种类投资的报酬率，贷款成本略有上升就可能严重影响贷款银行的盈利。

贷款利率的成本补偿性质在贷款协议的以下条款中表现得十分明显。

（1）利率的构成

如前所述，目前国际银行的中长期贷款一般都采用浮动利率，在贷款协议中必须明确规定利率的估算方法，以及利率的调整分期。利率估算一般采用"利率基础＋加价"的做法。采取上述做法可以使贷款的利率随市场利率的变化（可以从利率基础的变化中得到反映）而变化，从而使贷款银行避免因筹资成本上升而受损。

除正常的贷款利率外，在贷款协议中还应规定一个违约利率，又称罚息。当借款人违约时，可按违约利率征收利息，其利率水平一般远高于协议中规定的正常利率。

除了利率外，贷款银行一般还会征收其他一些费用，如管理费、承诺费等，这些费用的费率及征收方式在贷款协议也须明确规定。

（2）成本增加条款（Increased Cost Clause）

在国际贷款中，税务及政府对银行管制措施的变化也会严重影响银行的贷款成本。为避免这一风险，贷款银行往往会要求在贷款协议中规定：由于税务（宗主国银行所得税除外）、法律、法规、政府政策等的变化而导致贷款银行提供贷款的成本增加时，贷款银行可提高贷款的利率，借款人要么承担这些增加的费用，要么提前偿还贷款。

（3）"欧洲货币危机"条款（Euro-Dollar Disaster Clause）

这是境外银行贷款协议中常见的一种条款，是自1974年中东战争导致的金融危机之后发展起来的，目前已运用得十分普遍。该条款规定：如果贷款协议原先规定的利率基础（如LIBOR）因金融危机的缘故而不复存在（如有关的银行同业拆放市场被迫关闭或有关的参考银行破产），借贷双方应在30天内经协商后另外挑选一个利率基础及相应的加价。如果双方不能就此达成协议，借款人应提前偿还贷款。该条款的目的在于保证在出现意外事件时贷款能继续得到顺利执行。

（4）"非代表成本"条款（Unrepresentative Cost）

该条款在辛迪加贷款中应用较多。它规定：如果贷款协议中原先规定的利率基础已不再能满意地代表贷款银行的筹款成本，贷款银行可以和借款人协商确定一个新的利率基础。如果达不成协议，借款人应提前偿还贷款。该条款的目的主要是为了保护辛迪加贷款中力量较弱的参与行，因为它们的筹款成本受国际金融市场影响较大。

如果合同中规定有多种货币选择条款，贷款银行也往往会在合同中列明一些条款以保护自己不会因此规定而蒙受损失。如规定当借款人改变其提款货币时，应改以银行筹集借款人新挑选的提款货币的成本（一般也以该种货币的某一同业拆放利率为代表）作为利率基础。对折算新提款币表示的贷款金额的汇率也应在合同中明确规定，以避免汇率风险。通常是采用借款人改变提款货币日的即期汇率来折算新提款货币表示的贷款金额。

10. 比例分享条款（Pro rata sharing）

这也是辛迪加贷款合同中常用的一种标准（Boiler plate）条款，是鉴于在英阿马岛之战后出现的案例而添加的一项条款。当时作为战争一方的阿根廷拒绝支付其所借的辛迪加贷款中其敌国——英国的参与银行的贷款份额，但仍愿意支付其他国家的参与银行的贷款份额。

为处理这种问题，之后的辛迪加贷款通常规定：如果一家参与银行从借款人处获得了与其提供的贷款份额不成比例的收益，它应该把所获的多余利益交给代理行，由代理行分配给那些所获收益比例低于其提供的贷款份额的参与银行，以保证贷款收益在各参与银行间的公平分配。

11. 延续条件（Continuing Conditions）

前面所述的贷款的前提条件，是贷款银行在贷款初始时要求借款人满足的条件，目的是保证贷款的安全。出于同样的原因，在贷款开始之后（亦即借款人提走全部贷款之后），直至贷款全部偿还完毕的整个偿还期限内，贷款银行往往也要求借款人满足一定的条件。这些条件就被称为延续条件，其中重要的如下。

（1）保证借款人的同一性

在贷款合同中应规定，借款人应在贷款期间保持独立的存在，并能履行贷款协议中所承担的义务。

（2）"四季青"条款（Evergreen Clause）

该条款要求借款人保证，借款人在贷款之初所作的声明和提交的书面文件不仅在贷款之初是有效的，而且在整个贷款期间也都有效。例如在债权的有效性方面，若因法律方面的原因而使债权的有效性（合法性）出现问题，就应由借款人承担责任。不过，对于财务和业务方面的声明和保证，则可以灵活一些，允许随环境的变化而变化，但借款人应及时提供新的财务资料。

（3）对借款人的财务状况和经营活动的限制

为了保证借款人能够有足够的收入用于还本付息，贷款银行往往会对借款人的财务状况和业务经营作某些限制。

① 要求借款人维持良好的财务状况，甚至规定某几项财务指标的水平。这样做的目的在于事先设立双方都能接受的判断借款人财务状况出现实质性的不利变化，使贷款银行有权采取救济措施（如与借款人进行谈判，甚至提前收回贷款）的标准。在辛迪加贷款中这一标准还可以成为代理行判断是否有必要向其他参与银行发出警告并召集它们聚会讨论贷款安全的标准。这些指标中重要的有：资本负债比，即全部资本与负债之比；流动比率（Current Ratio），此为流动资产与流动负债的比率；资产收益率，即全部资产与税后利润之比；自有资本收益率，即自有资本与净利润（税后利润减利息开支）之比。

② 限制借款人的举债，使其债务规模保持在一定水平以内。规定的限制指标可以是债务的总规模，也可以采用某一比率（如前述的资本负债比率）；估算时既应该包括正规的债务，也应包括某些非正规的债务，如租赁等。

③ 限制借款人对股东红利的分配和资本开支。这样做的目的在于防止借款人缺乏足够的现金收入用于还本付息，但贷款银行一般并不是反对借款人分派任何股息或是将红利用于资本开支等其他用途。因为这么做会侵犯借款人董事会的合法权，损害股东的利益，并会导致借款人的股票价格的下跌，从而易招致其他公司收购该公司的威胁。因此在贷款协议中一般还规定，在不损害其资产净值的前提下，借款人可以自行分配股息或将其作其他用途。

（4）维持资产条款（Reservation of Assets）

在贷款协议中通常还规定，除了正常的资产交易（指借款人在其日常业务中出售其生产的商品或其他资产）外，借款人不得出售、转移、出租或以其他方式处理其拥有的固定资产。贷款银行这样要求的目的，主要在于：一是防止借款人固定资产的减少，因为如果在资产出售后借款人将所获价款用于他途，而未添置等值的新固定资产，则作为还款主要保障之一的借款人的资产价值就会减少；二是使借款人不至于因资产的出售而出现经营困难，致使其创造不出足够的经营收入用于还债；三是防止借款人通过出售和转移财产来改变其经营业务的方向。

对借款人处理其财产的限制，在借款人发生财务困难时作用最大，因为这时借款人往往试图通过出售财产来摆脱困境。

如果借款人是拥有分支企业的大公司，则关于财产处置的限制对其子公司也应有效。这样就可以防止母公司将其资产转给子公司，从而对贷款的安全造成损害。

关于限制借款人财产处置的条款一般不适用于对政府的贷款，因为涉及国家主权问题。

除了限制借款人对其财产的处置外，贷款银行通常还要求借款人按同类企业通常投保的险别和金额向信誉良好的保险公司投保财产险，这样借款人在财产受到意外损失时就可以获得赔偿，不至于因此而影响贷款的偿还。

(5) 合并条款

借款人与其他企业的合并有时会影响贷款的安全，因为合并后成立的新企业取代了原借款人的地位，新企业的经营范围、资产负债状况、盈利情况等均会有所不同，从而使原贷款的环境发生变化。合并条款的订立就是为了限制借款人的合并行为。

在许多国家，法律对企业的合并行为有很严格的规定，这些规定已足以保护债权人的权益，故一般不需要在贷款合同中设立限制合并的条款。例如，根据日本、法国、德国、意大利、西班牙、瑞士、阿根廷等国的法律，公司合并必须首先征得债权人的同意，这是公司合并的先决条件之一。据英国法律，公司合并须经法院批准，而法院在审查合并申请时必须考虑债权人的利益是否会因合并而受到损害。在美国，符合下列条件的合并不在禁止之列：合并后的企业在本地注册并接受了原企业的债务；没有或可能因合并而导致借款人的违约；合并后的企业维持了最低资产净值等贷款协议中为原借款人设定的财务指标；提交公司高级会计师及律师的意见书证明合并后的企业确实符合上述条件。

(6) 财务资料的要求

贷款协议中一般还规定，在贷款期间借款人仍必须按期提供新的财务报表，以及借款人业务经营方面的其他重要信息资料。这些财务资料都必须经过严格的审计程序，而且每次资料所采用的会计制度和审计制度应相同，否则无法对借款人的财务状况作客观的前后比较，贷款协议中规定的用来衡量借款人财务状况的某些指标也将失去可比性。

财务资料的持续提供可以使贷款银行随时掌握借款人财务状况的变化，确保贷款的安全。但它有缺点，因为财务决算报表通常在每年年末才能获得，间隔时间过长，难以使贷款银行及时了解借款人的重大财务变动情况，而且虽然贷款协议中一般规定贷款银行有权随时要求借款人提供最新的财务资料，但除非贷款银行怀疑借款人的财务状况出现恶化，否则是不会这么做的。所以，对贷款银行来说，贷款之初借款人提供的财务资料是最为重要的。

(7) 消极保证条款（Negative Pledge）

消极（Negative）即不做某事的意思，消极保证条款就是在贷款协议中规定在贷款得到偿还之前，借款人不得在其资产或收益上设定任何抵押权、质权、留置权或其他担保物权。如果在贷款开始之前就已存在担保物权，则也不允许其继续存在。消极保证条款的作用主要在于：防止其他债权人因取得对借款人财产的抵押权而在贷款偿还方面处于优先地位。因为根据许多国家的法律，企业破产后清算资产所获收入应优先满足在这些资产上设有抵押权的债权人的需要，或直接将被抵押的资产交由对该项资产有抵押权的债权人处置。消极保证条款能使借款人的所有同一种类的债权人彼此处于同等地位。此外，消极保证条款还能间接地起到限制借款人举债的目的。因为如果不能自由地将拥有的资产作抵押，借款人的举债能力必大受影响，尤其是当借款人的债务已达一定规模，其财务状况又较困难时更是如此。借款人债务规模的受控对已有贷款的安全自然是十分有利的。

消极保证条款主要是限制借款人对自己所拥有的机器设备、厂房等固定资产及其收入设置担保物权，但也可以扩展至限制任意第三方为借款人提供担保物权，包括借款人的子公司或某一独立的第三方（如银行、保证公司）为借款人向其他债权人提供的担保物权。

对于政府借款人来说，消极保证条款则主要是限制政府借款人以其外汇储备或其他外汇收入为抵押向其他外国银行借款。

不过，出于种种原因，要在贷款协议中完全禁止借款人对其资产和收入设置担保物权也是不太现实的，因此双方在订立消极保证条款时会通过谈判列入一些例外条款，即规定在某些例外情况下，借款人可对其财产或收入设置担保物权。这些例外情况如下。

① 同等的担保物权。贷款协议中通常规定：如果贷款人给予本贷款银行同等比例（与其他债权人的贷款金额相比）的担保物权，则允许借款人对其他债权人提供担保物权。因为此时担保物权在借款人的所有债权人之间得到了有效的分配，具体做法可以是所有的债权人在同一资产上按其债权比例享有担保物权。不过这种做法有的债权人可能不愿接受，因为若多个债权人拥有一项资产的担保物权，将来一旦需要，担保资产的处置会很不方便。而且根据一些国家的法律，如果几个债权人共同享有某项资产的担保物权，就需要设置一个委托人代表所有的享有担保物权的债权人持有并管理该项资产。另一种方法是对各债权人分别提供等比例担保资产，此法较易行。有的协议规定，一旦借款人为其他债权人设置担保物权，本贷款银行可自动地同样享有同比例的担保物权。不过这种做法不一定能为借款人所在国或担保物所在国的法律所承认，故在订立时应事先征询当地律师的意见，看看该规定是否合法。

② 在充分考虑了借款人的财务状况后，有的贷款协议规定消极保证条款可以不包括该贷款协议签订前已存在的担保物权。

③ 允许借款人在贷款协议签订后取得已存在担保物权的新资产，如购买已有抵押权的土地、房产，收购已在其资产上设置了抵押权的公司等。但这些资产的担保物权必须是在借款人购买之前就已设定的，而非是借款人为取得该项资产而设置的。

④ 依据法律自发形成的留置权（Lien）。留置权不是出于借款人的意愿并根据合同形成的，而是合同的另一方根据法律规定自动享有的，故不是借款人所能制止的。例如修理厂就修理费用对所修理的物品，未收到货款的卖方对其出售的商品，出租人对其出租的物件，造船厂对其所建造的轮船，海员就其工资对其服务的船舶，银行对其客户开立的账户，寄存的有价证券等都有留置权。这类留置权作为例外也是允许存在的。

⑤ 以资产的物权凭证（Document of Title）作为抵押的贸易贷款，也应作为例外而允许存在。例如押仓贷款、开立信用证等，一般都需以所买卖的货物作为抵押。

⑥ 借款人在订立贷款协议后，以分期付款或是租赁的方式添置新的资产。此时卖方（或出租人）在买方（或承租人）未支付完全部应付款项之前享有所交易物品的抵押品，这些抵

押权一般也不在禁止之列，以便于借款人添置新的资产。

⑦ 在对政府的贷款中，还经常规定消极保证条款的适用范围限于对外债务，而不包括内债。不过在对企业的贷款中通常不允许作这样的规定。

⑧ 在有的贷款协议中，消极保证条款还存在金额限制，即只要在规定的金额限度之内，借款人可以自由地为其他债权人设立担保物权。

应注意的是，如果借款人不顾贷款协议中消极保证条款的要求，为其他债权人设立担保物权，贷款银行是无权要求法院予以制止或撤销的，只有当借款人破产了，贷款银行才可以欺诈性地转移财产并优待某一债权人为由要求处理破产事宜的法庭宣告这些担保物权无效。在一般情况下，贷款银行只能以违约为由，要求加速收回已贷出的款项。

(8) 比例平等条款（Pari Passu Clause）

比例平等条款也是国际贷款协议中常见的一项保证条款。该条款通常规定：在本贷款银行和借款人的其他无担保物权的债权人之间，对借款人财产和收入的要求权应是根据各债权人的债权额的大小比例平等的。这里"比例平等"的意思和前述的"同等比例担保物权"的含义相似，即如果借款人被破产清算，贷款银行获得的赔偿占清算总收入的比例应与其债权占借款人的无担保债权总额的比例相当。

比例平等条款和消极保证条款在贷款协议中通常是并列订立的，消极保证条款是为了防止贷款银行对借款人的资产和收益的要求权次于有担保物权的其他债权人，比例平等条款是为了使贷款银行的偿还要求权不次于其他同样无担保物权的债权人。

不过，根据各国法律的规定，尽管有比例平等条款，有些无担保债权的清偿要求权仍然是优于其他无担保债权的。例如，当企业破产时，税收和职工工资的清偿要求权就先于其他无担保债权。银行零星存款户和保险公司保险单持有人也有优先清偿权。

同样，如果借款人违反了比例平等条款规定给予其他无担保债权人优先偿还权，贷款银行并不能要求法院予以制止，只能采取加速收回贷款的方法避免损失。

12. 税务条款（Taxes and other deductions）

同其他国际经济交易方式一样，国际贷款也会涉及税务问题，故在贷款合同中对纳税义务由谁承担的问题也应明确规定。

国际贷款涉及的税务问题可以分为两类：一类是外国银行分支机构的税务问题，这一般同东道国对其他类型的外资企业的征税方法是一致的。在这种情况下，东道国并不针对外资银行机构所从事的每一笔具体贷款业务征税，而是就该银行机构一定时期内（纳税年度）的总的经营收入或交易征税，如企业所得税、流转税、增值税等。由于单项贷款业务并不涉及此类税务问题，故没有必要在贷款协议中规定有关此类税务的条款。国际贷款涉及的另一类税务问题是银行对国外企业的贷款。这种情况下借款人所在国通常是仅就该项贷款交易征税，所征的税种主要有利息预扣税（Withhold Tax on Interest）。所谓利息预扣税，是指对一项贷款的贷款人所获利息收入征收的税项。该项税款一般由借款人或汇款银行在支付利息时预先予以扣除，并上缴给借款人所在国的税务部门。之所以采用预扣方式，是因为借款人所在国政府向在外国的银行征税是十分困难的。因为各国法律一般认为本国法院并没有为其他国家的政府催缴税款的义务，故一国的税务当局很难向外国法院申请要求帮助自己向贷款银行催缴税款。

我国政府规定，外国贷款人在中国境内获取的利息收入在汇出国外时，一律由承办汇款的单位按汇出利息额扣缴 10%的所得税，但对以下几项利息收入免征利息预扣税。

① 外国银行按国际银行同业拆放利率贷给我国国内银行的利息所得。

② 外国银行按不高于国际银行同业拆放利率贷给我国海洋石油总公司的贷款利息所得。

③ 向我国公司、企业提供设备和技术，由我方用产品返销或交付产品等方式偿还价款的商品贷款利息所得。

④ 外国银行、出口商提供的，利率不高于国际银行同业拆放利率的出口贷款利息收入。

除了利息预扣税以外，一项贷款交易还需纳印花税（Stamp Tax），这是一国政府对在本国签字的商务合同征收的一项税收，按合同金额的一定百分比征收。我国自 1988 年 10 月 1 日开始征收印花税，其中银行及其他金融组织和借款人（不包括银行同业拆借）所签订的借款合同的印花税的税率一直为借款金额的万分之五。

一项贷款交易究竟按上述两种方式的哪一种纳税，要看这项贷款是否与贷款银行在借款国设立的分支机构有"实际"的联系。这些分支机构一般应是在借款人所在国注册的独立法人实体，如子银行等，像代表处之类的分支机构不在此列。所谓实际联系，解释上并无统一、明确的标准，多数是指贷款是以该分支机构名义提供的（即以该分支机构为贷款人），并且是贷记于该办事机构的资产负债表上的。但有些国家的解释要广泛得多，有的甚至采用所谓"吸引力"标准。根据这一标准，只要贷款银行在借款人所在国设有办事机构，即可采取按机构征税的做法，理由是在这种情况下该办事机构必然以某种方式参与了此项贷款，如牵线搭桥、参与谈判等。采用这一标准的目的在于防止外国银行在本地的分支机构将其发起的贷款贷记给国外的其他分支机构或其母行以逃税。

如果采用第二种征税方式，则根据前述的贷款的"成本补偿"原则，贷款银行往往会在贷款协议中规定条款以便将因贷款而产生的应纳税额全部转嫁给借款人。通常在贷款协议中会规定：借款人向贷款银行支付的一切本金、利息和其他款项都应是没有作任何扣除、抵消和留置的全额付款。如果借款人所在国政府有征收利息预扣税的规定，那么借款人应另外将所扣除的税款补足给贷款银行。此称为补足条款（Grossing Up Clause）。

不过，补足条款因为不利于借款人，在许多国家是不被接受的。例如委内瑞拉政府就宣布此种条款无效，并且一经发现，将对本国的有关当事人以刑事处分。对这些国家，除非它们和贷款银行所在国订有避免双重征税的协议，否则贷款银行是不愿向其贷款的。因为贷款银行的利息收入仍要以第一种纳税方式向其所在地政府缴纳企业所得税，从而导致贷款银行的双重纳税，加重其税务负担。

税收补足条款还可以采取另一种方法，即规定由借款人代为支付一切因贷款协议而引起的税负，不论它是应由借款人支付的，还是应由贷款银行支付的。

根据成本补偿原则，贷款协议中通常还规定：如果借款人所在国对贷款征收的税负增加了，借款人也应相应增加对贷款银行的补偿。如果借款人不愿承担这一增加的税负，可以提前偿还贷款。不过这一规定对政府借款人不适用，因为贷款银行认为政府有能力控制本国的税负，故不能以税负增加为由提前偿还贷款。

13. 违约条款（Default Clause）

如同其他商业合同一样，国际贷款合同也订有违约条款。在违约条款中，借贷双方将可能构成违约的事件逐项说明，并就各种违约事件的救济（Remedy）方法予以规定。

在国际贷款中，违约既包括贷款银行的违约，也包括借款人的违约。对贷款银行而言，违约主要是指贷款银行不能根据合同按时提供贷款。对借款人来说，情况就较为复杂，违约条款主要就是针对它制定的。大致来说，借款人违约可以分为两类：一类是指借款人虽然尚能履行按期还本付息的义务，但却违反了合同中规定的其他条款；另一类是指借款人已无力按期还本付息，同上一种违约行为相比，这是最基本，也是最为严重的违约事件。

由于违约情况不同，救济的方法也就会不一样。贷款银行可以在贷款合同中规定对各种违约事件的救济方法，此称为"内部救济"；也可以寻求以某项法律保护自己的利益，这称为外部救济。在一项贷款业务中，这两种救济方法往往是同时适用的。在贷款合同中往往会订立一条"累积救济条款（Remedies Cumulative Clause)"。该条款规定：贷款协议中规定的救济方法是累加于法律规定的一般救济方法之上的，即它是法律规定的一般救济方法的补充，而不是其替代物。该条款的目的就是为了防止借款人将内部救济方法视为唯一的救济方法，不承认贷款银行有权寻求法律规定的其他救济方法。

首先来看对第一类违约事件的救济方法。贷款协议的条款众多，所以第一类的违约事件也就多种多样，大致来说，可以将第一类的违约事件归纳为 4 种：违反贷款的提取条款；违反声明与书面文件条款（前提条款）；违反合同中的延续条款；违反合同中的其他条款。

对贷款提取条款的违约事件的救济方法在前面已有论述，下面仅就其他几类违约事件的救济方法作一论述。

1）对前提条款的违约事件的救济方法

（1）内部救济方法

在贷款协议中对于借款人违反声明及书面文件条款通常规定：如果贷款银行发现借款人的声明及其所提供的书面文件有不正确之处，贷款银行有权暂时中止对借款人的贷款，直至借款人的声明及书面文件修改得令贷款银行满意为止。如果提款已经发生，则贷款银行有权中止借款人的提款，并加速收回（Acceleration）已提取的款项。而且决定一旦作出，即使日后借款人满足了贷款银行对声明和书面文件真实性的要求，也不能改变。

（2）外部救济方法

除了可在贷款合同中直接规定前述各项条款以保护自己的利益外，在声明和书面文件真实性方面贷款银行还可以寻求以下两项法律原则的保护。

① "不得抗辩"（Estopel）原则。根据"不得抗辩"原则，合同的一方如果已对其所作的声明的正确性作了保证，以后就不能再声称这些声明是不正确的，并要求以新的、正确的声明取而代之。援引这项原则，贷款银行就可以防止借款人违背自己的诺言，并在借款人违背自己所作声明的事件发生时，要求法院阻止借款人的这种违约行为，或使这种违约行为在法律上无效。例如，如果一政府借款人已在声明条款中宣布贷款为商业行为，但在后来借贷双方发生法律纠纷时又否认这一声明，认为该贷款交易属政府行为，要求享受主权豁免权，贷款银行就可以援引该原则要求法庭拒绝借款人的这一要求。不过有时贷款银行援引该原则也起不了多大作用，如借款人明明已在其资产上为其他债权人设置了担保物权，却对贷款银行谎称未在其财产上设置任何担保物权，虽然贷款银行发现后可以援引"不得抗辩"原则不许借款人改变其先前所作的说明，但却不能要求法院撤销借款人资产上已设置的担保物权。

② 反虚假说明法律。合同中的虚假说明在许多国家的法律中都属于非法行为，因而若借款人在贷款协议中作了虚假说明，贷款银行可以援引反虚假说明规定向法院申请撤销合同并要求借款人给予适当赔偿。例如，根据英国的 1976 年《虚假说明法》（Misrepresentation

Act），虚假说明可以分为欺骗性的、有疏忽的和非故意的三类。如果虚假说明属于欺骗性的，即故意作虚假说明以诱使他人与自己订立合同，则另一方在发现后可以撤销合同并要求对方给予损害赔偿；如属于后两种，则法院可以视情况判令撤销合同或要求作虚假说明的一方给予另一方损害赔偿以代替撤销合同的做法。

2）对违反延续条款的救济措施

当借款人违反了延续条款的各项规定时，根据贷款协议中规定的内部救济措施，贷款银行有权取消贷款协议，或是当贷款协议已开始履行时，中止借款人的提款并提前收回已贷款项。贷款银行也可以寻求外部救济措施的保护。贷款银行首先可以向法院要求制止借款人的违约行为，即由法院颁布禁令（Injunction），阻止借款人的违约行为。禁令是英美衡平法（Equity Law）中规定的一种救济方法，此法可以使贷款银行在借款人违约行为实际发生之前就使之得到制止。但贷款银行必须行动迅速，否则违约行为一旦变成事实，有时是无法要求法院改变借款人的违约行为的，这将会使贷款银行变得很被动。法院对是否颁布禁令有自由决定权。

一旦违约行为已经发生，贷款银行还可以采取以下两种法律措施来保护自己的利益。一是向法院申请要求强制借款人实际履行（Specific Performance）其在合同中承诺的义务，纠正其违约行为。在大陆法系国家，贷款银行的此种请求原则上能得到法院的同意，然而在英美法系国家，贷款银行的此种要求就很难得到批准，因为在英美法系的法律里，实际履行只是"衡平法"（Equity Law）中可采用的救济措施，并不适合属于债务法（Debtor Law）管辖的贷款合同。只有在损害赔偿的救济方法和其他更合适的救济方法（如加速合同到期）不能解决问题时，法院才会考虑批准采取实际履行的救济方法。而且有些违约行为法院也是无能为力的。例如对借款人违反消极保证条款为其他债权人在其资产上设置担保物权，法院就无权宣布该担保物权无效。

另一种主要的救济方法是损害赔偿，即由违约一方补偿受害的另一方的实际损失，这是贷款协议中最为常用的救济方法。当借款人违反保证条款时，贷款银行可以向法院申请要求借款人赔偿自己所蒙受的损失。不过法院判明的贷款银行所能获得的赔偿通常不会超过借款人已提取但尚未偿还的贷款本金。

在第一类违约行为中，违反声明和书面文件条款及延续条款是借款人最为严重的违约行为。除此之外，对借款人违反其他合同条款所构成的违约行为贷款协议通常都规定给予 30 天的宽限期。只要借款人在此期间采取措施进行补救，就不构成违约行为，只有在 30 天后，贷款银行才可以采取相应的救济措施。救济方法在相应的贷款协议条款中一般都有规定。贷款银行经与借款人协商还可以取消或修改贷款协议中的有关条款。有时仅仅放弃此时贷款银行有权采取的各种救济措施，就可以使贷款协议得以维持。

借款人的第二类违约行为，即借款人无力按期还本付息或在其违约时无法满足贷款银行的加速回收贷款的要求，通常是由于借款人出现财务困难所致。出现这种局面时借款人往往不得不向法院申请破产，以便以破产清算所得来偿还贷款的本息。然而，在此种情况下贷款银行通常是无法收回全部贷款的。因为此时借款人的财产在被清算后往往不能完全满足所有债权人的赔偿需要。对国际贷款来说，由于贷款银行属于外国居民，因而其贷款的偿还就更缺乏保障。因为根据各国的法律，即使贷款协议中规定以外国的法律作为准据法和外国法院为诉讼地点，借款人的破产清算仍需由其所在国的法院监督执行。而由于保护主义的存在，各国法院在处理破产清算事务时常常给予本国债权人以偿还优先权。因此，无论是对借款人还是对贷款银行来说宣布借款人破产都是不利的，只有在不得已的情况下，作为处理违约事件的最后手段才会采用。当借款人出现偿还困难时，贷款银行往往会愿意给予一定的宽限，并努力和借款人协商解决问题的方法，以使借款人能恢复履约能力。根据不同的情况，贷款银行可采取不同的措施帮助借款人渡过难关。如果借款人虽已无力按期还本付息，但贷款银行经研究认为借款人的局面并不是无可救药的，贷款银行可以为借款人重新安排债务。具体的做法有延长贷款的偿还期或是提供新的贷款给借款人以帮助其解决困难。通常后一种方法更为简便易行，特别是在贷款是以辛迪加的方式组织时。因为改变原贷款条件往往很难，需要所有贷款参与行之间取得一致意见，而提供新的贷款不一定需要所有贷款参与行的同意和参与。在重新安排债务时，贷款的条件（如利率）往往会较原贷款的条件更为严厉，以补偿贷款银行所冒的较大风险。

14. 交叉违约条款（Cross default）

交叉违约条款也是国际贷款协议中一项十分重要的有关违约的条款。其内容是：借款人（或其担保人、其他当事人）对其他任何债务协议的违约（已宣布的和潜在的）自动构成对本贷款协议的违约。贷款银行一般认为，借款人应有能力按期偿还其所欠的一切债务的本息。如果借款人对某项债务的本息偿还出现问题，那么它的信用就十分值得怀疑了，其他债权人应尽快收回自己的贷款本息，避免自己的贷款也出现问题。

在"交叉违约"条款中，对于所涉及的"债务"一词所指的含义，也应明确规定。通常它指的是借款人的所有的货币债务，包括直接债务（如借款、发行的债券）和或有债务（如担保、承诺等）。这是一个广泛的定义。有的借款人为了保护自己的利益，往往会要求对"债务"一词的含义作一些限制，如要求将其局限于中长期借款，以便把自己在经营活动中所负的短期商业债务排除在外。有时借款人还会要求订一限额，规定只要所涉及的借款总额不超过该限额，"交叉违约"条款就不能适用。如果是政府借款人，则所谓债务通常限于外债，而不包括内债。

交叉违约条款不仅适用于借款人，也适用于贷款的保证人及贷款的其他当事人。也就是说，即使借款人本身没有任何违约行为，但如果贷款的担保人等对其他债务有违约行为，贷款银行也可以援引"交叉违约"条款宣布借款人违约并采取相应的救济措施。

同前面所述的违约行为不同，交叉违约对于本贷款协议来说不是一种实际发生的违约事件，而是一种先兆性的违约。也就是说，它是一种信号，表明借款人对本项贷款有发生违约的可能，贷款银行希望凭此项条款使自己能避免因借款人违约而蒙受损失。此外，在借款人出现某种违约行为时，贷款银行还可以拿它作为武器，在谈判中令借款人改正其违约行为。因为如果贷款银行宣布借款人违约，就会导致借款人的其他债权人根据"交叉违约条款"也采取措施加速回收贷款，使借款人陷入窘境。

但是，"交叉违约条款"的效用还是受到许多限制的。因为无论是借款人还是贷款银行对其借贷业务的情况都是十分保密的，对于贷款协议各项条款的内容、贷款的执行情况、出现违约事件时借贷双方的谈判、处理的结果等情况，局外人往往无从得知，这就给贷款银行及时运用"交叉违约条款"以保护自己的利益造成了许多困难。而且如前所述，有时贷款银行也不希望将借款人逼上绝路，所以有时即使有权运用"交叉违约条款"，贷款银行也愿意放弃使用。

15. 准据法的选择

如同其他国际商务合同一样，在国际贷款协议中也应订有准据法选择的条款。所谓准据法（Proper Law），就是在合同双方对合同实施的某些方面发生争执时，法院在处理双方争议时用以解释合同条款含义的法律，它又称为合同的适用法律。在贷款协议中明确规定准据法选择条款是十分重要的，因为国际贷款协议牵涉到不同国家的当事人，因而就涉及不同国家的法律。

在贷款协议中，应以非常简短、明确的条款公开指定贷款协议的准据法。通常这样规定："本贷款协议受××法管辖"，有时还加上一句"受××法解释"。之所以要加上后一句，是因为根据一些国家法律规定的"分割原则"（Doctrine of depecage），借款协议的不同方面可以受不同国家的法律管辖，如履行受一国法律管辖，解释又根据另一国法律。不过现在许多国家的法院都承认准据法的单一性，即除个别例外（后文另述）情况，准据法应可以管辖合同的所有方面。因而只要合同明确规定了准据法，则即使合同中并未写明合同按该准据法解释，法院也会判决以该法来解释合同。

有时准据法的选择条款将准据法的某一部分（往往是不利于贷款银行的部分）排除在外，如规定贷款不受准据法中关于高利贷规定的约束，不过在法庭上这种排除往往不会被承认。

有的时候，在贷款协议的准据法选择条款中除了明确规定以某国法律为准据法外，还可以规定在某些情况下可以另一国法律为准据法。例如借款人在同意以某一外国法律为准据法的同时，规定若在借款人所在国起诉时，应以借款人所在国法律为准据法。这样的规定往往会在政府的借款协议中出现，因为政府出于主权独立考虑，往往不愿接受外国法律的管辖。然而对于贷款银行而言这样的规定是不利的，因为准据法的多样化可能导致法院判决结果对它不利。

根据目前世界上普遍采用的"单一准据法"原则，合同的准据法应能管辖有关合同的绝大部分问题，其中主要包括以下内容。

① 合同的有效性。所谓合同的有效性，是指贷款协议本身是否合法，如是否违反了"反高利贷法"、"外汇管制法"等。违法的合同是无效的，法院将不予以承认。合同是否合法应主要由准据法决定。于是就可能出现这样的现象，即某项贷款如果采用某一中立的第三国法律为准据法，那么只要根据该法律贷款协议是合法的，则即使借款人所在国法律或贷款银行所在国法律认为该贷款合同是非法的，该贷款协议仍然是合法的。不过准据法仅能决定合同本身是否有效，而对合同当事人订约能力的判断则不受准据法的管辖（详见后）。

② 合同的解释。即对贷款协议中术语、条款含义的解释。

③ 合同的效力。包括合同双方的权利和义务，违约时受损害一方可采取的救济措施等。

④ 合同的履行和解除。例如，某项延迟付款的政府法令或预扣税款的规定是否应予承认，借款人是否有权以给付不能为由免除履行合同的义务等。

然而，也有个别事项是不受准据法管辖的，这些例外如下。

① 当事人的地位、签约能力及授权方式。所谓当事人的地位，指的是合同当事人的法律的地位，即是法人还是非法人，是股份有限公司、责任有限公司，还是合伙公司等。签约能力是指合同当事人是否有权自主签订国际借贷合同。授权方式是指借款双方谈判代表应具备的授权方式（如必要的批准手续和书面证明）。

②合同的方式。即合同应采用的方式（如口头方式、书面方式、是否需要公证等）及格式。发达国家（如英国、法国、德国、奥地利、瑞士、日本等）多主张既可以按合同签字地法，也可以按准据法的有关规定来确定合同的有效形式；或是按贷款银行所在地的法律及贷款资金市场地法律来决定对合同形式的要求。

③付款时间及方式。例如有关宽限期的规定、银行汇付的方式等。

④外汇管制法。根据国际货币基金组织（IMF）协议第八条第二款的规定，凡该组织的成员国，在某些情况下均不能强制执行违反其他国家外汇管制法律的经济合同。

⑤诉讼程序法。各国法律多认为，诉讼法是公法，一国的法院不能采用外国的公法，故合同适应的诉讼程序应由受审法院所在地法院决定。

各国的法律往往会被修改，从而变得不利于贷款银行。为了避免这种情况出现，有的时候贷款银行试图将准据法（特别是在以借款人所在国法律为准据法时）固定下来。例如明确规定准据法是指×年×月×日（一般为合同签订日）通行有效的该法律版本，或是规定不论准据法如何变化，借贷双方均应按协议签字时的准据法版本履行各自的职责。但这样的规定往往达不到预期的效果，因为准据法的颁布国不仅可以改变准据法的规定，也可以宣布协议中有关冻结准据法的条款无效。

有的贷款协议中除明确规定以某国法律为准据法外，还在合同中吸收其他国家的法律的一些概念或规定。例如在合同中照搬某国法律的某些法律术语的解释，甚至某项法律条文。同准据法的规定不同的是，这些被明文写进合同的法律概念与条文不会因该法律的修改而变动，因为它已成为合同的一部分，是不能改变的。

准据法的选择在借贷双方就合同履行的某些问题发生争执而需要诉诸法院裁决时，对裁决的结果常常会有重大的影响，故借贷双方都绝不可以对此掉以轻心。在贷款协议的谈判中借贷双方往往会竭力使对自己有利的法律成为合同的准据法。

一项国际贷款协议中主要可以选择以下几种法律作为准据法：借款人所在国法律；贷款银行所在国法律；贷款市场地法，即作为该贷款资金的来源地或国际银行市场地的法律；中立国法律，即与本贷款交易无关的第三国法律，最常用的有瑞士、瑞典等中立国的法律；国际公法。无论采用何种法律，都应选择在国际贷款方面规定较为完备、明确，且在国际借贷活动中运用十分广泛，为国际金融界所熟悉的法律作为准据法，这样借贷双方才都比较放心；否则他们就必须花费很多时间去熟悉准据法，所需的律师咨询费也会较高，判决的公正性也无保障。

很显然，采用借款人所在国法律对借款人有利，采用贷款银行所在国法律对贷款银行有利，而采用中立国法或贷款市场所在地法则对双方均较公平。国际公法虽然也较为中立公正，但目前关于国际贷款的国际公法尚不太成熟，而且由于这些法律多数才制定不久，国际仲裁机构审理此类案件的经验也不太丰富，故在国际贷款业务中运用得较少。一般来说，在准据法的选择中贷款银行的作用更大一些，所选择的法律也往往较有利于贷款银行。这一方面是因为贷款银行在谈判中的力量一般较强，另一方面也是由于相对于借款人而言贷款银行的利益在贷款期间更易受到损害，因而更需要法律的保护。

虽然目前大多数国家的法院都承认"当事人做主"（Party Autonomy）原则，同意合同当事人双方有权自由选择合同的准据法，但这种自主权也不是毫无限制的。通常认为准据法的选择必须遵守以下规则。

① 合同必须具有国际性，即只有国际商业合同才允许有选择准据法的自由，国内交易合同一律以本国法律为准据法。

② 所选择的准据法最好能与合同有某种自然联系，如合同的谈判地或签署地，当事人一方所在国，贷款资金来源地、提款地、付款地等。但如果合同当事人选择一个与合同无任何联系的中立地法律为准据法，实际上法院也很少以准据法与合同无联系为由而拒绝承认的。根据英国、瑞士法院的判例，只要当事人有合理理由，则尽管所选择的准据法与合同无关，法院也都予以承认。

③ 所选择的准据法不应是为了逃避根据上述"客观联系原则"本应适用的准据法中的某项规定的管辖。例如，根据某一本应适用的法律，某项贷款合同应是无效的，但合同双方当事人却通过故意选择一个与合同无关的国家的法律使该贷款合法化等。根据英国法院的"维他食品公司判例"，准据法的选择应是善意的和合法的（Bona Fide and Legal），否则法院将不予以承认。

④ 不能违反仲裁法院所在国的公共秩序和社会道德准则。例如根据英国法律，凡带有惩罚性的条款、歧视性的外汇管制规定、对联合王国不利的贷款及帮助他人违反经济制裁措施的贷款等，英国法院一概不予承认。

在一般情况下，国际贷款协议都有专门的法律选择条款，明确规定合同的准据法。但在少数情况下，贷款协议中对合同的准据法可能并无明确的规定。出现这种情况的原因很复杂，有的是因为合同订立时双方的疏忽；有的是因为本国法律明确禁止采用外国法律为准据法，因而不方便在合同中规定以外国法律为准据法；有的是为了国家主权尊严，不愿在合同中公开规定以外国法律为准据法，这在政府借款中尤为常见。

若在贷款协议中对准据法缺乏明确的规定，则当借款双方因合同纠纷而诉之法院时，受理法院就必须首先确定该合同的准据法。这是一个十分棘手的问题，目前国际上尚未找到一个为各国普遍接受的判别标准，而是各有各的一套，下面仅介绍几种主要的方法。

① 默示法（Tacit Choice）。即根据合同的内容，看在合同中借贷双方当事人是否暗示了采用哪种法律为准据法的意向。例如，若当事人在贷款协议中明文规定以某地法院为诉讼法院，即可以认为双方当事人默认了以该地法律为准据法。由于贷款协议大多已国际化，故贷款协议所用的语言及法律术语一般不适于作为判定准据法的标准。

② 重心说（Center of Gravity Theory）。所谓重心说，就是以和合同关系最密切的国家的法律作为准据法。即先选出对合同影响较大的几个方面（此称为联系点，Points of Contacts），这些方面包括：支付所用货币、当事人所在地、贷款资金市场所在地、合同的谈判地点和签字地点等。法院综合上述因素选出一个与合同关系最为密切的地方的法律作为合同的准据法。法院在考虑各种因素时，并不是单纯地考虑数量因素，即以联系点多的地方的法律为准据法，而是考虑各种因素的相对重要性，以质取胜。

在过去，合同签字地点常被作为与合同关系最为密切的地点，成为判断准据法的重要标准。但现在有许多国家认为，签字地点有很大的偶然性和随意性，而且在以邮递方式订立合同时，对签约地的判断较为困难，故不是一个很好的判断准据法的标准。故英国于1865年、美国在1954年先后放弃了签约地原则。目前采用签约地原则的仅有西班牙、葡萄牙、伊朗、扎伊尔、象牙海岸、秘鲁、巴西、日本等国。有的国家（如拉美一些国家）采用合同履行地法律作为准据法，虽然它较合同签字地偶然性小一些，与合同的关系也紧密些，但也有缺点，因为一项贷款协议往往有几个履行地，如提款地、还款地等。

③ 灵活标准。美国一些法学家还提出一套灵活的标准，以取代前述各种较为固定的判断方法。该套标准主要包括以下原则：

- 法院在确定合同准据法时，应根据具体情况灵活掌握，不应机械地统一采用某一固定标准；
- 法院应优先采用本国法律为准据法，除非本国政府同本案有利害关系，而其他国家的政府却没有利害关系；
- 法院应采用与合同有着最重要（Most Significant）关系的国家的法律作为准据法；
- 法院应采用与案件处理有最重要关系的国家的法律为准据法；如果同时有几个国家对案件有利害关系，包括审判地所在国，则应以审判地法为准据法。例如，若有甲国银行贷款给乙国借款人，违反了乙国的某项法律，属无效。甲国银行遂向甲国法院起诉，此时甲、乙两国均与该案的判决结果有利害关系。甲国要保护本国贷款，使贷款交易能履行，而乙国则要保护本国的借款人不受贷款银行的损害（如过高的利率），但由于案件在甲国法院审理，故法院应判以甲国法律为准据法。

政府借款准据法的确定也是一个引起广泛争议的问题。欧美发达资本主义国家一般认为，政府若因从事商业活动而订立借款协议，其准据法的判定应按一般商业贷款合同的准据法确定原则来确定。

16. 法院及诉讼程序的选择

在国际贷款交易中，一旦双方就合同的履行发生争执而诉之法院，则不仅会涉及贷款协议适用的准据法选择问题，还会涉及受理法院及诉讼程序的选择问题。二者虽然存在密切的联系，但还是有很大的区别的。在贷款协议中这两者可以合二为一，也就是既以一国的法律为准据法，又以该国的法院及诉讼程序为合同纠纷的受理法院和诉讼程序。但也可以将二者分开，即以一国法律为准据法，但以另一国的法院和诉讼程序为合同纠纷的受理法院和诉讼程序。

同准据法的选择一样，诉讼法院的选择也可以采用明示和默示两种不同的方式。若采用明示的方式，则既可以在贷款协议中规定专门的法院选择条款，也可以在其外另签订一项有关的协议。前者称为法院选择条款，后者称为法院管辖协议。不论是法院选择条款还是法院管辖协议，其目的都是为了明确规定贷款协议应受哪个国家的法院和诉讼程序的管辖。其规定可以是排他性的，即仅选择一个国家的法院作为合同的管辖法院；也可以是多重的，即规定多个国家的法院均可成为合同的管辖法院。一般来说，贷款银行多希望采用多重法院管辖的规定，这样在借款人违约时它就可以更有把握在法律诉讼中取胜。反之，借款人则不希望订立此种条款，因为它可能会面对对自己不利的法庭的审判。不过应注意的是，有些欧洲大陆国家的法院往往规定，如果起诉人先在其他国家的法院起诉，之后又向本国法院起诉，则本国法院可不予受理其诉讼申请。

贷款银行往往不愿接受以借款人所在国法院为合同管辖法律，因为它认为其裁决可能偏向于借款人。但借款人往往会要求采用本国的法律，尤其是政府借款人，出于国家主权的考虑，往往会坚持这一点。

借贷双方在选择合同管辖法院时，通常偏向于以准据法所属国家的法院为合同的管辖法院。这主要是因为准据法所属国家法院一般对准据法最为熟悉，在诉讼过程中法院就不必指定鉴定人证明准据法的内容。而如果采用非准据法所属国的法院为管辖法院，则一来这些国家的法院对外国法律可能不熟悉，二来这些法院在审理过程中在某些问题的处理上可能会拒绝采取准据法的有关规定，而改用本国法律或其他国家法律的有关规定，从而给贷款银行带来损失。

此外，法院受理国际贷款纠纷的能力和经验、公正程度、审理的效率（主要是审理时间长短）、有无执行判决的强制能力、有无扣押被告财产和防止其将财产转移出受理法院管辖地区之外的程序和能力、有无健全的证据法规等，也都是选择管辖法院的重要因素。

合同的双方当事人是否有选择管辖法院的权力，这是一个长期存在争议的问题。过去有些国家认为合同双方无权排斥（Oust）本来对合同应具有管辖权的法院对合同争议的受理权，但目前各国均认为合同双方有选择管辖法院的权力。不过有些国家对这种权利也作了一些限制，这些限制主要有：法院的选择权仅限于一审法院，至于上诉法院则不能由合同当事人任意选择，须按受审法院所属国的司法制度逐级上诉；法院的选择权仅限于非专属管辖案件，如属于专属管辖的案件，则应由专属的法院受理；选择的法院应与合同有某种联系，如被告或原告所在国、合同签字地、合同履行地等。

如果借贷双方未在贷款协议中或在贷款协议之外的协议中明确指定合同的管辖法院，则此时可以采取其他方法确定协议的管辖法院。

① 被告同意接受某国法院的管辖。这种同意可以是明示的，也可以是暗示的。例如，若被告虽无明确表示接受某法院对案件的管理权，但如果被告实际出庭应诉，则可以认为他默认了该法院对案件的管辖权。

② 原告与法院所在国有联系。如原告具有法院所在国的国籍或在该国有住所，欧洲大陆法系的法律一般持有此种观点，英美法系的法律则往往反对此种做法。

③ 被告与法院所在国有联系。如果被告拥有该国国籍，则该国法院对其就拥有管辖权。但对于外国公司，则情况更复杂，各国对此规定不一。英美两国认为，如果外国公司"在"本国营业，则本国法院对其将拥有管辖权；反之，如果外国企业仅仅是"和"本国居民有业务往来，就不能认为本国对其拥有管辖权。至于如何判定外国企业是否"在"本国营业，一般认为只要外国企业在本国拥有代表处之类的机构（英国认为该代表处还应拥有合同签订权）就可以了。但如果外国公司在本国设立的是子公司之类的独立法人实体，则本国法院仅对该子公司拥有法律管辖权，而对母公司则无此权利。

④ 借贷交易本身与法院所在国有某种联系，如以法院所在国为合同签字地、义务履行地、以法院所在国的法律为合同准据法等，这些地方的法院就可以被选为合同的管辖法院。

⑤ 被告的财产所在地。有的国家（如德国、奥地利、日本等国）的法律规定，只要案件的被告的财产在其境内，该国法院就有权审理。至于应有什么样的财产，则各国规定不一，极端的如奥地利的法律，连被告的拖鞋和裤衩也被视为财产，一旦留下，本国法院即对其有管辖权。

⑥ 外国当事人与诉讼案件有关。根据各国法律，若外国居民为本国法院受理的某项法律诉讼的"必要的和恰当的当事人，本国法院对该外国居民就拥有管辖权"。例如，若贷款协议的借贷双方发生法律纠纷而告上法庭，则本国法院对在境外的该贷款协议的担保人也有权对其行使管辖权。

上述各项原则就是各国借以判定合同管辖法院时经常采取的各种方法。最后应该指出的是，虽然根据某项原则，法院认为自己有权管辖某一借贷合同，但在实践中它有时会放弃这一权利。它经常会援引"法院不相宜"（Forum non Convenient）原则，认为自己不是审理该案件最方便、最自然的审判机关，而拒绝行使管辖权。

17. 仲裁（Arbitrage）

在国际经济交往中，经济合同的签订双方一旦就合同的某项条款发生争执，经内部协商后又不能解决，此时双方除了可以上法庭诉讼外，还可以采用仲裁的方法。双方可以在合同中事先约定，一旦双方就合同的某些条款发生争执，应将争议交给一中立的第三方裁决。仲裁在国际经济交往中是一种十分普遍的解决合同双方争执的方法。其优点在于：仲裁是终局的，对双方均有约束力；仲裁过程是不公开的，对双方信誉的影响较少；仲裁人员一般由专业人士担任，对专业问题比较熟悉，能公正、迅速地作出裁决。

但在国际贷款业务中仲裁则很少采用，原因如下。

① 仲裁的上述优点，对贷款银行而言，恰好成了缺点。贷款银行往往并不需要终局裁决，而是希望有上诉权，这样一旦判决对己不利，可以上诉，安全性更强些。仲裁的秘密性也仅仅是对借款人有利，对贷款银行并没有什么好处。而且借贷协议的争议往往主要是涉及法律问题，很少涉及技术性问题，因而更注重裁决人员在法律方面（尤其是借贷法律）的经验和能力，故更适合由熟悉法律的法院来处理。

② 仲裁往往是排他性的，即合同双方仅能选择一家仲裁法院，而法律裁决则可以订立"多重管辖法院"条款，可在多家法院中选择上诉法院。

③ 仲裁法庭往往是根据公平合理的原则裁决合同双方的争执，而不一定严格按照准据法，这样裁决结果的不确定性就增加了。对贷款银行而言，这一风险是其特别不愿承受的。

④ 仲裁往往是在中立国进行，如果被诉方在该国没有财产，则裁决结果还须向其他有关国家的法院申请执行，这样仲裁的实际效果就很难预料了。

⑤ 根据一些国家的法律，政府机构签订的合同所引起的争议必须由司法诉讼解决，而不可以仲裁方式解决。

18. 主权豁免问题（Sovereign immunity）

在国际经济交往中，往往会遇到主权豁免问题，国际贷款业务也不例外。

所谓主权豁免权，是指主权国家的行为及其财产不受外国法院的管辖。具体来说，其内容主要包括以下两个方面：一是一国法院不能受理以外国政府为被告的诉讼，除非取得前者同意；二是即使法院受理了对外国政府的诉讼，且外国政府败诉，法院也不能强迫执行判决结果。前者被称为判决的豁免，后者则被称为执行的豁免。

外国政府为什么能享有豁免权，这历来有两种解释：传统的国际法理论认为，从国家主权的完整、独立、平等、尊严的角度来看，一国法院是无权对另一国的政府作裁决的；另一种较新的国际法理论则认为承认主权豁免权是因为各主权国家的相互礼让。

具体的主权豁免权的享受对象主要是主权国家的中央政府及其主要官员，以及中央政府所属的拥有独立公法人资格的各个机构。至于地方政府及其所属的机构，以及国营企业是否享有主权豁免权的问题，则各国规定不一。有些国家的法律（如美国于1976年的"外国主权豁免权法"）认为，外国地方政府及其机构若拥有独立公法人资格的，也可以享受主权豁免权。但有的国家则认为地方政府在国际关系中不是国际法意义上的主权实体，故不能享有主权豁免权，例如1972年通过的"欧洲国家豁免公约"和1978年英国通过的"国家豁免权法"，均持有此种观点。至于国营企业，目前大多数国家都以国营企业同政府之间的关系及其行为的性质决定其是否应享有主权豁免权。首先是看该企业同政府之间是否有紧密的联系，是否为其所控制。例如 1976 年通过的美国"外国主权豁免法"规定：凡是政府及其政治分支机构拥有 50％以上多数股权的公司，都可以被视为政府机构而享受主权豁免权。其次是应考察企业业务活动的性质，如果其行为纯属行使政府的行政职能，则有权享受主权豁免权；而如果企业所从事的主要是商业活动，则不能享受主权豁免权。

在过去，政府的主权豁免权是绝对的，也就是说，这种豁免权的享有并不考虑政府的行为及其资产的性质。第二次世界大战前，各国政府大多采取自由放任政策，绝对豁免权并不会招致太多的麻烦。然而在第二次世界大战后，各国政府都积极地干预经济，自身也广泛地从事各种商业活动，这时绝对的主权豁免权就显得不太合适了，因为这会严重干扰商业活动正常、平等、公正地进行，故许多国家都放弃了绝对主权豁免权而改行有限主权豁免权。有限主权豁免权原则认为政府只有在从事主权行为（即公法上行为）时，才可以享受主权豁免权，而当政府从事商业行为（即私法上行为）时，必须同普通的私法人（个人及企业）一样受有关法院的管辖。最早采用有限主权豁免权原则的为意大利（1886 年）和比利时（1903年），其后法国、奥地利、瑞士和希腊等欧洲大陆国家都采用了这一原则，英、美则分别于1952 年和 1977 年开始采取了这一原则。至于什么是商业行为，各国法律也有明确的规定，通常借贷行为是被视为商业行为的。

在政府借款中，主权豁免权的存在对贷款银行是十分不利的。因为一旦政府借款人违约，贷款银行将缺乏必要的法律手段来保护自己的利益。为避免这一风险，贷款银行往往要求政府借款人在贷款协议中明确声明放弃主权豁免权。一般来说，如果政府宣布放弃享受主权豁免权，法院就会受理以其为被告的案件。除此之外，在贷款协议中还可由政府借款人公开声明借款属商业行为而不是主权行为，这样依照有限主权豁免权的规定，政府借款人就无权享受主权豁免权了。

一般来说，当贷款银行向法庭提出对政府借款人的诉讼时，政府借款人除非万不得已，不会拒绝上法庭应诉，也不会拒绝服从法庭的判决，因为这会令它在国际金融界声誉扫地，以后再也难以从国际金融市场上筹集到任何资金，对借款国是得不偿失的。因此，政府借款人在贷款协议中通常是会愿意表示放弃主权豁免权的。

思 考 题

1. 什么是消极保证条款？该条款的目的何在？有何例外？
2. 什么是比例平等条款？该条款的目的何在？有何例外？
3. 什么是税收补偿条款？贷款银行为什么要求订立此项条款？什么条件下贷款银行愿意取消此项条款？
4. 什么是主权豁免权？贷款银行在贷款协议中如何消除其不利影响？

第7章

我国的涉外信贷

所谓涉外信贷，是指与我国的对外经济活动有关的贷款。若以贷款对象来分，涉外信贷大致可以分为两类：一类是我国银行向我国从事对外经贸活动的涉外企业提供的信贷，另一类是我国银行为对外经贸活动提供的贸易信贷。前者是对以企业为对象提供的贷款，而后者则是针对某项具体交易提供的贷款。若按贷款货币来分，则可以将涉外信贷分为外汇贷款和人民币贷款。

改革开放以来，随着我国对外经济交往的日趋频繁，相应地对涉外信贷的需求也大为增加，使得我国的涉外信贷发展十分迅猛，其在我国信贷工作中的地位也日益提高。由于体制上的原因，目前我国的涉外信贷工作同国际银行惯例尚未完全并轨，存在着一些特殊的原则和业务做法，这是本章所关注的主要问题。

7.1 涉外企业的信贷

这里所说的涉外企业的信贷，是指我国银行在涉外企业的生产经营活动过程中，为了满足其对资金的需求而提供的贷款。但此种贷款并非是针对某项对外经贸交易而提供的。

涉外信贷的对象是我国的涉外企业，凡在当地工商行政管理部门登记并取得营业执照，经外贸主管部门批准，有权从事对外经济贸易活动或为我国的对外经济贸易活动服务，具有良好的财务状况的独立法人企业均可申请涉外信贷。

对涉外企业的信贷分为外汇信贷和人民币信贷两种。

7.1.1 我国的外汇贷款

所谓外汇贷款，是指我国的各专业银行以外汇为贷款货币提供的各种贷款。它最早是由我国的指定外汇专业银行——中国银行于 1973 年开始办理的，但目前我国的各专业银行及各类外资银行均可以办理此类贷款。

1. 外汇贷款的申请资格

外汇贷款的借款人除了应具备普通的工商业贷款借款人应具备的条件（如为有借款资格的独立法人或经有借款资格的上级机构授权借款、有偿还资金的实力等），最为重要的是借款人必须有足够的外汇来源可以用于将来的还本付息。最初通常只有从事对外经贸活动、自身有创汇能力的涉外企业才有资格申请外汇贷款，但随着我国外汇管制的放宽，一般国内企业在符合一定条件下也有资格申请外汇贷款。如果借款人本身无创汇能力，则需其上级部门担保为其提供外汇，或自身有资格在外汇市场上购买外汇（即有外汇管理部门同意购汇还贷的证明文件）。

除了贷款人的资格外，对于贷款的项目，也必须满足一定的条件，以保证贷款项目能取得良好的经济效益，从而确保贷款的安全，并保证贷款项目能符合国家的政策。

为了确保贷款的偿还，像其他种类的贷款一样，目前我国的外汇贷款多数也需要借款人提交还款保证或是提供抵押品，作为贷款的担保。

2. 外汇贷款的种类

目前我国各专业银行提供的外汇贷款包括短期的流动资金贷款和中长期的固定资产贷款。

对涉外企业的固定资产外汇贷款是指我国银行对从事对外经贸活动的企业提供的，用于固定资产投资的外汇贷款。根据固定资产投资种类的不同，固定资产贷款又可以分为多种具体的贷款形式。以中国银行为例，目前存在的形式主要有以下几种。

① 基本建设贷款。这是对基本建设项目（包括经国家有权部门批准的基础设施、市政工程、服务设施和新建或扩建生产性工程等）提供的贷款。

② 技术改造贷款。这是对现有企业以扩大再生产为主的技术改造项目提供的贷款。

③ 科技开发贷款。是指对新技术和新产品的研制开发及将开发成果向生产领域转化或应用的活动提供的贷款。

④ 其他固定购置贷款。指对不自行建设，直接购置生产、仓储、办公等用房或设施的活动提供的贷款。

所谓流动资金贷款，是指我国银行为满足对企业的流动资金需求而提供的贷款。由于流动资金的性质，流动资金贷款期限一般为在一年期以内，但也有期限在一年至三年期的中期流动资金贷款。贷款的使用方式可分为逐笔申请、逐笔审贷的短期周转贷款，也可以规定一个较长的合同期限及总贷款限额，客户在规定的期限和限额内可随借、随用、随还的循环贷款，也可以采用账户透支的方式。

3. 外汇贷款的条件

对中长期外汇贷款的期限一般为 1～3 年，最长不超过 5 年；对外资企业可达 7 年，个别项目经银行同意可适当放宽限制，但最长不能超过借款人营业执照中规定的经营期结束前一年。整个贷款期限可分为提款期、宽限期、偿还期三部分。贷款利率一般采用浮动利率，一般以 LIBOR 为基础利率，具体的利率计算方法由银行根据国家政策需要、国际资金市场状况、银行管理成本等因素不定期地进行调整并予以公布。利息是每季（3 个月）结算一次，届时若借款人无力付息，该期利息将打入本金，并计复息。但如借款人需要也可以采用固定利率。根据借款人的要求，银行还可以为其开展将贷款的浮动利率掉期为固定利率的掉期交易。外汇贷款通常不需支付承诺费，但大型贷款例外。

短期贷款的期限在一年以内，虽然总的贷款承诺期可达一年以上，一般采用贴现或短期一次性偿还的方法，利率通常为固定利率。

贷款的货币主要为美元、日元、英镑、欧元、港币 5 种货币。使用何种货币由借款企业自由选择，但一般是借什么货币还什么货币。

7.1.2 涉外信贷的业务程序

在我国，企业若想申请贷款，一般应遵从以下程序。

1. 贷款的申请

企业若想申请涉外贷款，应先就贷款项目报经主管部门批准，再向银行提出贷款申请。企业在申请时应提供以下书面文件。

① 贷款项目的项目建议书、可行性研究报告等项目评估文件。

② 借款人的组织文件，如成立批文、经年审合格的企业（法人）营业执照、公司章程、合资合同、协议（如果是合资企业）、企业法人代表证明书等。

③ 借款人近三年经审计的财务报表及近期财务报表、验资报告等财务资料。

④ 如果是"三资企业"或股份制企业，应出具董事会就申请贷款所作的决议文件及授权委托书。

⑤ 归还贷款的外汇资金来源（如外汇主管部门的用汇批准文件等）。

⑥ 保函及担保单位的营业执照、组织文件、财务资料等，如果是股份制企业，应出示董事会的批准文件。若贷款采取抵押的方式，则应出具抵押品的产权证明。

⑦ 银行对贷款项目投产后所需的流动资金的贷款承诺。

借款人在提交上述书面文件的同时，须同时填写"外汇贷款申请书"。

⑧ 中国银行要求提供的其他文件、证明等。

2. 《贷款证》的审核与填写

在过去，由于各银行之间信息交流少，加上彼此之间的恶性竞争，导致企业多头借贷，套取银行资金的现象较为普遍。为了扭转这一局面，深圳市率先于 1991 年 4 月开始实行《贷款证》制度。只有申请并被批准领取了《贷款证》的企业，才有资格向国内金融机构借款。贷款人在申请贷款时，应出示《贷款证》，由银行审核，银行有权复印其《贷款证》，但不得长期扣压，审核《贷款证》时间不能超过 10 天，以利于借款人向其他金融机构借款。

1994 年起，福建、安徽、山东、浙江、河南等省开始推广此种做法，到 1996 年 4 月，全国已发放 41 万册《贷款证》，涉及辽宁、陕西、云南、宁夏等 17 个省市。1996 年 4 月 1 日中国人民银行总行决定，从 1996 年 4 月 1 日起全国 200 个大中城市推行统一的《贷款证》制度。

实行《贷款证》的好处在于：便于银行了解贷款申请人的借款及担保情况，防止多头借款，加强贷款安全；企业对其负债情况也容易了解，便于其加强经营管理；信用状况好的企业可以借此提高其声誉，更容易从银行借入资金。

《贷款证》的主要内容如下。

① 企业概况。此部分在申领贷款证时填写，主要是企业的一些基本情况，如企业名称，营业执照号，经营性质，注册资金，隶属部门，行业归属，职工人数，联营情况，下属部门，电报、电话号码等。

② 存款开户记录。此项目记录持证企业开立的所有人民币和外币账户的情况，包括开户银行的名称和账号，不得漏填；企业在银行开新的结算户后，要及时填写；填写时要注明基

本结算户和主要贷款金融机构。多头开户是企业套取银行信贷资金的主要手段，故该项内容十分重要。

③ 历年贷款余额情况表。在申领贷款证和年审时，要在此栏填写持有人在各金融机构的贷款余额情况。

④ 企业资信等级记录。在实行贷款证管理制度的城市，经发证机关认可的资信评估机构对企业评定的资信等级，可在此部分登记。

以上栏目由企业填写，银行审核。

⑤ 贷款发生情况登记表。该栏目由贷款银行在提供贷款时逐笔填写，包括贷款的种类、金额、期限、用途、方式、担保情况、偿还情况等。该表分为人民币贷款余额情况表和外汇贷款余额情况表两类。

⑥ 异地贷款情况登记表，反映企业在注册地外的城市办理借款业务的情况。

⑦ 企业经济担保情况表，由被担保企业填写，记录担保人的担保情况，保证人在提供担保时也应同时提交贷款证。

⑧ 发证记录和年审记录。此部分由发证机关填写。发证记录一栏记录该贷款证的启用时间和有效期限，年审记录登记历次年审的结论。贷款证的有效期为 3 年，每年需年审，年审时间为企业持证之日起一年后三个月内。

以上部分由提供贷款的金融机构信贷部门按系统分开填写。

⑨ 备注。此部分用于发证机关和金融机构信贷部门记录与持证人的信用有关的其他情况。

3. 贷前检查

银行在收到贷款申请人的上述申请文件后，即可对申请人进行审查，以便作出是否贷款的决定。

审查的内容如下。

① 申请企业提交的各种书面文件是否符合要求、内容是否真实可靠。

② 申请企业的经营管理状况，如原材料的消耗、产量、质量、生产经营成本、利润情况等。

③ 贷款项目产品的销售前景，特别是其创汇能力。

④ 贷款项目所需进口是否符合国家规定、进口设备的先进性和适用性。

⑤ 贷款项目的国内配套条件是否具备，如厂房，原材料，劳动力，水、电供应，国内配套设备，人民币配套资金（固定资金和流动资金）等是否均已落实。

⑥ 申请企业的财务状况，如其资产负债状况、盈亏情况等。

调查一般由一名信贷员专门负责，信贷员在调查之后即可写出"贷款项目调查报告"，对该借款项目作出评价，交上级部门审批。对较大型项目，信贷员应写出自己的独立的项目可行性研究报告。

主管信贷审核部门的官员依据信贷员的调查报告及借款人提交的文件，最终决定是否批准该项贷款。

4. 外汇贷款的使用

外汇贷款项目一经批准，即由银行发给申请人一份《关于批准外汇贷款的通知书》，此时借款人仍须办理下列手续。

① 借贷双方订立《外汇贷款合同》。

② 办理抵押、保证等担保手续。采取抵押担保方式的，应向相关部门办理相应的登记等手续（具体见第9章有关内容）；采用保证担保方式的，应由保证人出具外汇贷款担保书，并填写担保能力调查表。

③ 由借款人填写借款凭证，银行经办人员应认真核对借款凭证与借款合同是否相等，在核查无误后，由相关负责人员签字后送银行会计部门办理入账手续，将其登入外汇贷款台账。

④ 同时贷款银行应在借款人的贷款证上填写有关的栏目，并签字盖章。

办理了上述手续后，并到外汇管理部门登记备案后，借款人即可提款，提款时应确定借款人落实了有关提款前提条件。

5. 贷款的管理

贷款发放之后，银行仍需加强管理，以保证贷款的安全。应根据贷款项目的不同阶段，采取不同的监督措施。

在贷款期间，贷款银行主要应注意两个方面的管理。一是要加强贷款项目的档案管理，及时掌握贷款项目的进展情况。档案内容应包括：项目执行的进展程度、项目的用款情况、项目投产后的经济效益、贷款的还本付息情况等。二是要做好贷后的跟踪监督工作。贷款银行的信贷部门应布置专门信贷员实地对贷款项目的执行情况及借款人的经营状况等进行持续的监督。监督主要是考察贷款是否的确是投向了指定的投资项目，投资项目的工程进度、与外汇贷款有关的进出口贸易的执行情况。对于大型的进口项目，银行要争取参与贸易谈判。负责检查的信贷员应定期向银行有关部门报告检查的结果，主管的信贷官员应认真审核上交的检查报告，在检查及审核过程中若发现问题，应及时采取措施加以解决。

6. 贷款的收回

对于到期的贷款本息，银行应及时予以收回。银行信贷部门对贷款的收回应拟定明确的计划，在贷款到期前的 1～2 个月，银行就应通知借款企业，令其有充足时间准备还款资金，并派人监督借款人偿贷资金的落实，到期时及时督促借款人偿还贷款本息。

借款企业偿还了贷款本息后，银行也应在借款人的贷款证上作相应记录。

若贷款人到期不能偿还全部贷款本息，银行应采取相应的措施；若确因政策等客观因素而导致借款人无法偿还贷款，且经银行研究，借款人尚有偿还的能力，可以允许贷款展期，但同时也应相应地办理保证或抵押的展期手续。贷款展期原则上只能一次，固定资产贷款展期最长不超过 1 年，流动资金贷款展期最长不超过 3 个月。

7. 贷款的事后评估

在每项贷款结束之后，贷款银行应对该项贷款作全面的评价，以总结其经验教训，为以后的信贷工作提供借鉴。评估的内容包括对贷款项目本身的评价及对银行工作的评价。前者主要是对项目实际取得的经济效益和项目可行性研究报告估计的项目效益情况作一比较，看是否达到了预期要求，若未达到，其原因何在？贷款的还本付息情况及其成因的评价等。后者则是对贷款银行在贷款的调查、管理诸环节的工作进行总结，并对今后贷款工作改进的措施提出建议。

8. 对逾期贷款的处理

对无法（或可能无法）按时收回的贷款，银行必须予以处理，首先是要对现有未偿还的贷款存量进行分类。在我国，贷款过去分为正常、逾期、呆滞、呆账 4 类。任何贷款到期（包括展期）未还即为逾期贷款，逾期一年以上则为呆滞贷款，逾期 2 年以上为呆账贷款。现在我国实行了新的贷款分类方法，该方法将贷款分为以下几种。

① 正常。即能够按时偿还的贷款。

② 关注。债务人出现资金周转问题，可能会影响其财务状况和偿还能力，但只要问题不再继续，其还本付息不存在疑问。

③ 次级贷款。指借款人出现经营问题和财务问题，偿还能力下降或抵押品价值不足以抵补贷款的本息。

④ 可疑贷款。指借款人已出现严重的经营和财务问题，偿还能力已大大下降或抵押品价值不足以抵补贷款的本息，银行已确定要有损失。

⑤ 损失贷款。指银行采取各种追加行动，如变卖抵押品、进行法律诉讼程序后，仍不能追回贷款，银行损失已确定。

对于逾期贷款，银行应尽力挽回损失，主要可采取以下几个方面的措施。

① 从借款人的外汇存款账户中强制扣收。

② 向保证人要求兑现保证，若保证人拒绝兑现保证，也可以从保证人的外汇账户中扣收贷款本息。

③ 若有抵押物，可将抵押物变卖以抵偿贷款本息。

④ 向法院起诉，依法收回贷款本息。

对于已逾期但一时又无法收回的贷款，银行将按逾期时间的长短加收罚息。

若借款企业偿还了逾期贷款，可向银行提出解除信贷制裁申请，信贷员经调查认为符合条件后，可填写免除信贷制裁通知书，经相关信贷官员审核、批准后，即可通知借款企业解除制裁。

对于逾期又一时无法收回的贷款，应按逾期时间的长短及收回前景的不同，将其分档归类，并对不同档类的逾期贷款按规定提取坏账准备金，并定期冲销部分逾期贷款。

为了改进工作，提高工作人员的责任心，对于逾期贷款银行还应根据贷款逾期的具体原因的不同，追究有关工作人员的责任。若贷款是由于国家计划、政策调整、市场变化及自然灾害等客观原因造成的，非银行工作方面有误，不追究有关人员的责任，但应及时向上反映情况并采取挽救措施，力求将损失降至最少。若贷款逾期是由于借款人自身原因（如经营不善、三角债、赖债等），而银行自身并无过错，则应由借款企业承担全部责任，但银行应及时采取必要措施，使银行的损失降至最低。

7.2　我国的外贸信贷

所谓外贸信贷，是指我国银行对进出口贸易及其他涉外经济活动提供的融资，也就是我国银行提供的贸易融资。它在我国的涉外信贷中也占有十分重要的地位。

7.2.1　我国的短期贸易融资

在我国，短期贸易融资主要有以下几种方式。

1. 出口打包贷款

如前所述，出口打包贷款是对出口商提供的一种装船前信贷，它是以出口商的正在打包但尚未装运上船的出口货物为抵押提供的贷款。具体在我国，则是指银行以出口商收到的进口方银行开立的有效信用证或销售合同为抵押，向出口商提供的一种短期贷款。我国自 1986 年起，由中国银行率先恢复了此项贷款。

该贷款主要用于相关的信用证或销售合同项下的出口商品在生产、销售、结算等环节上的流动资金需要。贷款的货币一般为人民币，偶尔需租用外轮装运货物的出口贸易可发放外汇打包贷款。贷款的期限一般自借款之日起计算，至相关的信用证或销售合同所规定的收汇日止，一般为 3 个月，最长不超过信用证或外销合同有效期 21 天。贷款利率按银行规定的人民币流动资金的贷款利率决定。贷款的金额一般为相关的信用证的金额按外汇牌价折成人民币金额的 80%；以贸易合同申请贷款的出口企业以外销合同额按外汇牌价折成人民币金额的 60% 发放。

出口企业欲申请打包贷款，需先填写出口商品打包贷款申请书，并提交以下书面材料作为申请贷款的凭据。

① 进口商银行开立的信用证正本。

② 与外国进口商订立的出口销售合同及与该出口贸易有关的国内销售合同。

③ 出口批文或出口许可证。

④ 借款企业的成立批文、企业法人营业执照、法人代表证明书、验资报告、企业近期财务报表、贷款证等。

银行根据上述资料对申请进行审核。审核中除了应像一般信贷那样重视申请人的资信情况外，还应特别重视信用证（或贸易合同）的可靠性，这是贸易信贷的一个特别之处。因为打包贷款之类的贸易信贷具有自偿性，其贷款偿还主要取决于所融资的贸易的安全程度。

申请经银行审核通过后，申请企业即可与银行订立打包贷款合同，并填写借款凭证。办理完上述手续后银行即可为借款企业在贷款银行开立特殊的人民币账户，供借款企业使用。贷款后信用证正本须留存于融资银行，信用证应以融资银行为通知行，且融资银行可以议付。借款企业在将出口货物装船后，应将货运单据连同信用证交由贷款银行议付，银行收妥贷款后即从货款中一次性扣除打包贷款的本金、利息及其他费用。

若借款企业未能在信用证的有效期内向银行提交全套议付单据，或因所交议付单据不符信用证的规定而遭开证行拒付，银行有权从借款企业的其他账户或其他交贷款银行议付的货款中扣除本项贷款的本息及其他费用。借款企业也可以在征得贷款银行同意后办理展期手续，对逾期部分应在原利率基础上加收罚息。

2. 出口押汇

出口押汇也是由中国银行在 1984 年率先办理的一项贸易融资业务，也就是本书第 4 章所说的信用证（采用信用证结算方式时）或票据抵押（采用跟单托收结算方式时）贷款，属于装船后信贷的一种。

出口商首先应和其往来银行订立较长期限的一项总信贷额度，此时出口商可根据该总贷款额度直接办理融资，以简化手续。如果是信用证押汇，出口商在收到进口商寄来的信用证及货运单据后，可将符合信用证要求的全套贸易单据，如汇票、货运单据等连同信用证一起向银行申请出口押汇。申请时应填写出口押汇申请书。银行在收到申请后，应对申请进行审查。由于出口押汇的安全性主要也是取决于所抵押的信用证的情况，故贷款的审查主要是审核信用证的有关情况，如押汇申请人是否为所押信用证的受益人；所押信用证是否限制其他银行的议付；开证行、付款行、保兑行的信誉是否可靠，有无故意挑剔拒付的历史，信用证的真伪，其条款是否合理，特别应注意是否有"陷阱条款"（规定有限制议付的条款）。银行还必须严格审核出口商提交的贸易单据是否符合信用证的要求，做到单单一致，单证一致，否则贷款银行在议付时可能会遭到开证行的拒付，给贷款的偿还带来困难。此外，银行在审核时还应注意调查开证行、保兑行、付款行所在地，以及货运目的地有无政局动荡甚至战争的可能，是否存在或可能实施严格的外汇汇出管制等。这些对贷款的安全收回都会产生严重的不利影响。

银行审核通过后，即可为出口商办理出口押汇业务，将信用证下的外汇款项按外汇牌价折成人民币款项，再按相应的贴现率和贴现天数扣除贴息，然后将余下款项存入出口商在贴现行开立的人民币存款账户内。

出口押汇的贴现条件按下列方式决定。

① 扣息天数。这由议付所需日期决定。其中，即期信用证根据银行按信用证规定的寄单条件寄单给开证行所需的邮程加上开证行、保兑行、付款行获单后汇付货款所需的天数决定。远期信用证则在上述两个邮程的天数上再加上远期天数。

② 贴现率。美元、英镑、马克、日元的贴现利率参照有关货币的伦敦银行同业拆放利率（LIBOR）制定，港币按香港银行同业拆放利率（HIBOR）制定，其他货币按人民币流动资金贷款利率收取。

出口押汇项下的票据贴现是有追索权的，因此若开证行拒付贷款，贷款银行有权向出口商追索垫付的货款及相应的利息额，但由于银行本身工作上的失误而导致贷款无法收回或延迟收汇的，由银行自己承担损失。若开证行是无理拒付，则贷款银行有义务代出口商和开证行进行交涉，以维护其正当权益；若交涉无效银行仍可向出口商追索，再由出口商和进口商进行交涉。

3. 保理业务

改革开放以后，我国银行也开始开展保理业务。1988 年，中国银行在国内首家推出国际保理业务。1999 年，中国银行又率先在国内推出国内保理产品。1993 年，中国银行还加入了国际保理协会（FCI）。交通银行、东方保理公司（由中信实业银行、华能公司、经贸部合办）也于 1995 年开展国际保理业务，并加入了 FCI。中国工商银行在 1999 年也推出了国际和国内保理服务，并于 2003 年正式加入 FCI。到 2007 年我国已有 12 家银行及其他金融机构成为 FCI 会员，其中中国银行是正式会员。2006 年我国国际保理业务量达到 190 亿美元。

国际保理业务通常采用双保理商的模式，即一项保理业务同时会涉及出口保理商和进口保理商。国际双保理业务的程序如下。

① 国内出口商在与进口商谈判时，若外国进口商希望采用非信用证结算，出口商可向其往来银行（称出口商保理行）申请办理保理业务。申请时填写出口保理业务申请书，其内容

包括：出口商业务情况。交易背景资料；申请的额度情况，包括币种、金额及类型等，并与其签订保理合同。

② 协议签订后出口商保理行将选择一家进口保理商（称进口商保理行），通过进口商保理行调查进口商的信用。通常所选择的进口商保理行和出口商保理行是一个国际保理业务组织的成员国。

③ 进口商保理行若审核通过，会批给进口商一定的信用担保额度，并将该额度通知出口商保理行。按照 FCI 的规定，进口商保理行最迟应在 14 个工作日内答复出口商保理行，最快的只需两三天。这主要取决于获取有关进口商的信息的难易程度。信用担保的额度一般可达贸易票据面额的 80%，期限通常是从装船日算起

④ 出口商保理行根据进口商保理行的承诺按同样的额度向出口商提供保理业务。这使得国内出口商可以赊账、托收等非信用证结算方式与进口商订立贸易合同。出口商按合同发货后应将附有转让条款的发票、提单、原产地证书、质检证书等贸易单据的正本寄送进口商，同时按照预先的约定将上述贸易单据的副本交给出口商保理行，并办理贴现票据。由后者通过内部的电子数据交换系统（如 FCI 的 EDIFACTORING）通知进口商保理行有关贸易单据的详细内容。

⑤ 在贸易票据到期时，进口商保理行将负责从进口商处收取票据款项，并及时将其汇给出口商保理行，后者在扣除贴现额后将所剩余款支付给出口商。

⑥ 如果在贸易票据到期后的规定时间内（FCI 的规定是 90 天）进口商未能兑现其票据，则进口商保理行将所担保的票据金额的全部支付给出口商保理行。

4. 进口押汇

所谓进口押汇，是指银行为我国进口企业向外国出口商垫付货款，进口企业日后以出口所获外汇（或从其他来源取得的外汇）偿还银行垫付的货款并支付一定的利息。它属于短期的进口商融资。按结算方式的不同，进口押汇可分为托收项下的进口押汇和信用证项下的进口押汇；贷款货币可以是人民币也可以是外汇。

申请人必须在订立贸易合同之前向银行提出申请，申请一般在向银行申请开立信用证或办理托收业务时一并提出，并须填写进口押汇申请书，银行经过审核后将与进口商订立押汇协议。申请人凭经银行信贷部门审批通过的申请书向银行的进口结算部门办理开立信用证或托收业务，并由银行垫付外国出口商的货款，到押汇到期日由进口企业以转售进口商品或用进口原材料、辅料、零部件加工生产的商品的出口所获外汇结汇款偿还银行贷款的本息。

进口押汇的贷款条件主要如下。

① 货币。仅限于进口所需的美元、英镑、日元、欧元和港币的垫付，偿还时则可以外汇或按外汇牌价折成人民币款项归还贷款本息。

② 押汇期限。押汇期限自银行对外国出口商付款起至进口企业偿还押汇止。若是制成品押汇期限一般与进口货物转卖的期限相匹配，若是进口原、辅料、零部件则由进口企业的生产周期决定，即其购入进口原、辅料、零部件至生产出成品为止，一般不超过 6 个月，最长不超过 1 年。进口押汇一般不能提前归还或逾期归还。

③ 利率。人民币贷款一般按银行自营统筹资金贷款利率确定，外汇则由相应的国际利率（如 LIBOR）决定。

7.2.2 我国的中长期出口信贷

如同其他国家一样，我国中长期出口信贷也包括卖方信贷和买方信贷两种。我国的中长期出口信贷起步较晚，开始时只有中国银行开展此项业务，目前我国提供中长期出口信贷的主要机构是中国进出口银行，但中国银行及其他专业银行也都提供此项业务。不少外资银行在进入我国后也把中长期出口信贷作为业务发展的一个重点。

1. 我国的中长期卖方信贷

中长期卖方信贷是我国最早采用，也是目前运用最多的中长期出口信贷形式。最初主要是由中国银行办理，但中国进出口银行成立之后，此项工作成为该行经营的主要业务之一。

以中国进出口银行为例，该行的中长期卖方信贷根据所支持的出口商品对象的不同主要有以下几种。

（1）设备出口卖方信贷

设备出口卖方信贷是中国进出口银行对出口成套设备、单机及对外提供相关的技术服务等的我国出口商发放的本、外币贷款。我国利用世界银行和亚洲开发银行等国际金融组织贷款、外国政府贷款的国内项目，其设备进行国际招标而由我国企业中标的项目也属其支持范围。申请贷款的出口合同金额不应低于 100 万美元，进口商支付的预付款比例原则上不能低于合同金额的 15％。贷款申请人除了应具备独立法人资格等一般条件外，还应具有成套设备和机电产品出口经营权。

（2）船舶出口卖方信贷

船舶出口卖方信贷是指中国进出口银行对出口船舶和为国外船舶提供改装、修理等服务的我国出口商提供的本、外币贷款。申请出口卖方信贷的贸易合同金额一般在 100 万美元以上现汇付款的项目，进口商支付的预付款比例现汇项目原则上不低于合同金额的 30％；延期付款的项目原则上不低于合同金额的 20％。

（3）高新技术产品（含软件产品）出口卖方信贷

高新技术产品（含软件产品）出口卖方信贷是指中国进出口银行对出口除前述设备、船舶类产品以外的高新技术产品的我国出口商所提供的本、外币贷款。

获得贷款的出口产品必须属于国家有关部门颁布的《高新技术产品出口目录》或《高新技术产品目录》的范围，或经国家主管部门认定为高新技术产品；其高新技术产品年出口额应达到 300 万美元，或软件产品年出口额达到 100 万美元；软件出口企业应具备较强的科研开发能力，通过 CMM（软件开发企业能力成熟度模型）2 级以上认证或 GB/T 19000 IDT ISO 9000 系列质量保证体系认证。

（4）一般机电产品出口卖方信贷

一般机电产品出口卖方信贷是指中国进出口银行对出口除船舶、设备和高新技术类机电产品以外的机电产品的我国出口商提供的本、外币贷款。出口的产品应属于国家有关部门颁布的《机电产品目录》的范围，或经国家主管部门认定为机电产品；其借款人的一般机电产品年出口额需达到 500 万美元，实力较强的中西部地区企业和民营企业一般机电产品年出口额至少为 300 万美元。

（5）对外承包工程贷款

对外承包工程贷款是指中国进出口银行对能带动国产设备、施工机具、材料、工程施工、技术、管理出口和劳务输出的境外工程承包项目的我国承包商所提供的本、外币贷款。我国使用世界银行或亚洲开发银行等国际金融组织的贷款、外国政府贷款的国内项目采取国际招标，国内企业中标的承包工程项目也在该种贷款支持范围内。

申请者除应具备独立法人资格外，应具有对外承包工程经营权，具备对外承包工程的专业技术资质和实力。获得支持的对外承包工程项目带动国产设备、材料、技术、劳务和管理的出口额占项目合同总金额的比例不得低于15％，合同金额不低于100万美元，预付款比例一般不低于15％。

（6）境外投资贷款

境外投资贷款是指中国进出口银行对我国企业在境外投资的各类项目所需资金发放的本、外币贷款。

借款人在境外投资项目中出资总额不应低于100万美元，以自有资金出资的比例一般不低于其应出资额的30％。

申请中国进出口银行的卖方信贷时，借款人应向银行出示以下申请文件（具体内容视贷款的种类而有所差异）。

① 借款申请书。

② 相应的出口合同、相关资料及必要的国家有权审批机关批准文件；对外承包工程贷款还应出具与承包工程有关的采购合同及其他商务合同；境外投资贷款应出具投资项目的合资（合作）协议、公司章程及有关的合同等。

③ 已收到的进度款收结汇单据，应收进度款的支付保证，延期付款项目中延期支付部分的支付保证。

④ 出口项目现金流量表及经济效益分析；对外投资项目应出具可行性研究报告。

⑤ 出口信用保险承保意向性文件（如需投保出口信用险）。

⑥ 借款人从事相应出口项目的经营权资格证书（如出口经营权资格证书、对外承包工程经营权资格证书等），借款人及担保人的基本情况介绍，经年检的营业执照副本，近三年经审计的财务报告及本年近期财务报表，其他表明借款人及担保人资信和经营状况的资料；机电产品卖方信贷项目还应出具借款人近三年一般机电产品出口情况、当年出口计划及已签订的部分出口合同。

⑦ 还款担保意向书；采取抵（质）押担保方式的，须出具有效的抵押物、质物权属证明和价值评估报告。

⑧ 中国进出口银行认为必要的其他资料。

2. 买方信贷

1）买方信贷的种类

买方信贷在我国也是一种十分重要的中长期出口信贷。在我国，买方信贷按其贷款对象的不同，可以分为出口买方信贷和进口买方信贷两种。

（1）进口买方信贷

这是外国银行提供给我国进口商的买方信贷，过去一般由中国银行代理。中国进出口银行成立后，该工作开始主要转由中国进出口银行办理，但中国银行及其他专业也仍然提供此项业务。该贷款用于资助我国企业进口外国的资本货物。近年来，外资银行大批涌入我国后，开始在其母国政府的支持下直接为我国进口企业提供买方信贷。例如法国兴业银行在1981 年进入我国后，在最初的 20 年里就曾提供大量的买方信贷给我国企业，其中最有名的是为三峡工程先后提供三次贷款，累计融资 10 亿美元。

凡欲使用外国银行对中国进出口银行（或其他中国银行）提供的买方信贷的，应由借款人向银行提出申请，由银行按照国务院颁布的《短期外汇贷款办法》，以及银行自身规定的有关买方信贷的业务条例办理。

（2）出口买方信贷

出口买方信贷是我国银行对购买我国资本货物的外国进口商提供的贷款。出口买方信贷在过去也主要是由中国银行负责提供，在中国进出口银行成立后，该项工作也逐渐由中国进出口银行负责。近年来，外资银行也开始与我国的专业银行合作为我国产品的进口商提供出口买方信贷。以法国兴业银行为例，2004 年 3 月该行曾联合中国工商银行为支持中兴通讯的CDMA 出口项目向阿尔及利亚电信公司贷款 4 000 万美元。这是中外合作的第一笔项目。该行的第二个在华出口买方信贷项目是在同年 8 月完成的由其独家向加纳电信提供的为期 6 年的 6 700 万美元的贷款项目，用于支持加纳电信进口阿尔卡特上海贝尔公司的设备。

2）出口买方信贷的条件

同外国提供给我国的进口买方信贷一样，我国提供的出口买方信贷的贷款条件也参照发达国家关于买方信贷的"君子协议"决定。

① 贷款的融资额度最高为 85％，船舶为 80％。

② 贷款期限最长不超过 15 年。

③ 中国制造部分成套设备至少应占 50％，船舶应占 75％以上，也可按中国制造份额提供贷款。国际承包工程项目的贷款比例参照国家有关政策规定执行。

④ 贷款利率为参照"君子协议"规定的固定利率或按伦敦银行同业拆放利率（LIBOR）的基础上加上一定利差后的浮动利率，并定有承诺费、管理费等费用。特殊情况可由借贷双方协商确定。

⑤ 贷款为分期偿还，一般为每半年等额偿还一次，并规定有宽限期，其长短由具体的贸易合同分别规定。

⑥ 贷款货币为美元或经中国进出口银行同意的其他货币。

⑦ 申请出口买方信贷的贸易合同的合同金额一般在 200 万美元以上。

此外，申请贷款的贸易项目应符合贸易双方国家和政府的有关法律、政策和规定，取得贸易双方国家或政府主管部门的批准，取得进口国外汇管理部门同意汇出全部贷款本息及费用的文件，同时要求借款人提供可接受的还款担保，必要时提供进口国主权级别的担保，并原则上应向中国进出口信贷保险公司办理出口信贷保险。

3）出口买方信贷的业务程序

借款人须正式向中国进出口银行提出使用买方信贷的书面申请，并提交以下材料。

① 商务合同草本或意向书、招投标文件、项目可行性分析报告及有关审批文件。

② 借款人、保证人、进口商、出口商的资信材料及有关证明文件，借款人、保证人的财务报表。

③ 中国进出口银行要求的其他材料。

中国进出口银行按规定程序审查借款申请材料，确认借款人、保证人资格，确定信贷条件，进行贷款项目的评估和审批。贷款批准后，中国进出口银行与借款人签订贷款协议，保证人向中国进出口银行出具还款担保函。中国进出口银行根据贷款协议规定发放贷款。

借款人根据贷款协议规定支付有关贷款费用，偿还贷款本金和利息。除非中国进出口银行另有规定，贷款本金从提款期结束开始每半年等额偿还一次，利息根据贷款余额每半年支付一次或根据贷款协议执行。

7.2.3　我国的出口信贷保险

我国的出口信贷保险业务起步是比较晚的，1988 年 9 月，我国国务院决定按照国际惯例开展出口信贷保险业务。中国人民保险公司为此成立了出口信用保险部，并自 1989 年起开始试办短期出口信用综合险。至 1992 年下半年，在积累了一定经验后，按照国务院的增强出口信贷保险工作的指示精神，中国人民保险公司的出口信贷工作有了很大发展，并开始办理中长期出口信贷保险业务。

中国进出口银行成立后，也积极开展了中长期出口信贷保险工作。2001 年我国单独成立了中国出口信用保险公司（China Export & Credit Insurance Corporation，Sinosure，简称中国信保），它成为我国提供出口信用保险的主要机构。中国信保的出口信用保险业务也可分为短期出口信用保险和中长期信用保险。短期出口信用保险期限一般在 120 天以内，少数可达 360 天，可保商业风险和政治风险。短期险有以下 6 个品种。

① 综合保险。综合保险承保出口企业所有以信用证（L/C）或付款交单（D/P）、承兑交单（D/A）、赊销（O/A）等非信用证为支付方式的出口贸易的风险。

② 统保保险。统保保险承保出口企业所有以非信用证支付方式开展出口面临的风险。

③ 信用证保险。信用证保险承保出口企业以信用证支付方式出口时面临的风险。

④ 特定买方保险。特定买方保险承保出口企业对某个或某几个特定买方以各种非信用证支付方式出口时面临的风险。

⑤ 买方违约保险。它承保出口企业以分期付款方式出口面临的风险，其中最长分期付款间隔不得超过 360 天。

⑥ 特定合同保险。它承保企业某一特定较大金额（200 万美元以上）的机电产品和成套设备出口合同的风险。其支付方式应为非信用证支付方式，付款期限在 180 天以内（可扩展至 360 天）。

中长期出口信用保险是为期限在一年以上的出口信贷提供的保险。根据出口信贷的不同，中国信保提供两个不同的中长期险品种，即出口卖方信贷保险和出口买方信贷保险。凡符合申请中国进出口银行卖方信贷和买方信贷的出口贸易均可申请相应的中长期出口信用保险。事实上，获得中国信保的保险往往是出口商或出口商银行获得出口信贷的前提条件之一。此外，中国信保还开设了国内贸易信用保险。该保险担保国内贸易中企业所面临的贸易融资风险。

中国信保的另一项保险业务是投资保险，根据保险对象的不同可分为海外投资险和来华投资险。海外投资险是针对我国企业到海外从事各类投资而设置的保险，保险额度包括投资者的投资本金及其利润。来华投资险的对象是被批准来华投资的外国投资者，保险额度同海外投资险。

　　中国信保也对外提供担保业务，包括非融资担保和融资担保。非融资担保业务包括与国际交易有关的各项保函业务，保证受益人按合同双方签订的合同约定履行自己的义务，而与信贷融资无关。目前，中国信保在非融资类担保业务下提供的保函主要有：投标保函、履约保函、预付款保函、质量维修保函、海关免税保函、保释金保函、租赁保函。融资担保是直接向提供出口信贷的银行提供的担保，保证在贷款发生损失时予以赔偿。这种担保对银行来说比前述的对出口商提供的出口信用保险能提供的保障更为全面，因为对出口商的保险不保因出口商的过失而导致的进口商拒绝付款，而对融资银行的担保则包括因出口商过失而导致的贷款本息无法回收。

7.3　我国的出口信贷政策

　　我国的中长期出口信贷及保险业务起步较晚，但自改革开放以来，随着对外经济交往在我国经济发展中地位的不断提高，中长期出口信贷及保险政策在我国对外经济贸易政策中所具有的重要性也日益突出。在政府有关部门的重视下，我国的中长期出口信贷从无到有，已发展成为一个颇具规模的完整体系。

1. 我国的主要出口信贷机构——中国进出口银行

　　中国进出口银行（The Export-Import Bank of China, China Exim Bank）是在 1994 年 4 月 26 日成立的我国专门从事中长期出口信贷及保险业务的政策性金融机构。中国进出口银行的资金来源包括：财政拨付的注册资本金、累计的资本公积金和未分配利润等；在国内外金融市场上通过发行金融债券、组织辛迪加贷款、外汇调期交易等借入资金；财政拨款；企业的存款和同业拆入的存款。

　　中国进出口银行直属国务院领导，同时在业务上接受财政部、对外贸易经济合作部及中国人民银行的指导和监督。银行的最高决策机构为董事会，董事会设董事长 1 名，副董事长 2 人，董事若干人。正副董事长由国务院任命，董事由有关部门提名，报国务院批准。日常业务则实行董事会领导下的行长负责制。行长为银行法定代表人。行长、副行长也由国务院任命。另设有监事会，设有主席 1 名，监事若干名，均由国务院任命。总行设在北京，到2006 年底，该行在国内设有上海、深圳、南京、大连、成都、青岛、浙江省和湖南省 8 个分行，以及哈尔滨、西安、武汉、福州、广州 5 个代表处，并在国外设有巴黎、东南非两个代表处。该行还同国内外 424 家银行的总、分支机构建立了代理行关系，代理行网络遍布 109 个国家和地区。

　　根据《中国进出口银行章程》，该行的业务范围如下。

　　① 为机电产品和成套设备等资本货物进出口提供进出口信贷（卖方信贷和买方信贷）。

　　② 与机电产品出口信贷有关的外国政府贷款、混合贷款、出口信贷的转贷，以及中国政府对外国政府贷款、混合贷款的贷款。

　　③ 国际银行间的贷款，组织或参加国际、国内辛迪加贷款。

　　④ 出口信用保险、出口信贷担保、进出口保险和保理业务。

⑤ 在境内发行金融债券和在境外发行有价证券（不含股票）。

⑥ 经批准的外汇经营业务。

⑦ 参加国际进出口银行组织和政策性金融及保险组织。

⑧ 进出口业务咨询和项目评审，为对外经济技术合作和贸易提供服务。

自 1996 年起，中国进出口银行还开始开办对外担保业务，主要是为我国的企业开展出口、对外投资、工程承包，以及参与视同出口的境内国际金融组织和外国政府贷款国际招标项目等业务提供各种保函或备用信用证等业务。

中国进出口银行虽然成立时间不长，但在出口信贷及保险方面已取得了很大成绩。1994 年，共批准出口卖方信贷项目 25 个，批贷金额 28.6 亿元，借款担保及履约担保项目 3 个，意向承保金额约 5 000 万美元，意向担保的借款本金 475 万美元。到 2006 年，全年共批准贷款 2 081 亿元，实际发放贷款 1 315 亿美元，其中批准出口卖方信贷 1 364.8 亿元，实际发放贷款 1 027.9 亿元。新签出口买方信贷 42.4 亿美元，实际发放贷款 22.7 亿美元。这些贷款共支持了 667 亿美元的设备出口、对外承包工程和境外投资项目。此外，中国进出口银行还批准了进口信贷 184.8 亿元，实际发放贷款 72.6 亿元。

在担保方面，2006 年中国进出口银行对外开立保函 118 笔，总金额 44 亿美元。

此外，中国进出口银行还承担了我国政府的对外援助贷款和国外对我国的出口信贷和援助贷款的转贷款业务。到 2006 年底，中国进出口银行与美国等 22 个国家的进出口银行及 4 个国际金融机构建立了联系，为这些机构提供给我国的出口信贷和援助贷款提供转贷款服务。

2. 我国的主要出口信贷保险机构——中国出口信用保险公司

中国出口信用保险公司（中国信保）是我国唯一承办出口信用保险业务的政策性保险公司。该公司成立于 2001 年 12 月 18 日，公司的最高权力机构为监事会，下设有 18 个职能部门。营业机构包括总公司营业部、12 个地区分公司和 7 个地区营业管理部，已形成覆盖全国的服务网络，并在英国伦敦设有代表处。

资金来源包括：注册资本，为 40 亿元；人民币出口信用保险风险基金，由国家财政预算安排。

自 2001 年 12 月成立到 2006 年底，5 年的时间里中国信保累计承保金额 725.4 亿美元。仅 2006 年一年中国信保承保金额就为 295.7 亿美元，占同期中国出口总额的 3%，可见发展势头之快。其中短期险 233.2 亿美元，中长期险 26.1 亿美元，投资保险 25.8 亿美元，担保 7.1 亿美元，国内贸易信用保险 3.4 亿美元。

中国信保还与我国商业银行开展合作，由中国信保提供保险，再由商业银行为获得出口信用保险的出口商提供贸易融资。截至 2006 年末，中国信保与 68 家国内中资、外资银行进行了贸易融资合作，累计为中国企业提供了约 1 902 亿元人民币的贸易融资。

3. 目前我国出口信贷工作中存在的问题

近几年来，我国的出口信贷虽然发展迅猛，但也出现了一些问题，归纳起来，这些问题主要如下。

（1）短期贸易信贷的坏账增加

目前我国的出口信贷，特别是各专业银行提供的短期贸易信贷中的坏账现象十分普遍，这和我国其他领域的银行信贷情况是一致的，但在出口信贷方面，又有其特殊的原因。主要是出口企业效益不佳。由于国家取消出口退税，物价上涨，人民币汇率上升，使得我国出口企业的经营成本上升，加上出口市场萎缩、经营不善等原因，目前我国出口企业普遍效益不佳，亏损严重，有的实际上已濒临破产，致使大量的出口信贷难以及时收回。例如，2006 年次贷危机发生以后到 2008 年美国进口商所欠的中国出口商货款据估计已达 1 000 亿美元（中国经营报 2008 年 7 月 14 日）。

（2）中长期出口信贷发展不足

在中长期出口信贷方面，我国的水平十分有限，总的来说仍处于起步阶段。从 2006 年我国的国际收支表来看，我国的货物贸易出口总额为 9 696.8 亿美元，而同年贸易信贷（包括短期和中长期贷款）的总额为 2 614.8 亿美元，不到同期货物贸易出口总额的 27%。这其中中长期出口信贷的金额约为 18.3 亿美元，而同年我国仅机械运输设备的出口额就达 4 563.43 亿美元，这和我国目前机电产品出口的实际水平相比是很不相称的。早在 1999 年，机电产品出口就成为我国第一大类出口产品。而且在机电产品等大型资本货物的贸易方面，我国最早且目前运用仍然最多的是卖方信贷，买方信贷规模和项目数量仍微不足道。以中国进出口银行为例，2006 年批准出口卖方信贷 1 364.8 亿元，而新签的出口买方信贷为 42.4 亿美元，按当时的汇率折合成人民币约 300 多亿元。这和目前发达国家的中长期出口信贷主要是采用买方信贷的情况是有很大不同的。

中长期出口信贷，特别是买方信贷，仍是目前大型资本货物国际贸易中普遍采用的做法，故中长期出口信贷的缺乏势必会严重影响我国机电产品的出口竞争力，阻碍我国机电产品出口的进一步发展。

（3）出口信贷竞争激烈

在改革开放之初，我国仅有中国银行有资格从事进出口贸易结算和融资业务，但后来随着银行体制的改革，其他专业银行也都获得了从事此项业务的权利。由于贸易结算和融资相对工商业信贷而言风险小，又可获国家资助，故各专业银行均十分重视贸易结算与融资业务的开展。各专业银行在该领域的竞争十分激烈。近年来我国引进外资银行后，由于外资银行在此领域拥有竞争优势，使得贸易融资业务也成为其业务的主要领域之一，这就更加剧了我国短期贸易融资业务的竞争程度。由于竞争激烈，难免会出现一些不正当的竞争做法，也导致一些银行对借款人审核的放松，使其重复借贷成为可能，这对我国短期贸易信贷业务的健康发展是非常不利的。

上述问题若得不到解决，必然严重影响我国出口信贷工作的发展。

4. 发展我国出口信贷的必要性

发展我国的出口信贷业务，对于我国经济发展和经济体制改革的诸多方面都将产生深远的影响，具体表现为以下几个方面。

（1）有利于我国专业银行体制的改革

目前我国专业银行体制改革的一个重要方面就是实现银行政策性业务和商业性业务的彻底分离，使我国专业银行向商业银行转化。而在我国的政策性业务中，出口信贷是其中重要的一种。发展我国出口信贷的一项重要内容就是把我国的政策性出口信贷业务从中国银行和其他专业银行中分离出来，由新成立的中国进出口银行专门负责。这对上述金融机构摆脱政策性业务，向商业银行转化是十分有利的。

（2）有利于我国出口贸易的发展

近年来，我国由于加入 WTO 等原因，贸易自由化程度有很大提高，对出口企业的财政

第 7 章　我国的涉外信贷

支持有大幅下降。例如在 1991 年，基本取消了对一般出口商品的补贴，1996 年又取消了出口退税制度。为了扶持我国的出口事业，很有必要加快发展我国的出口信贷业务，使之逐步成为我国出口贸易的主要鼓励机制。因为通过出口信贷促进出口仍是世界各国的惯常做法，并为国际社会所承认，不致遭到别国的异议和报复。

（3）有利于我国出口商品结构的升级换代

改革开放以来，我国的出口商品结构虽然有很大提高，但层次仍然偏低，主要是单件价值较低的劳动密集型商品。为了进一步使我国出口商品升级换代，迫切需要提高大中型资本货物（如机电设备等）占我国出口总额中的比重，而目前大中型资本货物的国际贸易几乎都有中长期出口信贷的支持。若我国的中长期出口信贷不能得到迅速发展，则我国的大型资本货物在国际竞争中将会处于非常不利的地位。

（4）有利于开拓新的出口市场

为了进一步发展我国的出口贸易，有必要开拓新的海外市场。然而开辟新市场会使出口商承受巨大的风险，特别是目前国际上多数新市场都存在着一些不稳定和不健全之处，更使风险加大。此时若由政府出面对向新市场出口的出口商、投资者提供保险，将对新市场的开辟工作起到极大的促进作用。

5. 发展我国出口信贷业务的对策

在当今世界，只有发达国家才拥有历史较久并较为完善的出口信贷体系。因此，要解决我国出口信贷中存在的问题，进一步发展我国的出口信贷业务，主要应该借鉴发达国家的经验，并结合我国的实际，建立我国的出口信贷体系。

目前，我国主要应努力采取以下几个方面的措施，以发展我国的出口信贷事业。

（1）完善中国进出口银行体系

1994 年 7 月，我国成立了中国进出口银行，这是我国政府发展出口信贷事业的一项重大举措，标志着我国出口信贷业务的发展进入了一个新的阶段。然而，中国进出口银行成立十多年来，发展应该说是仍很不理想的，这主要表现在：法律地位尚不明确，综观英美等发达资本主义国家，无不是在先通过有关的专门法律后才成立出口信贷机构的，而我国至今没有通过关于中国进出口银行的法律；资金来源不足，特别是资本金规模偏小，直接影响了进出口银行筹资能力；业务规模小，资金来源不足严重影响了中国进出口银行的业务能力，不论是中长期出口信贷，还是出口信贷保险业务，均不能满足我国的对外贸易的需要；透明度不够，例如其决策机制、对外宣传等都不够，尚未广泛为我国出口商所知，更不用提外国的厂商了。

为了发展我国的出口信贷业务，必须首先尽快完善中国进出口银行体系，使之成为我国出口信贷体系的主力机构。首先是要通过专门的法律，以法律的形式明确中国进出口银行的地位、资金来源、业务指导原则等，使该行的工作有章可循，并应使该行的资金来源正规化。其次是要健全其组织体制，例如在董事会成员组成方面，可参考发达国家的惯常做法，应由与我国进出口有关的各个部门（如外经贸部、财政部、人行总行、机电部等）的代表组成。

（2）加强中国进出口银行与其他金融机构的作用

由于我国的出口贸易规模较大，若想由中国进出口银行独立承担我国的贸易融资业务是不可能的，也是不必要的。因此，即使是在实现了银行体制的改革，使我国专业银行同政策性业务彻底分离之后，仍有必要积极鼓励各专业银行参与贸易融资业务。中国进出口银行的贸易融资业务不应是作为各专业银行原有的贸易融资业务的替代品，而应是作为其补充。也就是说，只有在出口商从我国其他金融机构得不到必要的、政府认为条件合理的贸易融资时，才由中国进出口银行出面给予融资。所谓条件合理，并不是仅就我国的资金市场现状而言的，而是相对于与我国竞争的外国厂商所能获得的贸易融资条件而言的。

参照发达国家的一般做法，中国进出口银行和我国专业银行之间的业务分工具体可以下列方式进行。

① 对于短期贸易项目，基本上应由各专业银行按市场条件提供，而由中国信保给予保险。这是因为短期贸易数量多，交易频繁，有许多甚至是循环交易，任何一家银行都难以包揽。而且根据国际惯例，短期贸易融资大多是按市场条件提供的，并和贸易结算方式密不可分（如押证贷款、票据贴现等），故也不宜由政府出面提供。

② 对于中长期的融资项目，也应尽量采取由各专业银行和中国进出口银行混合提供的方式，可先由专业银行视其能力提供贷款，不足部分再由中国进出口银行提供。前者提供的贷款利率按市场条件决定，一般较高；后者则按较低的优惠利率提供，二者混合的比例将影响混合信贷的实际利率水平，它同我国竞争对手所能获得的中长期出口信贷的利率相比应有竞争力。

除了各专业银行之外，中国人民银行作为我国的中央银行，也应在我国的出口信贷体系中占有重要的地位。根据国外的经验，这主要可以通过向中国进出口银行及各专业银行的出口信贷业务提供优惠的再融资方式实现．也就是说，通过向中国进出口银行及各专业银行提供低利且期限固定的信贷，以及对进出口银行及各专业银行向其出售的短期和中长期贸易票据实行较一般商业票据更低贴现利率的方式，降低中国进出口银行等金融机构的筹资成本，使之有能力向我国的出口商或购买我国商品的进口商提供优惠的出口信贷。

我国的有关主管部门，对于我国的出口信贷事业负有重大的管理责任，如外经贸部等应制定我国出口信贷业的发展计划、战略、指导方计等，以便使我国的出口信贷工作，特别是中国进出口银行的业务工作能够有章可循。对中国进出口银行资金来源也应制度化，以保证其业务规模的不断扩大。

（3）大力发展我国的买方信贷业务

我国应该努力发展中长期的买方信贷，并逐步使之在我国的中长期出口信贷中占有主要地位。这样做的原因并非是盲目照搬照抄国外经验，而是由于买方信贷不论是对提供信贷的银行，还是对进口商及出口商而言，都是极为有利的。

（4）以对外援助促进我国出口信贷业务的发展

在当今国际社会，由于有关于出口信贷的"君子协议"的规定，各国提供的中长期出口信贷的优惠程度受到很大限制。为了避开"君子协议"的限制，对外提供条件更为优惠的资金以支持本国的资本货物贸易，发达国家往往把对外援助和出口信贷结合起来。具体做法主要有两种：一种是"附购买条件的援助"，即要求受援国将其所获援助的一部分甚至全部用于购买供援国的商品和劳务，这样就在很大程度上使援助变成了买方信贷，但条件却要比后者优惠得多；另一种是混合信贷，即将出口信贷和援助贷款混合起来使用，此种做法也可大大降低混合信贷的实际利率，使其远低于普通的出口信贷。将援助和出口信贷相结合的做法虽然广受国际社会主张自由贸易的人士的非议，但目前已是多数发达国家广泛采用的一种做法。在向我国的资本货物出口中，亦不时可见。例如德国在我国中标的上海地铁第一、二期工程，均获得了该国的主要援助机构——复兴信贷银行（KFW）的优惠信贷，贷款利率低达年率 0.75%。目前我国对外也提供了很多援助，我们也可以仿照其他国家的做法，采用混合信贷等方式，带动我国机电产品的出口。

（5）发展我国的进口融资业务

在西方发达国家，政府大多仅对出口贸易提供资助，只有日本是例外，它的主要出口信贷机构——日本输出入银行不仅对日本的出口提供信贷，也对日本的进口提供融资。

考虑到我国的经济水平仍然较低，进口在我国的经济发展中占有十分重要的地位，需要国家的计划和指导，因此我国对进口融资也应给予足够的重视。这样做的目的主要有两个：一是通过对我国重点项目所需进口的资本货物，以及出口企业所需的原材料、零部件的进口提供优惠的资金支持，促进我国的技术进步和出口的发展；二是积极利用管理好外国提供的买方信贷，以扩大我国进口所需的资金来源，并降低进口的成本。

具体操作上可以采取同出口信贷同样的做法，即由中国银行及其他专业银行负责短期的进口信贷（可采取外汇流动资金贷款、进口押证贷款、保理业务等方式），而由中国进出口银行负责提供中长期的进口融资，以及代理外国提供给我国的买方信贷等。

（6）发展我国的出口信贷保险事业

出口信贷保险业务在出口信贷体系中占有举足轻重的地位。在西方发达国家，均设有专门的部门，甚至成立专门的公司负责此项工作，如美国设有"外国信贷保险协会"（FCIA）、日本设有"日本出口与投资保险公司（Next）"等。在有些国家，如英国，甚至主要以提供保险的方式对本国的出口提供支持。我国目前也已成立了专门的中国出口信用保险公司专门负责出口信贷保险工作。但总的来说，目前我国出口保险业务的水平仍是比较低的。以中国进出口银行来说，1994 年度提供的中长期出口信贷保险和担保项目共 15 个，意向承保金额为 5 000 万美元。而在 1995 年，我国的机电产品出口额达到 438.6 亿美元。1993 年中国人民保险公司提供的短期贸易险承保额为 8.26 亿美元，而该年我国非信用证方式的出口贸易额占我国出口总额的比例估计约为 20%～30%，仅此就可形成约 200 亿美元的短期贸易保险需求。为了进一步发展我国的出口信贷业务，应该大力加强我国的出口信贷保险工作，使之能够涵盖我国出口贸易的更大比例。特别是应逐步使短期出口信贷保险成为我国政府对短期贸易融资的主要支持手段，这样就可以腾出有限的资金用于支持中长期出口信贷。为此，我国应该仿效发达国家的做法，成立专门负责出口信贷保险的机构。该机构不仅应负责中长期的出口信贷保险业务，也应经营短期出口信贷保险业务（即将人保公司代理的短期出口信贷保险业务接手过来）。考虑到我国的出口信贷体系才刚刚起步，故暂时并不需成立专门的保险公司，可在中国进出口银行中成立专门的部门负责此项工作；待时机成熟，再由中国进出口银行牵头，联合人保公司等金融机构，成立我国的专门的出口信贷保险公司。此外，我国还应进一步开辟新的保险及担保种类，如通货膨胀保险、工程承包保险、银行保证的再保证、福费廷业务中的票据担保等，以适应我国对外经济交往的多样化需要。

（7）提高我国各专业银行提供短期贸易融资的能力

如前所述，在短期贸易融资方面（无论是出口商融资还是进口商融资），最好是由中国银行及其他专业银行来经营。然而，目前我国的短期贸易融资工作尚存在许多问题，迫切需要加以解决。

为了发展短期贸易融资业务，首先必须提高其安全性。为此应特别注意提高银行工作人员对信用证业务的熟练程度，防止因信用证方面的问题使贷款不能及时收回，这对那些经营贸易结算和融资业务时间不长的专业银行来说尤为重要。为了保证贷款的安全，银行对那些缺乏信用证业务知识的拥有外贸自营权的出口企业可以给予指导，帮助它们办理审证、制单等业务。为了防止出口商搞"一证多贷"等套取银行资金的做法，应逐步推广目前在我国贷款工作已实行的贷款证制度，以保证贷款的安全。

为了贷款的安全，对于目前短期贸易融资领域存在的不正当竞争做法应予以制止。各银行自身也应强化贷款安全，防止因急于招揽业务而忽视贷款的安全。

以上措施若能得到实施，必能在很大程度上使我国的出口信贷工作得到进一步的发展，进而促进我国对外贸易的发展。

思　考　题

1. 贷款证有何作用？
2. 我国新的贷款分类方法与过去的分类方法存在哪些差异？有何进步？

第8章

国际银行外汇业务

如前所述，货币兑换业务是商业银行历史最为悠久的业务之一。在当今社会，商业银行由于其在金融业中所处的地位，依然是外汇市场的主要参与者，外汇业务也成为银行表外业务的主要内容之一。不过现代的外汇业务已不再局限于传统的货币兑换业务，它又增添了像套利、套汇、外汇期货、期权等新的内容。

8.1 外汇与汇率

要了解外汇交易，必须首先对外汇及外汇汇率的概念有明确的认识，因为它是外汇理论与业务的基本概念，也是构成国际货币关系的两个基本要素。

1. 外汇的定义

所谓外汇是国际汇兑（Foreign Exchange）的简称，它有动态的和静态的两种概念。动态的国际汇兑是指国际债权债务的清算活动，以及货币在各国间的流动（据中文字义，所谓"汇"指转移的意思，"兑"是指交换）。而通常所说的外汇，则是指静态的国际汇兑。一种货币要使以其标价的支付手段成为外汇至少应具备两个特点：一是它应被其他国家（指货币发行国以外的国家）所接受。而要做到这一点，首先它的发行国必须在世界经济各领域中占有重要地位，因为一种货币实际上代表了对其发行国生产的商品劳务的要求权，人们自然不会接受一种没有雄厚经济实力（主要是指一国可供外国居民购买的商品和劳务的数额及其竞争力）作为后盾的货币作为国际支付手段的；其次该货币应能自由兑换和在各国间自由流动，否则它很难在其发行国外正常地履行清算债权债务的职能。二是它必须为外国货币。例如，尽管美元是目前世界上的一种主要国际支付手段，但对美国来说它就不是外汇，它只有对美国以外的国家来说才是外汇。

从历史上看，国际支付手段经历了很大的变迁。在国际经济交往的初期，人们以黄金为国际支付手段。一国商人在国外出售商品后需将所得当地货币兑换成黄金携回国内，欲到国外购买商品的人也需携带黄金，在当地兑换成当地货币再购买商品运回国内或者直接以黄金从事交易。后来，人们逐渐采用某国货币作为支付手段。由于以黄金或某国货币作为支付手段的交易方式耗时多，费用高，风险也大，给国际经济交往带来很多不便，因而随着国际经济交往的发展及银行制度的进步，各国逐渐采用银行转账方式来结算彼此之间的债权债务，目前国际支付手段（亦即外汇）主要由以外币表示的各种银行账户（主要是活期存款账户）和各种支付凭证（如汇票、支票、旅行支票、商业票据等）组成。外国钞票所占比重很小，在国际支付中也很少使用，一般来说，只有旅行和非法活动才会导致钞票在国家之间的流动。然而在以后的论述中，为方便起见，仅以各种货币的名称代表用这些货币表示的国际支付手段。

外汇还有一个更为广泛的定义，即是指一国拥有的一切以外币表示的债权。它除包括上述各种即期的外币票据、资产外，还包括以外币表示的各种有价证券和金融资产，如定期存款账户、股票、政府公债、国库券、公司债券、息票等。这一广泛定义主要用于国家外汇管理之中，目的在于便利外汇管理。例如，国际货币基金组织对外汇所下定义是："外汇是货币行政当局（中央银行、货币管理机构、外汇平准基金及财政部）以银行存款、财政部库券、长短期政府证券等形式保有的在国际收支逆差时可以使用的债权。"根据我国 1996 年颁布的《外汇管理条例》规定，外汇的具体内容包括：国外货币，包括铸币、钞票等；外币有价证券，包括政府公债、国库券、公司债券、股票、息票等；外币支付凭证，包括票据、银行存款凭证、邮政储蓄凭证等；其他外汇资金。

在国际金融研究和日常生活中，涉的外汇主要是狭义的外汇。

2. 汇率及其标价

在各国货币取代黄金等实物货币之后，国与国之间的货币收支结算就会涉及一国货币与另一国货币的兑换问题。因为一方（支付方）只有将本国货币兑换成对方（收入方）所愿接受的一种外币，结算才能完成。一种货币与另一种货币之间的兑换比率，即为这两种货币间的汇率（Exchange Rate）。如果将货币视为一种特殊商品，那么也可把汇率看作是以一种货币表示另一种货币的价格，故汇率又称汇价，不过通常只有自由外汇市场上的汇率才可以称为汇价。

与其他商品的标价方法不同，一种货币的汇率水平有两种不同的标价方法，这是由外汇具有互为价值尺度的职能这一特点所决定的，但一种货币一般主要采用一种标价方式。

（1）直接标价法（Direct Quotation）

设 A 国货币对 B 国货币的汇率为 R，若 R 的表达公式为

$$R = \frac{\text{B 国货币}}{\text{A 国货币}}$$

则 R 为 A 国货币对 B 国货币的直接标价（又可称为直接汇率），它表示的是一定单位的 A 国货币所能兑换的 B 国货币数额。从一般的价格概念来看，此时 A 国货币是被 B 国货币直接标明了，A 国货币是商品，B 国货币则是作为价值尺度。因此同任何商品的标价一样，在任一汇率标价中，它对于等式左边的、以某个标准单位数显示的货币而言就是直接标价。例如在我国，2008 年 2 月 8 日美元的现汇买入价为：$1＝￥7.169 6，此即为美元的直接标价，因为在这里美元的价格直接以它能够兑换的人民币数额显现出来。直接标价法又称应付标价法（Giving Quotation），它表明银行购买一定单位的某种货币应支付的其他货币数额。各国外汇市场上的外汇报价一般均采用此法。

（2）间接标价法（Indirect Quotation）

仍按上例，若 A 国货币对 B 国货币的汇率 R 的表达公式为

$$R = \frac{A \text{ 国货币}}{B \text{ 国货币}}$$

则 R 就是 A 国货币对 B 国货币汇率的间接标价（又称间接汇率），它表示的是需要多少单位的 A 国货币才能兑换到一定单位的 B 国货币。从价格的概念来看，该公式实际表示的是 B 国货币按 A 国货币衡量的直接标价，此时 B 国货币是商品，而 A 国货币则是价值尺度，A 国货币的价格只是从 B 国货币的价格中间接地得到反映。由此可见，任一汇率标价对列于等式右边、以非标准单位显现的货币来说都是间接报价。前述的 $\$1 = ¥7.169\,6$ 亦为人民币汇率的间接标价。又例如，2008 年 2 月 9 日欧元对美元的报价买入价为 €$1 = \$1.450\,8$，它对于美元而言即为间接标价。采用间接标价法时一种货币的汇率需稍作处理才能将其汇率直接显现。将上述美元与欧元的汇率标价略作变换可得：$\$1 = $ €$1/1.450\,8 \approx$ €$0.689\,2$，此为美元对欧元汇率的直接标价。由上例可见，间接标价和直接标价是倒数关系，即

$$\text{直接标价汇率} = \frac{1}{\text{间接标价汇率}}$$

间接标价又称应收汇率（Receiving Quotation），它表示银行支付一定数额某种货币应收入的其他货币数额。采用间接报价的目前主要是英镑、欧元和一些英联邦国家的货币（如澳大利亚元、新西兰元等），这主要是由于英国的英镑及主要欧洲货币在历史上曾经拥有过的主导地位而导致的。

一种货币的汇率通常并非是固定不变的，而会由于各种原因而变动。若某种货币的汇率提高了，就说该货币的汇率上升了或是说该货币升值了；反之，则说该货币的汇率下降了或是说该货币贬值了。一般来说，升值或贬值仅仅是指金本位制时一种货币的含金量的变动，或是指纸币本位时政府规定的，不能随外汇市场供求自由变动的官方汇率的上升或下降。而在采用浮动汇率时一般只说汇率上升了或下降了。在采用直接标价法时，一种货币的汇率的升降与其汇率数值的变化是同方向的，汇率数值的上升也就是该货币汇率的上升。因为一定数额的该种货币目前可以换到更多数额的其他货币了。反之，如果汇率数值下降，则表示该货币的汇率下降。例如，若美元对人民币汇率从 $\$1 = ¥8.274\,2$ 变为 $\$1 = ¥7.169\,6$，则表示美元对人民币的汇率下降。而采用间接标价法时一种货币的汇率变动与其汇率数值变动的方向正好相反，这一点与直接标价截然不同。一种货币的间接标价汇率数值的上升表示该货币汇率的下降，因为此时一定数额的其他货币可以换到更多的该货币了。反之，一种货币间接标价汇率数值的下降则表示该货币汇率的上升。例如，如果将上例视为人民币对美元汇率的间接标价，则它也表示人民币汇率的上升。

一种货币如果其汇率有持续的下跌趋势，则此种货币通常被称为软通货（Soft Currency）或疲软货币；反之，如果一种货币其汇率有持续上升趋势，则此种货币通常被称为硬通货（Hard Currency）或坚挺货币。

3. 汇率水平的计量

汇率水平的确定，主要有两种方法。一种是由官方制定的官方汇率，它通常是由政府根据国内外的经济形势及本国经济政策的需要确定的，一般不轻易改变，银行在从事外汇交易时，只能采用该汇率或仅能以此为中心作小幅的变动。在存在外汇管制的国家，通常存在此种汇率。另一种是由外汇市场供求因素决定的市场汇率，也称汇价，与外汇市场关系密切

的，即是此种汇率，下面要研究的也主要是此种汇率。

1）基准汇率和交叉汇率

任何一家银行，在对外提供自己的外汇报价时，都应首先挑选出具有代表性的某一外国货币（称关键货币或代表货币），然后计算本国货币与该外国货币的汇率，由此形成的汇率即为该银行的基准汇率（又可称为中心汇率或关键汇率）报价。由于美元是当今世界使用最广泛的，也是最重要的国际支付货币，故银行一般以本国货币对美元的汇率作为基准汇率。

银行的外汇交易部门每日开始营业之前，即需根据国际外汇市场的供求状况、汇率行情、银行自身的外汇交易策略等因素决定本日的基准汇率报价，作为外汇交易员进行外汇交易的指导价格。

对于一个实行钉住汇率制的国家而言，其政府也会规定本国货币的基准汇率，作为本国货币汇率的代表。这类国家中的大多数也以对美元的汇率作为基准汇率，不过也有例外。例如某些非洲国家因历史的联系而采用对英镑或法国法郎的汇率作为基准汇率，也有些国家以对特别提款权（SDR）等合成货币的汇率作为基准汇率。

得出基准汇率后，一国货币与其他外国货币的汇率可根据基准汇率推算得出。在国际金融市场上，各种主要外币之间的交易十分频繁，每日主要外币同关键货币之间的汇率均可直接获得，所以根据关键货币与其他主要外币的汇率即可由基准汇率推导出本国货币与关键货币以外的其他外币的汇率，此种通过第三国货币推算出的两国货币间的汇率称为交叉汇率（Cross Rate）。

交叉汇率的推算根据有关货币的报价方式不同而有区别。如果两种货币的汇率均为直接汇率，则将两汇率值相除，可获交叉汇率。例如

$$£1＝\$1.945\ 6（英镑对美元的直接标价汇率）$$
$$€1＝\$1.450\ 8（欧元对美元的直接标价汇率）$$

故英镑对欧元汇率为

$$£1＝€(1.945\ 6/1.450\ 8)≈£1.341\ 1$$

如果两种汇率均为间接报价，亦相除。例如

$$\$1＝£0.689\ 2（英镑对美元间接标价汇率）$$
$$\$1＝RMB\ ¥7.184\ 6（人民币对美元间接标价汇率）$$

则人民币对英镑汇率为

$$£1＝RMB\ ¥(7.184\ 6/0.689\ 2)≈RMB\ 10.424\ 6$$

如果两个汇率一个为直接标价，一个为间接标价，则相乘以得出交叉汇率。例如

$$Can\ \$1＝\$0.999\ 3（加元对美元的直接标价汇率）$$
$$\$1＝SFR1.102\ 9（瑞士法郎对美元的间接标价汇率）$$

则加拿大元与瑞士法郎的交叉汇率为

$$Can\ \$1＝SFR(0.999\ 3×1.102\ 9)≈SFR1.102\ 1$$

2）外汇的买入价、卖出价和中间价

买入价和卖出价是银行买卖外汇的汇率报价。买入价是银行从顾客手中买入外汇所支付的汇率，而卖出价为银行向顾客出售外汇时所索取的汇率。通常银行报的卖出价要高于买入价，二者差额为银行赚取的银行服务费用。在前述基准汇率的基础上加减一确定的数额（具体由银行视情况而定），即可得基准汇率的买入价和卖出价，但具体是加是减则视标价方式的不同而定。采用直接标价法时买入价为减而卖出价为加。例如，设美元对英镑的基准汇率为 \$1＝£0.689 2，加减幅度为 0.002 5 英镑，则美元对英镑汇率的买入价为 \$1＝£0.686 7，卖出价为 \$1＝£0.691 7，买卖差价为£0.691 7－£0.686 7＝£0.005。采用间接标价时，则买入价为加而买出价为减。例如，设美元对英镑汇率为£1＝\$1.946 0，加减额为 0.000 4 美元，则美元对英镑汇率买入价为£1＝\$1.945 6，卖出价为£1＝\$1.946 4，买卖差价为 \$1.946 4－\$1.945 6＝\$0.000 8。

也有银行以买入价作为基准价，此时卖出价就是在基准价上再加减一定的差价，只是此时的差价要高一些。仍按上例，若以美元对英镑汇率的买入价 \$1＝£0.686 7 为基准价，加减幅度为 0.005，则卖出价为 \$1＝£0.691 7。

买入价和卖出价的平均数称为中间价，从上面的计算可以看出若采取先确定外汇的基准价，再按前述方法计算外汇的买入价和卖出价的做法，则外汇的中间价就是基准价。

3）外汇行情的显示

根据上述方法计算出的各种外汇的汇率水平（即外汇行情）在许多报纸杂志、广播、电视等新闻媒介中都有广泛、连续的报道，在外汇交易市场上也有许多计算机系统不断报道世界各外汇市场的最新行情，以及主要银行的外汇报价。其中路透社（Reuter）计算机报价系统是最著名的计算机外汇报价系统，该系统能根据报价的先后自动选择有价值的报价，每家参与报价的银行均由路透社指定一个 4 个字母的代号，国际标准组织则对每种主要的货币指定一个货币代码。表 8-1 为 2008 年 2 月 9 日美元对主要外币的汇率行情。

表 8-1 美元对主要外币的汇率行情（2008 年 2 月 9 日）

货币代码	名 称	买入价	卖出价
JPY	日 元	107.34	107.37
CHF	瑞士法郎	1.102 9	1.103 5
GBP	英 镑	1.945 6	1.946 5
EUR	欧 元	1.450 8	1.451 1
AUD	澳 元	0.895	0.895 3
CAD	加 元	0.999 3	1.000 1

注：英镑、澳大利亚元、新西兰元、欧元、加元为对美元的直接汇率，其余货币则为对美元的间接汇率。
资料来源：新浪网。

在长期的外汇交易过程中，外汇市场逐渐形成了有关外汇行市的固定做法。在报价时对这些固定做法一般不再说明，以加快交易速度。首先，各种货币报价一般采用对美元的间接汇率，即以 1 美元可兑换多少该种货币作为其基准汇率，只有英镑、澳大利亚元、新西兰元、欧元等少数几种货币采用对美元的直接汇率，即以 1 单位该种货币兑换多少美元作为其基准汇率。除美元外的其他货币相互之间的汇率需用它们对美元的中心汇率交叉计算而出。

其次，所有汇率均按 5 位数报价，且不论数值大小，均以最后一位数字为基本点（Basic Point）。第三，所有汇率均为价值 100 万美元的外汇交易（这是外汇交易的一个整数单位）所采用的汇率，外汇交易额如果不足或大大超过 100 万美元，适用的汇率可能与报价汇率不同。第四，所有汇率均为银行同业交易的汇率，银行对非银行客户买卖外汇索取的买卖差价一般要大于银行同业间买卖外汇索取的买卖差价。

汇率报价一般包括买入价和卖出价。有的媒介同时报买入价和卖出价，但也有的媒介为简捷起见仅报买入价和买卖差价。例如 $1＝£1.945 6/10，它表示美元对英镑的买入价为 $1＝£1.945 6，卖出价为 $1＝£1.946 6。

我国的人民币汇率也以人民币对美元的间接汇率为基准汇率，人民币对其他外汇的汇率由人民币对美元的汇率及国际金融市场上的外汇汇率交叉推算得出。我国的人民币汇率目前由我国各银行根据我国外汇市场的供求情况制定，并由各银行对外挂牌宣布。除买入价、卖出价外，还制定有现钞买入价。因为我国银行买入外汇现钞需运到国外，故外币汇率更低，银行卖出现钞的汇率则与一般外汇卖出价一致。表 8-2 为中国银行人民币对主要外汇的牌价。

表 8-2　人民币对主要外汇的牌价（2008 年 2 月 8 日）

人民币元/100 外币

货币名称	现汇买入价	现钞买入价	卖出价	基准价	中行折算价
英　　镑	1 394.02	1 364.63	1 405.22	1 418.2	1 418.2
美　　元	716.96	711.22	719.84	718.46	718.46
瑞士法郎	647.1	633.45	652.29		659.59
新加坡元	504	493.37	508.05		507.96
瑞典克朗	109.81	107.49	110.69		113.22
丹麦克朗	139.01	136.08	140.13		142.78
挪威克朗	129.05	126.33	130.09		132.8
日　　元	6.656 7	6.516 3	6.710 1	6.730 9	6.730 9
加拿大元	714.74	699.67	720.48		722.04
澳大利亚元	640.86	627.35	646.01		650.53
欧　　元	1 036.05	1 014.2	1 044.37	1 064.97	1 064.97
菲律宾比索	17.6	17.23	17.74		17.61
泰 国 铢	21.75	21.29	21.92		21.84
新西兰元	562.73		567.25		569.02
韩 国 元		0.723 1	0.778 1		0.750 4

资料来源：2008 年 2 月 8 日中国银行网站（www.bank-of China.com）。

8.2 外汇市场

所谓外汇市场，是指从事外汇交易的市场，它是随各国间货币交易的产生而出现并发展起来的。在某些国家，如西欧大陆的一些国家，外汇交易存在着固定场所，但在另外一些国家，如美国、英国、外汇交易者只是通过电报、电话等从事外汇交易，并不存在固定的场所，在那里外汇市场仅是指由这些电报、电话等设施组成的通信网络。

随着各国间经济交往的日益频繁，外汇市场的交易规模也在不断扩大。在 1977 年，世界各主要外汇市场的外汇年交易量仅为 26 亿美元，到 2007 年已达 100 万亿美元。

1. 外汇市场的功能

在各国国内及国际经济生活中外汇市场均占有十分重要的地位，它是各国国内及国际金融市场的四大组成部分之一。在经济生活中，外汇市场主要充当了以下角色。

（1）外汇买卖的中介

如同任何商品市场一样，外汇市场为外汇这一特殊商品的买卖提供了一个集中的场所。如果缺乏此类场所，外汇买卖的任一方要寻找另一方就需要花费多得多的时间和精力，外汇交易的效率将大为下降。

（2）平衡外汇供求

外汇市场不仅充当了外汇买（需方）卖（供方）双方中介人的作用，而且通过汇率的变动对外汇的供求起着平衡作用。同其他商品一样，一种外汇的供求不平衡会导致其价格（汇率）的相应变动，而价格（汇率）的变动又反过来会影响外汇供求的变动，进而使外汇供求趋于平衡。

（3）干预的渠道

外汇市场还是当今各国政府，特别是发达国家政府调节国际收支乃至整个国民经济的重要渠道。各国政府通过各种手段影响外汇市场供求和外汇汇率的变动，进而达到调节国际收支以致宏观经济供求和货币供应的目的。

（4）保值及投机场所

外汇市场的另一个功能是为试图避免外汇风险的国际交易者提供一条保值渠道，他们在外汇市场上可从事套期保值、掉期交易等外汇交易以避免外汇风险。同样，外汇市场也为那些期望从汇率波动中获取好处的投机活动提供了可能。

2. 商业银行在外汇市场中的作用

在各国间的货币交往过程中商业银行历来充当着主要角色。在今天，许多大商业银行的业务早已国际化，拥有遍布全球的机构网络，跨国的资金调拨和借贷，以及国际收支结算都主要由它们承担，因而它们很自然地也在外汇的买卖中发挥着核心的作用。在外汇市场上，商业银行主要从事两类外汇交易。一方面，它在外汇市场上起了外汇交易中介人的作用，即从希望出售外汇的顾客手中购入外汇，再转手出售给需要购买外汇的人，从中获取差价；另一方面，它为了控制其在从事外汇业务中产生的外汇头寸，也自主地买进或卖出外汇。在外汇市场上，通常只有商业银行才是外汇价格——汇率的制定者和提供者。

在外汇市场上参与外汇交易并提供报价的商业银行数目众多，因此各银行只有提供对客户来说富有竞争力的报价才能吸引和维持住客户，这使得银行所报的外汇价格一般能够符合外汇市场的供求状况。不过在每个国家的外汇市场上，总有一些实力雄厚的大银行具有举足轻重的地位，这些银行往往被视为外汇市场的领导者或维持者（Market Maker）。这些银行的数目通常都是有限的。例如在美国，从事外汇交易数额达到按 1973 年美国国会通过的法律、需向美国财政部按期报告其外汇活动状况的银行多达 100 家以上，但够资格称为"市场领导者"的还不到 50 家。此类银行一般拥有雄厚的资本，在世界各主要外汇市场上设有分支机构或拥有联系行，并在这些分支机构或联系行内设有相当金额的各种外币账户（可随时维持超过 2 亿～300 亿美元的外汇头寸），从而可以满足客户的各种币种、各种金额的外汇交易要求。在其外汇交易部门，拥有人数众多的、富有经验且技术高超的优秀外汇交易人员，并配备有大量的、先进的通信设备和信息传递、处理系统，和 100 家以上的各国银行保持着经常的外汇交易往来。

其他银行限于自身的实力，一般交易规模小，多数交易的金额在 100 万美元以下，客户多为中小企业；自身持有的外汇头寸（外汇资产和负债的差额）也很小，若是某种外币有多余（长头寸）或短缺（短头寸），则迅速和前述大银行进行交易以轧平头寸。也有的银行和其他银行合作将小额外汇合并凑成大额的外汇同大银行进行交易，以争取更有利的价格。

一般来说，银行越是能凭自身力量满足客户的外汇交易要求，或是有实力维持金额较大的外汇头寸，就越不需要向其他银行买卖外汇以轧平头寸，则其外汇业务的获利就越大，因为交易的中间费用会大大减少。

3. 外汇市场上的其他交易者

在外汇市场上，除了商业银行这一主要角色外，尚有许多其他参与者，他们成为银行从事外汇交易的主要对象。这些参与者通常并不提出自己的外汇报价，而是接受银行提出的外汇报价，并按照报价和银行进行外汇交易。他们不是价格的提供者和维持者，而是价格的接受者（Market Taker）。

在外汇市场上商业银行的主要交往对象有以下几种。

(1) 中央银行

在外汇市场上，各国中央银行也是重要的参加者，它主要是代表政府对外汇市场进行干预。具体地说主要是充当两个角色：一是充当外汇市场管理者，制定和运用法规、条例等，对外汇市场进行监督、控制和引导，使外汇市场上的交易有序地进行，并能最大地符合本国经济政策的需要；二是直接参与外汇市场上的交易活动，主要是根据国家政策需要买进或卖出外汇，以影响外汇汇率走向。中央银行的这种外汇买卖活动实际上使其充当了外汇市场最后交易者的角色，即因汇率不能充分调整（即达不到市场均衡汇率的水平）而导致的外汇供求差额会由中央银行以购进（当供大于求时）或售出（当求大于供时）外汇的方法来平衡。

(2) 外汇经纪人

在外汇市场上外汇经纪人主要充当了在从事外汇买卖的银行间牵线搭桥的中间人的角色。外汇交易的信息量十分庞大而且瞬息万变，要求外汇交易者能随时掌握最新信息，迅速达成交易。这对业务广泛的商业银行来说是难以做到的，虽然它有着从事跨国资金交往的雄厚的人才实力和丰富的工作经验，因而商业银行之间的外汇交易大多通过外汇经纪人达成。外汇经纪人专门为银行代理外汇买卖业务，它们通常都拥有庞大的网络，彼此之间也有紧密联系，有的外汇经纪人在世界许多外汇市场上都设有分支机构。由于它们的存在，银行可以更迅速并以更满意的价格达成交易。不过，许多大银行在国外主要外汇市场进行买卖时，一般不经过经纪人，而是直接同其他银行打交道。

像其他经纪人一样，外汇经纪人本身不直接参与外汇交易，而只是代顾客买卖外汇，通过提供咨询、信息、买卖代理及其他服务而赚取一定比例的佣金。正是由于外汇经纪人与外汇买卖活动无直接利害关系，从事外汇交易的银行才会对外汇经纪人的诚实与公正充分信任。

（3）非银行客户

非银行客户指因从事国际贸易、投资及其他国际经济活动而出售或购买外汇的非银行机构及个人。他们是外汇市场上的最终供给者和需求者，外汇市场说到底是为他们服务的，外汇市场的供求趋势和汇率走势最终也是由他们决定的。

同其他市场一样，依据交易对象的不同外汇市场可以分为两个层次：第一个层次是非银行客户同银行之间的外汇交易市场，这一层次的市场被称为零售市场，该市场上的每笔交易金额一般较小；第二个层次则是银行和银行之间的外汇交易市场，这一层次的市场是批发市场，其每笔交易金额通常较大。这两个市场是密切相关的一个整体，其中银行与银行之间的市场是外汇市场的基础，它决定了零售市场上的外汇来源及其价格。

4. 银行的外汇交易部门

在规模较大的银行里，一般均设有专门的外汇交易部门负责从事外汇的买卖工作。该部门的名称可能在各银行间有所不同，例如在我国，通常称为外汇资金部。

1）银行外汇交易部门的职责

具体来说，银行的外汇交易部门通常负责以下工作。

（1）同非银行客户进行外汇交易

如前所述，非银行客户出于各种原因，往往会需要买卖外汇，此时他们主要是找银行进行交易。

（2）控制银行的外汇风险

银行在从事贸易结算与融资及同非银行客户买卖外汇的过程中，会不断收入或支付外汇。由于每种外汇买与卖的数额、交割期限往往是不一致的，从而产生差额（称为头寸）。外汇交易部门的职责之一就是要将银行持有的各种外币头寸控制在一定额度以内，这样做主要是为了避免外汇风险。此外，由于银行的国际结算业务实际上多是通过设立在各主要外汇发行国国内的联行中的账户完成的，控制外汇头寸还有避免利息损失的作用。因为此类账户利率很低，若银行的外汇收支盈余（称多头）过多，银行在利息收益上会蒙受损失；但倘若银行外汇收入少于支出（称空头），则又会出现透支，联系行会对此征收极高的利息。

（3）买卖和管理现钞

虽然目前在国际经济交往中很少用到现钞，但在某些时候（如境外旅游等）客户也会要求出售或购买外币现钞，银行外汇部门也负责外币现钞的购入和出售，并负责将购入的多余的外币现钞运至这些外币现钞的各自发行国。

2）银行的外汇交易室

规模较大的银行在其外汇部门下往往设有专门的外汇交易室（Foreign Exchang Dealings Room），负责外汇买卖的具体操作。

交易室的设计要保证室内的交易人员相互之间距离较近，易于以手势、表情和语言等方式相互交流信息。图8-1是外汇交易室设计的一个范例。

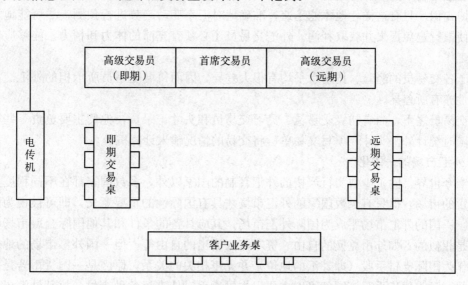

图8-1 外汇交易室的平面图

资料来源：丁冰，杨建刚，张力伟. 外汇市场国际惯例. 贵阳：贵州人民出版社，1992.

外汇交易则由交易员在相应的交易桌边进行，交易员在交易桌旁的位置称为交易位（Dealing Position），每张交易桌上均放有先进的通信设备、报价系统、计算机外汇交易所必需的设备。交易员可以凭电话同顾客、外汇经纪人及其他银行进行交易，成交后再用电传书面予以确认。交易室内至少拥有美联社和路透社（Reuter's）这两家最为重要的外汇报价信息系统。联网的计算机终端可以使交易员及时了解银行的外汇头寸状况，并可使交易员必要时可迅速进行交叉汇率等计算。

交易室内的交易人员种类主要有首席交易员、高级交易员及交易员等。首席交易员是外汇交易室内具体指挥外汇交易的人员，它直接向外汇部门经理负责。首席交易员还配有一名助理交易员，以便在首席交易员因事需要外出时，有人代替他临时执行首席交易员的职责。首席交易员的职责主要如下。

① 协助外汇交易部门的管理人员制定和修改外汇交易的策略方针。首席交易员应该及时向外汇部门经理汇报外汇交易的盈亏情况，并利用自己长期从事外汇交易的经验，对外汇市场的走势及银行应采取的交易策略提出自己的看法，供部门的经理人员在决策时参考。

② 根据外汇部门经理人员拟定的外汇交易方针，指导、协调室内交易员的工作，并帮助交易员处理交易过程中出现的问题。

③ 首席交易员还负责培训新聘用的外汇交易员，通常他还拥有聘用和解聘外汇交易员的权力。

具体的外汇交易操作则由高级交易员及交易员在首席交易员的指导下进行。规模较大的银行通常拥有多名高级交易员，每名高级交易员负责一种主要外币或一类交易的业务。交易员则负责一些次要的、交易不太活跃的货币的交易。这些交易员均自主地从事外汇交易，只有在其交易将产生较大的头寸、影响银行的安全时，才请示首席外汇交易员。因此，交易员的交易活动会直接影响银行外汇交易的盈亏。好的交易员应具有对外汇市场变动的敏感的觉察力、迅速的决策能力、稳定的心理素质、巨大的魄力，并具备经济学、世界政治等众多领域的广博知识。只有这样，他才能迅速、准确地对汇率变动趋势进行预测，尽可能地通过外汇交易使银行避免损失并获取利润。外汇交易员还必须有充沛的体力和精力，能够应付紧张的交易工作。

由于各交易员的经验、技术水平均有很大差异，因而每名交易员所承担的外汇交易种类的重要性亦有所差异。

在交易员之下，尚有初级交易员、见习交易员和头寸记录员，他们主要负责一些辅助工作，如随时统计外汇头寸、填写交易单、将交易的情况输入计算机等。

5. 外汇市场的一体化

在当今世界，除了少数实行严格的外汇管制的国家以外，多数国家都在不同程度上存在外汇买卖的市场，但只有少数国家的外汇市场才具有国际性的重要意义，即可被视为国际外汇市场。一国的外汇市场要成为国际外汇市场，其应具备的条件和其他国际金融市场应具备的条件是相似的，如外币兑换的自由、资本流入流出的自由等。但一国外汇市场的地位和该国货币作为国际支付手段（即外汇的地位）并无正相关的关系，原因是一国货币若是被接受为主要的国际支付货币，该国就可以主要以本国货币对外进行各种支付，故其外汇买卖的需求就不会旺盛，从而影响其外汇市场的发达。例如美元在第二次世界大战后很长的一段时间内都是最主要的外汇，所以在该时期内美国的外汇市场都不如英国等国发达。只是在 20 世纪 70 年代以后，随着美元地位的衰落，日元、马克等其他主要资本主义国家的货币地位的提高，美国的外汇市场才有了很大的发展。

目前世界上已形成了一些主要的国际外汇交易中心，如伦敦、巴黎、纽约、法兰克福、苏黎世、香港、新加坡、悉尼、巴林等。这些外汇市场相互之间联系紧密，已形成一体化的全球大市场。这一体系的形成，是充分利用了各主要外汇市场的时差关系，以及便利的通信网络实现的。图 8-2 为主要外汇市场营业时间图。

从图 8-2 可以看出，由于外汇市场遍布全球，因时差的关系，它们的营业时间是交错的。例如，各主要外汇市场营业时间一般是从上午 9 点到下午 5 点。以北京时间为准，每天最早开市的是澳大利亚的悉尼，为上午 6：00。这样从世界最东端的悉尼开始，经东京、香港、新加坡，到中东的巴林，再到伦敦及欧洲大陆的外汇市场，最后到美国纽约、洛杉矶，24 小时内世界上总有数个外汇市场在营业，因而外汇交易可以全天 24 小时不间断地进行。许多外汇交易商和经纪人在本地外汇市场停止营业后仍继续通过电话、电报及计算机联网等在营业的外汇市场从事外汇交易。由于某些外汇市场（如巴林）全周营业，国际外汇交易事实上可以全年不间断地进行。

8.3 即期外汇交易

外汇交易亦即外汇的买卖，人们从事外汇买卖的动机是多种多样的。有的是为了对外支付的需要或为了将自己从事国际交易所得收入换成本国货币；有的是为了保值的需要；另有

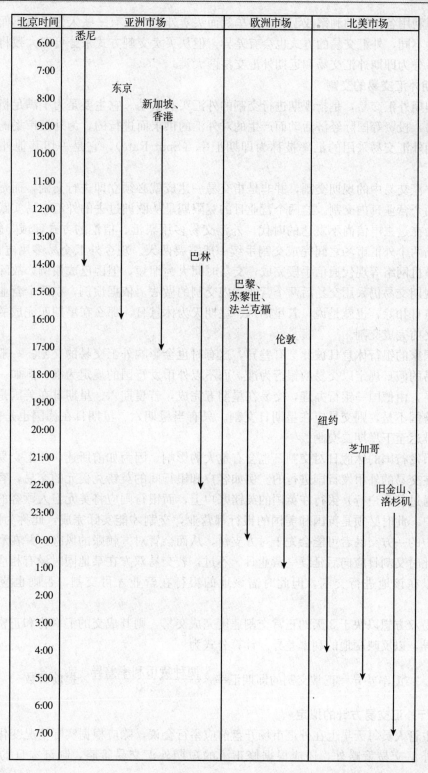

图 8-2　主要外汇市场营业时间图

资料来源：ABRAHAM M Ge，John Wiley & Sons. International Finance Handbook，1983.

些人是为了利用各国间的利率或汇率差异牟利而买卖外汇，更有一些人为了投机而买进卖出外汇。目的不同，外汇交易的方式也会有差异，但从买卖交割方式来分可以大致将形形色色的外汇交易分为即期外汇交易和远期外汇交易两大类。

1. 即期外汇交易的交割

所谓即期外汇交易，是指现期进行交割的外汇买卖活动。它主要是为了满足机构与个人因从事贸易、投资等国际经济活动而产生的对外汇的供求而进行的，为外汇市场的主要组成部分。即期外汇交易采用的汇率被称为即期汇率（Spot Rate），它是一切其他外汇汇率的基础。

即期外汇交易中的现期交割，并非是指交易一达成就必须立即进行交割，而是指在交易达成后的两个营业日内交割。这两个营业日的宽限期是从欧洲过去的外汇交易实践中延续下来的。因为在过去电信尚不发达的时代，外汇交易多用票汇、信汇的方式完成，较为耗时，在欧洲大陆两个外汇市场之间完成交割手续一般需要两天。现今外汇交易多用电话、电报、电传、计算机网络等现代通信手段完成，交易时间大为缩短，但因已成惯例，故除非特殊需要，目前现期交易仍采用交易后两个营业日内交割的做法。依据惯例，在两个营业日的计算中应将休息日扣除，也就是说，若星期六、星期天为休息日，那么在星期四完成的交易应在下星期一之前完成交割。

每个国家的银行休息日彼此会有差异，这有时也会影响外汇交易的交割。一般规定，任何外汇交易的假日规定以交易的银行为准，而不以外币发行国的规定为准。例如一笔美元与欧元的交易，由德国一银行办理，交易在星期五完成，若星期六、星期日在美国是银行休假日，而在德国不是，则交易应在星期日交割。只有当星期六、星期日在德国也是休息日时，交易才应推迟至下星期二交割。

但外币发行国的休假日对交割日也会有重大的影响。因为如前所述，外汇交易的实际结算一般是在交易的外币发行国进行的。例如客户和银行间的英镑兑美元的交易，客户应将英镑汇入（通过其开户行）银行在英国的英镑账户上，而银行则应将美元汇入顾客的开户行在美国的账户。此时必须是英国和美国的银行都营业，交割才能实际完成，此称为同时交割，否则，其中的一方交易者可能会先于对方支付，从而会冒对方赖账的风险，并在利息上蒙受损失，故此时交割日应向后延续一营业日。不过，若交易双方在某地同时设有相应外币的账户，则可以在该地进行交割，但此时需该地的银行在营业才可交割，否则也应向后延迟一日。

若交易双方想以快于 2 天的正常交割速度完成交易，则其成交的汇率将和正常交割的汇率有所差异，以反映两地的利率差异。计算公式为

$$汇率差异＝正常交割的即期汇率×\frac{两种货币利率差异}{360}×提前日数$$

2. 银行外汇交易方针的拟定

外汇主管人员每天早上在外汇市场开盘前应举行会议，除应根据实际情况变化修正其未来数日的外汇交易策略外，还应根据修正了的短期外汇交易策略，制订本日的外汇交易方针。

银行每日的外汇交易方针的制定主要是根据下列因素。

（1）银行的外汇头寸状况

银行的外汇交易方针，首先取决于银行的经营状况及其经营策略，以及由此而导致的银行的各种外币头寸的状况。银行的外汇交易通过抛补外汇将银行因从事各项国际业务所导致的外汇头寸控制在规定的水平以内。也就是说，其各种外汇头寸的水平应既能迅速地满足银行的各类国际业务对外币的需求，又不致因外汇头寸过大而使银行承受过大的汇率风险。

（2）其他主要国际外汇市场的外汇价格

如前所述，由于时差的缘故，某一国际外汇市场尚未开盘时，其他的主要国际外汇市场有的已经收盘，也有的已经开盘或尚未收盘。研究这些外汇市场各种外汇的价格趋势，对于了解银行所在外汇市场的新的交易日的外汇价格的可能走向有很好的借鉴作用。因为目前各国际外汇市场之间早已联系成为一个整体，它们的外汇价格的相互影响很大。

（3）最新的政治经济形势

同其他金融市场一样，国际政治、经济形势是决定各种外汇汇率变动趋势的基本要素。因此银行外汇交易部门的主管人员应及时了解最新发生的国际政治、经济事件，并认真判断其对外汇汇率走势可能产生的影响。

银行的外汇部门主管人员拟定了本日的外汇交易方针后，应在本日交易开盘之前传达给下属的外汇交易人员，供其在本日的外汇交易工作中参考。

3. 即期外汇交易的操作

在国际外汇市场上，即期外汇交易已形成了一套固定的程序和专业术语，其室内的交易操作是井然有序和十分快捷的。

即期外汇交易的过程可用图8-3表示。

各国的企业或个人如果希望出售或购买外汇，一般可直接找商业银行购买或出售，或委托银行购买或出售。如果希望交易的外汇数额巨大，顾客一般同时与几家银行联系，探询汇价，从中挑选出最佳的汇价成交，不过这样比较费事。如果交易数额不大或顾客与某银行业务往来密切，顾客通常仅与一家银行联系交易。

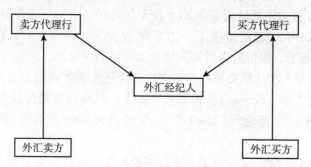

图8-3 外汇交易示意图

银行除与顾客从事外汇交易或代顾客买卖外汇外，它们彼此之间也进行外汇交易，这通常是为了轧平外汇头寸，以避免外汇风险。所谓头寸（Position），广义上说就是指投资者持有的某种风险资产的资产和负债之间的差额。当投资者持有的某种风险资产的资产和负债不一致时，投资者就会面临市场风险（价格风险），长头寸时面临的是该资产价格下降的风险，而短头寸时面临的则是该资产价格上升的风险。头寸就是投资者承受的风险额，故头寸又称风险暴露额或敞口额。仅就即期交易而言，如果银行买入某种外汇的数额超过它同期卖出的数额，该银行将净持有该外汇资产，则称该银行持有这种外汇的"长头寸"（Long Position）

或处于多头地位，又称超买（Over Bought）；反之，如卖出大于买入，则称该银行拥有该种外汇的短头寸（Short Position）或处于空头地位，又称超卖（Over sold）。为控制外汇风险，银行多将外汇头寸控制在一定限额内。例如，设某银行对美元头寸的控制指标为一千万美元，而该银行有一千五百万美元的长头寸，则银行至少要抛售五百万美元，使美元头寸回落到控制指标之内；反之，如果银行有一千五百万美元的短头寸，则至少应购入五百万美元以使美元头寸升至限额以内。

银行的头寸控制指标多种多样，其中即期头寸主要有：隔夜头寸（Overnight Position），指银行外汇交易室在一个营业日终了时可持有的外汇头寸，包括各种外汇的头寸总额及在这一总额下根据各种货币的具体情况规定的不同货币的各自头寸限额；日内头寸（Intra-day limit），指在每一营业日内任一时刻银行外汇交易室可持有的各种外汇头寸总额，它通常较隔夜头寸大，因为在较短时间内银行面临的外汇风险较小。

银行与银行之间的交易多通过外汇经纪人牵线完成，少数交易（特别是跨国交易）也有由银行之间直接达成的。银行与银行之间外汇交易多采用双向叫价的报价方法，即交易的任何一方均能报价和回价，交易即在双方的讨价还价中达成。这一点与证券买卖等其他金融交易相同。交易的任一方无论是报价还是回价均同时提出外汇的买入价与卖出价，外汇经纪人在牵线搭桥时通常也不向对方透露自己顾客的名字和市场地位（即该顾客是买方还是卖方），否则在讨价还价过程中会使自己的顾客吃亏。当交易成交后，除非因资信方面的原因，任何一方也不得无故放弃交易。

在即期交易中交易速度是第一位的。外汇市场上价格（汇率）瞬息万变，由于银行间的外汇交易数额通常都很大，稍一迟误就会造成巨额损失，故外汇市场上的询价回价都尽量做到简洁明了，并采用专业的行话、术语及报价表达方式，以节省时间。例如，汇率就通常仅报最后两位数字，而不报全部汇价。因为外汇交易者大多对汇率行情十分熟悉，银行报价时仅需报出尾数即可。所报数字前面的数字称为"figure"，所报数字（尾数）则称为点数（Point）。例如银行欲报美元兑日元汇率 \$1＝JP￥107.40，则它只需告诉对方"YEN 40 Figure"，前面三位数（107）就无须报了。如果尾数为零，即 \$1＝JP￥107.00，则只需说"YEN at figure"就行了。报价时需将买入价和卖出价同时报出。

通常买卖双方不会一次达成交易，而需多次讨价还价后才能就交易达成一致意见。买卖双方的要价差距称为差幅（Spread）。如果差幅扩大，则称双方报价拉开（Open）了；如果差幅缩小，则称双方报价接近（Close）了，差幅消失即表示双方报价一致（On Either Way）。

如同其他金融交易一样，交易市场上银行与银行之间的外汇交易也有所谓的标准交易数量。标准交易数量视不同的货币而有区别，但价值一般为100万美元。如交易数量与标准交易数量不同，则应在询价报价时说明，通常不足标准交易数量（称零数，odds）的外汇买卖由银行凑足标准数量后再交由外汇经纪人与其他银行进行交易。超过标准交易数量的，其为标准交易量倍数部分（即整数部分，例如400万美元）的可以交由外汇经纪人一次牵线完成，也可化为几个标准交易数量分别完成，其余数部分按零数交易处理。

外汇经纪人牵线达成交易后，即分别通知自己所代理的外汇买卖银行，由它们直接联系完成外汇的实际交割，通常以银行间电汇划账的方式完成，少数也有以信汇或票汇完成的。跨国外汇交易的实际交割大多是通过一专门的国际电传资金转拨系统（Swift）进行的。

经外汇经纪人牵线达成的交易通常由卖方支付给经纪人一笔佣金。

4. 套汇

套汇（Foreign Exchange Arbitrage）是指为获取汇率差价而从事的外汇交易。如果在同一外汇市场内或不同外汇市场间两种货币的汇率（不论是表面的还是隐含的）有不同的标价，那么以标价低的汇率买进外汇，再以标价高的汇率出售之，就能获利。

例如，设在 A 外汇市场上英镑对美元汇率为 £1 = \$2，但在 B 外汇市场上英镑对美元汇率为 £1 = \$1.9，则可以在 B 外汇市场以 £1 = \$1.9 的低价用 1.9 美元购买 1 英镑，再在 A 市场上以 £1 = \$2 的高价将其出售，可换回 2 美元，净赚 0.1 美元。同样，也可从 A 外汇市场以 £1 = \$2 的低价用 1 英镑购进 2 美元，然后在 B 外汇市场以 £1 = \$1.9 的高价出售之，可换得约 1.05 英镑（2 / 1.9），净赚约 0.05 英镑。

上例为从两种货币间公开的汇率差异中获利的套汇，称为两角套汇。此种套汇较为简单，其结果会使标价低的汇率上升，标价高的汇率下降，从而使汇率差价消失。以上例来看，由于交易者在 B 地抛售美元购买英镑，故 B 地英镑对美元汇率会因英镑需求增加而上升；反之，由于交易者在 A 地抛售英镑购买美元，A 地英镑对美元汇率会因英镑供给增加而下跌，A、B 两地英镑对美元汇率的差价最终会消失。

除两角套汇外，尚有三角套汇，是指从三种货币相互间的汇率标价中隐含的汇率（包括直接汇率和交叉汇率）差价中获利的外汇交易行为。设在某地，欧元、英镑、美元的标价如下：

$$€1 = \$1.25 \qquad\qquad ①$$
$$£1 = \$2 \qquad\qquad ②$$
$$£1 = €1.4 \qquad\qquad ③$$

那么，汇率①、②中隐含的欧元和英镑的交叉汇率为 £1 = €1.6，比汇率③标明的英镑对欧元汇率高出 0.2 欧元，故可以从汇率③入手，以 £1 = €1.4 的低汇率以 1.4 欧元购入 1 英镑，再以 1 英镑按汇率②购入 2 美元，再按汇率①高价将其重新换成 1.6 欧元，最终赚得 0.2 欧元。也可以汇率②着手，以 1 英镑购买 2 美元，再按汇率①换成 1.6 欧元，再按汇率③将 1.6 欧元兑成约 1.14 英镑，净赚约 0.14 英镑。同样，上例中的汇率②、③中隐含了美元对欧元的交叉汇率 \$1 = €0.7，较汇率①中表明的美元对欧元汇率 \$1 = €0.8 低 0.1 欧元。汇率①、③隐含了英镑对美元汇率 £1 = \$1.75，较汇率②中标明的英镑对美元汇率低了 0.25 美元，因此用前述方法也可以从其中的差价获利。

除三角套汇外，尚有从三种以上外汇汇率中隐含的交叉汇率的不一致套汇的方法，称多角套汇，其方法与三角套汇相似。

三角及三角以上的多角套汇有着与二角套汇类似的作用，它会使有关货币的隐含（交叉）汇率与公开汇率也趋于一致。

由于当今世界各国外汇市场之间的信息传递迅速，交易速度很快，故在各外汇市场内汇率的任何微小差异都会被套汇者捕捉到，并很快消失，因而在同一外汇市场及不同外汇市场之间套汇机会都是很难存在的。但套汇仍具有重要的意义，由于套汇可能的存在，各国外汇市场内及它们相互之间各种外汇的任何公开的或隐含的汇率均会趋于一致。

5. 非抵补套利

套利（Interest Arbitrage）是指利用两地间的利率差异而获利的行为。假设在英国伦敦的存款利率为年利 8％，而在美国纽约的存款年利率为 10％，则人们把资金从伦敦转存入纽约，可多获 2％ 的利息收入（如果汇率不变）。设英国某投资者有 100 万英镑资金，则他把这笔资金存入伦敦银行，一年后的本息收入为 100＋100×8％＝108 万英镑。但是，如果英镑对美元的汇率为 £1＝$2，则该投资者将 100 万英镑兑成美元存入美国银行一年后可获美元本息共 200＋200×10％＝220 万美元，换成英镑为 110 万英镑，多获利息 2 万英镑。

由于套利活动的存在，各国间利率的微小差异都会迅速引起资金在国家间的流动，各国利率因而会趋于一致。以上例来说，由于英镑持有者纷纷将手中资金兑成美元存入美元银行，美国的利率会因资金供给的增加而下降；反之英国的利率会因资金供给的减少而上升，这一趋势会一直持续到两地的利率不再存在差异时才停止，此时套利活动会因无利可图而终止。套利活动的这一作用对于各国经济政策（特别是货币政策和国际收支政策）的制定有着极为重要的意义，它使得各国政府可以通过对利率的调控来影响资本的输入输出，从而调节本国的国内经济和国际收支。

但在这里所说的套利活动中，没有考虑到套利者所要冒的汇率风险，即它是未抵补（Uncovered）的套利。投资者在投资结束时须将以外汇持有的投资本息兑换回本国货币，这时候他就会面临汇率风险。如果到那时外汇的汇率下跌，投资本息的本国货币值就会下降，从而减少了套利的盈利所得。如果汇率方面的损失足够大，就可能会抵消套利的盈利，使之转为亏损；但如果到那时外汇的汇率上升，则投资者在汇率方面会获利，这会增加套利的盈利所得。因此在加入了汇率预期的因素后，国与国之间的利率关系就会变得非常复杂，不一定会趋于一致。如果投资者预期某国货币的汇率会上升，则可能愿意接受较低的利率提供以该国货币定值的信贷；反之，如果投资者预期某国货币的汇率会下降，则会要求较高的利率以弥补在汇率方面可能的损失。

8.4　远期外汇交易

外汇交易的另一种类型是远期外汇交易，它和即期外汇交易的主要区别在于交割方式的不同。远期外汇交易是在交易达成后的未来某个日子进行实际交割的外汇交易，它包括所有那些交割期限超过即期外汇交易的正常交割期限（两个营业日）的外汇交易。远期外汇交易的目的不在于满足国际结算的需要，而是为了保值或投机。

远期外汇交易的形式繁多，主要有远期外汇合同、外汇期货、外汇期权、互换交易等。

1. 远期外汇合同

远期外汇合同（Forward contracts）是最为简单的一种远期外汇交易形式，它由外汇交易双方自由订立，除了交割期的规定外，和即期外汇交易没有什么不同。以下所说的远期外汇交易，若非特别指明，即指远期外汇合同。

1）远期外汇交易的操作

远期外汇交易在国际经济交往中具有十分重要的意义，它使得交易者能够获得一种货币的确定的未来汇率，从而避免外汇风险。例如，某英国进口商从美国进口了一批货物，价值3 000万美元，3个月后交货，货款以美元支付。如果此时英镑对美元的即期汇率为￡1＝$2，则该进口商需支付1 500万英镑，但如果3个月后英镑对美元汇率降至￡1＝$1.5，则它要获得3 000万美元以支付货款就需花费2 000万英镑，要多付500万镑。为避免这一风险，该进口商可以购买3 000万美元三个月期的远期美元，三个月后即可以合同中规定的汇率购买到3 000万美元，以此对美出口商支付，该进口商仅需负担额外的手续费及可能的远期升水（当远期汇率高于即期汇率时）损失。

上面所举例子为单纯的远期外汇交易，除此之外，还有一种即期与远期交易同时进行的综合外汇交易，称为掉期交易（Swap）。掉期交易是指外汇交易者在外汇市场上与一客户同时达成一笔数额相等、货币相同，但交易方向相反的即期外汇交易和远期外汇交易，即在购买一笔即期外汇的同时又出售一笔数额相同的、同一币种的远期外汇，或在出售一笔即期外汇的同时购入相同数额、同一币种的远期外汇。掉期交易可抵补跨国金融交易中的外汇风险。例如，设某美国银行对一英国客户提供一笔三个月的英镑短期信贷，需以美元购买即期英镑，以支付贷款，同时为避免外汇风险，又必须出售三个月的远期英镑，即要同时从事一笔即期英镑购买交易和一笔远期英镑的出售交易。这样在3个月后银行收回英镑贷款时就能以事先确定的汇率换回美元，从而避免汇率损失。

远期外汇交易的交割期限通常不超过一年，具体期限由交易双方自由确定，实际期限从远期外汇合同达成日加两个营业日起计算。例如，某三个月远期外汇合同订立于1月1日，则交割期限从1月3日起计算，交割日为4月3日。如果该月无此日，则以该月最后营业日为交割日。例如，设远期外汇合同订立于1月29日，从1月31日起算，交割日应为4月31日，但因该月为小月，没有31日，则以4月30日为交割日。

远期外汇交易所用汇率称为远期汇率，它与即期汇率之间的差额称为换汇汇率（Swap Rate）。如果远期汇率较即期汇率高，则称远期外汇有升水（Premium）；反之，则称远期外汇有贴水（Discount）；如果两者相同则称平水（Flat）。一种货币的贴水和升水在采用不同标价法时的表现是不同的。在采用直接标价时，远期升水表现为远期汇率的数值高于即期汇率的数值，而贴水则表现为远期外汇汇率的数值低于即期外汇汇率数值；反之，在采用间接标价时，远期升水表现为远期外汇汇率数值低于即期汇率数值，而贴水则表现为外汇远期汇率数值高于即期汇率数值。

为简便起见，外汇市场上远期外汇汇率的标价多采取仅报换汇汇率的办法。如采用直接标价，远期汇率可在即期汇率上加上（当远期汇率有升水时）或减去（当远期汇率有贴水时）换汇汇率后得出；如采用间接标价，则为升水时减去换汇汇率，贴水时则加上换汇汇率。在报远期外汇的换汇汇率时，银行一般同时报买入价换汇汇率（即银行卖出即期外汇，购进远期外汇）和卖出价换汇汇率（即银行买入即期外汇，卖出远期外汇）。那么，怎样判断这两个换汇汇率是升水还是贴水呢？我们知道，在采用直接标价法时，银行的外汇买入价数值低于卖出价数值，而远期汇率是采用升水时加上换汇汇率，贴水时减去换汇汇率的做法求得，因而此时如果所报两个换汇汇率前（买入价）低后（卖出价）高，则只有相加才能保证远期汇率卖出价高于买入价，故此时为升水；反之，如果所报换汇汇率买入价高而卖出价低，则必须相减才能使远期汇率的卖出价高于买入价，因而是贴水。在采用间接标价法时情况是一样的，由于间接标价是买入价数值高而卖出价数值低，其远期汇率是升水时减去换汇汇率，而贴水时加上换汇汇率，因此同样必须是升水时换汇汇率买入价低而卖出价高，贴水时换汇汇率买入价高而卖出价低。

所以，一种外汇不论采用什么形式的报价，如果所报换汇汇率买入价低于卖出价，即前低后高，说明该外汇远期汇率有升水；反之，如果买入价高于卖出价，即前高后低，则该外汇有远期贴水。

例如，设美元对瑞士法郎的即期汇率（直接报价）为 \$1＝SFR1.102 9/02，如果三个月远期美元标价 60、55，则三个月远期美元对瑞士法郎的汇率有贴水，其远期汇率为

$$买入价 \quad \$1＝SFR(1.102\ 9－0.006\ 0)＝SFR1.096\ 9$$
$$卖出价 \quad \$1＝SFR(1.102\ 9＋0.000\ 2－0.005\ 5)＝SFR1.097\ 6$$

在有远期交易的情况下，银行的外汇买卖不仅会存在外汇买卖绝对数额上的差距，还会出现外汇交易在交割时间上的差别。例如，在一笔掉期交易中，银行买入一笔即期外汇，同时又出售同数额的一笔远期外汇，从绝对数额看，银行的外汇买卖是平衡的，不存在外汇头寸，但该交易中银行外汇买卖在交割时间上却存在差异，此种差异可称为外汇的远期头寸。外汇交易的远期头寸同外汇交易的即期头寸一样会给外汇交易者带来风险。以上例而言，如果远期外汇交割时外汇即期汇率高于合同中规定的远期汇率，银行就会蒙受损失。为此银行在从事远期交易时也应像即期交易一样，对自己的外汇远期头寸加以控制，如果远期头寸超过一定限制，则从事反方向的掉期交易，以轧平之。例如，设某银行的外汇买卖相抵后绝对差额在银行的控制限额之内，但在期限上有 100 万美元的卖出交易交割期多了 3 个月，如果银行只想保持 50 万美元的 3 个月时间差距，则可从事一笔掉期交易，出售 50 万美元的即期美元，同时购入 50 万美元的 3 个月远期美元，这样该银行的外汇买卖不论在数额上还是在时间上都被控制在限额以内。

上面所谈的用远期外汇交易避免未来汇率风险的做法叫作套期保值（Hedge）。

2）抵补套利

在存在远期外汇市场的情况下，套利者可以通过远期外汇交易来避免汇率风险，即将远期外汇交易和前述套利交易结合起来，此称为抵补套利（Covered Interest Arbitrage）。仍以前面套利一节中所举套利活动为例，设英镑对美元远期汇率为 ￡1＝\$2.02，即远期英镑有升水（美元有贴水）。为避免汇率风险，可采取以下交易：做一笔英镑对美元的即期交易，即以 ￡1＝\$2 的即期汇率购入 200 万美元，将其存入纽约银行，同时按 ￡1＝\$2.02 的远期汇率出售一年期的远期美元 220 万美元，换回英镑，则一年后套利者的英镑盈利为 200(1＋10％)/2.02－100(1＋8％)＝220 /2.02－108≈108.9－108＝0.9（万英镑），即在消除了汇率风险后，套利者可获净利 0.9 万英镑，较前面所述未抵补的套利所得 2 万英镑减少了 1.1 万英镑，这 1.1 万英镑即为套利者因美元有远期贴水而导致的汇率损失。

上述情况如果存在，就会吸引投资者从事抵补套利活动。然而套利者用英镑购买即期美元会扩大即期美元的需求，促使即期美元汇率上升；而套利者出售远期美元又会增加远期美元的供给，促使远期美元汇率下跌，因而远期美元的贴水会扩大。与此同时，套利活动又会减少美国利率和英国利率的差幅。这两个方面的过程会持续下去，直到美元远期汇率的贴水与英美两国的利率差幅相当。此时由于套利者从美国高利率中获得好处正好与他在美元汇率上受到的损失相当，抵补套利就会因无利可图而停止。

通过下列公式的推导可得出抵补套利的均衡公式。设有 A、B 两国，A 国年利率为 i_A，B 国年利率为 i_B，两国货币间的即期汇率为 E（以 B 国货币直接标价表示，下同），一年期远期汇率为 F，则单位 A 国货币在 A 国的一年期存款本息为 $1+i_A$。若将单位 A 国货币以即期汇率 E 换成 B 国货币并存入 B 国银行，同时用远期交易将一年后的存款本息按 F 换成 A 国货币，则在 B 国存款的本息总额按 A 国货币计值为 $F(1+i_B)/E$，故当 $F(1+i_B)/E=1+i_A$ 时，抵补套利将无利可图。

将上式两边除（$1+i_B$）可得

$$\frac{F}{E}=\frac{1+i_A}{1+i_B}$$

再将此式两边减 1，得

$$\frac{F-E}{E}=\frac{i_A-i_B}{1+i_B}$$

约去右式分母中的 i_B，可得约式

$$\frac{F-E}{E}\approx i_A-i_B \tag{8-1}$$

上式左边称为换汇率，表示远期汇率与即期汇率的差额（$F-E$，即远期外汇汇率的升水或贴水，也就是换汇汇率）占即期外汇汇率的比重。上式表明它在正常情况下应约等于两国利率之差。如果 A 国利率大于 B 国利率，即 $i_A>i_B$，则公式左边应为正值（升水率），即 B 国货币有远期升水；反之，如果 $i_A<i_B$，则左式应为负值（贴水率），即 B 国货币有远期贴水。也就是说，在正常情况下利率低的货币会有远期升水，而利率高的国家其货币则会有远期贴水，利率与汇率上的收益与损失互相抵消了。

将公式（8-1）略作变化，可得

$$F-E=E(i_A-i_B) \tag{8-2}$$

公式（8-2）即为银行计算换汇汇率以得出远期汇率的根据，表示一种外汇的远期升水或贴水为折成本国货币的两国利率差。

上述抵补套利的汇率和利率间均衡的实现是有一定条件的。首先，在金融市场上应有足够外汇资金供套利者使用，直到出现均衡；其次，两国间的货币兑换及资金流动应不受限制，使套利活动能无阻碍地进行；最后，在外汇市场上应不存在严重的投机活动，因为投机因素会使投机者愿意承担一定的汇率风险，进而使两国间的利率与汇率偏离均衡状态。

在上面的公式推导中，在公式（8-1）中省略了右式分母中的 i_B，这意味着对在 B 国存款所获利息部分面临的风险可忽略不计。事实上，外汇交易者往往采用掉期交易这种更为简便的方式来进行抵补套利，而不是分别作即期交易和远期交易。

2. 外汇期货交易

1）外汇期货的概念

外汇期货（Foreign exchange Futures）交易同远期外汇交易合同一样，也是一种交割期较正常外汇交易长的远期外汇交易。所不同的是，外汇期货是在证券（或期货）交易所里进行的，其交易的条件，如交易金额、汇率、交割期限等均由交易所明确规定并予以标准化。

各外汇期货交易所的每份标准化的期货合同的金额、保证金比例等条件是互有差异的，但交割期限一般只有 3 个月、6 个月、9 个月、12 个月数种，每个月的交割日期也是固定的。例如芝加哥商业交易所（CME）的外汇期货一般有 3 月份、6 月份、9 月份、12 月份数种（墨西哥比索除外），交割日期分别为到期月的第三个星期三，这点也和远期外汇合同不同。

在各期货交易所，外汇期货价格的标价和即期外汇的标价方法也不同。它不是采用美元对其他外币的直接标价方法，而是采用美元的间接汇率，即购买单位的其他外币所需的美元数额的方式。期货合同中规定的汇率（称为协议汇率）由交易双方经讨价还价自由确定，交易所将随时公布最新的成交价（汇率）。汇率变动的最小单位同即期汇率报价一样，为每种外币标准单位的万分之一（0.000 1）。

2）外汇期货交易的操作

外汇期货交易同交易所内的其他金融交易一样，必须通过银行等金融机构作为经纪人才能进行交易。但外汇期货交易双方既不是直接在交易所进行交易，也不是以银行、经纪人等作为中介进行交易，而是通过银行等金融机构分别与交易所进行交易。

设有一客户欲购买一份美元购英镑期货，它可以指示其开户银行（必须为期货交易所的成员）的客户服务部，由客户服务部将购买指令传达给该行在交易所内的交易员（重要客户可直接发指令给场内交易员）。交易员接到指令后，即可到相应的交易位台（Trade Post）进行交易，通过和有出售英镑期货指令的其他经纪人讨价还价，最终和出价最低的经纪人达成交易。交易完成后，交易员的辅助人员将详细填写指令单，并迅速通知银行。银行在接到交易完成通知后，即向客户发出交易确认书，告知客户指令已完成及成交的汇率。与此同时，交易所内交易员的辅助人员将填写交易证实书，送交交易所专设的清算所，清算所工作人员将交易情况输入计算机对账系统，同对方经纪人输入的交易情况核实无误后，将交易单输入计算机清算系统，并将记录的结果打印出来，作为凭证分别交给买卖双方的经纪人。

期货交易经交易所确认后，交易双方经纪人的关系即告终结，交易双方实际是同交易所分别订立买卖期货的合同。为了避免损失，交易所要求交易双方通过其经纪人交纳保证金（此称为初始保证金），存入交易所专设的清算所的账户内。保证金的比例一般为合同金额的 2%。清算所每天在营业结束时，根据该日的期货收盘价计算各交易所成员盈亏情况。对于买入期货的交易成员而言，若该日收盘价高于期货的协议汇率，则有盈利；反之，该交易成员会出现亏损。对于出售期货的交易成员来说则情况刚好相反，是收盘价高于期货协议汇率时有亏损，而在收盘价低于期货协议汇率时有盈利。交易成员所获的盈利将加入该成员的保证金账户，它可以随时将该笔增加的多余保证金以现金方式取走；反之，那些有亏损的交易成员的保证金账户将被减去亏损额，若因此而使该交易成员的保证金金额不足最低保证金的要求，清算所将要求其补加保证金（此称为追加保证金）。如果该交易成员无力按时补足保证金，清算所有权强迫轧平其头寸，此称为平仓。追加保证金一般也需以现金交纳，但由于交易成员的保证金数额每日都在变动，现金收支过于频繁，故清算所有时也允许交易成员以交易所所在国的政府债券等流动性高、安全性好的债券或黄金等充抵保证金。在调整完保证金后，交易者购买期货的实际成本（汇率）就同该日期货的收盘价一致了。

【例 8-1】 设芝加哥商品交易所（CME）内一交易成员 A 为其客户购买了一份美元购瑞士法郎期货（US/SFR），价值 200 万美元，按即期汇率 $1.102 9/SFR 折算成瑞士法郎约为 194 万瑞士法郎。按 2% 比率计算应交纳保证金 4 万美元，成交的汇率（协议汇率）为

$1.103 0 /SFR。在成交后的某日美元兑瑞士法郎即期汇率收盘价升为 $1.107 0/SFR，则该交易成员每瑞士法郎获利 0.004 美元（不考虑佣金等费用），金额为 $(194 万 ×0.004 0) = $7 760，该日其在清算所的账户上的保证金情况为表 8-3 所示。

表 8-3 A、B 成员账户

	贷　方	借　方
A 成员账户	$40 000 $7 760	
B 成员账户	$40 000 $7 760	$7 760

反之，与 A 交易成员交易的对方（设为 B 交易成员）则亏损了 7 760 美元，应补足7 760美元，以使其账户上的保证金余额维持 4 万美元的最低水平。

当期货到期后，买卖双方均应分别与清算所办理交割手续。上例中的交易成员 A 应支付200 万美元给清算所，清算所则支付 200÷1.103 0≈181.3 万瑞士法郎给 A 交易成员；反之，B 交易成员则应支付 181.3 万瑞士法郎给清算所，换取 200 万美元。

实际上绝大多数的期货在到期之前就已经买卖后换手，因为在期货到期日之前期货的买卖双方均可将其出售。交易成员在出售未到期期货时也是与清算所进行交易，清算所在买入期货后再出售给愿意购买该期货的其他交易成员。

如果在期货到期时，一方交易成员无力履行合约，由此而造成损失应由交易所承担。因为买卖双方的交易对象都是交易所，而不是对方，故此时交易所仍应向另一方履行合约。不过，交易所会将损失按各成员持有的期货份数比例摊给各成员，直到持有期货份数最多的成员负担的份额达到一定限额（如 50 万美元）为止。若此时仍有亏损未能分摊，交易所将宣布出现金融困难，并从宣布之日起上溯至 6 个月内各成员所清算的期货合约，并按比例分摊余下的亏损额。

3）外汇期货的优缺点

与普通的远期外汇合同相比，外汇期货具有以下优点。

① 报价更为公开、合理。由于外汇期货在交易所内集中进行，其汇率报价可以经交易所及时对外公开，和私下个别交易的远期外汇合同相比，其汇率水平更易为交易各方所了解，也更为公正合理。

② 由于交易者实际上是与交易所进行交易，故违约的风险要比远期外汇合同要小得多。

③ 由于交易的集中化和标准化，故其交易相对容易达成，手续也简便得多。

④ 期货的盈利会在当日的保证金账户上反映出来并可以提取，不像远期外汇交易合同那样，必须等合同到期后才能实际兑现。

⑤ 由于外汇期货在到期前只需交纳保证金并可提前出售，不必在到期时实际交割，故较小的资金即可经营巨额交易，不论是用于保值还是投机，所需资本均大大小于同样规模的远期外汇交易。

然而，外汇期货交易较之一般的远期外汇交易合同也有不利之处，这主要表现如下。

① 由于外汇期货的期限金额等条件都是标准化的，因而很难完全符合各类国际经济交易对远期外汇的实际需要。

② 在期货到期前，若出现亏损，交易者必须及时补交保证金，从而增加了交易成本。

③ 如果交易者在未来某日确实需要某种外汇，则期货交易的成本高于远期外汇合同。

3. 外汇期权交易

外汇期权又称外汇选择权（Option），它是指在一定期间内或一定期间后按协议的价格购买或出售一定数额的某种外汇的权利，它也是远期外汇交易的一种形式。

1）外汇期权的形式

外汇期权可分为看涨期权和看跌期权两种。看涨期权的买主可以在期权的有效期内（或期权到期时）有权从该期权的卖主处按协议规定的汇率购买某种外汇，故它又称为买方期权（Call Option）。而看跌期权则是指期权的买主有权以协议规定的汇率向该期权的卖方出售一定数额的外汇，故它又称为卖方期权（Put Option）。

外汇期权根据期权行使的条件，又可分为欧式期权和美式期权。欧式期权只有在期权到期的时候，买方才可以行使其期权；而美式期权在期权有效期的任一时间，买方都有权行使其权利。不过，前者可通过从事一笔反向期权交易达到同样目的。

外汇期权与远期外汇合同及外汇期货的区别主要在于：外汇期权是一种买或卖外汇的远期权利，期权的买主可以行使这一权利，也可以在它认为行使期权对己不利时放弃该权利；而远期外汇合同和外汇期货均不过是在远期交割的外汇交易合同，在到期的时候，买卖的双方均必须按照合同的规定实际履行买卖外汇的义务。如果外汇期货的一方当事人将其拥有的期货在到期前出售，那也不过是将其承担的交易义务转让给他人罢了。

外汇期权交易同远期外汇交易一样，也有场外交易和场内交易两种。场外交易由客户同银行（或其他金融机构）私下个别地达成，其金额、期限等条件都可以视客户需要自由决定，类似于远期外汇合同。而交易所内外汇期权条件则是标准化的，也必须每日结算盈亏，类似于外汇期货。

2）外汇期权的要素

一份外汇期权均应具备以下几项要素。

（1）期权的期限（Expiration）

期权的期限是指期权买方能行使期权的期限，逾期则期权将失效。同其他远期外汇交易一样，期权的期权也主要分为 3 个月、6 个月、9 个月、12 个月数种，到期日多为到期月份的第三个星期三。场外的交易也可根据客户要求个别拟定其有效期和到期日，不过是否行使期权最迟均应在到期日之前两个工作日决定，以便在到期日之前完成交割。

（2）协议价格（Strike Price）

协议价格是指期权合同中规定的双方买卖外汇的汇率，这由期权交易的双方根据行情自由确定。

（3）外汇的种类及金额

这是指期权合同中规定的双方买卖的外汇币种及其交易金额。在期货交易所，各主要外汇期权交易的金额也是标准化的，但场外个别交易的金额则可以视客户需要自由确定。

（4）期权费（Premium）

这是期权买方须支付给期权卖方的一笔费用，不论期权买方是否行使期权该费用均不退回，它可以被视为期权的价格。期权费应在期权合同成交后两个工作日内完成交割。

3) 影响期权费的因素

影响外汇期权合同期权费的因素如下。

（1）外汇价格的变化趋向

这是影响外汇期权期权费的首要因素。当某外币的汇率处于上涨趋势时，看涨期权的期权费也会上涨，看跌期权的期权费则会下跌。此外，一些交易活跃、价格波动幅度大的外币的期权费一般也较交易不旺、价格稳定的外币的期权费要高，因为前者盈利的机会更大。

（2）期权的有效期

有效期越长，期权费一般越高。因为有效期越长，外汇汇率朝有利于买方的方向变动的可能性越大，买方获利的机会也就越多。美式期权自不必说，即使是欧式期权，虽然它在到期之前无法行使，也一样可通过从事一笔反向期权交易的方式获利。

（3）协议价格

协议价格的高低也会严重影响期权费的水平。对看涨期权而言，如果协议价格定得较高，买方将来获利的机会将减小，故期权费会较低；反之，若协议价格定得较低，买方获利的机会大，期权费自然会较高。对看跌期权而言，则情况相反，当协议价格较低时期权费较低，而在协议价格较高时期权费也较高。

4) 外汇期权的利弊

购买外汇期权的目的首先在于保值，这一点上它和远期外汇合同和外汇期货的作用是一致的。它同样可以使国际交易者在事前确定其未来所需从事的外汇交易的汇率，从而降低汇率风险。

与远期外汇合同及外汇期货相比，以外汇期权进行保值的优点是买方可以在有效期内随时进行交易，也可以任意放弃交易的权利，没有义务在到期时一定购入合同规定的外汇。当国际交易者对未来的外汇收支的可能性、金额、实现日期并不能确定时，采用外汇期权就非常合适，这样做不仅可以减少交易的成本，简化交易的手续，也可以使远期外汇交易更好地符合国际交易的实际需要。

【例8-2】 设有一家瑞士进口商，进口了价值100万美元的货物，3个月后付款。为了防止自己因美元兑瑞士法郎的汇率上升而蒙受损失，他可以买入一份瑞士法郎兑美元的美元看涨期权，协议汇率为SFR1.10/\$1，则该进口商可以每美元1.10瑞士法郎的固定价格在未来3个月的任何一天内购入美元以支付进口货款。设当日期权费率为合同金额的1.85%，则其保值（将其购买美元的汇率固定在SFR1.1/\$1）所费成本（期权费总额）约为100×1.1×0.018 5≈2.03万瑞士法郎。

外汇期权也可以用于外汇投机。如果投机者认为某种外汇的汇率会上升，则购买该外汇的看涨期权就是有利可图的了，此时只要该外汇在期权有效期内汇率上升的幅度足以超过投机者购买期权所费的成本，就可盈利。按上例来说，设当日美元兑瑞士法郎的汇率为SFR1.05/\$1，则只要在期权有效期内美元汇率升至\$1＝SFR1.120 3（协议汇率加期权费）以上，就有利可图。设美元汇率升至\$1＝SFR1.220 3，则该期权买方行使期权按\$1＝SFR1.10的协议汇率购入100万美元后，再按\$1＝SFR1.220 3的即期市场汇率出售，可获外汇增值12.03万瑞士法郎，扣除2.03万瑞士法郎的期权费后，可获净利10万瑞士法郎。同样道理，若投机者预期某外汇的汇率有下降的趋势，可以购买看跌期权，此时只要在期权的有效期内该外汇的汇率下跌的幅度超过了投机者购买期权的成本，就能获利。

同采用即期外汇交易、远期外汇合同的方式进行投机相比，采用外汇期权的优点在于所需资本少，因为外汇期权并不需要实际履行交割，投机者可通过出售期权来实现其盈利，它所需投入的资本仅为期权费而已，故同样的本金若采用期权的方式，投机的规模会较以即期外汇交易或远期外汇合同方式投机的规模大许多倍。在这一点上它和外汇期货是很相似的。上例中，期权投资者所需的投资仅为 2.03 万瑞士法郎，所获净利为 10 万瑞士法郎，利润率近 5 倍。要是采取即期交易的方式，投资者以 SFR1.05/$1 的即期汇率购入 100 万美元约需 95.24 万瑞士法郎。当美元兑瑞士法郎的即期汇率升至 SFR1.2203/$1 时，可获利 17 万瑞士法郎，利润率仅为 16.19%。

然而，期权交易的风险与即期外汇交易和远期外汇合同相比也是成倍扩大的，这点也和外汇期货相同。

以例 8-2 来看，如前所述购入看涨期权后若美元汇率升不到 SFR1.120 3/$1 以上，就会亏损，若美元汇率升不至协议价格 SFR1.1/$1 以上，则其投入的期权费将全部丧失。因为当即期汇率低于期权的协议汇率时，行使看涨期权是完全无利可图的，买方只能放弃其期权。在期权市场上，真正行使期权的买方是很少的。据芝加哥期权交易所统计，所内有 3/4 以上的期权未被行使，它们或者过期作废了，或者是被卖方以低价买回。可见，期权的风险是很大的。反之，即期外汇交易只要美元汇率高于即期汇率 SFR1.05/$1 以上，就可盈利。

8.5 利率互换交易

所谓互换交易（Swap），是指两个或两个以上的交易者之间根据事先确定的条件相互交换不同的金融资产的行为。本章前述的调期交易就是即期外汇和远期外汇之间的一种互换，这里分析利率互换交易，包括同币种的固定利率资产和浮动利率资产间的互换和不同币种的金融资产的利率互换。

1. 固定利率与浮动利率之间的利率互换交易（Interest Swap）

所谓固定利率与浮动利率之间的利率互换交易，是指币种相同，但利率决定方式不同的两种货币资产之间的互换。由于信誉等级、经营特点等方面的原因，不同的企业筹措固定利率和浮动利率资金的成本是不同的。有的可能在筹措固定利率资金方面有相对优势，而有的则在筹措浮动利率资金方面有相对优势，此时若前者希望筹措浮动利率资金，而后者希望筹措固定利率资金，就可以进行利率互换交易。

利率互换交易可以下例说明。

表 8-4 A 银行、B 公司融资成本表

100 万美元

资金种类	A 银行	B 公司	差 额
固定利率	12%	13%	1%
浮动利率	LIBOR+1/8%	LIBOR+5/8%	0.5%
差 额	—	—	0.5%

上例中，A银行由于信誉高于B公司，在筹集固定利率资金和浮动利率资金方面较B公司均有优势，但在固定利率资金方面的优势（1%）高于在浮动利率资金方面的优势（0.5%），反之，尽管B公司在两种筹资方式上均处于劣势，但在浮动利率资金方面差距相对小些。因此，若A银行想筹集浮动利率资金，而B公司想借入固定利率的资金，B公司与其直接以发行固定利率债券的方式筹资，不如从银行借入浮动利率的贷款，然后再与A银行进行利率互换，整个交易可产生净利差0.5%。

利率互换的业务程序可以图8-4表示。

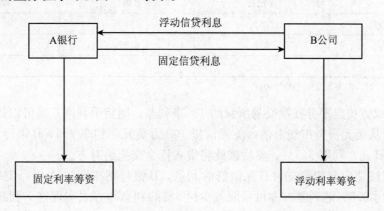

图8-4　固定利率与浮动利率之间利率互换示意图

固定利率与浮动利率之间利率互换的程序如下。

① A银行以12%的固定利率发行一笔固定利率债券（或其他固定利率资金），B公司则以LIBOR+5/8%的利率借入一笔浮动利率贷款（或其他浮动利率资金）。

② A银行按期向B公司支付浮动利率贷款的利息，B公司则按期向A银行支付固定利率债券的利息。设互换双方决定对半平分互换交易所产生的0.5%的净利率，则双方支付的利率可以下述方式决定：A银行按LIBOR+7/8%的浮动利率支付利息给B公司，B公司则按12.25%的固定利率支付利息给A银行。

③ A银行、B公司在获得对方支付的利息后，再各自按期支付其所筹资金的本息。

经过以上利率互换交易，A银行实际上最终获得了一笔利率为LIBOR-1/8%的浮动利率资金，而B公司则获得了一笔利率为12.75%的固定利率资金。

A银行、B公司在利率互换交易中的成本-收益情况如表8-5所示。

表8-5　利率互换的成本-收益情况表

A银行筹资成本		B公司筹资成本	
固定债券利率	12%	浮动信贷利率	LIBOR+5/8%
支付B公司利率	LIBOR+5/8%	支付A银行利率	13%
给予B公司的利率差额	1/4%	从A银行获取的利率差额	-1/4%
从B公司收取的利率	-13%	从A银行收取的利率	-(LIBOR+5/8%)
最终成本	LIBOR-1/8%	最终成本	12.75%

2. 货币利率互换

货币利率互换也是利率互换交易的一种，与一般的利率互换有所不同的是，它不是固定利率与浮动利率信贷资产之间的利率互换，而是不同币种的信贷资产之间的利率互换。

例如，A银行在美元资金市场上的信誉较高，而B银行在日元信贷市场上信誉较高，故A银行与B银行相比，筹集美元资金的成本相对较低，而筹集日元的成本则较高。若A银行欲筹集日元资金，而B银行欲筹集美元资金，双方就可以进行货币利率互换交易。

表8-6为A银行、B银行筹资费用表。

表8-6 A银行、B银行筹资费用表

币　种	A银行	B银行	差　额
美元资金	7.5%	9%	1.5%
日元资金	6%	6.5%	0.5%
差　额	—	—	1%

注：金额为100万，汇率为$1＝JP¥100。

如果交易双方决定平分互换交易所获的1%净利差，则货币利率互换可以如下方式进行。

① A银行从美元资金市场上借入美元信贷100万美元，利率7%，B银行从日元资金市场上借入1亿日元，利率7.5%，然后彼此将借入资金交换给对方。

② A银行按期向B银行支付日元信贷的利息，B银行则按期向A银行支付美元信贷的利息，同时各付0.5%的利差（亦可采取各少付5%的利息等方式实现这一利润分享），双方再以此各自向其债权人支付利息。

③ 信贷到期后，A银行支付1亿日元给B银行，B银行支付100万美元给A银行，双方再各自偿付所借入的信贷本金。

互换的结果是A银行以5.5%的利率获得了一笔1亿日元的信贷，B银行则以8.5%的利率获得了一笔100万美元的信贷。

A银行、B银行的筹资成本如表8-7所示。

表8-7 A、B两银行的筹资成本

A银行筹资成本		B银行筹资成本	
美元信贷利息	7.5%	日元信贷利息	6.5%
向B银行支付的日元信贷利息6.5%	6.5%	向A银行支付的美元信贷利息	9%
从B银行获得的美元信贷利息	−9%	从A银行获取的日元信贷利息	−6.5%
所得利差	−0.5%	所得利差	−0.5%
最终成本	5.5%	最终成本	8.5%

思　考　题

1. 简述狭义与广义外汇的概念及其各自包括的范围。
2. 银行外汇交易部门承担哪些职责？
3. 简述外汇远期合同、期货及期权的异同。
4. 利率互换交易包括哪些方式？其具体程序如何？

第9章

国际银行担保

担保业务在商业银行的表外业务中占有十分重要的地位。由于商业银行在金融业中所具有的资金优势是其他金融企业所无法比拟的，因而很自然地它就成为各国经济中最重要的担保提供者，担保也成为商业银行历史最为悠久的业务之一。此外，商业银行不仅是担保的主要提供者，也是担保的主要受益人之一，它在从事各项业务时经常会要求客户对其提供担保。

9.1　担　保　概　述

1. 债的有关概念

要理解担保的概念，首先应理解与债有关的一些概念。

所谓债（Debt），广义上说即指应承担的某项义务的意思。根据我国《民法通则》第85条，所谓债，"是按照合同的约定或是依照法律的规定，在当事人之间产生的特定的权利义务关系"。"债"的最初的，也是狭义的概念是指欠了别人的钱或有义务对他人付款。但现代的"债"的概念则要广泛得多。除了货币支付方面的义务外，还包括非货币支付义务。

在一项债中有权要求另一方履行某项义务的当事人称为债权人（Creditor），其权利称为债权；而有义务向对方履行义务的当事人则为债务人（Debtor），其承担的义务称为债务。债权、债务是同一事物的两个方面，二者是既对立又统一的，就像一项交易过程中买和卖是一项交易活动的对立统一的两个方面一样。不可能存在无债务的债权，也不存在无债权的债务，因此债的关系又可称为债权债务关系，也可简称为债权关系或债务关系。

在现代社会，债权债务关系同物权关系一起，构成了人与人之间最主要的两大经济关系。同其他法律关系一样，债权债务关系也是由3个要素构成的。一是债的主体，也就是债权债务关系的当事人，如前所述，它是由债权人和债务人二者构成。在各国法律中，对债权人和债务人的资格一般都有明确的规定，通常只有具备民事行为能力的自然人和独立法人实体才有资格充当债权人或债务人。二是债的内容，也就是债权债务关系的具体内容，如支付货款、做某一指定行为等。债的内容可以是积极的，即债务人应为某一行为，也可以是消极的，即不能为某一行为。三是债的客体，即债权债务关系的实施手段，它可以是货币，也可以是实物或无形资产或是某项行为，又可称为债的标的物。

2. 担保的概念

所谓担保（Surety），简单来说，是指债权人为保证其债权的切实实现而采取的法律措施。广义的担保包括一切债权人采取的保障债权实现的措施，如合同中某些条款的措辞、甚至连合同的格式等，由于都具有保障债权如约实现的功能，因此都可以列入担保范畴之内。但是，狭义的担保并不包括此类措施，而只包括合同之外的担保措施。

同被担保的债权债务关系一样，担保关系也是一种法律关系，因而它也由主体、客体和内容三要素构成。担保的主体，也就是担保关系的当事人，由担保人和担保受益人组成。担保人是负有担保义务的一方，它可以是主债权债务关系中的债务人本身，也可以是与主债权债务关系无关的某一第三方。担保的受益人也就是被担保的一方，它一般也就是主债权债务关系中的债权人。担保的客体，也就是担保权利与义务的执行手段。在现代社会，所有的担保方式都是以担保人的财产作为基础的。担保的内容，也就是担保关系所规定的当事人双方的具体的权利义务，包括受益人在什么条件下可以要求兑现担保、担保人如何履行担保等。

1）人的担保

根据担保关系的性质，可能把各种担保方式分为两大类：一类为人的担保，一类是物的担保。

所谓人的担保，一般称为保证（Guaranty），它是主债权债务关系之外的某一第三方提供的担保，其担保的基础是保证人的商业信誉，也就是保证人的一般的财产和收入状况。同主债权债务关系一样，保证也是一种债权债务关系，它属于由合同而产生的债权债务关系。由于保证是由某一第三方提供的担保，因此它至少涉及三方当事人，即委托人、受益人、保证人，因此保证至少会涉及以下 3 个方面的关系。一是委托人与受益人之间的债权债务关系，它是保证业务所涉及的基础性关系，具体的内容随交易性质的不同而有差异（如买卖、信贷、租赁、承包工程等）。它通常称为主债权债务系或主合同。主合同一般应以书面形式设立。二是委托方与保证人之间的委托关系，它仅存在于委托人和保证人之间，和受益人没有什么直接的利害关系，对此受益人一般是不过问的。该委托关系通常也必须订立专门的书面协议。三是保证人和受益人之间的保证关系。这是保证的主体，也应以书面形式确定。保证关系的书面形式主要有两种：一是在主合同之外，另外订立专门的保证合同；另一种是在主合同中订立专门的保证条款，并由保证人在主合同上签字生效。前者更为常见。

2）物的担保

所谓物的担保，是以担保人的某一特定财产或收入提供的担保。它可以由主债权债务关系之外的某一第三方提供，也可以直接由主债权债务关系中的债务人提供，后者更为常见。物的担保是通过对担保人的某项财产或收入的优先受偿权或控制而实现的，它属于物权的一种①，而不像保证那样属于债权，故它又称为担保物权或物权担保。

物权担保具体又可以分为以下几种。

（1）抵押权（Mortgage）

在此种担保方式中，担保的受益人获取了对担保人某项财产或收入的优先受偿权，但在担保期间担保受益人不移转占有并实际控制该项资产或收入。

---

① 所谓物权，根据我国《物权法》的规定，是指权利人依法对特定的物享有直接支配和排他的权利，包括所有权、用益物权和担保物权。

（2）质权（Pledge or Pawn）

质权也是担保受益人获得的对担保人（称质权人）的某项资产的优先受偿权，但该项资产移交给了受益人并归其占有（在担保期内）。由于必须移转担保标的物，因此质权的标的物必须是易于移动的资产，如机器设备、运输工具等动产或有价证券（如债券、股票、汇票、支票等商业票据，仓单、提单等商品证券）、无形资产（商标、专利、著作权）等，前者称为动产质权，后者为权利质权。房地产等不动产质权由于移转困难，因而较为少见。

（3）留置权（Lien）

所谓留置权，是指债权人由于某项合同的缘故，而暂时占有了债务人的某项财产，债务人在合同约定的期限内未履行其义务的，债权人依法有权留置该项财产，并以该资产折价充抵债务或从该财产的出售所获收入中优先受偿。例如，仓储、保管企业就保管费对其保管的财产，运输公司就运费对委托其运输的货物，维修公司就维修费对交其维修的商品等，都具有留置权。同质权一样，留置权也需要移交标的物给受益人，但和质权不同的是，留置权中的移转标的物是因主债权债务合同而产生的，而质权则是在主债权债务关系之外为担保的需要而专门进行的。此外，留置权是债权人依法享有的担保权利，所以并不需要担保双方订立专门的担保合同才能成立，因此留置权又可称为法定质权。而质权则不是债权人依法能够享有的权利，因此必须订立专门的质押合同才能成立。

3）其他形式的担保

除了上述两大类担保外，还有其他一些形式的担保，具体有以下几种。

（1）定金

定金是在一项合同中，一方当事人预先支付给另一方当事人的一定数额的货币款项，它也是一种十分重要的担保方式。它和普通物权担保的不同之处如下。

① 它是以货币作为担保标的物的，而不像物权担保那样是以实物或无形资产作标的物的。

② 由于定金的数额一般仅相当于所担保的合同金额的一部分，故它大多是部分担保，而普通的物权担保往往是全额担保。

③ 定金是双向的，这表现在两个方面：定金可由合同当事人中的任何一方提供，而不像物的担保那样仅是由债务人向债权人提供；通常各国法律规定接受定金的一方，如果有违约行为，必须加倍偿还定金。

由于定金仅能部分补偿受损害一方当事人的实际损失，因此各国法律均允许合同当事人在定金之外寻求其他的担保措施。定金也是我国《担保法》承认的唯一的一种特殊的担保形式。

（2）违约金

违约金是一项合同中，违约的一方当事人向受损害的另一方当事人所支付的款项。违约金的本来目的是为了当发生违约事件时补偿受损害的一方当事人的损失（此称为赔偿性违约金），或是惩罚违约的一方当事人（此称为惩罚性违约金），但由于它有促进双方当事人认真履行合同的功能，因此许多国家的法律也将其列为担保的形式之一。

（3）权利转移型担保

这是通过债务人将其拥有的某项财产的某一权利让渡给债权人的方式形成的担保关系，是一种变相的物权担保方式。它和正规的物权担保的主要差别在于担保人往往将用益物权也同样转移给了受益人。权利转移型担保在古代社会极为盛行，这是因为担保物权在当时尚未在法律上得到明确的规定，还未从用益物权中彻底分离出来。在物权担保已趋完善的今天，权利转移性担保的地位已大为下降，但仍然广泛存在着。目前存在的权利转移型担保主要有以下两种。

① 让与担保。所谓让与担保，是指债务人将其拥有的某项财产暂时让与给债权人，作为债权的担保。当债务人无力履约时，该项财产即归债权人所有，而当债务人如期履约时，该项财产应归还给债务人。让与担保和质权担保很相近，但它们之间也有些差异。首先，让与担保中担保标的物的用益物权同样也移转给了债权人，因而实际上担保标的物的所有权已暂时地转移给了债权人，而质权担保中债权人在担保期间并无用益物权。其次，让与担保弥补债权人损失的方式是由债权人占有担保标的物，而质权则主要是通过变卖担保标的物获取的收入来补偿债权人的损失。第三，让与担保从本质上说依然是一种债权，而非物权，因为从法律上说它实际上是当事人之间的双重约定，因此它无须像质权担保那样向有关部门登记，仅由债务人和债权人根据专门订立的让与担保合同或在主债权债务合同中规定专门的条款而成立。

② 买回约定。所谓买回约定，是指在销售合同中买方与卖方约定，当买方（债务人）不能履行其付款义务时，卖方有权以规定的价格将所交易的商品买回，从而结束买卖交易。它也具有一定的担保功能，故也被列为担保的形式之一。

③ 所有权保留。这是指在销售合同中，规定在买方完全履行其付款义务之前，所交易的商品的所有权仍然归卖方所有，如果买方未能履行付款义务，卖方有权收回其所出售的商品。此种担保中买方（债务人）虽然没有交易商品的所有权，但实际上控制并使用了该商品，故所有权保留和抵押很相近。

3. 担保的作用

在现代经济生活中，担保所起的作用主要表现在以下几个方面。

（1）救济债权损失

担保的最基本的作用，就是在债务人无法履行其义务时，使债权人避免或弥补其可能因此而遭受的损失。也就是说，它使债权人在原有的债权债务关系之外，获得了一种可以用来弥补其损失的救济手段。

如前所述，债权可以分为积极债权和消极债权两大类，由于担保的性质，它所救济的主要是积极债权。

（2）确保债权的安全实现

担保的存在，不仅为债权人弥补损失提供了一条有效的途径，而且担保存在的本身就会产生压力促使债务人认真履行自己的义务。在物的担保中，这种压力来源于一旦债务人无力履行自己的义务，其作为担保的财产就将归债权人所有这种可能；在人的担保中，则来源于保证人对债务人的压力。因为作为保证人的企业或机构往往和债务人有密切的联系，如是债务人的母公司、往来银行、政府主管部门等，它们在提供了担保之后，可督促债务人认真履行义务，促使债权的顺利实现。

（3）促进经济交易的发展

如前所述，经济交易是存在一定的风险的，特别是国际经济交易，存在的风险更要大得多。由于担保的前述两个作用，因此它的存在可以大大减少经济交易中存在的风险，自然会大大促进经济交往的发展。在许多种类的国际经济活动中，担保的存在是基本的条件之一，没有担保它们是无法开展的。

9.2　国际银行保证——人的担保

如前所述，保证（即人的担保）是现代担保的两大类别之一，由于商业银行所具备的经济实力是其他经济单位所无法比拟的，因而很自然地它很久以来就是各国市场经济中最为重要的保证业务提供者。保证业务在银行业务中也属于表外业务。

9.2.1　保证概述

1. 保证的种类

在当今社会，银行保证大致可以分为以下两大类：从属性保证和独立性保证。

（1）从属性保证

所谓从属性保证（Accessory Guarantee），是指此种保证是从属于主债权债务合同的，具体说来，从属性保证具有以下特点。

① 从属性保证的履行取决于委托人对主债权债务的履行情况。也就是说，只有保证人证实了委托方确实违反了其在主债权债务合同中应履行的义务后，保证人才有义务履行其赔偿的责任。

② 保证人保证义务的有效与否还取决于受益人对主债权债务合同的履行情况。也就是说，如果受益人未能履行其在主债权债务合同中对委托人应承担的义务，则不仅委托人有权不履行其在主债权债务合同中对委托人承担的义务，保证人也可以拒绝履行其保证义务。委托方根据主债权债务合同享有的抗辩权利，保证人也可以全部享有。

③ 保证人对受益人承担的责任是第二位的，而委托人对受益人承担的责任则是第一位的。也就是说，当委托人不能对受益人履行其承诺的义务时，受益人应首先尽力向委托人索赔，只有在委托人的财产经清算后仍不足以满足受益人的要求时，保证的受益人才可以向保证人要求兑现保证。此称为保证人的先诉抗辩权，也称检索抗辩权。

从属性保证是最早出现的保证方式，在国内经济中，它仍然是运用最为广泛的保证方式，因而也是被视为最正规的保证方式。以前我国的《民法通则》、《境内机构对外提供担保管理办法》、《经济合同法》、《涉外经济合同法》等有关法律提倡的，也是从属性保证。

（2）独立性保证

然而，由于从属性保证和主债权债务合同的关系过密，受益人获得的担保实际上受到很大限制。因为保证人可以提出种种理由拒绝履行担保义务，从而使受益人的索赔权利无法实现，或是需经过烦琐的程序后才可以得到赔偿。由于国际经济交易风险远远大于国内交易的风险，因此在国际交易中若照搬国内交易中盛行的从属性保证是不能满足国际交易中躲避风险的需要的，因此在第二次世界大战后，在国际经济交易中主要是采用独立性保证。

所谓独立性保证（Independent Guarantee），指此种保证是独立于主债权债务合同的，这种独立性主要体现在它的以下特点中。

① 独立性保证是无条件（Unconditional）的。也就是说，只要保证的受益人提出索赔，保证人就有义务履行赔偿义务。保证人无权要求受益人提出委托方对主债权债务合同违约的任何确凿证据，也不能以受益人未履行义务或委托人违反合同为借口拒绝履行赔偿义务。另一种略有变通的做法是，保证人可以规定受益人在索赔时应出具规定的、能够表明委托方违约的书面证明，保证人只要验明这些书面文件符合要求即可给予赔偿。这些书面证明可以是委托人承认违约的证明、法庭（或仲裁庭）判决委托人违约的判决书（或仲裁书）等。

② 保证人对受益人承担的责任与委托人一样都是第一性的，即当委托方违约时，受益人既可以要求委托人给予赔偿，也可以要求保证人给予赔偿。不必像从属性保证那样，必须首先尽力从委托人处获得赔偿之后再向保证人要求赔偿。也就是说，在独立性担保中，保证人失去了先诉抗辩权，这就使得保证人对受益人承担了和委托方同等的义务。正是这一特点使得独立性保证又被称为连带保证。

很显然，独立性保证中保证的履行几乎不受主债权债务合同的影响，这使得独立性保证对受益人的保护程度大大高于从属性保证，索赔的便利程度也大为提高。

过去我国颁布的担保法规是不承认独立性保证的，1995 年 6 月我国颁布的《担保法》规定了连带保证，正式承认了独立性保证的合法性。

2. 保证的特点

一般来说，保证业务大多具有以下特点。

（1）债权性

如前所述，保证的受益人对保证人的赔偿要求是一种债权，而不是一种物权。这可以从它的以下特性中看出。

① 保证人是以其全部财产向受益人提供担保的，因此保证受益人只能从保证人的全部财产中获取赔偿，而不是从保证人的某项具体财产中获取赔偿。

② 受益人无权支配保证人的任何具体的财产，仅能在必要时同其他债权人一样从保证人的财产清算收入中获取赔偿。

③ 受益人对保证人财产的要求权同保证人的其他债权人所拥有的财产要求权是平等的。

（2）人身性

保证的人身性是指在保证业务中，保证人是凭其信誉作担保的，而不是以他的某项具体财产的价值作担保的。不论是保证人和委托人之间，还是保证人和受益人之间，都离不开彼此的信任。然而，保证虽然具有人身性，但从根本上说，保证人依旧是以其财产向外提供担保的。纯粹的人身担保仅存在于过去的古代社会，已为现代社会的多数国家所禁止。

（3）相对独立性

从某种程度上说，保证都是从属于其所担保的主债权债务关系的，这主要表现如下。

① 凡保证都是因主债权债务关系而产生，为主债权债务关系服务的，并将随主债权债务关系的消灭而消灭。此为产生的从属性和消灭的从属性。

② 保证所担保的范围一般也是由所担保的主债权债务关系决定的，它只能等于或小于债务人（委托方）所承担的责任范围，一般不能大于该范围。

③ 保证和主债权债务关系是不可分的，即若债权人已转移，则保证的受益人也应随之转移，二者中的任一项均不能单独转让。

然而，保证又不是完全依附于所担保的债权债务关系的，故又具有独立性，原因如下。

① 如前所述，目前除了从属性保证外，还存在独立性保证，后者的履行同主债权债务关系的执行情况基本上是无关的。

② 保证人可以仅就主债权债务关系的部分内容提供担保，不一定要对委托人承担的全部义务提供担保。

③ 保证合同的撤销、无效，并不影响所担保的主债权债务关系的有效性。

④ 保证人还可以就其承担的保证义务寻求反担保。

⑤ 保证人除了拥有和委托人一样的抗辩权利外，还有一些为委托人所不具备的抗辩权利。在独立性保证时，它则无委托人所具备的抗辩权利，但仍具有一些为保证人所独有的抗辩权利。

3. 保证人的权利

一般来说，保证人具有以下权利。

(1) 保证人的追偿权

所谓追偿权，就是指保证人在向受益人履行了保证义务后，所具有的对委托人的要求权。此种要求权与受益人原先所拥有的要求权（主债权）是一致的，实际上保证人此时是取代了受益人的地位，成为了委托人的债权人，故保证人的追偿权又可称为代位求偿权（Subrogation）。原则上说，保证人只有在实际履行了保证义务之后，才能够取得代位求偿权。但在某些特殊情况下，保证人可预先行使追偿权。例如当委托人已破产，而受益人并未就其财产提出赔偿要求时，保证人可对委托人提出追偿要求。因为在独立性保证中，受益人并无义务首先向委托人要求赔偿。也就是说，即使受益人未参与债务人的破产清算，它仍有权向保证人要求兑现保证。

如果委托人并不知道保证人已履行了保证义务，而向受益人履行了其承担的义务，则保证人会丧失追偿权。因此，保证人在履行了保证义务后，应该及时告知委托人。

(2) 保证人的抗辩权

所谓抗辩权，是指债务人依据法律享有的对抗债权人行使债权的权利。保证人的抗辩权可以分为两类：一类是本属于主债务人（委托人）的抗辩权，凡是委托人可以用来拒绝受益人行使债权的抗辩权，保证人都可以享有，即使委托人放弃了这些抗辩权，保证人依然可以拥有；另一类抗辩权则是委托人所不具有的，而为保证人专有的抗辩权。这些专有抗辩权包括以下几种。

① 拒绝清偿的抗辩权。当委托人依法请求撤销全部或部分债务时，保证人可以此为由拒绝受益人索赔的要求。

② 催告抗辩权。这是指保证人在委托方违约时，可以要求受益人应先尽力催促委托人恢复履约，只有在催告无效或是由于委托人地址改变无法催告时，受益人才可以向保证人索赔。

③ 先诉抗辩权。也称检索抗辩权，是指受益人应首先尽力就委托人的财产来弥补其损失，如申请债务人的破产清算、有抵押品的应先就抵押品受偿。只有在委托人的财产不能满足其要求时，才可以向保证人索赔。

当保证为独立性保证时，保证人通常没有催告抗辩权和先诉抗辩权。由于在独立性保证中受益人只需出具书面声明表示委托人已违约即可索赔，故保证人具有的同债务人同样的抗辩权实际上也形同虚设。但如果保证人事后证明委托人实际并未违约，它有权向受益人追回其不当得利。

4. 保证的消灭

债权债务关系的消灭，从民法的规定上看一般有 5 种：清偿、抵消、免除、提存、混同。保证也是一种债权债务关系，因而其消灭的原因同一般的债权债务关系是一样的。

① 保证因清偿而消灭。若保证人向受益人履行了保证义务，保证自然也就随之消灭。

② 保证因抵消而消灭。所谓抵消，是指债权债务关系的双方当事人互为债权人和债务人，因而可以相互抵消各自所承担的义务。在保证业务中，保证人和债权人可能互相保证，此时保证也可因相互抵消而消灭。例如甲为乙向 X 担保，乙又为甲向 Y 作保，等等。但由于保证是附有停止条件的债务，因此保证的相互抵消是极为少见的。只有当保证双方均违约时，保证才可能发生效力并相互抵消。此外，相互保证或连环保证的担保价值是很低的，现实中也很少见。

③ 保证因提存而消灭。所谓提存，是指当债权人拒绝债务人为履行义务而支付的钱款和货物时，债务人有权将有关钱款或货物交由有关部门看管，从而免除自己的义务的行为。它也是债的消失方式之一。同样，保证人在履行其保证义务时，若受益人拒绝接受，亦可将应付款项交给有关部门看管而免除保证之责。

④ 保证因免除而消灭。所谓免除，是指债权人主动免除债务人对其应负的义务。这也是债的消灭方法之一。在保证业务中，若受益人免除保证人的保证义务，则保证亦随之消灭。免除是债权人单方面的行为，实际上是它对债务人的一种优惠。但债权人的免除通知一旦到达债务人之手，即具有法律效力，就不能收回。

⑤ 保证因混同而消灭

若债权人与债务人合并为一体，债自然就被消灭了。同样，若保证人和受益人由于某种原因并为一家了，则保证亦随之消灭。

然而，除了按一般的债的消灭方式终结外，保证关系还可以由于一些特别的原因而结束，这些特别原因如下。

① 受益人抛弃了为其债权设定的担保物权，如抵押权、质权等。在附属性保证中，受益人理应先就委托人为其设定的担保物权取得赔偿，因此若受益人放弃了担保物权，保证人可单方面解除其保证义务。

② 保证过了有效期。保证是一种有期限的债权债务关系，因此保证有效期过后保证人可自动解除其承担的保证义务。若主债权债务关系的有效期被延长，而保证人并未同意相应延长有效期的，保证仍在原定有效期到期时消灭。

③ 受益人未向委托人催告的。如前所述，从属性保证的受益人在损失发生时应先尽力向债务人索赔，否则保证人可以不履行其保证义务。但若委托人住所变更，致使受益人无法向委托人催告，保证人不能拒绝履行保证义务。

④ 主债务人的变更。若在保证期间，主债务人（委托人）承担的义务转移给了某一第三方，即由该第三方取代了委托人成为主合同中的债务人，则保证人也不再负有保证义务，除非保证人同意为新的主债务人作保。

⑤ 主合同的实质性变动。若合同双方未经保证人同意，即对合同的一些重要条款（如合同金额等）进行了修改，导致了合同内容的实质性变动，则保证人有权拒绝履行合同。不过

在独立性保证合同中，保证人可能没有此项权利。

⑥ 受益人与委托方之间的和解。若受益人和委托人达成某种和解，同意减少委托人的债务额，或是在委托人的破产清算过程中，委托人和受益人及其他债权人超出破产法范围达成和解，同意减少他们对借款人的索赔要求，作为破产清算的一种变通，则保证合同同样可以解除。

⑦ 主合同双方当事人采取欺诈、胁迫等手段，致使保证人在违背真实意志的情况下提供保证的。

9.2.2 国际银行保函

国际银行主要是以出具保函（Letter of Guarantee，简称 L/G）的方式，对外提供保证业务的。保函的内容简练，而且易于转让，故在国际经济交往中运用十分广泛。

1. 国际银行保函的形式

不同的经济交易形式对保函的要求是不同的，相应地，银行出具的国际保函也会有所差异。其中银行经常出具的保函形式主要有以下几种。

（1）付款保函（Payment L/G）

所谓付款保函，是指银行应进口方的要求向出口方出具的一种保函，保证在出口方按合同要求提供了有关货物后，进口商将履行其在贸易合同中承诺的付款义务，否则将由保证行给予赔偿。

（2）投标保函（Bid L/G）

所谓投标保函，是指在国际招标投标活动中，银行为投标人向招标人出具的一种保函，主要是保证委托人将自始至终参加投标，不中途退出投标或要求修改已寄出的投标，并保证如果委托人中标，委托人将和招标人签订承包合同。此外，多数投票保函还许诺一旦委托人中标，保证行将为其出具履约保函。若委托人未能履行上述义务，保证行将给予招标人一定金额的赔偿，赔偿金额一般约为投标报价的 0.5%～3%。

（3）履约保函（Performance L/G）

履约保函是指银行受合同一方当事人的委托，向另一方当事人出具的保函。该保函主要是保证委托人将履行自己对对方当事人承担的义务，如果委托人违约，保证行要么支付一定的赔偿金额，要么代委托人完成合同。

在有的国际经济交易中，仅要求一方当事人提供由银行出具的履约保函，承包工程仅要求承包商向业主出具履约保函。但也有一些国际交易形式要求双方当事人均向对方出具保函，如劳务合同就是如此。

（4）预付款保函（Advanced Payment L/G）

在许多种类的国际经济交易中，其中的一方当事人往往会向对方当事人支付预付款，如在大型资本货物的进出口贸易及国际承包工程中就都会涉及预付款。支付了预付款的一方当事人往往会要求对方当事人提供由银行出具的预付款保函，由银行担保对方当事人在接受了预付款后，将如约按期履行其所承担的义务；否则，将由保证行负责退还预付款并支付相应的利息。

(5) 借款保函 (L/G for Loan)

借款保函是指银行为借款人向贷款银行出具的一种保函,内容主要是担保借款人将如期支付贷款的本息,若借款人无力还本付息,将由保证行代为支付。

(6) 留置金保函 (L/G for Retention Money)

在大型资本货物贸易及国际承包工程等交易中,通常采用进度付款,即在商品(承包工程)的制造(建设)过程中,进口商(业主)陆续支付货款(工程款)。为了保证对方按期保质地完成合同,进口商(业主)在每次付款时会保留一部分款项作为留置金。留置金的累计总额一般为合同总价的 5% 左右,在合同最终完成时将随最后一笔进度付款一起如数退还给出口商(承包商)。为了加速资金周转,减少占有资金,出口商(承包商)往往会要求银行对其开立保函,并以保函为交换从进口商(业主)手中收回留置金。该保函主要是担保若出口商(承包商)不能按期保质地完成合同,出口商(业主)将把留置金退还给进口商(业主),若出口商(承包商)未能退还留置金,将由保证行代为退还。

(7) 票据保证 (Avalization)

票据保证是为中长期商业票据出具的保证,主要是用于"福费廷"等中长期票据买断业务中。由于在"福费廷"业务中买进票据的银行没有追索权,所承担的风险较大,作为补偿它往往会要求票据的付款方提供银行的保证。关于票据保证的情况详见 4.2 节(福费廷)的内容。

(8) 反保函 (Counter L/G)

有的时候,银行对申请开立保函者的信誉不放心,为了避免损失,银行往往要求某一第三方为申请人向银行出具反保函。该保函主要是担保当申请人不能履行其对受益人的义务,从而导致保证行向受益人赔偿损失时,若保证行不能从委托人处获得赔偿,反保证人将负责赔偿保证人的损失。反保证行可以是另一家银行,也可以是一家与委托人有关联的企业(如委托人的母公司)或是其主管部门。

(9) 备用信用证 (Stand by L/C)

所谓备用信用证,是指银行应支付方(委托方)的要求,对收款方(受益人)开立的一种特殊的信用证。当委托方违约时,受益方可以凭此信用证及规定的单据或凭证向开立行开立汇票,开证行在验明单证符合要求后即履行付款义务或承兑票据。由于该信用证是凭单据付款的,故根据国际商会《跟单信用证统一惯例》的规定,它属于跟单信用证,并适用于该惯例的有关规定。

然而,备用信用证和一般的跟单信用证是有很大不同的。首先,备用信用证只有在委托人违约时,受益人才会要求议付,否则该信用证将根本不会被议付,这也是其"备用"名称的由来;而普通的跟单信用证则是一定会被议付的。其次,备用信用证主要是用于为客户提供保证业务,而普通跟单信用证则是用于进出口贸易的结算。最后,由于普通跟单信用证是用于进出口贸易的,故在议付时需提交的是与贸易有关的货运单据和商检证书等,而备用信用证由于是用于保证的,因此它就不一定和贸易有关,故其所要求的单据也就不一定是贸易单据,而是视其所要担保的交易的具体情况而有所不同。

备用信用证最初出现于美国。1879 年美国联邦政府立法禁止美国银行为其客户提供保函,大多数州的法律也规定银行不能开立保函。银行为避开这一规定,就采取了备用信用证方式为客户提供保证业务。它实际上是保函的一种替代品,前述各种类型的保函均可以用备用信用证替代。

与普通跟单信用证一样，备用信用证可以对一定期限内的批量交易提供担保，但备用信用证的融资额度只相当于有效期内的一两项交易的金额，而普通跟单信用证的融资额度则相当于有效期内所有交易的总和，故当出口商负债额已经很大时备用信用证可能更为有利。

然而，备用信用证和保函也有一些区别。

① 备用信用证的受益人在索赔时除了应提交规定的单据外，还必须开立以开证行为付款方的即期汇票或远期汇票；而保函一般不需要受益人开立汇票，只要向保证行提交规定的书面凭证即可。

② 信用证有可撤销的和不可撤销的两种，因此只有明确写明是不可撤销的信用证，备用信用证提供的才是不可撤销的担保；而保函一般均为不可撤销的，所以不用特别写明。

③ 由于信用证要求的仅是书面凭据的正确无误，而并不管实际交易的执行情况，因此备用信用证属于独立的保证（有凭证要求的），而保函则有从属保函和独立保函两种。

（10）告慰函（Comfort Letter）

所谓告慰函，是指债务人的主管机构（如母公司、母国政府）写给债权人的，对债务人表示支持的信件。它也是保函的一种变体。不过，由于告慰函的性质，银行一般是不提供告慰函的，但银行在提供贷款等业务时常常会接受债务人提交的告慰函。

告慰函可以分为三类：第一类告慰函具有和保函大致相同的条款及法律效力，因而它几乎等同于保函；第二类则没有多少实质性的条款，近乎一封介绍信，此种告慰函的法律效力最差；第三类告慰函则介于前两种之间，因此最为灵活，既能充分发挥告慰函的优点，又较易为受益人所接受。不过即使是最无约束力的第二类告慰函，也会使出具者对受益人负有道义上的责任，若出具人不履行其在函中所作的承诺，对其信誉还是会有很大的影响的，会使它在金融界的形象受损，今后筹资的阻碍会增加。

较之正规的保函，告慰函的优点在于它对保证人的约束力较低，而且不会被列入表外业务账目的或有负债栏中。告慰函在德国尤为盛行。这是因为在 20 世纪 70 年代以前，德国的母公司为子公司出具保函担保一笔债务要交纳相当于债务 2%的资本投资税。虽然在 1972 年该税已被取消了，但告慰函（在德国又被称为"赞助的声明"，Patronasterk）的做法仍被广泛采用。

告慰函的内容一般包括以下几个方面。

① 知道筹措资本（Awareness of Finance）。在告慰函中，出具人应表明自己知道并批准了债务人的举债行为。这一声明的作用在于防止债务人的母公司以债务人未经批准并受贷款人的纵容为由而拒绝代债务人履行偿还义务。

② 保证所有权权益（Maintenance of Ownership）。母公司应声明，在贷款未偿清之前，母公司将维持其在子公司的股本总额中所持有的股份比例在一定水平之上，这样母公司对该子公司的经营状况就会给予足够的重视。并可以声明，如果母公司不再拥有该子公司的足够比例的股本，那么母公司将另外以一份保函代替原先出具的告慰函。

③ 支持（Support）。出具人还应声明，它将尽力在经营及财政上对债务人提供支持。这些支持包括：保证债务人在借款期间能够继续存在并维持经营；不从债务人处抽走资金，以免使其不能还债；提供足够的资金支持，使债务人能够维持经营并履行其承担的义务；对债务人施加影响，使其认真履行应尽的义务。

2. 国际银行保证的主要当事人

同其他形式的保证业务一样，国际银行保证也主要是由保证行（保证人）、委托人和受益人三者组成，但由于国际银行保证业务中这三者通常并不是在同一个国家内的，因此它较之国内银行保证业务往往会涉及更多种类的当事人，主要是其他一些银行，这些银行主要如下。

（1）通知行（Advising Bank）或转递行（Transmitting Bank）

该行的职责是受保证行的委托，将保函转交给受益人。它通常为受益人所在地的银行。通知行只负责核对保函的表面真实性，即印鉴、密押是否真实，以判断保函是否确为保证行所开，但对保函在邮递中的延误遗失不负责任，也不对保证行是否履行义务承担责任。但若保函寄到后，由于种种原因无法转交给受益人，通知行应及时通知保证行，以便其及时采取对策。通知行在将保函送交给受益人后，可以得到一笔费用作为报酬，该笔费用可以由保证行支付，也可以由委托人支付。

（2）转开行（Re-issuing Bank）

转开行是根据保证行的委托，凭保证行对其开立的保函而向受益人开立保函的银行。转开行通常也是受益人所在地的银行，其与通知行的主要区别在于：转开行自身也向受益人提供保证业务，而不是仅仅起了传递他人提供的保函的功能。因此一旦受益人蒙受了损失，它应向转开行索赔，转开行在履行了赔偿义务后，再向保证行索赔。

（3）保兑行（Confirming Bank）

这是为保证行开立的保函提供担保的银行，又称第二保证行。当保证行的资信较差或其所在国存在外汇管制时，受益人往往会要求另一家银行提供保证，担保一旦原保证行在受益人索赔时未能履行职责，保兑行将代为给予赔偿。

3. 银行保函的申请程序

银行保函的申请程序因国家、银行的不同而有很大的差异，下面仅就银行保函申请程序的最基本的内容作一归纳。

1）保函的申请

任何人或企业，如果希望银行为其开立保函，必须向银行提出书面的申请。应该指出的是，由于保证合同管辖的是保证行和债权人的关系，故根据法律，保函的申请（即保证合同的要约）只能由债权人提出或由保证行受债务人委托主动邀请，而不能由债务人提出。

保证申请书的内容较为简单，主要应包括以下内容。

① 申请人的名称、地址。

② 申请开立的保函的种类。

③ 受益人的名称、地址。

④ 申请开立的保函的保证金额、定价货币。

⑤ 和保函有关的主合同的名称、日期及号码。

⑥ 和保证有关的交易的名称、规模。

⑦ 保函的开立方式，如其格式，是以电传还是信函的方式开立；是直接开给受益人，还是经另一家银行通知、转开或保兑后交给受益人。如果是通知、转开或保兑的保函，通知行、转开行、保兑行的名称、地址也应写明。如果是由保证行自由挑选，也应在保函申请书中明确写明。

⑧ 申请开立的保函的有效期。

⑨ 申请人的保证，即保证一旦受益人向保证行索赔，申请人将赔偿保证行所付出的全部赔偿金额。

⑩ 申请人表示同意，保证行对保函在传递过程中可能出现的延误或遗失等不负责任，也不对其发出的要求通知、转开、保兑的指示未被执行而造成的损失负责。如果是独立性保函，申请人还应同意：保证行只考虑保函索赔所需的手续是否符合要求，而不考虑保函所涉及的主合同的执行情况。

⑪ 申请人的联系电话、开户银行及账户号码。

⑫ 申请书附件的名称及件数。

⑬ 申请人法人代表的签字及公章。

2）申请的审查

银行在接到申请人的书面申请后，首先应对申请作各方面的审查，主要包括以下方面。

① 申请人的资格。即应审核申请人是否有资格申请保证，特别是外汇保证。

② 申请手续的审查。主要是检查书面申请书的条款是否符合要求，签字、公章是否无误等。

③ 申请人资信的调查。即调查申请人是否有能力履行其主合同及保证书面申请书中所承诺的义务。银行在申请人提交书面申请时，应要求申请人提交必需的政府批件、董事会决议、主合同副本、保函格式副本、最新的财务报表等。若是首次在该行申请担保，还应提交企业章程、营业执照、验资报告、合资合同（如果申请人是合资企业）。这些都是考虑申请人资格的重要资料。

④ 担保项目的可行性。对于保函所担保的交易项目，应认真审核其可行性，如果是投资项目，还应审核其可行性研究报告。这是保函安全的重要保证。

⑤ 对反担保的审核。反担保对保函的安全也是十分重要的保障，银行也应予以认真的审核。审核时除应注意上述的几个方面外，还应注意反担保函的金额、货币、种类等应和其所保证的保函一致，其期限则应略长于其所担保的保函。

⑥ 若申请人不是以反保函，而是以财产抵押作为反担保的，则应查明抵押品的价值，申请人是否有权将该财产设置抵押权等。

⑦ 对保函条款的审核。申请人提交的保函文本直接影响保证行的权益，保证行应给予足够的重视。必须认真审核保函的条款，看是否有对保证行不利之处，以及是否有违反本国法律、政府法规之处。

3）保函的开立

银行在对保函申请作了认真仔细的审核后，如果认为合格，即可以批准开立保函。每笔保函开立之前，均应编号（Reference No.）并登记入册，登记时应简要写明保函的有关情况，如保函的金额、开立日期、申请人及受益人的姓名、保函的类别及其有效期、通知行或转开行的名称等。保函可以电传，也可以信函的方式传递给受益人。电传保函一般是先传给通知行或转开行，再由通知行通知或转开给受益人。由于受益人和保证行之间大多没有密押关系，故电传保函很少直接开立给受益人，不过个别情况下也可以这么做。此时应随后向受益人发出电传证实书（Cable Confirmation），以便受益人核对。如果无证实书，应在保函上注明（"No Mail Confirmation will be Followed"）。电传稿件应一式五份，一份交申请人留存，申请人可凭此文件通知受益人保函已经开立，一份自己留底，两份交电报间密押后发给通知行（转开行），最后一份作为传票附件记账。

若采取信开保函的方式，可以直接开立给受益人。信函发送时，应填写发送文件目录。信开保函亦为一式五份，包括一份正本，四份副本。正本及副本各一份寄给受益人，一份副本交委托人，一份副本存档留底，一份作为传票附件入账。

4. 国际银行保函的内容

作为保证的一种方式，国际银行保函同一般的保证合同有一致的地方，但也有一些特殊之处，通常它要比其他形式的保证合同要简略得多。

1）保证合同的特点

如前所述，保证是一种债权债务关系，因此只有通过由保证人和受益人订立保证合同的方式才能成立。大致来说，保证合同具有以下特点。

（1）保证合同是有名合同

在许多国家的法律中，合同分为有名合同和无名合同。所谓有名合同，是指法律直接规定有名称的合同，如销售合同、租赁合同、保证合同等。在现代社会，经济合同种类繁杂且错综复杂，不可能在法律中一一列出，因此除了一些常见的合同种类可以在法律中作明文规定外，对那些难以归入任一类别有名合同的合同，就称为无名合同。有名合同按有关的专门法律的规定处理，如保证合同就由"担保法"管理；而无名合同则按民法、经济合同法中的一般规定或类似的有名合同的法律规定处理。

（2）保证合同是从合同

如前所述，保证是因其所保证的主债权债务合同而产生，也会随主合同的消灭而消灭。从这点来看，无论是从属性保证还是独立性保证都是从合同。

（3）保证合同是单务合同

根据合同当事人之间的债权债务关系的性质，可以把合同分为单务合同和双务合同。若合同中只是一方向另一方承担义务，另一方并不需要向对方承担对应的义务，则此种合同称为单务合同；反之，若合同双方均须向对方承担义务，则合同属双务合同。保证合同是保证人向受益人单方面提供的担保义务，并不需要受益人向保证人承担任何义务作交换，因而它是单务合同。

（4）保证合同是无偿合同

即保证受益人在享受担保权利的同时，并不需要向保证人支付任何费用，这和保证合同是单务合同是相应的。不过在订立保证合同时，受益人出于感谢保证人帮助达成了主债权债务合同的缘故，有可能给予保证人一定的报酬，但这只是受益人的好意，而不是义务，故不影响保证合同的无偿性。

（5）保证合同是诺成合同

根据在交易达成时双方有无交付合同标的物的要求，可将合同分为诺成合同和实践合同。若交易双方仅须经协商取得一致意见后即可达成合同，此为诺成合同；若在达成合同时必须交付标的物，则为实践合同；保证合同即属前者，运输、保管等合同则为后者。

（6）保证合同是附停止条件的合同

所谓停止条件，是指若该条件不出现，合同将不发挥效力。保证合同即是一种附有停止条件的合同，因为从理论上说，只有当委托人违约，致使受益人向保证人索赔时保证人才有义务履行保证义务，也就是说，只有在此时保证合同才开始发生效力。在此之前保证合同将一直处于停止或待发状态，若委托人始终未违约，则保证合同将根本不会发挥效力。

2）国际银行保函的主要条款

如前所述，国际银行保函的种类繁多，各种保函的具体条款应视其所担保的主合同而有所不同，但保函作为一种保证合同，一些基本的内容是相似的。具体来说，一份银行保函应具备以下几项基本条款。

（1）被保证的主债权

即保函所担保的委托人应履行的义务的内容。

（2）保证的方式

即是从属性保证还是独立性保证。如果是从属性保证，通常订有保证人履行保证义务的前提条件，如先诉抗辩权等。若是独立性保证，则在保函中也应订有诸如保函是"无条件"的（Unconditional）、"不可撤销的"（Irrevocable）、保证人是"第一债务人"（Primary Obligator）或"主债务人"（Principal Obligator），以及"见索即付"（Payment on Demand）、一索即付（Payment on First Demand）等条款。有的独立性保函规定受益人索赔时应出具规定的书面文件，这些也必须在保函中写明。

（3）对价条件

在英美法系国家的保函中，通常规定有"对价条款"（Consideration Clause）。主要内容为：只有保证人同意出具保函，受益人才和委托人签订主合同，或者说，保函的出具生效是主合同生效的一项先决条件。例如在借款保函中，规定只有在保证人出具保函后，贷款人（受益人）才向借款人（委托人）提供贷款。这主要是因为英国等国的法律规定任何合同必须有对价条款，否则法院将不予承认。由于保证合同为单务合同，故在这些国家的银行出具的保函中订有此项条款，以确保保函的合法性。

（4）保证的范围

在保函中应对保证的担保范围作明确规定。保证的担保范围包括受益人（主债权人）因委托人（主债务人）的违约而蒙受的损失的全部，具体来说包括以下内容。

① 主债权。即委托方根据主合同应向受益人承担的责任与义务的主体，如贷款合同中的本金。

② 利息。保证一般还担保受益方因委托人的违约而产生的利息损失。这些利息损失既包括按主合同规定受益人原本应该享有的利息收入（称为约定利息）的损失，如贷款合同中规定的贷款利息等，也包括虽未在主合同中约定，但受益人依法有权享有的利息（称为法定利息）的损失，如延迟付款所应支付的利息等。

③ 违约金。指由于委托人的违约行为，而应由委托人向受益人支付的违约金。

④ 损害赔偿。若主合同中规定有赔偿金，这笔赔偿金也应在保证的担保范围之内。

⑤ 其他费用。在保证合同中，对于由主债权债务关系引起的、应由受益人享有的其他费用，如定约费用、公证费用，诉讼费等，一般也给予担保。

在保证合同中，若保证人和受益人并没有对保证的责任范围作明确规定，则通常可以认为保证的责任范围同上所述；但如果保证人和受益人在保证合同中另有约定，也可仅就上述内容的某一部分设立保证。

（5）保函的有效期

在保函中，应当规定保函的有效期，保函的有效期应包括保函的生效日期和失效日期。保函的生效日期一般视保函的具体类别而有差异，而失效日期则通常和主合同的失效日期相当或略往后延长数日。因此，保函的有效期长度也是和主合同的长度相当或略长的。若主合同有效期延长，则保函的有效期也应经双方协商后延长；否则，保函仍将于原定有效期结束时失效。

上述的保函有效期是在保函中经保证双方协商后明确规定的，此称为约定期限。若是保函中未明确对保函的有效期作出规定，还可以根据有关的法律来确定保函的有效期，此为法定期限。例如根据我国《担保法》第二十五条，保证双方未约定保证期限的，保证有效期按主合同有效期另加 6 个月计算。

9.3 国际银行信贷中的抵押——物的担保

在国际银行的经营活动中，一般是不提供物权担保的。但当银行从事信贷等国际业务时，通常会要求客户为其提供物权担保，这其中最常遇到的就是抵押权。本节将对此问题作专门的论述。

1. 抵押权的特点

所谓抵押权，是指债权人取得的对债务人或担保人的某项资产或收入的优先清偿权。依据各国的法律，抵押权一般具有以下几个特点。

1）抵押权的物权性

如前所述，抵押权及其他物权担保同保证（人的担保）的一个根本区别就在于前者是一种物权，而后者则是一种债权。抵押权的物权性主要表现在以下几个方面。

（1）法定性

物权（即所有权、衡平权）的种类及内容在各国都是由法律直接规定的，抵押权为物权的一种，因而它的形式及主要要求也必须遵照有关法律来决定，并需依法办理一定的手续（如进行财产抵押登记等）。

（2）优先性

在清偿次序上，物权优于债权。也就是说，若某一物上既有物权又有债权，则应优先满足物权的要求。因此，若一债务人有两个债权人，其中一个对其财产有抵押权，另一个则没有，在债务人因无力履行债务而破产时，其被抵押的财产清算所得收入应该优先满足有抵押权的债权人的要求。

（3）支配性

所谓支配性，是指对财产的处置、使用权利，这也是物权的基本内容之一。抵押权作为物权也在某种程度上对所抵押的物品具有支配权，这主要表现在当债务人无力支付债务时，债权人可以无需债务人同意自行将抵押物收为己有或变卖。不过抵押权的支配性较一般物权已大为削弱，因为在抵押期间债权人并不移转占有抵押物，只要债务人不违约，债权人并无权支配抵押物。

（4）排他性

排他性在抵押权方面主要表现在两个方面。

① 特定性。这是指作为抵押的对象一般是特定的某项财产。即使债务人是以其全部财产作抵押，抵押对象依然是特定的。这和保证（人的担保）是截然不同的，保证是以保证人的信誉作担保的，担保的基础并不是某项特定的财产。

② 顺序性。这是指如果同一财产上设有两个或两个以上抵押权，则先设的抵押权的受偿次序优先于后设的抵押权（次序先后一般以抵押财产登记的先后为准）。

（5）追及性

追及性也是物权的基本属性之一，它是指一项财产无论是到了什么地方，其物权拥有者都对它享有所有权。就抵押权而言，它是指不论抵押品转移至任何场所，落入任何人之手，债权人拥有的抵押权都是不变的，它都有权在必要时占有该抵押品或将其变卖以清偿其债权。

2）抵押权的担保性

抵押权虽然是一种物权，但抵押权作为一种担保方式，同样也具有担保性，这主要表现在以下几个方面。

（1）抵押权的从属性

抵押权同其他担保方式一样，也是从属于其所担保的主债权的。此种从属性主要表现在：成立的从属性，即抵押权总是随某项债权而产生的；消灭的从属性，即抵押权将随其所担保的主债权的消灭而消灭；处分上的从属性，即抵押权和所担保的主债权是不可分的，如果要转让，必须二者一同转让，既不可以保留债权而单独转让抵押权，也不可以保留抵押权而转让债权。同样，债权人也不可以把抵押权从相关的主债权中分离出来作为其他债权的担保。只有在同一债务人的多个债权人之间，并且是为了其他债权人的利益，抵押权才可以转让。例如，设 A 同时有两个债权人 B 和 C，B 有抵押权，而 C 没有，此时 B 可以将抵押权单独转让给 C，而并不转让债权。

（2）抵押权的不可分性

所谓抵押权的不可分性，其含义有二：其一是抵押权人（债权人）在债权没有全部清偿之前，仍对抵押物的整体拥有抵押权，并不会因主债权的部分清偿而减少其享有的抵押权额；其二是抵押物的部分变化或主债权的部分变化均不影响抵押权的整体性，这具体表现在以下 3 个方面。

① 当抵押物因某种原因被分割或部分转让时，抵押权人依然对抵押物的全部享有抵押权，分割人或受让人不能以交纳与其受让部分相当的金额而免除部分的担保责任。

② 当抵押物部分灭失时，其余部分仍负有担保全部债务之责。

③ 债权的部份分割或转让并不影响抵押权的完整性，此时分割后或转让后的全体债权人共同拥有对原抵押物的抵押权。

抵押权的不可分性是由抵押权和主债权的不可分性决定的。

（3）抵押权的价值性

抵押权和其他物权的一个很大不同就是它并不重视抵押物的使用价值，而是注重其价值，特别是抵押物变卖后的价值。这是由抵押权的担保性所决定的。由于抵押权重视的是抵押物的价值，而不是其使用价值，因此抵押物原则上可以用同等价值的新抵押品代替，而用益物权的标的物则是不可以替代的。

3）抵押权的不移转占有性

抵押权的一个显著特点就在于抵押权人并不转移并占有抵押物。也就是说，它并不要求将抵押物交给债权人看管起来，债务人依然可以在其拥有的场所占有并使用抵押物，由此而产生的收入也归债务人所有。这是抵押权和质权、留置权等其他物权担保的一个根本区别，也使得抵押权成为最为债务人欢迎，因而运用最为广泛的物权抵押方式。

2. 抵押权的形式

抵押权在现代社会已发展成为一个庞大的体系，其形式较过去要丰富得多。

① 不动产抵押。也就是以不动产为抵押物的抵押权，这也是最早出现的抵押权。

② 动产抵押。即以动产（如机器设备等）为抵押物的抵押权。

③ 共同抵押。这是以两件以上的财产共同对同一债权作抵押。它可以是在主债权债务关系之初同时设立的，也可以是先有一项财产抵押，后来又添加其他财产作为抵押。此种情况下抵押权人可选择下列两种方式之一行使抵押权。一是当各项抵押财产所担保的债权份额有明确的规定时，抵押权人可根据原先规定分别从各项抵押财产中获得相应份额的担保。二是若各项抵押财产所担保的债权份额并无明显规定，且抵押财产的价值总值大于所担保的债权，则抵押权人既可以对全部抵押财产行使抵押权，也可以从中挑选一项或数项财产行使抵押权。

④ 最高额抵押。此种抵押权所担保的债权价值并不是固定的，而只有一个最高限。此种抵押权常用于循环贷款之中，因为此种贷款中给予借款人的不是确定的贷款数额，而是在一个较长期限内的贷款额度。最高额抵押和一般的抵押权的不同之处在于：它是先于所担保的实际债权而存在的，也不会随每笔实际债权的消灭而消灭，在规定的承诺期限和额度内它可以不断地转为新债权的抵押权。

⑤ 财团抵押。这是以一家企业的全部财产（现在的和未来的）作为抵押物的抵押权。它近似于保证，但二者还是有区别的，这主要在于财团抵押是按抵押权的方式享受各项权利，故在受偿次序上优于保证。也优于抵押人的其他无抵押债权人。另外，保证的基础是保证人的信誉，其标的物是泛指的、抽象的，而财团抵押的标的物依然是具体的财产。财团抵押源于德国的铁路财团制度，后为日本等国所继承，但此类大陆法系的财团抵押须在抵押开始设定时即确定抵押物。也就是说，它的抵押物仅包括抵押人的现有财产，而不包括抵押人未来添置的财产，一些国家的法律对抵押人处理现有财产也予以限制。英美法系的国家有所谓"浮动担保"，为衡平法所承认。它和财团抵押很相似，所不同的是它的抵押物为抵押权实现时抵押人的全部财产，因而它既包括设立抵押时抵押人拥有的财产，也包括在此之后抵押人新添置的财产，因此它的抵押物在设定抵押之时是浮动不定的。但由于浮动抵押中抵押人在抵押期间可以变动其原有的财产，故在实施抵押权时抵押财产的价值也可能减少，所以它实际上并不如大陆法系的财团抵押那样对抵押权人有利。

⑥ 证券抵押。这是以有价证券等金融财产作抵押的抵押方式。

⑦ 权利抵押。所谓权利抵押，是指以某项用益物权作为抵押物的抵押方式，如采矿权、渔业权、林业权、出租权等。但抵押权是不能作为抵押物的，动产的用益物权及商标、专利等工业产权则只能作为质权的标的物，也不能用来充当抵押品。

⑧ 收入抵押。债务人也可以将其某项收入来源向债权人作抵押。例如政府可以其全部的

或某项税收收入作抵押，或是以某项项目的收入作抵押等，后者近似于项目贷款。

3. 抵押关系的当事人

抵押关系的当事人由抵押人（即将自己的财产抵押给对方的当事人）和抵押权人（即接受对方抵押的当事人）二者组成。抵押人通常和被抵押的主债权债务关系中的债务人是同一的（少数是由保证人作为抵押人），而抵押权人也就是主债权债务关系中的债权人。因此，抵押人的资格和债务人的资格是一致的，也就是说，如果当事人有举债的资格，也就有提供抵押的资格，因而抵押人和债务人一样，也必须是自然人或独立的法人。

4. 可供抵押的财产

不过抵押权的有效性除了涉及抵押人的资格外，还取决于抵押物的情况，而且后者更为关键。一般来说，只有抵押人拥有处分权，即可以由其自由支配的财产才可以作为抵押物。由于处分权是物权的一种表现，因此债务人通常只能将其拥有所有权的财产设立抵押权。不过这也不是绝对的，有时抵押人也可对其仅有用益物权并无所有权的财产设立抵押权。在信托业务中，受托人也可以对其信托财产设立抵押权。在我国，由于体制上的原因，也允许企业在一定范围内对其并无所有权但有支配权的财产设立抵押权，如以国有土地使用权作抵押。

根据我国《物权法》第一百八十条，债务人或者第三人有权处分的下列财产可以抵押。

① 建筑物和其他土地附着物。

② 建设用地使用权。

③ 以招标、拍卖、公开协商等方式取得的荒地等土地承包经营权。

④ 生产设备、原材料、半成品、产品。

⑤ 正在建造的建筑物、船舶、航空器。

⑥ 交通运输工具。

⑦ 法律、行政法规未禁止抵押的其他财产。

也就是说，除非法律有明文禁止的财产都可以作为抵押品，而根据我国《物权法》第一百八十四条，法律禁止抵押的财产包括：

① 土地所有权；

② 耕地、宅基地、自留地、自留山等集体所有的土地使用权，但法律规定可以抵押的除外；

③ 学校、幼儿园、医院等以公益为目的的事业单位、社会团体的教育设施、医疗卫生设施和其他社会公益设施；

④ 所有权、使用权不明或者有争议的财产；

⑤ 依法被查封、扣押、监管的财产；

⑥ 法律、行政法规规定不得抵押的其他财产。

由于抵押物的抵押价值主要体现在当必要时，抵押权人可以变卖抵押物所获款项来弥补其损失，故抵押物还应有良好的流通性，即在必要时能被迅速变卖并且不会在价格上蒙受很大损失。那些过于专业化的、二级市场狭小的机器设备，其抵押价值就很低，而像商业票据、国债等流通性强的短期证券，以及用途广泛且容易脱手的机器设备作为抵押品的价值则很高。

在不动产抵押方面，情况较为复杂，主要是土地和在土地之上的房屋等不动产的关系问题。以前我国公布的《抵押法》规定，以土地为抵押的，其抵押物可以不包括在其上的建筑物，此即所谓的"房不随地走"；但以建筑物作抵押的，必须连同建筑物占有范围内的土地一同抵押，即"地随房走"。但我国政府新颁布的《物权法》取消了这一差别，地、房任何时候都必须同时抵押。《物权法》第一百八十二条规定，以建筑物抵押的，该建筑物占用范围内的建设用地使用权一并抵押。以建设用地使用权抵押的，该土地上的建筑物一并抵押；第一百八十三条规定，乡镇、村企业的建设用地使用权不得单独抵押，以乡镇、村企业的厂房等建筑物抵押的，其占用范围内的建设用地使用权一并抵押。

5. 抵押权的设立

抵押虽是一种物权，但也必经双方当事人协商订立合同后才能成立。同保证一样，该合同可以在主合同之内订立专门的条款方式成立，也可以在主合同之处订立专门的抵押合同的方式产生。最常采用的是后者。

抵押权的设立手续相对而言还是比较简便的，在抵押双方当事人经协商后签订抵押合同，并经有关政府部门登记公证后，即可生效。

至于抵押合同的内容，则既有和保证合同相同之处，也有不同的地方。大致来说，它应包括以下内容。

① 抵押所担保的主合同的内容，包括其类别、期限、债权金额等。

② 抵押的生效。根据我国《物权法》相关条款的规定，抵押合同的起算日期视被抵押物品的种类而有所不同。凡以建筑物和其他土地附着物，建设用地使用权；以招标、拍卖、公开协商等方式取得的荒地等土地承包经营权作抵押的或以正在建造的建筑物抵押的，自办理抵押权登记时设立。其余抵押权自抵押合同生效时设立。

③ 抵押所担保的责任范围。根据我国《物权法》第一百七十三条的规定：担保物权的担保范围包括主债权及其利息、违约金、损害赔偿金、保管担保财产和实现担保物权的费用。当事人另有约定的，按照约定。

④ 抵押物的情况，如抵押物名称、数量、质量、状况、所在地、所有权归属等。

设立抵押权除了应订立合同外，有些还应依法在政府的有关部门登记，只有在此之后抵押权才能正式生效。这是抵押权和保证及其他物权担保的一个很重要的不同。我国《物权法》第一百八十七条规定，以建筑物和其他土地附着物，建设用地使用权；以招标、拍卖、公开协商等方式取得的荒地等土地承包经营权作抵押的，或以正在建造的建筑物抵押的，应当办理抵押登记。《物权法》第一百八十九条规定，企业、个体工商户、农业生产经营者以动产抵押的，应当向抵押人住所地的工商行政管理部门办理登记。登记时应向登记部门提交主合同、抵押合同、抵押物所有权证书等文件或其复印件。《物权法》第一百八十八条规定，生产设备、原材料、半成品、产品，正在建造的船舶、航空器抵押的，其抵押权无需登记，但未经登记，不得对抗善意第三人。

6. 抵押权的实现

如前所述，抵押权人只有在特定的条件下才可以行使自己拥有的抵押权。我国《物权法》第一百九十六条规定，抵押权在出现下列情形之一时可实现：

① 债务履行期届满，债权未实现；

② 抵押人被宣告破产或者被撤销；

③ 当事人约定的实现抵押权的情形；

④ 严重影响债权实现的其他情形。

抵押权的实施可以采用两种方法。一是拍卖抵押物，即由抵押权人提出申请，法院或其他有资格的机构负责将抵押物进行拍卖，拍卖所得金额将优先用于偿还抵押权人拥有的债权，所剩余额用于偿还其他无担保债权人或归抵押人所有。抵押的另一种实施方法是由抵押权人取得抵押物，抵押权人可以自行变卖抵押物或由抵押权人留下自用。此种处理方式不太常见，通常只有所担保的债权金额等于或大于抵押物的价值时，才会运用此种方式。

根据我国《物权法》第一百九十九条规定，同一财产向两个以上债权人抵押的，拍卖、变卖抵押财产所得的价款依照下列规定清偿：

① 抵押权已登记的，按照登记的先后顺序清偿；顺序相同的，按照债权比例清偿；

② 抵押权已登记的先于未登记的受偿；

③ 抵押权未登记的，按照债权比例清偿。

7. 抵押权的终结

抵押权虽说是一种物权，但其终结的方式和一般物权的终结方式有很大的不同，而和债的终结方式有许多相同之处。这主要表现在：由于抵押权的价值性，因而抵押财产的灭失、毁损等虽然可以使用益物权消失，但并不能使抵押权终结，此时抵押人有义务以新的财产充当抵押物。

根据我国《物权法》第一百七十七条规定，有下列情形之一的，担保物权消灭。

① 主债权消灭。若某抵押权所担保的主债权已因清偿完毕而终结，则该抵押权也会随之结束，即使双方未向有关部门撤销登记，也是如此。

② 担保物权实现。即抵押权人在出现上节所述的情形时行使了其抵押权。

③ 债权人放弃担保物权。抵押权人可以单方面放弃抵押权，此时它就成为无抵押权的普通债权人。抵押权的放弃也可以是双方的合意，即抵押的双方当事人经协商后正式订立协议解除抵押合同。

④ 法律规定担保物权消灭的其他情形。例如所谓的混同，若抵押权人因某种原因拥有了抵押财产，则抵押合同因抵押权人和用益物权人同归一人而变得毫无意义。

思 考 题

1. 什么是担保？
2. 国际银行保证可以分为哪几类？
3. 保证有何特点？
4. 简述抵押的特点。

第 10 章

国际银行清算

所谓银行支付（Payment），从根本上说，是指银行代客户清偿因各种经济活动引起的债权债务。银行要处理的支付关系可以分为上下两个不同的层次，即商业银行与客户之间的支付关系和商业银行相互之间的支付关系。前者一般称为银行结算，是银行支付系统的基础和最终服务对象，其特点是账户多，参与者多，业务量大；后者则通常称为银行清算，是为完成银行的代理结算业务服务的。它又可分为轧账（Clearing）和交割（Settlement）两个过程，前者是银行之间交换支付信息，后者则是指银行之间完成支付转账。

代理支付结算业务是银行历史最为悠久的业务之一，在银行存款产生之后，银行就开始逐步办理代存户支付款项的业务，即按照存户的指示，以存户存在银行的款项对第三方进行支付。这项业务最初只是十分偶然地发生的，但由于银行结算较直接以现钞进行结算具有安全、省事、成本低等优点，故此项业务在出现后就迅速地发展起来，成为银行最为重要的业务种类之一。由于国际经济交易地区跨度大、风险高，故在国际结算中银行结算的优点表现得更为突出。除了可以使交易者避免携带现钞不便这个一般优点外，由银行代为结算还可以减少国际交易的风险。因此，银行结算在国际交易中更早地得到了推广。早在中世纪，阿拉伯国家就已经广泛运用现代的许多结算工具。

在当今世界，国际结算依然是银行最主要的表外业务之一，不过随着科学技术的发展，现代国际结算业务和过去相比已有了很大的变化，而且目前仍处于剧烈的变化之中。

10.1　国际支付的工具

1. 支付的基本类型

一笔支付可以通过两种方式完成，即借记和贷记。所谓借记支付，是指其支付指令是由收入方（贷方）发出的，要求支付方支付（借记支付方账户）的指令收入方银行将该指令传给支付方银行，支付方银行根据指令将指令规定的金额汇给收入方银行，同时借记支付方（借方）的账户以弥补其汇出的资金，收入方银行在收到资金后将其划入收入方账户。而在贷记支付中，发出指令的是支付方，支付方银行按支付方的要求将借记方账户上的资金直接汇至收入方银行，由收入方银行贷记收入方的账户。借记支付和贷记支付的流程是完全相反的，如图 10-1 和图 10-2 所示。

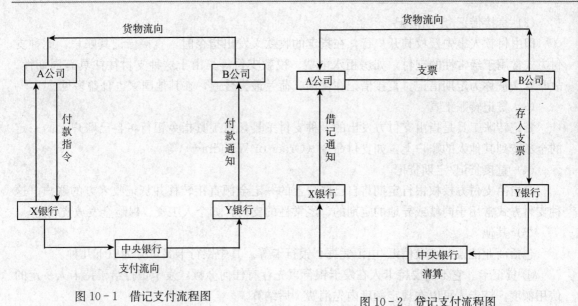

图 10-1 借记支付流程图

图 10-2 贷记支付流程图

2. 工具的类型

在电子通信尚不发达的过去，银行和存户之间的支付结算通常是通过各种票据来实现的。这些票据可以分为两类：支付工具（Payment Instrument）和账单（Statement）。支付工具是银行清偿债权债务的手段，用于存款的存取和转账；而账单则是银行在完成客户要求的结算业务后，用以向存户报告、确认交易的凭证和定期（月、季、年）提供给客户的账户收支结算单。其中银行支付工具又可以分为存取款工具和转账工具。存取款工具主要有送款单、取款单等。送款单是存户到银行存入款项时需要填写的凭证，取款单则是存户从银行账户提取现金时需要填写的凭证。这些都是柜台凭证，仅存在于银行与其存户之间，一般与银行间的结算无关。支付工具则是可用于银行之间转账结算的凭证。

一项命令要成为支付工具，必须满足以下条件：

- 指令必须是发给银行的，也就是说，尽管支付指令的发起人可以是任何人或机构，但其接受人必须是银行；
- 指令规定的金额必须是确定的或是可以确定的；
- 指令中不可以包括除支付时间外的其他条件，例如，付款人对其开户行规定：请于收到指定货物的货运单据后第十天向 X 公司支付 10 000 美元，就不是一项支付命令，只有第十天这一个条件是被允许的；
- 要求按指令的要求支付，即采用借记支付或贷记支付；
- 指令必须直接从发出方的银行传到接受方银行。

根据不同的标准，可以对支付工具进行不同的分类。例如，以使用特点来看，可分为以下几种。

（1）借记支付工具

借记支付工具是指由收入方发出的，要求借记支付方账户的支付工具，主要有支票（Check）、汇票（Draft）和本票等。过去支票曾是美国等发达国家的主要支付工具，但自 20 世纪 80 年代以来，支票的增长速度比新发展起来的、技术更先进的支付工具要慢。

（2）直接借记/定期借记

即由付款人事先授权其开户行，在指定的收款人发出指令时，直接借记其账户，此种支付方式常用于经常性的支付，如房租水电费、税款支付等。由于这种支付往往具有周期性，故常常又被称为定期借记。直接借记在德国、荷兰最为普遍，在其他国家也日益多见。

（3）贷记转账工具

贷记转账工具是指由支付方发出的一种支付工具，该工具指令银行将自己账户上的一定的金额转到其他人的账户上，如支付命令（Order of Withdraw）等。

（4）直接贷记/定期贷记

是指由支付方授权银行定期将自己账户上的一定金额直接转移并贷记收入方的账户。这种支付方式常用于同城或异地的定期的、经常性的支付，如个人工资、保险金发放支付等。

（5）其他

包括商业汇票、邮政信汇/电汇凭据、银行卡等。其中银行卡又可分为以下几种。

① 贷记卡。它不需要持卡人在发卡银行事先存有任何金额，发卡银行给予持卡人一定的信用额度，持卡人可以在规定额度内先消费，后结算。

② 准贷记卡。持卡人必须在发卡银行持有存款，但发卡银行给予持卡人一定的透支额度。

③ 借记卡。这种卡只能在存款额度内消费，不能透支。它又有以下 3 种形式：转账卡，这是一般的借记卡，可实时扣账，具有转账结算、存取现金和消费支付的功能；专用卡，只能在指定地点、按指定用途使用（如宾馆、饭店、超市、娱乐场所）的借记卡；储值卡，可根据持卡人的要求将持卡人的存款直接转移至卡内储存，交易时直接从卡内扣款。

如果以物理表现形式分类，支付工具可以分为纸基支付凭证和电子支付凭证。在我国按使用的范围来分，它又可以分为同城和异地使用的支付工具等。西方发达国家由于结算体系发达，一般不存在这种差别。表 10-1 列出了我国支付系统支付工具的类型。

表 10-1　我国支付系统支付工具分类表

类　别	支付工具名称	使用范围特点	备　注
借记工具	支　票	主要用于同城范围内的商品和个人消费支付	包括商业支票、个人支票和农村定额支票
	旅行支票	在以后适当时间，提供个人使用	
	银行汇票	用于异地的商业、消费和其他支付	
	银行本票	企业或个人用于同城范围内的商业和个人消费支付	
	定期借记/预先授权借记	用于同城或异地的支付，如房租水电费、税款支付	
贷记工具	汇　兑	用于商业、政府、银行间及个人消费者资金划拨	汇兑凭证
	委托收款	主要用于同城和异地的商业支付	委托收款单
	定期贷记/直接贷记	用于同城或异地的定期支付，如个人工资、保险金发放支付	定期贷记凭证
其他	商业汇票	用于企业之间的委托付款支付	实际不是银行签发的支付工具
	邮政信汇/电汇	邮政支付系统特用的支付工具	
	ATM 卡/POS 卡	主要用于同城或异地的小额商业、消费支付	有借记卡和信用卡两类

资料来源：中国人民银行支付与科技司. 中国国家现代化支付系统. 北京：中国金融出版社，1995.

在发达国家，消费者的小额支付一般以借记卡和信用卡进行支付，而大额支付则以贷记支付工具结算。不同的国家占主导地位的支付工具也有所不同，不过总的趋势是支票逐渐退出了历史舞台，电子支付手段的地位则日益变得重要。

10.2 国际银行支付系统

国际支付由于资金流动的地理跨度大、风险高，因此必须建立庞大的银行间支付和清算体系才可以既迅速又安全地完成。这其中的主要构架包括结算存款账户的开立、联系行的设立、结算中心及支付清算系统的建设等。

1. 结算账户的设立与结算方式

客户若想委托银行结算款项或是调拨资金，首先必须在委托结算的银行处开立活期存款账户，因为活期存款是可以凭支票、汇票等票据支取的存款账户。银行对每一个在它那里开立活期存款账户的客户都会为其建立一个独立的账目（Account），以便记载账户的存取情况。该账户一般采用西方通行的复式记账法，此种会计原则将账户分为借（Debit）和贷（Credit）两栏，故又被称 T 式账户（T account），其样式如表 10-2 所示。

表 10-2 T 式账户

借　　方	贷　　方

其中借方是需要支付的项目，除了现金的支出外，它还包括资产的增加和负债的减少（因为二者均会导致对外支付），一般位于账目的左边；而贷方则是导致收入的一方，它包括现金的收入、负债的增加及资产的减少，通常位于账户的右边。存户向其账户中存入款项，属于银行对存户负债的增加，应列入其存款账户的贷方；反之，若存户从账户中提取款项，则属于银行对存户负债的减少，应列入其存款账户的借方。若存户的银行账户贷方数额大于借方数额，此称为该存款账户有贷方余额；反之，若存户的银行账户的借方数额大于贷方数额，则称该存款账户有借方余额，又称该存款账户有透支。

上述账户是银行为存户开立的账户，与此同时，存户自己的账户（如果有）上对其银行收支情况也会有所反映。存款收支在存户的账户上的记录情况和银行账户上的记录情况数额相等，但所属方位却完全相反。例如，存款增加属存户对银行资产的增加，应记入存户账户的借方，而存款的减少则是存户对银行资产的减少，应列入存户账户的贷方。通常将银行开设的账户视为"真实的账户"（Real Account），而把存户所设立的账户称为"影子账户"（Mirror Account）。

从事交易的双方当事人若都在银行开有账户，就可以通过存款转账划拨的方式进行结算，这只要将相应数额的存款从付款方账户划拨至收款方账户就可以了。转账的方式则视存户开户方式的不同而有差异。最简单的情形就是同在一家银行立有账户的当事人之间的存款转账划拨，此时只要在支付方的账户上借记一笔金额，同时在收入方的账户上贷记一笔相同金额即可。例如，设甲公司购买了乙公司 100 万美元的商品，如果两公司均在 A 银行开有账户，则该银行内的两公司账户变化情况如表 10-3 所示。

表 10 - 3　同一银行内的转账结算

甲公司		乙公司	
借　　方	贷　　方	借　　方	贷　　方
100 万美元			100 万美元

如果交易双方是在不同的银行开立账户的，则转账的过程会稍微复杂些，因为此时涉及银行之间的存款转账问题。最简单的方法就是银行和银行之间互相为对方设立账户，此称为往来账户。就一家银行而言，其他银行在该行设立的账户称为来账（Vostro A/C，即 Your Acoount，美国银行称为 Due to A/C），而该行在其他银行开立的账户则称为往账（Nostro A/C，即 Our Account，美国银行称为 Due from A/C）。来账和往账是一件事情的两个方面，即一家银行来账的同时也就是设立来账的银行的往账，一笔结算业务会在来账和开立来账的银行的往账中得到金额相同、但方位相反的反映。就一家银行而言，其来账是真实的账户，而相应的往账则是影子账户。仍按上例，设甲方依然是在 A 银行开立账户，而乙方则改在 B 银行设立账户，此时若两家银行相互设有往来账户，则乙方可将甲方开立的支票（或其他支付凭证）交给其开户行 B 银行，B 银行凭该支票借记 A 银行在该行开立的来账，同时贷记乙方的存款账户，然后 B 银行将支票寄给 A 银行，A 银行则凭支票借记甲方的账户，同时贷记 B 银行的来账。此时 A、B 两家银行的相应账户变化如表 10 - 4 所示。

表 10 - 4　不同银行间的转账结算

A 银行		B 银行	
甲公司		乙公司	
借　　方	贷　　方	借　　方	贷　　方
100 万美元			100 万美元
A 银行在 B 银行的往账		B 银行在 A 银行的来账	
借　　方	贷　　方	借　　方	贷　　方
100 万美元			100 万美元

若每一笔收支都及时转账，这种结算方式就称为全额实时转账。若通过 A、B 两家银行进行的结算较多，双方也可以先将双方往来账户上的借贷方金额充抵，仅就余额进行结算，此称为净额结算。很显然，净额结算要比全额结算相对简单，所需资金也要少得多。

但前述做法只适用于少数银行的情形，若银行数目众多，上述做法就会导致大量的银行往来账户的设立，因而变得极为烦琐，且成本高昂。为了节省银行之间的结算手续和成本，人们发明了票据清算所（Clearing House）。票据清算所最早产生于 19 世纪中叶的英国伦敦，是银行之间进行票据结算的固定的、集中的场所。所有的银行都将其从存户处收到的票据送到票据清算所，并和其他银行手中的对其存户开立的票据进行交换、冲抵。同时每一家银行都在同一家银行（通常为中央银行）开立往来账户，每天票据清算所都会将各银行交换票据产生的结算差额登入其账户。

例如，设某票据清算所的成员包括 A、B、C、D 四家银行，某日的票据交换结果如表 10 - 5 所示。

表 10 - 5　××票据清算所日交换表

19××年×月×日　　　　　　　　　　　　　　　　　　　　　　　　　　　万美元

换出＼换进	A 银行	B 银行	C 银行	D 银行	借方总额	借方净额
A 银行		3 000	2 000	700	5 700	
B 银行	4 000		1 000	200	5 200	600
C 银行	3 000	400		1 500	4 900	1 000
D 银行	200	1 200	900		2 300	
贷方总额	7 200	4 600	3 900	2 400	18 100	
贷方余额	1 500		100			1 600

资料来源：张延年．外汇银行知识入门．北京：中国金融出版社，1989.

从表 10 - 5 可以看出，该日 A、D 银行出示的对其他银行的票据金额大于其他银行对这两家银行出示的票据金额，A、D 两家银行有贷方余额，中央银行在得到票据清算所的报告后，分别贷记 A、D 银行在中央银行的往来账户，而 B、C 银行则分别有借方余额，中央银行将相应地借记这两家银行在中央银行的往来账户。B、C 银行的借方余额总和应与 A、D 银行的贷方余额之和相等。

票据清算所制度的出现，大大促进了银行结算制度的发展，因为和前述的由银行相互设立往来账户的做法相比，票据清算所制度的优点十分明显。

① 它使设立银行结算体系所需设立的往来账户大大减少了。例如，设经济交往中存在 100 家银行，若采用前述的相互设立往来账户的做法，则每家银行需到另外 99 家银行设立往账，同时接受另外 99 家银行开立的来账，整个银行系统共需设立 9 900 个往来账户，而使用票据清算所制度则仅需 99 个账户就足够了。

② 由于开设账户需要存入并维持一定金额的资金，故往来账户的减少意味着票据清算所制度正常运转所需的资金大大小于互设往来账户时所需的资金。由于往来账户上的资金通常是无息或低息的，因而票据清算所制度可以减少银行的闲置资金，从而降低银行的结算成本。

③ 票据清算所将所有银行的结算票据集中在一起进行冲抵，所以最终实际划账转拨的次数会少于银行分别相互结算时所需的划账转拨次数，使得银行结算工作得以大大简化。

上述票据清算所进行的结算称为多边余额结算，以表 10 - 5 所述例子来看，双边全额结算、双边余额结算及多边余额结算的结果比较如图 10 - 3 所示。

不过，并不是所有的银行都可以进票据清算所交换票据，因为票据清算所空间有限，不可能容纳那么多的银行，所以通常只有少数银行才有资格入票据清算所交换票据，这点和其他种类交易所是一致的。因此，那些不是票据清算所成员的银行仍然需要在某家属票据清算所成员的银行处设立往来账户，并委托该银行在清算所代为交换票据。此外，在票据清算所所在地之外的银行也需要委托一家票据清算所成员行入所交换，因为外地银行通常是无法成为清算所成员的。同样道理，银行的外币收支结算也必须通过各外币发行国的票据清算所才能实际完成，所以也必须在各外币发行的一家票据清算所成员行设立往来账户，并通过该银行在清算所内结算其外币票据。这些代银行在清算所结算票据的成员行称为其所代理的非成员行的往来银行（Correspondent Bank），银行也可在各外币的票据清算所所在地开设分行或子银行，并使其成为当地票据清算所的成员，然后再通过这些分、子行进行外汇票据的交换。

　　银行持有的任何票据只有在向开票人的开户行出示，且未遭开票人的开户行拒票，并由票据清算所向中央银行报告后，才可以转入该行在中央银行的账户。中央银行也自该日（称起息日）起对转入的存款起算利息。也只有在这个时候，银行才真正收入了该笔资金，持票人才可以使用该笔存款。该笔资金称为起息日的当日资金（Same day funds）。目前世界各国的票据清算所多能做到当日交换，当日转账，故任何票据一般在入所交换的当天即可成为当日资金。在托收的资金未实际到账之前，银行虽然会立即将资金记入出具票据的存户的账户，但会在该笔存款旁加注"?"号（称 Ear mark），或在计算机记账时，会显示"Uncleared"的字样，表示该笔存款尚未收讫，还不能由存户使用。银行在收进款项后，会解除该存款的"?"，此时存户才可以动用该笔存款。

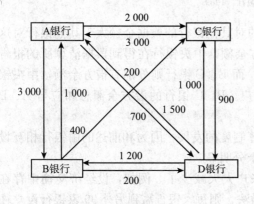

(a) 双边全额清算

银行间潜在交流渠道的数量：6
银行间交流支付信息的数量：12
银行间开设转账账户的数目：12
银行间资金转账的实际笔数：12
银行间资金转账的资金总额：36 200

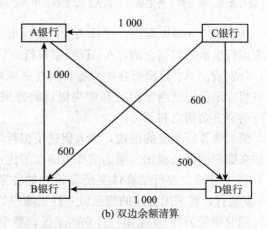

(b) 双边余额清算

银行间潜在交流渠道的数量：6
银行间交流支付信息的数量：12
银行间开设转账账户的数目 12
银行间资金转账的实际笔数：6
银行间资金转账的资金总额：4 700

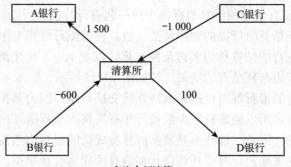

(c) 多边余额清算

银行间潜在交流渠道的数量：4
银行间交流支付信息的数量：12
银行间开设转账账户的数目：4
银行间资金转账的实际笔数：4
银行间资金转账的资金总额：1 600

图 10-3　双边全额结算、双边余额结算及多边余额结算的比较

参考自：布鲁斯·萨莫斯. 支付系统：设计管理和监督. 北京：中国金融出版社，1996.

上述通过票据进行的结算方法称为纸结算，进入 20 世纪 70 年代后，随着通信和电子计算机技术的发展，银行越来越多地采用电传和电子计算机进行彼此之间的收支结算，此时可以完全不采用票据，故它又称为电结算。电结算的基本原理和纸结算是一致的，但由于采用计算机和电传，故结算的速度要比纸结算快得多。

2. 客户对银行支付体系的要求

所谓支付体系，就是一种由客户、结算银行、中央银行及票据清算所组成的复杂的支付系统。同支付一样，它可以分为支付服务系统和支付清算系统。前者是为银行和客户之间的支付服务的，特点是账户多、参与者多、支付笔数多，但每笔金额小；后者则涉及银行之间的支付和结算，直接参与这种支付体系的机构数目有限，支付笔数小，但每笔金额大，账户相对较少。

不同的机构与个人对支付系统的要求是不同的，这有时会导致设立不同的支付体系以满足不同客户的需要。

① 个人消费者。他们的支付金额不大，但支付频繁，对支付的要求是方便、有效、使用方式灵活。

② 零售商业部门和服务企业，一般更重视所接受的支付工具具有较高的安全性和信用。

③ 大型制造业企业，它们的支付金额往往较大，支付时间紧，并希望最大限度地降低支付所占用的流动资金数额及其占用时间。

④ 金融部门，如银行、证券公司等，它们对支付的要求主要是迅速、防止支付风险和降低支付所占用的流动资金数额及其占用时间。

⑤ 外贸部门。一般要求能够迅速、简便地进行国际支付，这就要求支付系统能够迅速地进入国际支付系统。

⑥ 政府部门。政府的支付活动非常丰富，包括商品与服务的买卖、财政收支、政府债券收支等，因此对支付系统的要求是多种多样的。

3. 支付系统的分类

根据支付的不同特性，可以设立不同的支付系统。根据支付的工具来分，它可以分为票据支付系统和电子支付系统。票据支付系统结算时间长，使支付方可以在利息上享有好处，并会增加结算风险，因此目前主要采取电子支付系统。采用电子支付系统必须对纸质支付工具进行截留，也就是在纸质支付工具流程的某一点将其电子化，然后再通过电子支付系统进行转账。电子化的方法在美国等国是采取磁性墨水字符识别（MICR）技术，采用该技术的支票在下方有磁性墨水印制的账户信息，操作员将支票放入专门的机器读出这些信息，然后再手工输入支票金额。在其他国家则采用光学字符识别（OCR）技术。由于图像信息量大，目前还不能直接输入并传输完整的支票图像，但随着信息技术的进步，这一问题有望在不久的将来解决。从地域范围来看，支付系统又有同城支付系统和异地支付系统。同城支付系统用于处理某一城市范围内支付业务，同时它又是异地支付系统的起点，它还具有对需经过异地支付系统的原始支付纸凭证进行截留并电子化的功能。异地支付系统则是指不同地区之间的支付处理系统。若根据清算的方式来分，可分为实时支付系统和余额支付系统。

具体来说，支付系统可分为以下几种。

① 同城清算所（Local Clearing House，LCH）。这是一种同城支付系统，以处理同城支票为主要职责，如美国的纽约自动票据清算所（New York Automatic Clearing House，

NACH）。

② 小额批量支付系统（Bulk Electronic Payment System，BEPS）。它的运行原则是银行将小额的收支命令集中成批量的收支命令，然后再与其他银行进行交换，一般采用电子借记支付的形式。

③ 大额实时支付系统（High Value Payment System，HVPS）。它是只处理金额巨大的贷记支付的实时资金划拨系统，由于是实时支付，因此对系统的安全性和可靠性有更高的要求，如美国的 Fedwire、英国的 CHAPS 和瑞士的 SIC 等。

④ 授权系统（Authorization System，AS）。指借记卡、信用卡等的支付系统，由银行、ATM、销售终端（POS），以及联系它们的电子网络组成。它使 POS 或 ATM 机在持卡人支付或取款时，能够直接从持卡人的开户银行或其他设有账户的金融机构处获得有关持卡人支付能力信息的系统。每一个授权请求都将被送往 ATM 卡或信用卡的发卡机构或其指定的代理点，经确认授权后再返回信息发出者，全部信息处理过程所用时间必须能够为 POS 处的买卖双方所接受，因此此类系统必须是实时信息交换系统，要求信息传递及时准确。发达国家的借记卡很少用于异地支付，而信用卡被广泛用于异地支付，甚至是国际支付。例如，Master 和 Visa 卡都在全世界设立了授权系统，并有一系列的国际标准，如 8583、7801、7811 等。

⑤ 证券簿记系统（Security Book Entry System，SBES）。用于证券交易的系统，如美国纽约证券交易所的指定指数周转系统（DOT）、美国联储的国库券证券簿记系统、英国的伦敦证券交易所提供的 Central Gilts Office（CGO）系统等。

⑥ 邮政支付系统（Postal Payment System，PPS）。用于邮政汇款服务。

⑦ 国际支付系统（International Payment System，IPS）。用于国际支付，主要有 SWIFT。

目前，国际结算中重要的电子结算系统主要有 CHIPS 和 SWIFT。

4. 美国的 CHIPS 货币支付系统

所谓 CHIPS，是美国"清算所银行间支付系统"（Clearing House Inter－bank Payment System）的英文缩写。它成立于 1970 年，是纽约清算所协会（NYCHA）拥有并管理的一个私营系统。到 2007 年 8 月底，CHIPS 有 49 个成员，较 20 世纪 80 年代末的 144 个成员有大幅下降，这主要是由于美国国内银行业并购所致。成员中既包括美国本土的金融机构，也包括一些外国银行在美国的分支机构，这些外国银行来自全球 19 个国家。目前 CHIPS 每天处理的支付指令达 35 万条，价值 2 万亿美元。

在国际清算系统中，美国的 CHIPS 具有特殊的地位。它是全世界的美元结算中心，约有 95％以上的跨境美元交易是通过 CHIPS 完成交割的。由于美元是目前国际交易的最主要的支付手段，因而 CHIPS 在国际结算中有着十分重要的意义。

在过去，CHIPS 采取票据结算的方式，交换的票据在入所交换的第二天才能转入出票银行在美联邦储备银行的账户，并成为当日资金。二者有一天的差距，如遇到周末（星期五），则需至下周一才能入账。交换当日的资金称为清算所资金（Clearing House Funds），入账后则称为联邦基金（Federal funds）。进入 20 世纪 80 年代后，这种隔夜交割的做法越来越不能适应国际银行业务发展的需要。因为在银行的日结算差额日趋庞大的今天，隔夜交割会使有贷方余额的银行在利息方面蒙受巨大损失，并使其承担的结算风险增加。鉴于此，自 1981

年后，CHIPS 改为当日完成转账。从 1992 年起 CHIPS 采用计算机联网的交易方式。CHIPS 的营业时间过去是从美国东部时间（ET）上午九点起至下午六点结束，目前的营业时间与 Fedwire 的在线营业时间（见下节）相同，即开始于前一营业日的纽约东部时间下午 9：00 到本日的下午 6：30。从前一日的下午 9：00 开始到本日下午 5：00，CHIPS 接受会员通过 Fedwire 往其账户输入预存款并发送和接受交易指令。每一个会员应缴纳的预存款数额每星期确定一次，由前 6 个星期的支付数额决定，通常会大大少于实际的支付数额。CHIPS 的计算机系统会及时结算每一个成员的净头寸，每个会员在营业期间必须维持正（长）的头寸，但正头寸的数额不能超过其预存款的 2 倍。到下午 5：00 CHIPS 将不再接受新的支付指令，同时取消头寸限制并结算所有的已发出但未完成的支付指令，然后清算所通知各成员行其净头寸的数额及每个参与余额清算的成员的总净头寸（含由其代理的成员行的净头寸总额）。所有存在借方余额的成员银行应通过 Fedwire 将资金转到纽约联邦储备银行的净结算账户上，一旦所有的借方余额得到偿付，清算所将通过 Fedwire 向所有持有贷方余额的成员银行汇付相应的金额，至下午 15：00 完成全部转账交割，整个过程仅需十五分钟就可完成。图 10－4 是 CHIPS 系统的流程示意图。

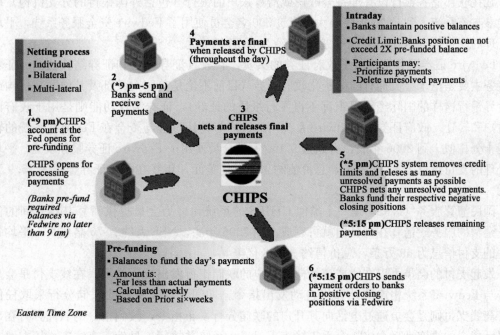

图 10－4　CHIPS 系统流程示意图

资料来源：www. chips. com.

CHIPS 共拥有 350 多部计算机终端，分置于各会员银行，这些终端又都和纽约票据清算所的主机（另备有一备用主机）相连，各会员银行通过自己的计算机终端将自己需要向其他银行收取的款项输入清算所的主机，并经主机通知付款银行，同样地其他银行也会将对该银行的付款要求经主机通知该银行。每日交换的结果也由纽约票据清算所通知联邦储备银行，并进行转账交割。

CHIPS 的效率是相当高的，2007 年大约 85％的支付指令在同日中午 12 点之前就已经清算完毕。CHIPS 每天要求会员存入的预存款总共仅约为 35 亿美元，而每天清算的支付指令的总额达到 2 万亿美元，资金周转率高达每美元一天 500 次；每天处理的清算信息达 35 万条，其系统的可靠性达到 3N 即 99.9％。

5. Fedwire

所谓 Fedwire，是美国联储电子资金转账系统的简称，由美国联邦储备委员会经营。该系统最早成立于 1918 年，最初只是一个简单的电汇系统，用于联邦储备银行账户间的余额转账。现在，它已发展成为计算机化的一个大型支付系统。Fedwire 业务分为三类：Fedwire 资金服务（Fedwire Funds Service）、Fedwire 证券服务（Fedwire Security Service）和国民清算服务（National Settlement Service，NSS）。

Fedwire 资金服务被用于大额的、时间要求紧迫的支付结算，如银行间联邦基金交易的结算、公司之间的证券交易与融资、贷款的发放与偿还、房地产交易等大额支付。转账由支付方提出，授权其存款的区联邦储备银行将一定的金额转账至指定的收款人账户，指令发出后不可撤销，只要持有发起支付银行的账户的地区联邦储备银行同意处理该支付指令，结算就为最终结算，平均每笔转账金额约 300 万美元，因此该系统为大额实时电子贷记转账系统。

凡在联邦储备银行设有准备金账户或清算账户的银行（包括外国银行的分支机构）均可直接参与该系统。到 2006 年底，大约有 9 500 名会员使用了 Fedwire 资金服务系统，平均每天处理的支付信息达 53.2 万条，总价值约 2.28 万亿美元。

Fedwire 证券服务系统用于政府证券的买卖，它兼具证券保管和证券结算功能。证券保管服务主要是记录会员拥有的电子化政府证券（目前不论是美国财政部及其他联邦机构或是像世界银行这样的国际经济组织都不再发行纸质的证券），证券结算功能则是用于政府证券的过户和转让。政府证券在 Fedwire 系统内的过户与转让过程与资金在 Fedwire 系统的转让过程十分相似。到 2006 年底，有超过 9 100 家的会员使用了 Fedwire 证券服务系统，平均每天处理的支付信息为 8.88 万条，总价值约 1.5 万亿美元，年终在账的证券金额达 35.9 万亿美元。

国民清算服务（NSS）是一个类似 CHIPS 的系统，可为会员提供清算其相互间的债券债务余额的服务，清算在同日内就可完成。到 2006 年底，NSS 大约有 70 名成员，平均每天处理的支付信息为 69 万条，总价值约 232.8 亿美元。

发起支付的会员可以在线或离线向其开户的联储银行发出支付指令。在线支付是会员通过其与 Fedwire 系统相连的计算机自动发出指令，期间无需其开户的联储分行采取任何操作。离线支付则是会员通过电话向其开户的联储分行发布指令，接到指令的联储分行在确认了电话指令的真实性后会将指令手工输入 Fedwire 系统并执行。显然，离线支付较在线支付手续要烦琐，成本也高，适合零星的交易。

Fedwire 资金服务系统的营业时间最初为纽约东部时间（ET）上午 8：30 至下午 12：30，1997 年改为上午 0：30 至下午 12：30，这样做是为了更好地与其他国家的支付系统连接，避免所谓的"赫斯塔德风险"。2007 年，Fedwire 资金服务系统在线服务一天的营业时间开始于前一营业日的纽约东部时间下午 9：00 到本日的下午 6：30，星期六和星期日不营业。但海外的支付指令到下午 5：00 即结束，为第三方（即会员代表其客户）发起的支付则在下午 6：00 结束，下午 6：00 以后仅进行会员间的结算。离线服务的营业时间则是从纽约东部时间上午 9：00 到下午 6：00，海外的支付指令到下午 4：30 结束，为第三方（即会员代表其客户）

发起的支付下午 5:30 结束，下午 6:00 前结束会员间的结算。

Fedwire 证券服务系统的在线服务营业时间是从纽约东部时间每周星期一到星期五上午 8:30 到下午 7:00，但银行间的发起指令（Originating Order）在下午 3:15 即结束，对应指令（Reversal Order）在 3:30 结束，而含支付指令的证券过户（Repositioning against payment）在 4:30 结束，不牵涉支付指令的证券过户（Repositioning free of payment）可以延长至下午 7:00。离线交易时间是上午 9:00 到下午 4:00，但同日交易在下午 1:30 即结束，隔日交易指令可延长至下午 4:00。

国民清算服务的营业时间是从纽约东部时间每周星期一到星期五上午 8:30 到下午5:00，它只有在线服务。

Fedwire 有 12 家地区联邦储备银行的分处理中心，纽约联储银行的处理中心为主中心。Fedwire 的用户 70% 以上（占业务量的 90%）以通信线路与当地的地区联邦储备银行的处理中心连接，发起业务量大的用户（每天转账业务大于 1 000 笔）通常采用专用的租赁线路与联储处理中心连接，发起业务量少的用户（每天转账业务少于 1 000 笔）通常采用共享的租赁线路或拨号方式与联储处理中心连接。有不到 30% 的用户因业务量特别小，采用脱机的电话指令方式发送转账指令，没有参与 Fedwire 的金融机构需通过参与 Fedwire 的银行的代理才能利用 Fedwire 转账。

从 2006 年开始，Fedwire 资金转账业务的收费标准是每个成员每月发送或接收的前 2 500 条交易信息每条 0.3 美元，之后的 77 500 条信息每条收费 0.20 美元，余下的信息按每条 0.1 美元计算。实际平均每条信息收费 0.16 美元，较 10 年前下降了 68%（1996 年为平均每条 0.50 美元）。

自其实现计算机化以来，Fedwire 的可靠性不断提高，1987 年它的正常运转率为 97.2%。仅在 1987 年 8—9 月，Fedwire 就当机三次，后来 IBM 和 Fedwire 重新调整了系统，它的正常运转率延长至 1990 年的 99.9%。

有两个事件可以说明 Fedwire 的规模。一是 1985 年 11 月 21 日发生的著名的纽约银行事件。当天纽约银行安装了一个新的可利用 Fedwire 进行证券交易的软件，但这个软件有一个 Bug。该天联邦储备委员会像往常一样将纽约银行购买的政府证券通知该银行，并由该银行的计算机进行了支付，但纽约银行的新软件却拒绝接受出售政府证券的金融机构的支付，使得纽约银行付清了别的银行对它的支付请求，可却收不进一笔别人对它支付的款项，结果该行在当日交易结束时产生了高达 230 亿美元的借方差额，纽约银行不得不连夜以 5% 的隔夜贷款利率从联邦储备银行借入 230 亿美元，一夜之间就损失了 310 万美元的利息。二是 1990 年 8 月 16 日，纽约金融区停电事件。Fedwire 虽然有备用系统，但该系统是水冷式的，恰巧水冷器的一个 10 英寸水管也坏了，使 Fedwire 再次当机，当机延续时间虽然只有一小时，但 Fedwire 仍然花了一周时间才恢复全速运转。这一周内，Fedwire 有几天的差额高达全部支付要求金额的 15%，未及时处理的金额高达 1 500 亿美元。

6. SWIFT

从上节的论述中不难看出，国际银行结算除了需要银行间的清算系统外，还必须建立银行间的国际资金调拨体系，因为只有这样银行才能实现跨国的资金流动，并通过各主要外币发行国的票据清算中心实现各种外汇收支的清算。最初的时候，银行间的国际资金调拨主要是靠票据往来实现的，此种资金调拨方式称为票汇或信汇。第二次世界大战后，随着通信技术的进步，利用电传调拨资金的方法得到了迅速的发展，这种汇款方法叫作电汇，电汇的资金调拨速度比票汇要快得多，但在当时成本也要比票汇高，安全性方面也要差些，故还不能取代票汇。

为了促进国际银行转账业务的发展，早在 20 世纪 60 年代，在欧洲一体化的过程中，一些荷兰的银行和当时的"欧洲金融协会"（Society of Financial Europe）就开始磋商建立欧洲的银行间清算系统，最终于 1968 年在德国的法兰克福创立了欧洲支票（Eurocheck）制度，并进而产生了建立全球支付信息传递系统的设想。1971 年，西欧和北美的 68 家大银行委托英国伦敦的 LOGICA 咨询公司进行了一项名为绿光（Greenlight）的研究计划，研究建立全球支付信息传递系统的可行性及具体的实施计划。在得到满意的答案后，这些银行即开始着手全球支付信息传递系统的建立工作，并委托美国著名的斯坦福研究院拟订有关的业务法规，这些工作最终促成了 SWIFT 的成立。

SWIFT 是环球银行间金融电信协会（Society for Worldwide Inter-bank Financial Tele-communication）的缩写。该协会成立于 1973 年 5 月 3 日，参加的有美国、加拿大，欧洲等 15 个国家的 239 家大银行，其总部设在比利时首都布鲁塞尔的世界贸易大楼。协会根据比利时同业公会规章组成，基金数额约为一亿一千二百万比利时法郎，全部由会员交纳，会员费视各会员行使用 SWIFT 系统的次数而定。协会采取开放式制度，可以自由加入，但只允许以银行为单位加入。会员可以选出代表参加协会每年举行的大会，确定协会的经营战略方针，并选举协会主席。至于日常的经营活动则由协会总经理负责，协会另设有委员会和专家组帮助其工作。1977 年 9 月，该协会成立了 SWIFT 全球支付信息传递系统，当时就有 15 个国家的 513 家银行成为会员，当年经该系统处理的交易就达 51 000 笔。目前 SWIFT 已经成为最重要的国际银行转账结算系统。

SWIFT 的最高权力机构是独立董事会（Board of independent Directors），由协会股东选举产生的 25 名独立董事组成。持有协会股份最多的前 6 名国家的股东每个国家可集体推荐 2 名独立董事，之后的 10 名持有股份最多的国家的股东每个国家可共同推荐 1 名独立董事。其余国家的股东每个国家可联合一个或多个其他国家股东集体推荐 1 名董事，但以这种方式提出的董事总数不可超过三人。董事由股东年会从上述来源的候选人中选举产生，任期三年。

在独立董事会监督下负责日常经营的是由一批全职经理人组成的执行经理团（Executive Steering Group, ESG），ESG 由一名首席执行官（CEO）领导。

鉴于 SWIFT 在国际清算体系中的重要性，由发达国家组成的 G－10 集团与 SWIFT 达成协议，由前者对后者进行监督。SWIFT 总部所在的比利时的中央银行——国民比利时银行（The National Bank of Belgium）担任了主要监督人的角色，其他国家的中央银行对 SWIFT 在本国的活动也有权进行监督。

SWIFT 的成员分为两种：股东成员（Shareholder Member）和非股东成员（Non-Shareholding Members）。前者是符合 SWIFT 成员资格，且持有 SWIFT 股份的金融机构；后者则是虽然满足了成员资格，但不愿或无法持有 SWIFT 股份的金融机构。非股东成员中又有一种被称作次级成员（Sub-Member），指那些被股东成员直接持股 50％或间接持股 100％的机构成员。

SWIFT 本身不像 CHIPS 等那样是一种清算系统，它本身并不拥有任何资产，也不代其成员管理账户或执行任何清算职能。它只是一个支付及其他金融信息的国际传递系统。SWIFT 将主要的国内清算系统连接起来，从而完成国际间的支付清算及资金传递。目前 SWIFT 的核心服务系统是 SWIFTNet FIN。此外，SWIFT 还提供了 3 个附加的信息系统：SWIFTNet Interact、SWIFTNet FileAct 和 SWIFTNet Browse。

成员通过 SWIFTNet FIN 系统可进行最高安全级别的金融信息传播（主要是有关支付、证券交易等的信息）。到 2006 年底，该服务已包括了 207 个国家和地区的 8 105 家金融机构，全年处理的消息超过 28.6 亿条，日平均 1 140 万条，日最高峰达到 1 360 万条。

成员之间通过 SWIFTNet Interact 可进行安全级别要求低于 SWIFTNet FIN 的小体积信息的传递。到 2006 年底，该系统可提供 29 种服务，采用该系统的成员已达 567 家，全年处理的消息达 1.47 亿条。

成员通过 SWIFTNet FileAct 可进行安全级别要求更低，但信息体积较大的单个信息或批量小信息的传递。到 2006 年底，采用该系统的成员已达 697 家，提供的服务达 53 种，全年处理的消息达 1.935 亿条。

SWIFTNet Browse 顾名思义就是 SWIFT 的专用网络浏览器，它能使 SWFT 的成员安全地浏览与 SWIFTNet 相连的服务器上的信息。到 2006 年底，采用该浏览器的成员已达 399 家。

随着互联网络的发展，SWIFT 已实现了网络化，所有的 SWIFTNet 信息服务都是通过 SWIFT 特有的"安全 IP 网"（Secure IP Network，SIPN）完成。目前的 SIPN 是于 2003 年 6 月开始采用的，可由图 10 - 5 表述。

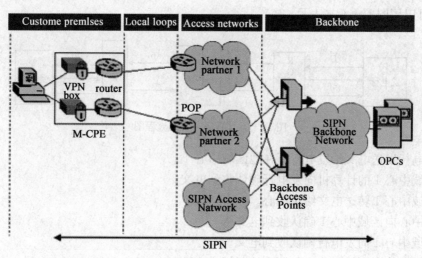

图 10 - 5　SWIFT SIPN 网络构成

资料来源：www. swift. com.

SWIFT 的客户端（Customer premise）由 VPN 盒（VPN box）和路由器（Router）组成。VPN 盒的功能是在客户的虚拟私人网（Virtual Private Networks，VPNs，指同一公司内部或相连公司之间的内部网）和 SIPN 网之间建立和维持一个安全的通道。客户端的上述设备又统称为管理客户端设备（Managed Customer Premises Equipment，M-CPE）。

为了确保客户端与 SIPN 网之间的通信不会因设备故障等原因而中断，每一个客户的 M-

CPE 将与两个以上的 SWIFT 网络合作伙伴（Network Partner）相连。网络合作伙伴又称为区域处理中心（Regional Processor，RGP），客户的 M-CPE 及其相应的软件也都是由这些合作伙伴负责安装维护的。出于同样理由，这些合作伙伴的 IP 网络也都与两个以上的 SIPN 骨干接入点（Backbone Access Points）相接，通过骨干接入点就能进入 SPIN 的骨干网。

SPIN 骨干网的核心是主中心（Operating Center，OPC）。如前所述，一个电子清算系统仅需一个主中心就足够了，但出于安全方面的考虑，SWIFT 采取了多中心的做法。开始的时候仅设立了两个中心，一个设在比利时的布鲁塞尔，一个设在荷兰的莱登，后来又在美国弗吉尼亚州的卡尔佩珀（Calpeper）城新设立了一个中心。一个中心还可以备份另一个中心的数据。每个区域中心和一个主中心相连接，同时又通过预备线和另一个主中心连接，以备主线出故障时使用。例如，德国银行一般以布鲁塞尔为主中心，而将莱登作为预备中心。

SPIN 为会员提供了多种接入方式，包括拨号和永久在线的接入方式。会员还可以根据自身的需要申请不同的带宽。会员申请的带宽一般按照其承诺的数据率（Committed Data Rate，CDR）来决定，数据率一般按照每秒交易量（Transactions per second，TPS）计算。一个会员所需的带宽一般按其 CDR 除以 70％计算，这样就可以为该会员的交易高峰（一般可达其申请带宽的 100％）留下余地。

到 2006 年底，SWIFT 系统的可获性已达到 5N，即 99.999％的水平，而信息服务价格却比 10 年前下降了 80％。

任何一笔汇款均需由发电银行（Sending Bank）发电给本地的区域中心，本地的区域中心将其转至某主中心，再由该主中心转给收电银行（Receiving Bank）所在地的区域中心，具体流程可以用图 10-6 来表示。

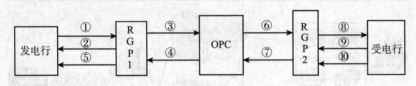

图 10-6　SWIFT 业务流程图

① 发电行发送电文给发电行所在地区域中心 1。
② 区域中心 1 的计算机向发电行确认收到电文。
③ 区域中心 1 转送电文给主中心。
④ 主中心向区域中心 1 确认收到电文。
⑤ 区域中心 1 向发电行确认收到电文。
⑥ 主中心将电文转至收电行所在地区域中心 2。
⑦ 区域中心 2 向主中心确认收到电文。
⑧ 区域中心 2 将电文传至收电行。
⑨ 收电行确认收到电文。
⑩ 区域中心 2 确认收到收电行的答复。

SWIFT 使国际银行电子转账规范化，安全性也大大提高，从而极大地促进了国际银行电子转账的发展。

7. 中国国家现代化支付系统

1990 年初，中国人民银行自主设计、自主开发了电子联行系统（EIS），开始了我国支付系统从纸质向电子化的过渡。EIS 是以电传为基础，以卫星通信技术为主要传输手段的电子支付系统。20 世纪 90 年代中期，在世界银行技术援助贷款的支持下，我国开始了中国现代化支付系统（China National Advanced Payment System，CNAPS）项目的建设。1995 年 3 月，系统开始招标，共收到日本 NTT DATE 公司，美国 IBM、ATET 公司三家的报价和修改后的技术建议书，最后 NTT DATA 中标。从 1997 年起，我国在 10 个城市和其所管辖的 80 个县开始现代化支付系统的试点。

中国国家现代化支付系统是集金融服务、金融经营管理和金融宏观货币政策职能于一体，以中国国家金融网络（China National Financial Net System，CNFN）为支持通信网络，主要由下层支付服务系统和上层支付资金清算系统组成的综合性金融服务系统。它包括大额支付系统和小额支付系统两个骨干系统，以及清算账户管理系统和支付信息管理系统两个辅助支持系统。

CNFN 的物理网络分为两层，即主干网络和区域子网。主干网络包括国家处理中心（NPC）和主要城市处理中心（CCPC）。NPC 有两个，分别设在北京和无锡，二者互为备份。其主要功能如下。

① 数据存储。即保存完整的 CNAPS 交易数据。

② 交易处理。来自发起行的支付指令都将通过 CNFN 网络传送到 NPC，再经 NPC 处理后转发到接收行。

③ 系统管理。NPC 作为通信主站和控制中心要负责整个 CNAPS 网络系统的管理。

④ 灾难恢复。在发生灾难时，保证将事务处理从该 NPC 切换到另一个备用 NPC。

CCPC 全国有 32 个（包括 31 个省会城市和深圳市），被分别连接到 2 个 NPC 上。其通信网络采用专用网络，以地面通信为主，卫星通信备份。区域子网是以 CCPC 为中心的星状网络，它将 CCPC 与本区域内的县级支行处理中心（CLB）连接起来，再通过 CLB 与当地的金融机构及同城清算所相连（2007 年人民银行运行的同城清算所已达 2 000 多家）。

2000 年 10 月，人民银行决定加快中国现代化支付系统建设，逐步取代当时电子联行系统。2005 年 7 月，CNAPS 的大额支付系统建设完成，大额支付系统主要解决跨行大额资金的支付问题。它是类似美国 Fedwire 资金系统的大额实时资金转账系统，主要用于银行之间的大额资金转账和紧急的小额支付业务，采用贷记清算方式。到 2007 年上半年，大额支付系统直接连接的金融机构达 1 500 多家，间接连接 6 万余家，日均处理跨行支付业务 65 万笔、金额 1.6 万亿元，每笔支付业务不到 1 分钟即可到账。2007 年 8 月，CNAPS 的小额支付系统也建设完成，小额支付系统是一个类似美国 CHIPS 的银行间余额清算系统，主要服务于银行代理的工资发放，水、电、煤气等公用事业收费，通存通兑，跨行网上支付，电话支付等公共支付服务，它既可采用贷记记账，也可采用定时借记等借记清算方式。小额支付系统的建设完成使我国的大范围跨行服务成为可能，至此 CNAPS 的骨干系统已建设完毕。人民银行今后还要将 CNAPS 与证券清算系统对接，从而构成更完整的中国电子支付体系。

8. 支付风险及其防范

所谓支付风险，就是指在银行支付过程中因各种因素而导致的风险，主要包括以下几种。

① 假支付命令。这是由于支付发起人伪造支付命令而给银行造成的损失。贷记支付工具因其发起人的开户银行能够确切了解发起人账户的情况，支付命令的真实性也很容易证实，故银行的风险较小。而借记支付命令因其发起人的开户银行不易了解支付人账户的情况，支付命令的真实性也不容易证实，需要采用较为麻烦的方法加以证实，故银行的风险较大。

② 信用风险（Credit Risk）。指支付方违约不履行支付义务导致的风险。

③ 清偿力风险（Liquidity Risk）。它包括由于支付方在开户银行的账户上的资金余额不足以支付对其的支付要求或是银行缺乏资金履行支付要求。

④ 系统风险（Systematic Risk）。所谓系统风险，是指因整个金融系统的原因所导致的风险，而非具体的某项交易或投资所独具的风险。此种风险无法通过技术上的手段予以避免，这里指由于参与银行清算的某一家银行无力履行其支付义务，从而导致其他参与支付的银行也由于不能及时得到应收账款而无力支付，造成整个支付体系崩溃的风险。

⑤ 赫斯塔特风险（Herstatt Risk）。特指外汇交易中由于时差的缘故导致支付的不同时所导致的风险。赫斯塔特银行（Bankhaus I. D. Herstatt）是德国的一家银行，该银行在1974年6月破产时，它的外汇交易伙伴为履行与该银行的外汇买卖合同已向其支付了美元，但在德国银行营业时间结束时却没有从这家银行收到相应的马克付款，从而在整个金融制度中造成了灾难性的连锁反应。自1974年以后，跨国的外汇交易的规模以指数在增长，单个银行危机引发金融危机的可能性正随交易规模的扩大而同步增加。以日元和美元的交易来说，在过去某一营业日的日元应付额将在纽约的银行开始营业之前就在东京得到支付和结算，而相应的美元支付将在美国银行开始营业时开始被提出，并在美国银行营业日结束时被最终结算完毕，这已是东京结束营业18小时之后了。同样的，大多数欧洲货币的支付的提出和结算也要比相应的美元的支付的提出或被最终结算提前好几个小时。

信用风险和清偿力风险如图10-7所示。

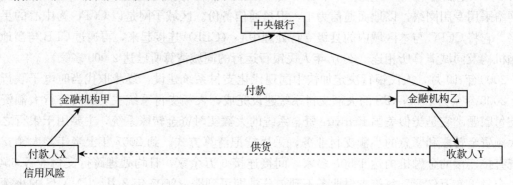

信用风险
X对Y：收到货物之前转移资金；　　　　Y对X：收到资金之前交付货物；
甲对X：X账户无资金时把资金转移给乙；　乙对甲：在收到甲的付款前支付给Y；
中央银行对甲：甲的账户上没有足够的资金支付给乙。
清偿力风险
甲对X：X缺乏资金支付甲；　　　　　　乙对甲：甲缺乏资金支付乙；
Y对乙：乙缺乏资金支付Y。

图10-7　支付系统的信用风险和清偿力风险
参考自：布鲁斯·萨莫斯. 支付系统：设计管理和监督. 北京：中国金融出版社，1996.

9. 支付系统的在途资金

当一个支付系统对付款人账户的借记和对收款人账户的贷记不同步时，就会产生在途资金。所谓在途资金，就是指在收款方银行收到款项之前，银行因对支付双方提供贷款或从其借款而导致的资金效应。一笔支付中哪一方能够享受在途资金，首先取决于支付是采用贷记方式还是借记方式。例如，采用支票方式，付款人在签发支票并将其交给收款人之后，需要过一段时间这张支票才能转到付款人的开户行，在这之前他仍然可以使用这笔资金，这样支付方实际得到了一笔无息贷款。与此同时，若收入方银行在收妥这笔资金之前，即允许收入方使用这笔资金，则收入方银行实际也对收入方提供了一笔贷款。相反在贷记支付时，支付方在提出支付指令后即失去了相应的资金，但要过一段时间后这笔资金才会被贷记收入方的支付，在此之前支付方银行就得到了一笔免费资金，这实际上相当于支付方向支付方银行提供了一笔无息贷款。同样若收入方银行延迟贷记收入方的账户，收入方银行也会得到一笔免费资金。

在途资金的存在会造成许多问题。首先，它使参与交易的某一方（客户、银行和中央银行）在利息上蒙受损失，而另一方则会在利息方面得益。这笔收益或损失的金额相当于在途资金的总额乘以利率再乘以在途时间。其次，它会扭曲参与者的收支状况，导致虚增收入或虚增开支。第三，它会使银行准备金的波动加剧，故其供给和需求的评估更为棘手，从而使货币政策的制定变得更为困难。第四，它会使支付系统所需的资金增加，从而增加支付系统的成本。最后，它会增加支付系统的风险，由于支付和收入的不同步，那些先于对方支付的银行和客户存在得不到对方相应支付的可能（如赫斯塔得风险），而那些在资金尚未收妥就允许收入方使用该笔资金的收入方银行有可能收不回款项。这种情况还会导致诈骗风险，如支付方开立虚假支票、银行故意滞留在途资金等。因此，尽量减少在途资金的数额及其滞留时间对提高支付系统的效率和安全性具有十分重要的意义。

改变在途资金的大小及信贷时间长短的方法有很多，主要可从以下几个方面着手。

① 采用电子结算。电子支付系统与票据支付系统相比，前者由于处理速度快，在途资金的金额及持续时间都会远远小于后者，故采用电子结算可以大大加快结算速度，从而减少在途资金。

② 缩短收支双方开户行所在处理中心的距离。距离越近就越可以做到当日转账，所需的在途资金也就越少，不过目前在采用电子结算时这一因素并不重要。

③ 减少银行的积压和截留。所谓截留，是指银行在营业日结束时，只处理了一项支付转账（借记或贷记其客户的账户）的一部分，仍有部分未能完成，由此造成的在途资金。而积压则是指银行在营业日结束时，仍完全没有处理一项支付转账，由此造成的在途资金。保持足够的支付处理能力（包括设备和人员能力）就可以避免此类在途资金。

④ 减少银行的处理错误，如转错了银行、票据遗失、计错了金额等。加强银行管理，提高银行人员的责任心，就可以减少此类在途资金。

⑤ 清除鼓励有意延迟或加速支付过程的激励因素。通过制定统一的规则，就可以鼓励银行加快结算步伐。

支付处理中心可以根据支付完成时间的长短，合理地改变过账时间，人为地缩小借记和贷记不同步的幅度，从而缩小在途资金。其原则是根据支付处理所需的时间改变记账的时间。以支票为例，票据清算所可以将贷记收入方银行账户的时间推迟至从支付方银行收妥该支票的款项日。但若要完全消灭在途资金，就必须将支票按不同的目的地进行归类，然后相应规定不同的记账时间。这样做相当烦琐，只有在电子计算机技术相当发达之后，才有可能。但有替代的方法可以采用，其中主要有"分割有效性"方法和"平均有效性"方法两种。

所谓分割有效性法，是指支付处理中心根据以往的经验，按一定的比例将每一笔支付在不同的计账时间之间进行分配。例如，设 A 处理中心的支付款项 50％属同城支付，在当天即可转账完毕，另有 50％属异地支付，需 5 天时间才能完成转账，则该支付中心可对每家银行出具的支票均 50％当日过账，50％第六天过账。这样在某一段时间内，从该支付中心处理的支付整体来看，不会存在在途资金，但在某一时点及从某一笔支付，从每一家银行来看，则可能存在在途资金。

所谓平均有效性法，是指支付处理中心根据以往的经验，计算出转账的平均时间，然后所有的支付均按这一平均转账时间转账。仍按上例，由于 50％的同城支付在当天即可转账完毕，50％的异地支付需 5 天时间才能完成转账，故其平均转账时间为 2.5 天，取整数平均转账时间应为 2 天或 3 天，故所有支付均应在第 3 天或 4 天过账。

表 10 - 6、表 10 - 7、表 10 - 8 显示了一个实际清算过程及理想的清算过程的在途资金情况。

表 10 - 6 处理中心 A 的支付命令

百万元

存款者	存款日	金　额	存款组合	
			同　城	B 中心
A 银行	第一天	100	50	50
B 银行	第一天	75	55	20
C 银行	第一天	75	70	5
小计	第一天	250	175	75
A 银行	第二天	150	50	100
B 银行	第二天	125	30	95
C 银行	第二天	25	20	5
小计	第二天	300	100	200
A 银行	第三天	75	25	50
B 银行	第三天	75	35	40
C 银行	第三天	50	40	10
小计	第三天	200	100	100
总计	—	750	375	375

表 10 - 7 A 中心的清算过程

百万元

金　额	A 处理中心			B 处理中心			在途资金	
	处理日	借记日	贷记日	处理日	借记日	贷记日	天　数	金　额
175	10/28	10/28	10/28	—	—	—	0	0
75	10/28	10/28	10/28	11/02	11/02	11/02	5	375
100	10/29	10/29	10/29	—	—	—	0	0
200	10/29	10/29	10/29	11/03	11/03	11/03	5	1 000
100	10/30	10/30	10/30	—	—	—	0	0
100	10/30	10/30	10/30	11/04	11/04	11/04	5	500

同城处理平均天数：0；

异地处理平均天数：5；

在途资金总额：1 875。

表 10 - 8　理想的有效时间表

金　额	A 处理中心			B 处理中心			在途资金	
	处理日	借记日	贷记日	处理日	借记日	贷记日	天　数	金　额
175	10/28	10/28	10/28	—	—	—	0	0
75	10/28	11/02	11/02	11/02	11/02	11/02	0	0
100	10/29	10/29	10/29	—	—	—	0	0
200	10/29	11/03	11/03	11/03	11/03	11/03	5	0
100	10/30	10/30	10/30	—	—	—	0	0
100	10/30	11/04	11/04	11/04	11/04	11/04	5	0

同城处理平均天数：0；异地处理平均天数：5；在途资金总额：0。

参考自：布鲁斯·萨莫斯. 支付系统：设计管理和监督. 北京：中国金融出版社，1996.

10.3　Internet 和国际银行支付

1. 银行电子化发展简史

在 20 世纪 60 年代，银行自动化主要表现为后台的电子清算系统，到 70 年代，电子结算由于信用卡的出现而有了新的发展。20 世纪 80 年代出现了 ATM，使客户能够直接使用银行的结算系统并获得信息。计算机也开始用于银行管理，如字处理和金融技术分析等。近年来，计算机互联网络（Internet）的出现和发展，使得银行的电子结算有了新的飞跃。通过互联网络，普通的存户也可以利用电子清算系统进行交易和结算，它和电子数据交换（Electronic Data Interchange，EDI）、电子市场（E-Market）一起，使得通过互联网交易（电子商务）成为可能。美国自从提出"高速信息公路"计划后，电子商务发展非常迅速。1996 年夏季奥运会的门票首次在互联网上出售，引起人们广泛关注。美国一家网上鲜花店"PC Flowers and Gifts"通过互联网进行交易，虽然该店没有花店和仓库，却在一年内成为全美最大的鲜花分销店。1994 年，全球电子商务销售额为 12 亿美元，1997 年为 26 亿美元，1998 年达到 500 亿美元。根据联合国贸发委 2004 报告的统计，2003 年世界电子商务交易额达到了 3.88 万亿美元，比 2002 年增加了 69%。根据 eMarketer 发布的美国零售电子商务销售规模数据发现，2007 年美国零售电子商务销售规模为 1 277 亿美元，较上年同期增长 19.8%。预计 2008 年，美国零售电子商务销售规模将达到 1 460 亿美元；至 2012 年，美国零售电子商务销售规模将达到 2 184 亿美元（艾瑞咨询，2008 年 6 月 13 日）。

电子商务的发展，使得网络结算日见普及。网络结算最早是在欧洲出现的。早在 20 世纪 80 年代初，欧洲的许多银行就开展了通过电话或计算机调制解调器（MODEM）的服务，但网络结算在美国发展更为迅速。1995 年 10 月，花旗银行率先在网络上设站。同月，由三家银行共同成立的第一家纯网上银行——"安全第一网络银行"（Security First Net Bank，SFN）在美国成立，标志着银行网络化时代的到来。该银行没有营业大厅和服务网点，完全靠计算机和网络为客户提供银行服务，任何人只要通过网络登录该银行的网址就可以办理业务。根据 eMarketer 发布的美国网民行为数据显示，2000 年网上银行用户占美国网民总数的18％，而到 2007 年该比例达到 53％。

通过 Internet 进行贸易结算涉及的部门和系统包括发行信用卡的银行、电子数据交换（EDI）公司、银行间的电子清算系统、增值网（Value Added Nets，VANs，用于 EDI 和电子结算的商务专用网）、虚拟私人网（Virtual Private Networks，VPNs，同一公司内部或相连公司之间的内部网）、Internet 等。

20 世纪 90 年代后期以来，我国银行的网络化也得到迅速发展。1998 年 3 月 6 日，中国银行与首都信息发展有限公司签署合作协议，中国银行为北京公用信息平台提供网上支付服务。中国银行率先将业务延伸至 Internet。1999 年 6 月 28 日中国银行网上银行开通，只要进入中国银行网页，输入用户及密码，并选择长城卡付费服务即可交易。通过网上虚拟储蓄所和分理处，客户可以实现网上存款、转账、支付。招商银行也在上海、深圳、广州等大城市开展了"一卡通"业务。1999 年 8 月 30 日，中国人民银行联合中国工商银行、中国建设银行、中国农业银行、交通银行、招商银行等 12 家银行成立了金融认证中心。2001 年中国电子商务支付市场的规模是 9 亿元人民币，到 2005 年该数字已增长到 160 亿元，而 2006 年为330 亿元，2007 年电子商务交易额超过 600 亿元（北京商报，2007 年 7 月 31 日）。我国网上银行用户数已升至 4 000 多万户，网上银行用户已占我国网民总数的 30％以上，开设网上服务的银行超过 50 家。

电子购物支付方式的发展经历了以下几个阶段。

（1）脱机付款

采用这种方式时客户利用 Internet 定购商品，然后将商品名称、数量、送货日期、发送地址等信息填入订货单，再以 E-mail 寄至供货人的网址，然后以传统的方式汇款给供货人。美国网上鲜花店"PC Flowers and Gifts"就是以这样的方式经营的。

（2）联机间接信用卡付款

1994 年 10 月美国第一虚拟银行提供了这种方法。持有该银行信用卡的用户在网上商店购物时，先通过电话告知该银行自己的信用证号码，并发送一份 E-mail 予以确认，第一虚拟银行接到通知后通过 E-mail 向该客户传送一个密码口令，顾客就可以凭这一指令在任何一家接受该银行信用卡的网上商店购物。顾客通过 Internet 在网上商店选购商品，选定后，第一虚拟银行会以 E-mail 寄给顾客一份购物清单，上面详细列明所选购的商品和其价格，要求顾客确认，银行接到顾客确认的 E-mail 之后，就通知网上商店发货；如果顾客对寄来的商品不满意，可退货。网上商店每周寄给银行一份购物清单，银行将把清单寄给客户，顾客在核实后即通知第一虚拟银行将货款借记其信用卡的账户。接受第一虚拟银行信用卡的网上商店需一次性付给该银行 10 美元注册费，银行从每笔交易中收取 9％的手续费。

（3）联机直接信用卡服务

这种信用卡服务中顾客直接将信用卡号码通过 Internet 发给网上商店，这通常是由发卡银行等金融机构提供的服务。1994 年 8 月成立的第三方电子结算公司 Cybercash 就提供了一种联机直接信用卡服务。客户在网上商店选定商品后，只需按下"Cybercash 付款"按钮，软件就会通知商店立即向顾客发送一份购物清单，顾客在清单上签上姓名与信用卡号码，Cybercash 软件会将清单加密后送回商店，商店再将发票和客户发来的信用卡加密信息送给

Cybercash 公司的服务器，服务器将这些信息解密后，将信用卡号码发送给顾客的开户行要求确认，银行确认后，Cybercash 将回音反馈给网上商店，商店再向客户发货。

（4）网络货币购物

所谓网络货币，是指仅以计算机中存储的数据形式存在和流通的货币。网络货币结算完全不涉及信用卡等传统的支付工具，是纯粹的网络结算，是网络结算的高级形式和发展方向。

2. 银行业务网络化对国际银行业务的影响

电子货币和网络结算的发展，对银行业务来说，具有十分重要的意义。

① 降低银行经营成本。网络银行由于其所需的硬件和人力均远少于传统的银行，故其成本大为下降。据估计，网络银行经营成本只相当于经营收入的 15％～20％，而普通银行的经营成本则相当于经营收入的 60％。就结算业务来说，传统美国银行全部工作人员有 75％在提供支付服务。在 1997 年，美国每年的付款单据达 180 亿笔，每笔的收费为 60 美分，太平洋贝尔电话公司每天处理的支付票据就有几卡车。根据美国权威机构的调查和预测，各种客户服务渠道的平均每项交易成本如表 10－9 所示。

表 10－9　各种客户服务渠道的平均每项交易成本

服务渠道	每项交易成本/美元	服务渠道	每项交易成本/美元
分支机构	1.07	PC 银行	0.015
电话银行	0.54	网络银行服务	0.01
ATM	0.27		

资料来源：www. internet-banking. com.

② 网络业务还大大增强了银行为客户提供服务的能力，使客户不受时间和空间的限制，可以在任何地方、任何时间、以任何方式（3A）享受银行提供的业务。网络电子计算机的发展还可以使银行能建立数据仓库，从而为客户提供更多的有个性的服务，甚至出现了专门的结算处理公司。例如，美国最大的第三方信用卡处理中心 First Date Corporation 创造了一种新的服务，可帮助发卡者区分它们的产品，建立持卡人的信誉及使用历史记录，使商家和信用卡发放者可依据这些记录根据持卡人的不同采购情况给予相应的优惠。

③ 网络银行业务的出现将大大改变银行结算的经营特点，网络可以使银行虚拟化，银行通过一个中心就可以处理全球各地的结算业务，从而使大银行变小，小银行变大，以往的靠扩展业务网点来发展业务的做法将过时，银行业的国际竞争将加剧。随着网络的发展，甚至可能出现无须经过银行的实时支付体系。一些非金融机构也可能涉足结算领域。

④ 网络货币可避免遗失，客户可以对电子货币备份，如果电子货币丢失，可以通过复制找回。

⑤ 由于网络银行业务存在上述种种好处，不少银行对网络业务提供了优惠。例如，目前美国商业银行定期储蓄的年利率一般不到 4％，但顾客如果选择在网上开户并使用 E-saving 业务，则可享受更高的利率，为 4.5％。在国际跨行汇款上，在柜台办理每笔汇款手续费大致在 40 美元；但如果选择通过网络自行汇款，手续费一般为 30 美元。另外，按照相关规定，花旗银行对 1 500 美元以下的小额存款账户每月要收取一定手续费，但假如该账户每个月有两次网络支付的活动，手续费可以免掉。

但网络结算也存在一些缺陷，其中最关键的就是其安全问题，这其中有传统观念一时难以改变的问题，因为电子货币没有实物，令客户很不放心。但网络银行也确实存在安全方面的隐患。Internet 是一个人人皆可使用的公开网络，不像 ATM 或 POS 等是银行及有关商家的内部网，银行、客户存储及传递的信息很容易被第三者所了解和篡改。而且纯网络银行和网上商店没有营业地点，难以得到储户的信任，事实上也确有开假银行诈骗的事件发生。例如，设在安提瓜岛的所谓欧洲联合银行，由华盛顿州的贝灵汉公司成立，它设立了一个称为"命运女神之盟"的金字塔计划，出 250 美元，可以得到 5 000 美元。有 70 个国家的人受骗，联邦贸易委员会关闭了这家银行，责令该公司退赔了 300 万美元。此外，还可能模仿真银行或商店的网址，也就是说，银行是真的，但储户所找到的网址可能是假的。美国联邦政府也关闭了一些假称处理银行业务的网页。这些都使人们不敢把自己的所有收入以网络货币的方式持有，并通过网络进行交易。赢得客户的信任对一家银行来说是至关重要的，安全问题不解决，网络货币就不可能得到迅速的发展。

其次，网络结算使个人隐私受到威胁。网络结算的发展一方面使得资金的转移更为便利，但在另一方面，由于任何交易和支付都会在计算机上留下记录，从而使得追查一个人的收支情况变得更为容易。

纯网络银行的储户在将电子货币兑换成传统货币时也会遇到麻烦。由于网络银行自己没有营业网点，因此其储户不得不利用传统银行的 ATM 机取款。而传统银行在网络银行储户使用其 ATM 机提取存款时，每次收取 1～2 美元的手续费。

此外，尽管网络近年来发展迅猛，但上网人数依然有限，这在网络最为发达的美国也是如此，而且客户的收入水平通常较高。

3. 网络货币的种类

目前的网络货币有以下 4 种。

第一类是所谓的游戏币。这是存在于网络游戏中的一种货币。几乎所有的游戏都存在金钱的设置，最初这些货币只能从游戏中获得，也只能在游戏中使用。玩家靠过关、打怪物或敌人、出售游戏中取得的装备、虚拟经营甚至赌博等方式获取货币，并在游戏中用这些货币购买游戏装备、增加生命值的药品等。但在网络游戏中，玩家除了在游戏中获取货币外，还可以用真实的货币从游戏商或其他玩家那里购买游戏币。这在我国甚至成为网络游戏发行商的主要获利途径。玩家也可以用游戏中获取的装备向其他玩家出售以换取游戏币或真实货币。一个网络游戏如果非常流行，那么它甚至会在该游戏之外流通。有人会接受游戏币作为支付自己在网上出售的商品或服务的支付手段。

第二种是门户网站或者即时通信工具服务商发行的专用货币，用于购买本网站内的服务。例如，在我国使用最广泛的 Q 币，这是由即时通信工具服务商腾讯公司发行的一种网络货币。根据腾讯的严格定义，Q 币是用于计算用户使用腾讯网站各种增值服务的种类、数量或时间等的一种统计代码，用户可以通过 Q 币购买相关的增值服务（如会员资格、QQ 秀）、在腾讯公司的网络游戏里用 Q 币兑换游戏币等。

用户可用现金从腾讯公司指定的 Q 币卡经销商处买到类似电信充值卡那样的 Q 币卡，再将其充入自己的账户中使用；或者通过网上银行直接购买充入自己的账户；还可以通过声讯电话的方式进行充值。Q 币与人民币的"汇率"是 1∶1，但因国家法律的限制，Q 币不能兑换人民币，故在"黑市"上将 Q 币兑成人民币会贬值。

但由于腾讯公司提供的即时通信工具 QQ 使用非常普及，Q 币的使用用途很快超出了腾讯公司提供的服务范围。目前在网上 Q 币可用于购买其他游戏的游戏点卡、虚拟物品、一些网站提供的影片、软件的下载服务等。估计 Q 币的使用者目前超过两亿人。

除了 Q 币，国内还有一些网络货币，如网络门户发行的百度币、网易泡币、新浪 U 币，与网络游戏有关的魔兽币、天堂币、盛大点券等。据估计，目前我国市面流通的这类由网络商家提供的虚拟货币有 24 种左右，年价值几十亿元，并以 15％～20％的速度成长。

第三种网络虚拟货币是由专门的第三方网络货币发行商发行的虚拟货币。消费者将自己银行账户里的钱转成其发行的虚拟货币并将其用于网上支付。相比于银行卡付款，其服务费要低很多。首家第三方网络货币提供商 Flooz.com 成立于 1998 年，它从投资者那里得到了 3 500 万美元资助，曾荣获奥斯卡最佳女配角的乌比·戈德堡（Whoopi Goldberg）是 Flooz.com 的主要赞助人。Flooz.com 成立后签下了包括 Tower Records、Barnes ＆Noble、Restoration Hardware 等在内的许多零售业巨头，使顾客可用其网络货币在网上购买这些零售商的商品。

虽然 Flooz.com 在 2001 年 8 月随互联网泡沫的破灭而破产倒闭，但这种第三方网络货币继续得到迅猛的发展。目前使用最为广泛的是美国贝宝公司发行的网络货币，类似贝宝这样的公司还有 e-gold、CyberCash、Ecash 等。

第四种是网络商家提供的电子优惠券（Electronic Coupon）。电子优惠券和传统的商品优惠券相似，它由企业通过 Internet 发行，用于在指定的商店购买指定的商品或服务，只能使用一次，并不能兑换现金。消费者可以将优惠券剪贴下来，通过 Internet 进行采购，采购完成之后该张优惠券将被注销，不能再被使用。

网络货币的出现引起了广泛的关注，特别是其对货币供应的影响，在国内外都引起了很大的争议。对这一问题应给予深入的研究。如果网络货币是基于传统货币而发行的（PayPal 和支付宝），即交易者以传统货币换取网络货币，则网络货币同支票等其他传统支付工具一样，所对应的都是活期存款，其本身并不构成货币。虽然它可以加快流通速度，从而对物价和生产产生影响，但是必须注意的是随着网络的发展，将来非银行机构（甚至是非金融机构，如微软等信誉好的大公司）有可能也能够凭其信用发行网络货币（或其替代品），甚至可能出现专门的电子货币发行公司。这对货币供应的控制必然会产生深刻的影响。

4. 网络结算的安全问题

电子货币的一个重要问题就是其安全问题，它可以说是影响电子货币及网上交易发展的主要因素。网络银行业务的安全性要求做到以下几点。

① 防止非法访问。也就是防止他人非法访问计算机硬盘上的电子货币数据。目前的网络协议标准（如 TCP/ IP 和 HTTP）使人可以很容易地访问他人或组织的计算机。

② 防止改动信息。即防止电子货币信息在网络上的传送途中被他人篡改，或因系统的软、硬件故障导致信息被改动。

③ 防止截留信息。即防止电子货币信息在网络上的传送途中被他人截留。

④ 可验明身份。这包括两个方面的内容，首先是必须保证交易双方的信誉，即必须能够证实网上交易双方的身份；其次是能够证实交易本身及网上支付手段的真实性。

⑤ 隐秘性。网上交易者还希望自己的网上交易记录和收支情况不会被外人所知，以保护个人隐私。

要保证结算的安全，就必须采取加密措施。由于网络的开放性，电子交易就不能采用像信用证、ATM 等那样仅采用简单的几位密码，如个人身份证明号码（Personal Identity Number，PIN），而必须采用复杂得多的安全措施。采取的方法主要是数据加密，也就是将数据变化成第三者无法解读的密码，再运用特殊的解码软件（称为钥匙）将其解读成可阅读的文件。其过程可以用图 10-8 来表示。

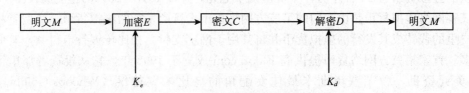

图 10-8　数据加密过程

设有信息 M，发送者用加密算法 E 和加密密钥 K_e 将 M 变成密文 C，$C=E(K_e, M)$，发送者将密文 C 传送给接受者，接受者用解密算法 D 和解密密钥 K_d 将密文 C 解成明文 M，$M=D(K_d, C)$。

为了防止密码被破解，密码的长度必须达到一定水平，目前尚无法破译的密码长度至少为 56 位，它比 40 位密码的运算量要大 6.5 万倍。电子加密技术可分为专用电子密钥和公共密钥。专用密钥由收付双方及提供密钥的公司共用一把密钥，加密和解密都用同一密钥，或虽然所用密钥不同，但可以由其中一把推算出另一把，所以它又称为对称密钥系统。交易双方通过保持密钥的秘密来保证系统的安全。最常见的专用密码有 DES（数据加密）算法。MIT 研制成的 Kerberos 就是采用此种算法的美国最著名的一种专用密钥系统，南加州大学信息科学研究所开发的 Netcheck 技术就采用了该专用密钥。其用户在用电子支票支付时先向 Kerberos 系统的服务器输入一系列的密码，再由 Kerberosz 系统随机生成一个称为门票（Ticket）的加密数据包，作为该支票的数字签名，收票人再通过同样的方法形成另一张 Ticket 作为自己的数字背书，然后传递给自己的银行，银行再与 Kerberos 系统核对签名以确定支票的真实性。

专用密钥系统的优点是技术简单，成本较低，又能保证较高的安全性，但它也有很多缺点。

① 不适合数目众多的人之间的保密需要。因为如果参与人数众多，密钥保密就比较困难，而如果网上任意两个用户或数个用户分别使用不同的密钥，密钥数量又太多，难以管理。

② 密钥使用一段时间后需要更换时（因为使用时间一长，再先进的密码也可能被破译）很难安全地将新的密钥传给所有用户。

③ 无法满足互不相识的人之间结算的保密要求，因为对称密钥传递的前提是传送者对接受者非常信任。

④ 难以解决数字签名的验证问题。因为密钥不是唯一的，所以无法判明密钥的拥有者。

⑤ 不能做到交易的匿名性，因为每个交易者的密钥都不是唯一的，其他拥有密钥的人（如网络商家、银行及提供密钥的公司）可以完全了解其收支情况，这侵犯了用户的隐私权。

因此，专用密钥系统不适合开放式的网络银行结算。目前网络结算一般采用公共密钥系统。公共密钥系统有两把钥匙（编/解码软件），其中一把钥匙用于加密，由希望收到保密信息的人对外予以公开，故被称为公开钥匙；另一把则用来解密，由发布公共钥匙的人秘密持有，被称为秘密钥匙。因此，公共密钥系统是一个人人都可加密，但只有持有密钥的人才可以解读的加密系统。每一个网络用户都可以有一对公共密钥，就像每个电话用户都有一个电话号码一样。网络管理机构可以将每个用户公共密钥中的公共钥匙像电话号码本编辑成册，对外分发。由于该类系统需要两把不同的钥匙，而且无法从其中的一把密钥推算出另一把密钥，故又被称为非对称密钥系统。

与专用密钥匙相比，公共密钥的好处如下。

① 由于采用了更长的数字密码，因而隐秘性更好、更安全。

② 公共密钥更容易传播，故更适合于网络结算之类的大范围运用。

③ 可验明身份。因为每对公共密钥的私人密钥的拥有者都是唯一的，并且可以被查询。发送者可以用私人密钥与哈希代码相结合形成自身的数字签名，以确定自己的身份。

哈希代码（Hash Code）又称为消息文摘（Massage Digest），它是采用安全哈希（散列）算法（Secure Hash Algorithm，SHA）将一段特定消息的数据摘要成一段 128 比特的密文，但它比消息本身要简短得多，可以作为某一消息的代码。该数据摘要和其原件是一一对应的，即不同文件的消息文摘都是不同的，而同一文件的消息文摘则必定相同。其操作过程如下：发送方将要传送的信息用 SHA 法制成一数据摘要，并用其私人密钥对其加密，然后再将加密后的数据摘要连同用接受方公共密钥加密的原文一并传给接受方；接受方将用发送者的公共密钥对加密的消息文摘解密，解密的成功本身就证明了签名者拥有私人密钥，也就证实了签名者的真实性，连发送者本人也无法否认。同时接受方将原文用自己的私人密钥解密，然后接受方再用 SHA 对解密的原文制作消息文摘，再将该消息文摘与解密的消息文摘进行对比，如果完全相符，则可证明该原件在传送过程中没有被破坏或修改。

1978 年 MIT 开发的 RSA（因其开发者 Revest、Samir、Addeman 而命名）加密系统是目前运用最广泛的公共密钥系统。该系统所采用的密钥可长达 512 比特（Level A）或 1024 比特（Level B），运算密钥的速度在 200 毫秒～1.7 秒之间，至少目前的解密技术还无法破译数据如此丰富的密码。

目前网络交易中运用最广泛的网络支付安全协议——"安全电子交易"（Security Electronic Transactions，SET）就是以 RSA 公共密钥系统为基础的联机信用卡支付协议，这是一种非专利的电子交易的安全标准。它是在 1996 年 2 月由美国两家最大的信用卡公司 Visa 和 MasterCard 公司经协商后达成的。

公共密钥面临的一个问题是，该技术所在国政府只要需要，可以了解任何用该技术加密的任何信息，这对个人隐私是很大的威胁。基于此，民间加密方法应运而生。民间加密方法专门提供给个人使用，保证由其加密的信息不会被其他人和政府所知。PGP（Pretty Good Privater）就是一种国外十分流行的民间公共密钥技术。为了国家安全，有些国家的政府禁止使用民间加密技术。

公共密钥系统的另一个缺点是技术复杂，运算时间较长，收费也较贵。减轻结算工作量及成本的一个方法就是将大额交易和小额交易分开，对小额交易采用安全性虽然较差但相对简单、成本较低的加密方法。例如，美国第一虚拟银行发行的网上信用卡就是以用户的 PIN 作为密码的。

此外，网络型货币还应该能够防止伪造和非法重复使用，解决的办法就是加强银行主机的管理，对每笔收支实施监控，并定期进行检查。

如前所述，在网上交易过程中，交易者还必须能够确认对方的身份和信誉。这通常是通过数字凭证（digital certificate，Digital ID）来做到的。买者和商家都可以通过查验对方的数字凭证来证实其身份和信誉，这样双方都可不必为对方的身份真伪担心。

数字凭证的格式是由 CCITT X.509 国际标准所规定的，它包含了以下几点：

- 凭证拥有者的姓名；
- 凭证拥有者的公共密钥；
- 公共密钥的有效期；
- 颁发数字凭证的单位；
- 数字凭证的序列号（Serial number）；
- 颁发数字凭证单位的数字签名。

在网络交易中，数字凭证的发放需要有一个具有权威性和公正性的第三方来完成。认证中心（Certification Authority，CA）就是承担网上安全电子交易认证服务的机构。认证中心通常是企业性的服务机构，主要任务是受理数字凭证的申请、审查申请并根据审查结果签发或拒绝签发数字凭证。如果数字凭证的获得者希望终止认证，认证中心也可以提供注销数字凭证的服务。

目前在全球处于领导地位的认证中心是美国的 Verisign 公司，它创建于 1995 年 4 月，总部在美国加州的 Mountain View。该公司提供的数字凭证服务已遍及全世界 50 个国家，接受该公司提供的服务器数字凭证的 Web 站点服务器已超过 45 000 个，而使用该公司个人数字凭证的用户已超过 200 万名。

5. 第三方支付协议

为了网络交易的安全，很多网上支付都采取了第三方支付协议的方式。

在国外，PayPal 是使用最为广泛的第三方支付协议。PayPal 是一家由网络商业巨头 eBay 公司拥有的企业，在全世界拥有超过一亿个注册账户，可在 56 个国家和地区以加元、欧元、英镑、美元、日元、澳元 6 种货币使用，月交易量达到 20 亿美元以上。

用户在网上注册后，即可获得一个 PayPal 账户，用户可用此账户通过网络收取第三方支付的款项。用户可用账户内的款项对外进行网上支付，也可将收到的款项以电汇、PayPal 支票等方式转入自己的银行账户变成真实的货币。不过一些国家的客户无法将账户上的资金提取到本地银行账户，但所有国家的客户均可将资金转入其在美国银行开立的账户。

在我国国内，第三方支付协议也得到迅速的发展。根据艾瑞市场咨询（iResearch）发布的《2007 年中国网上支付第二季度研究报告》数据预计，2007 年中国第三方网上支付交易额有望突破 1 000 亿大关。

在我国，使用最为广泛的第三方支付系统是"支付宝"。它是由著名的 B2B 网络商家阿里巴巴公司旗下的浙江支付宝网络科技有限公司提供的，开始时是用于阿里巴巴公司旗下的拍卖网站淘宝网的支付。由于淘宝网在电子商务领域的特殊地位，自 2003 年 10 月推出后支付宝得到广泛的使用，其使用范围已远远超出了原先的淘宝网。截至 2006 年 6 月，使用支付宝的用户已经超过 2 000 万，日交易总额超过 4 000 万元人民币，日交易笔数超过 25 万笔。目前除淘宝和阿里巴巴外，支持使用支付宝的商家已经超过 20 万家，覆盖了整个 C2C、

B2C 及 B2B 领域。支付宝还和国内工商银行、建设银行、农业银行、招商银行等各大商业银行及 VISA 等国际组织建立了战略合作关系，使用户能把网上银行卡支付与支付宝结合起来。2007 年，"支付宝"占了我国三方支付市场份额的一半以上。

第三方支付的好处在于它在网上交易的双方之间起了保证人的作用，由于网络是虚拟的，网上交易双方都很容易对对方不信任。如果买方先付款则会担心在支付货款后收不到货或货不符合要求，而卖方如果先发货又会担心发货后收不到款。在采用第三方支付协议时，买方可先付款给第三方，第三方收到货款后再通知卖方发货，但第三方此时并不把货款转让给卖方，买方收到货物后，如果对货物满意，再通知第三方将货款付给卖方；否则，买方可以退货后要求第三方退回货款。这种处理方式对双方都是有利的，可以避免信用风险。此外，第三方往往还是网络货币的提供方，并能提供较一般其他网络用户安全得多的网络安全措施，交易者与它打交道远比彼此直接交易安全得多。

思 考 题

1. 简述银行支付工具的种类。
2. 多边余额结算较全额实时结算有何优点？
3. 简述网络货币对银行业的影响。

第11章

国际银行信托与代理

信托和代理也是商业银行的一项传统表外业务。第二次世界大战以后，该项业务发展十分迅速，在商业银行业务中所处的地位日益提高，并成为国际银行业务的一个重要组成部分。

11.1 国际银行信托概述

所谓信托（Trust），在英文里有信任的意思。广义上说，信托就是指以自身的信誉，接受他人的委托，代他人从事某项工作的行为。因此，广义的信托概念实际上包括狭义信托和代理两个部分。狭义的信托概念单指代他人管理和运用财产，且信托财产的所有权转移给了受托人。

1. 信托的当事人

一项信托业务所涉及的当事人主要有以下几种。

（1）委托人（Trustor）

委托人是提供财产并授权他人管理和运用该财产的一方。委托人是信托关系设立时信托财产的所有者，也是信托关系的提出者。一项信托业务的委托人可以是自然人，也可以是法人。可以仅有一个委托人，也可以有多个委托人。但根据各国法律，不论是自然人还是法人，均应具备以下三项条件：首先，委托人应具有信托资产的所有权；其次，委托人应具备民事行为能力，可以独立对外订立合同，支配其拥有的财产；第三，委托人未处于破产的境地，因为当一个自然人或法人被破产清算时，其拥有的全部财产均会被法院冻结。

根据各国的有关法律，一项信托关系的委托人享有以下基本权利。

① 有权要求受托人及时通知、解释有关信托资产运用的有关情况，按时提供有关的资料，也有权要求查阅受托人的有关信托资产运用的财务资料，并有权要求政府有关部门调查信托资产的经营情况。

② 当发现受托人违反了信托协议，对信托资产管理不善时，有权要求法院制止受托人的违约行为，或赔偿委托人的损失，甚至免除受托人的职责。

③ 有权接受受托人的辞职申请。

④ 有权就法院对信托资产所作的强制处理决定提出异议。

⑤ 有权要求法院为其任命信托资产的监督人。

⑥ 如果委托人本身就是信托的受益人，有些信托规定委托人有权随时解除信托关系。

⑦ 若信托协议中没有另行规定，在信托关系结束时，委托人有权收回信托资产。

（2）受托人（Trustee）

受托人是接受委托人的委托，按照约定的条件管理和运用信托财产的一方。受托人可以是单个或数名自然人，也可以是法人。各国法律大都规定，不论是法人还是自然人，均应具备一定的条件。个人受托人在信托业务发展的初期较为普遍，目前已不多见。现代的信托多是以法人为受托人。法人受托人主要是由银行信托部或专门的信托公司、基金充当。

法人受托人之所以能占优势，是因为与个人受托人相比，它具有许多优点，这主要表现在以下 3 个方面。

① 持久性和随时性。在个人信托中，若受托人死亡，信托关系就会中断。同样，若受托人生病、外出等，也会影响其履行信托义务。而法人受托人由于职员众多，且其存在不受单个自然人生命的限制，故可持久地和连续地为受托人服务。

② 经营能力强。法人受托人由于可拥有众多的人才，其经营管理水平是个人受托人所无法比拟的，故可以更好地为受益人服务。此外，企业的硬件设施、信息收集能力也是个人所无法企及的。

③ 安全性好。各国对法人多定有较严格的管理制度，对金融企业的管理就更加严格，受益人和委托人要监督也容易，而且法人多有雄厚的资产。相对而言，对自然人的监督就要困难得多，自然人的财产也极为有限。

很早以前，许多国家的法律就对受托人应承担的责任订有严格的规定，根据这些法律的规定，受托人对委托人和受益人主要负有以下义务。

① 必须既谨慎又努力地按照信托协议的要求，为了委托人的利益而管理和运用信托资产。

② 必须及时地向委托人通报有关信托资产经营情况的信息。

③ 不能将其因履行受托人的职责而获得的有关委托人的秘密泄漏给第三者。

④ 受托人必须将信托资产单独立账管理、运用，不能和其所经营的其他业务相混淆，也不能使其自身的利益及其他当事人的利益同委托人的利益相冲突。

⑤ 除了规定的佣金外，不能获取信托资产运用所得的任何收益。

⑥ 受托人必须亲自管理和运用信托资产，不能将其转交给第三方经营。

（3）受益人（Beneficiary）

受益人是受托人运用信托财产所产生的收入的享受者。信托的受益人由信托人指定，他可以是信托人自身，也可以是信托人指定的某一第三方。但受托人一般不能成为受益人，不过若受益人不止一个，则其中一个可以作为受托人。

（4）监督人（Guardian）

在有的信托业务中，还设有监督人。他的职责主要是监督受托人，维护受益人的利益。监督人可由受托人指派并在信托合同中规定，有的情况下也可由法院指定。需要设立监督人主要是由于一些信托的受益人难以确定，如许多公益信托就是如此；或是受益人虽然可以确定，但在信托设立时尚未产生。

2. 信托的特点

与传统的银行存贷款业务相比，信托业务具有以下特点。

① 在银行的存贷款业务中，银行同客户的关系是债权债务关系，而在信托关系中，银行同客户的关系则是委托和代理的关系。二者的责权利关系是完全不同的，适用的法律也是不一样的。正由于如此，信托业务不列入银行的资产负债表，而属于表外业务。

② 信托关系的中心，是信托财产的管理，亦即对信托财产的运用，而存贷款则是资金的借贷。

③ 在信托关系中，信托财产的所有权必须从信托人转移至受托人。受托人有权独立运用信托财产，不受信托人和受益人的干涉。而在银行存贷款业务中，资金的所有权并未转移。在贷款业务中，银行对所贷资金有一定的控制力。

④ 信托资产的来源是特定的，其运用及因运用而获得的收益应和银行的其他业务严格分离，不能混淆。而存户存入银行的存款和银行借入的款项及银行自有资金是混合使用的。

⑤ 在信贷业务中，贷款人并不能参与借款人使用贷款所获收益的分配，只能得到相对固定的利息，但也并不承担贷款项目的风险。而受托人管理和运用信托财产所得的收入全部归受益人，受托人只能得到一定的管理费。另一方面，如果受托人运用信托财产导致亏损，这最终也应该由受益人承担，也就是说，受益人是信托业务风险的最终承受者。

⑥ 由于在信托业务中银行只是代客户运用资产，故银行对信托资产的运用不受政府对银行存贷款业务规定的限制的约束，如不必提取准备金，可用于购买股票、房地产等长期投资等。在第二次世界大战后，美国银行利用信托业务的这一特点，绕开政府的限制，扩大经营的范围，这是银行信托业务在第二次世界大战后得到迅速发展的一个重要原因。

⑦ 在银行的存贷款业务中，存、贷款人也就是存、贷款收益（利息）的享受者。但在信托业务中，受益人和委托人是可以分离的。因此，信托业务常常涉及三方当事人，而不像存贷款业务那样仅涉及双方当事人。

3. 信托的形式

信托的形式是多种多样的，按照不同的标准可以作不同的划分。

如果按委托人的不同来划分，可将信托划分为个人信托和法人信托。若委托人为自然人，该信托就是个人信托。反之，若委托人为法人，该信托则为法人信托。

根据信托是否以盈利为目的，可将信托分为民事信托和商事信托。所谓民事信托，是指信托的目的不是为了盈利，此种信托的受托人和委托人均应是自然人。而商事信托则是以盈利为目的的信托，只有法人才能成为商事信托的受托人。现代信托主要是商事信托，民事信托所占比例极小。

按照信托目的的不同，可以将信托划分为公益信托和私益信托。公益信托是政府、企业、社会团体、个人为了某个社会福利项目（如医疗保险、失业救济基金、养老保险金等）而设立的信托，其受益人数众多。而私益信托的受益人则为自然人所设，受益人则为个人或少数人。

依据委托人和受益人是否分离，又可以将信托分为自益信托和他益信托。如果委托人就是信托的受益人，这是自益信托；若受益人是某一第三方，则为他益信托。

如果按照信托财产的不同进行划分，则可以将信托分为资金信托和财产信托。在资金信托中，委托人提供的财产为货币财产。而在财产信托中，信托财产则为实物，它又可分为动产和不动产信托。

依据信托关系成立的原因，还可以将信托分为自由信托和法定信托。前者是由双方当事人通过订立合同而自由设立，后者则是由法院按照法律设立，其受托人由法院指定。法定信托主要用于法院对遗产案件的处理。

4. 信托业务发展简史

信托业务最早可追溯至公元前 27 至 23 世纪。当时古埃及王国的法老和大臣将一些土地赐予寺庙，作为祭田，用于其死后守陵及祭祀的开支。公元 1 世纪左右，罗马共和国末期，古代罗马人发明了遗产信托制度，其目的是为了躲避罗马法律对继承人和受赠人的限制。现代信托业务则最早出现于英国，公元 13 世纪左右，一些虔诚的教徒在死后将土地赠送给教会，由于教会财产是不需纳税的，这种行为就使得英国国王的税收减少。为了制止这一现象，英王亨利三世公布了"没收法"，禁止教徒将土地赠送给教会，否则予以没收。一些教徒为了避开"没收法"，就发明了一种被称为"USE"（即委托他人管理的不动产的收益权）的制度，即教徒将其土地赠给某一第三方，但由教会享受经营土地所获得的收益。后来一些人为了使某一没有资格的人能够继承其遗产，也采用了此种做法。至 18 世纪末，"USE"制度扩展至对其他财产的委托管理，并受到法律的承认和保护，从而形成最早的较为完善的现代民事信托制度。后来这种个人信托制度传到美国，在那里它也得到迅速的发展。18 世纪 30 年代，法人受托人在美国首先出现，这一时期有很多银行也兼营信托业务。不过，当时只有州注册银行才能经营信托业务，联邦注册银行则不能。直到 1913 年《联邦储备银行法》颁布后，联邦银行才被允许从事信托业务。最早经营信托业务的专业公司也出现于美国，它是宾夕法尼亚州的一家名为"费弗人寿保险年金支付公司"的公司，1936 年，该公司获政府特准经营资金信托、财产信托等信托业务。这一时期美国有许多银行也开办了信托业务。1853 年，美国信托公司成立，这是美国也是全世界首家专业的从事信托业务的公司。不过目前美国的专业的信托公司已很少，主要还是由银行兼营。1886 年，英国伦敦也出现了首家专业信托公司："伦敦受托，遗嘱执行和证券保险公司"（The Trustee, Executor and Securities Insurance Corporation, Ltd. of London），在此之后，英国也出现了许多专业信托公司。但在英国法人信托始终只占很少一部分，不到 20%。这其中银行信托又占了大部分，其中仅国民威士特敏斯特银行、巴克莱银行、密德兰银行、劳埃德银行四家就占了全部银行信托资产的 90% 以上。

信托业务的产生，必须具备三个要素。首先，必须存在财产的私有制，否则就没有财产可用于信托；其次，财产的所有权和使用权应能够分离，这样财产委托行为才能够产生；第三，财产的所有权和经营管理能力的不统一，即拥有财产的人不一定具备经营管理能力，这就产生了信托行为的必要性。

11.2　个人信托业务

个人信托主要有遗产信托和管理信托。前者是信托人在其死后，将其遗产委托给受托人管理，受益人为其继承人，故又被称为身后信托；而后者则是委托人在生时就将财产委托给受托人经营，故又被称为生前信托，受益人可以为委托人自己，也可为其指定的某一第三方。

1. 遗产信托

一个人死后，其生前拥有的财产必须依法进行分配。如果死者生前立有遗嘱，则其财产可根据其遗嘱进行分配。若死者未留下遗嘱，就必须由法院依法进行分配。不论是哪种情况，都必须有一执行人（Executor or Administrator）负责遗产的分配，除非遗产的价值微不足道。前种情况下执行人由死者生前在遗嘱中指定，后种情况下则由法院指定（若死者虽然留下了遗嘱，但在遗嘱中并未指明执行人，或其指定的执行人不能或不愿担任，或是已死亡，此时也应由法院指定一执行人）。不论哪一种情况，均可由银行信托部充当执行人。

当一个人死亡后，无论其是否立有遗嘱，其遗产均应由专门的遗嘱法庭处理。死者的律师应尽快向法庭递交其遗嘱，以及任命遗嘱执行人的申请（若无遗嘱，则要求法庭指定一执行人）。法庭经认真审核确认了遗嘱的有效性后，向指定的遗嘱执行人出具正式的任命书（Testamentary Letter）。遗嘱执行人接受了任命后，即可以开始遗产的处理工作。

首先，如果死者留有遗嘱，执行人必须对遗嘱进行认真研究，若发现其中有不符合法律之处，应及时向死者亲属、遗产受益人或他们的律师指出，并说明只能改按法律办理。

要处理遗产，首先执行人必须和法庭一道，核实死者财产的数额。这是一项十分繁重又需谨慎从事的工作。执行人需要清理死者在银行及其他金融机构所开立的各种账户，打开其在各处租用的保险箱，聘请专家估算其拥有的金融资产、珠宝、动产、不动产、企业和其他资产的价值。这一工作应该在一定的期限内（如正式任命后 60 天内）完成。核实资产后，执行人需拟定一份死者财产的清单，并提交法庭。

遗产核实完毕后，执行人还要担负起管理人的义务。如一些金融资产的利息、股息需要收取，一些金融账户需要继续操作，有的投保了人寿保险，需要索取，死者生前经营的企业也需要维持经营，不动产、动产和珠宝需要维护、保管等。若遗嘱中有规定，执行人还必须以遗产进行新的投资，以使遗产能够保值和增值。这些经营活动所增加的收益也需及时登记入账。

执行人还必须负责各项必要的支付。这包括以下几项。

① 债务的偿付。执行人应在当地的报纸上发布公告，通知死者的债权人在规定的期限（一般是公告发表后 4～6 个月）内与执行人接触，出示其债权。这些债务应首先得到偿付。

② 交纳税款。死者的遗产尚需交纳一些税款，如遗产税，遗产新获得的利息、股息、红利等收入应交纳的所得税、不动产税等。执行人尽快核实并如数交纳应付税款，因为时间拖得越长，需要交纳的税款可能越多。执行人在管理和运用遗产时，也应采取各种避税措施，尽可能地使遗产应付的税款降至最低。

③ 其他费用。例如死者所耗费的医疗费用、丧葬费用、遗嘱律师的律师费、遗嘱法庭的费用、资产估价师的报酬及执行人的初期管理费等。

④ 受益人的现金需求。一些受益人可能经济上出现困难，希望在正式分配遗产之前就获得部分遗产，只要其需求远远小于其应得的遗产数额，就应予以考虑。

执行人为了支付上述各项款项，必须拟定一份预算计划，估算所需的支付总额。如果死者留下的遗产里有足够的现金，执行人可以用这些现金支付各项开支。如果现金不够，则必须先出售一部分遗产，以应付各项必要的开支。

在对遗产作了上述处理，执行人应整理一份最终会计账目送交遗产法庭。法庭审核批准之后，将签发一份授权执行人分配遗产的证书。执行人得到该授权书后，即可开始遗产的最终分配工作。分配工作应遵照死者所立遗嘱的意见进行，若无遗嘱，则应按遗嘱法庭的规定进行。执行人在正式获得委托后，就应及时通知各受益人，并向他们寄送遗嘱副本。经法院核准的最终会计账户也应寄送副本给受益人。执行人在制定遗产分配计划时，也应认真听取受益人的意见，在不违背遗嘱意愿的前提下，尽可能地使各受益人都能够满意。遗产分配时，应办理必要的所有权转移手续，并应取得各受益人的相应收据。

最后，执行人应将收到的收据上交遗产法庭，作为完成本次信托的凭证，并要求结束本次信托。

2. 个人管理信托

自第二次世界大战以后，银行在继续从事传统的遗产信托业务的同时，更注重大力发展个人管理信托，也就是在客户生时为其提供服务。因为与遗嘱信托相比，管理信托的发展潜力更大，对银行其他业务的带动能力更强。

客户之所以愿意将财产委托给银行或其他金融机构管理，首先是因为这些金融机构比自己有更强的经营能力，可以更好地经营其财产。有的财产的所有人甚至可能完全没有经营能力或经营能力极低。如有的财产所有人患了重病，无力经营；有的遗产继承人年龄太小，尚无经营能力，或是挥霍无度、不善理财等。其次，生前信托的财产在委托人死后可以不按照前述的遗产分配法律程序进行分配，而是按照信托合同的规定办理。这样就可以摆脱烦琐的法律程序，使遗产能尽快地分配到受益人手中，并能节省分配所需的费用。避免法律程序还可以使受益人所获遗产有更好的保密性。此外，设立个人管理信托还可以使委托人应纳税额减少。

个人管理信托可以通过合同的方式设立，在委托人生前就生效。受益人可以为委托人自身，也可为其指定的某一第三方。当受益人为委托人自己时，信托关系一般将延续到委托人死后，并在其死后分配给其继承人。也可在委托人死后继续存在，而改由信托财产的继承人作为受益人。个人管理信托也可以通过立遗嘱的方式成立，在委托人死后生效。受益人为委托人遗产的继承人。有效期限可以至继承人有能力管理财产（如继承人成年）时为止，也可以长达继承人的一生。

个人管理信托可以按受益人的不同需要，为其提供专门拟定的一整套服务，例如，投资管理和咨询、特种储蓄和支票账户、个人贷款业务、纳税计划和服务、个人财务计划咨询、代收代付款项、账户间的资金转拨、闲置账户资金余额的清理等。每项服务一般都定有单独的收费标准，委托人可以根据需要，选择所需的服务组合。银行提供上述服务的能力和委托人在银行开立的其他账户的情况，以及在银行存入的资金数额的大小密切相关。

11.3 法人信托

银行除了可为个人提供信托外，还可为法人提供信托。由于同个人信托相比法人信托的委托人和受益人都不一样，故法人信托业务的内容在许多方面和个人信托相比都有很大的不同。

设立信托的法人可以是营利性的企业，也可以是政府部门或其他非营利性的团体。前者和个人信托没有什么本质的不同，也属私益信托，只不过受益人人数多些，而且往往是不确定的。许多企业为了提高职员福利，加强企业的凝聚力，会从利润中提取一些基金，如退休基金、红利分享基金、内部股份分配计划等。这些基金都需要妥善经营，以使其能够保值甚至增值。虽然这些业务企业可以亲自办理，但若这样做往往很不经济，也不如专业机构在行，不如交给专业的信托机构经营。此外，企业还经常需要发行债券等证券，这方面通常也需要信托机构的帮助。出于同样的原因，政府设立的一些基金（如政府职员的退休基金、失业救济基金、医疗保险基金等），社会团体设立的奖励基金、慈善基金等往往也交由信托机构经营。

法人信托主要包括以下形式。

1. 债券发行信托（Trustee under Indenture）

对一些大企业来说，债券发行是一种十分重要且成本低廉的资金筹集方式。为了节省人力、时间和成本，企业可以信托的方式，将债券发行及发行后的转手登记、本息支付等工作都交给信托机构经营。信托机构的介入还能提高委托人所发行的债券的信誉，因为受托人可以为委托人发行的债券提供担保。

债券发行信托的程序简介如下。

① 银行信托机构在接到债券发行信托申请后，首先应对申请人的信誉及拟发行的债券的条件进行认真的审核，决定是否接受委托。

② 若银行信托机构经审核后决定接受委托，就可以和委托人签订一份信托合同，正式建立信托关系。

③ 信托合同签订后，即可开始债券的发行工作。首先，委托人需将拟发行的债券正式移交给受托人。委托人除了在信托合同中应明确规定拟发行的债券的形式、发行总额、还本付息的日期等，还应由委托人在每一张债券上签字确认。受托人也需在金融市场上向公众宣布，该债券是由其作为受托人代理发行的。

④ 办理了上述手续后，就可以对外发行债券了。绝大多数的债券是采用公募（即向全社会公开发行）的方式对外发行的。因此，受托人必须将债券出售给一包销团（Underwritten Group），再由该包销团组织一销售团（Selling Group），然后由销售团向社会投资者出售债券。

⑤ 在包销协议订立后，应进行交割工作。受托人应召集牵头包销人、委托人举行听证会，审核受托人提交的有关账目。在确认无误之后，委托人即可授权受托人向包销团提供债券，受托人提供了债券后，应在包销协议规定的期限内收齐债券的款项，并转交给委托人。

⑥ 在发行工作结束后，受托人还往往担负了监督人的职责。根据信托协议，受托人应取得委托人的财产（通常为其所有的财产）的抵押权，并应随时检查，确保抵押资产没有灭失、毁损或贬值。受托人还有权代表债权人（债券持有人）监督发行人的经营活动，并对发行人提供的财务报表进行审核，以确保发行人遵守债券发行的协议，并保持良好的财务状况，保证债券的安全。如果受托人发现发行人违约，或其财务状况恶化，他有权采取必要的救济措施。此外，受托人一般还充当了代理人的角色，如办理债券的转让过户、本息的偿付等。

2. 动产信托

动产信托也是公司信托的一种重要形式，它是指委托人将其拥有的某项动产（如机器设备等）交给信托机构，由信托机构处理该信托财产。

动产信托的具体做法是：委托人和信托机构签订协议，将其拥有的某项财产联同其所有权转移给受托人，作为交换，受托人出具一份受益权证书给委托人。受托人处理信托财产所获的收益除扣除一部分作为受托人的信托费外，余下的金额将返还给委托人。不过委托人一般并不打算持有受益权证书，而是将其出售给感兴趣的投资者。此时动产信托的受益人也会转为该投资者。

至于信托财产的处理方式，主要有两种。一种是以分期付款的方式出售信托财产，另一种方式是将信托财产出租以收取租金。至于租赁期满后的信托财产处理，则随租赁方式的不同而有差异。

3. 雇员受益信托

雇员受益信托是企业为了职员的福利而设立的各种信托。企业设立雇员受益信托的原因，有的是因为政府的强制性要求，但也有的是企业自愿设立的。因为设立雇员信托基金能提高职员的积极性、加强企业的凝聚力、稳定职员队伍，还能使职员在税务方面获得许多好处。雇员受益信托多为资金信托，其资金来源或是从职员的工资中扣除，或是从企业的盈利拨出。因而它的资金大多不是一次性提供的，而是分期提供的。

雇员受益信托主要有以下几种形式。

① 退休金信托。退休金信托是企业为了使职员在退休之后，能够享受退休金而设立的基金。其资金来源通常分为两个部分：一部分由企业从发给职员的每期工资中扣除，另一部分则由企业从利润中按期拨付。

② 利润分享信托。利润分享信托是指企业每期提取盈利的一部分而设立的信托。设立该信托的目的，是使职员的收入和企业的盈利挂起钩来，以调动职员的工作积极性。与退休金账户不同的是，利润分享信托的每期提取额不是固定的，而是会随企业盈利额的大小而变化，它也不是一定要等到职员退休时候才能享用。

③ 储蓄信托。储蓄信托是企业兴办的职员集体储蓄计划，它实际上是一种特殊的退休金信托，其所需资金也由职员和企业共同承担。所不同的是，储蓄信托中职员出资的部分金额大小可由职员自由决定，有的甚至允许职员撤回已交纳的部分。在享受信托收益条件方面也可以更为灵活，如可以提前数年享受，致残、死亡职员亲属享受信托收益更为容易等。

④ 雇员股份信托。不少企业还设立雇员股份信托，即无偿地，或以优惠的价格向职员提供部分本企业的股票。该信托的目的和利润分享信托是相同的，也是为了把职员的收益和企业的盈利联系起来。

企业通常是将其全体职员作为受益人设立信托的，而不是为每一个职员单独设立信托。为了设立雇员受益信托，企业通常应遵循下列程序。

① 企业首先应该聘请专家并和工会谈判，拟定一份雇员受益计划，合理地安排雇员受益信托的形式或形式组合。

② 拟好的计划应提请企业董事会（有的还需股东大会）批准，有的类型的雇员受托计划还需政府有关部门的批准。

③ 信托计划通过后，企业还须获得工会及每个职员的同意，尤其是当信托计划需要职员

部分出资的时候。企业应发给每一名职员一份同意书，要求职员签字，表示同意参与企业办理的雇员受益信托计划，并授权企业按期从其工资中扣除规定的款项拨入基金。

④ 办完上述手续后，企业即可寻找一受托人，与其订立信托协议，正式设立信托。受托人可以是银行的信托部，也可是专业的信托公司。

受托人对于受托资金的运用，受信托协议规定的限制，大致有 3 种方式。

① 在得到信托资金后，立即向保险公司购买个人养老保险金，职员在退休后即可享用。

② 先将受托资金进行投资，然后在职员退休时，再以资金及所获盈利购买个人养老保险金交给其使用。

③ 受托人将信托资金进行投资，职员退休后（有的在任职期间即可）直接以信托资金及投资利润支付其退休金。

在第一种方式中受托人只是充当了代理人的职责，而在后两种方式中受托人均承担了投资人的责任。

11.4　我国的信托业务

在我国，信托业务也是银行业务的一个重要的组成部分，在我国的对外开放事业中它也扮演了举足轻重的作用。不过，由于我国在国情和体制上所具有的特殊性，我国的信托业务不论是在业务的内涵还是在具体的业务操作程序上和信托业务的国际惯例都有很大的不同。

1. 我国信托业务的发展简史

我国的现代银行信托业务最早出现于 1917 年，当时一家民族银行"上海商业储蓄银行"在上海成立了"保管部"，办起保险箱出租业务。1921 年，该"保管部"改名为"信托部"，并增办了个人信托存款等信托业务。在此之后，我国的民族信托业务有了较大发展，但从总体上看，当时我国的民族信托业的发展水平是较低的。

1949 年中华人民共和国成立以后，我国政府对民族信托机构进行了整顿，将它们合并为几个规模较大的联营集团，中国人民银行也在上海、天津等大城市的分行开设了信托部，开展信托业务。但在 1951 年之后，随着我国对私人工商业的社会主义改造的开展，不论是私营的信托业务还是人民银行的信托业务都逐步停止了。

1979 年末，随着我国改革开放事业的开展，我国的信托业务得到恢复和发展，其象征就是 1979 年 10 月我国首家专业信托公司——中国信托投资公司的成立。在试点之后，经中国人民银行批准，我国各专业银行在 1980 年初也先后恢复了信托业务。其中中国银行利用其在我国外汇业务中的特殊地位，成为我国办理国际信托业务的主要专业银行。各专业银行逐渐在我国的信托业务中占据了主要地位。它们除了在各自的系统内部设立了信托部门外，还出资（全资或与其他机构合资）兴办了专业的信托公司。例如，中国银行不但在其系统内部设有"信托咨询部"（1980 年 10 月成立），而且还于 1983 年在北京成立了"中国银行信托咨询公司"的全资子公司。

进入 20 世纪 90 年代我国在大力发展信托业务的同时，也开始发展投资基金业务。1991 年，中国新技术创业投资公司和香港汇丰银行及渣打银行在香港联合发起成立"中国置业基金"，并在香港联合交易所上市。首期筹集资金 3 900 万美元，主要从事对珠江三角洲地区高科技企业的投资。1992 年 9 月，中国国际信托投资公司和英国 K.B 银行联合成立了"中国银行投资发展基金"，集资 6 000 万美元，并在伦敦证券交易所上市。基金由 K.B 银行管理，中国国际经济咨询公司作为投资顾问。同年 10 月，香港中银集团成立"中银中国基金"，金额达 1.5 亿元。1991 年，中国农业发展信托投资公司以私募的方式成立了"淄博基金"，筹资 5 000 万，用于山东淄博市的乡镇企业发展，次年该基金经中国人民银行总行批准成为我国第一家公开发行的国内封闭式基金，批准的集资规模达 3 亿元人民币。首期发行基金证券 1 亿元人民币，这些证券于 1993 年在上海证券交易所上市交易。到 2003 年 1 月，深、沪两市的上市封闭式基金已达 54 只。2002 年我国开始发展开放基金，大批开放式基金纷纷上市，从 2002 年到 2007 年底我国开放基金的数目已由 3 只发展到 330 只，基金净值从约 117.29 亿元增加到 30 269.11 亿元。

我国的信托业务起步晚，属于新生事物，加上体制等方面的主客观原因，使得我国的信托业务在发展之初存在许多不足和不够规范之处，这些问题主要表现为以下几个方面。

① 业务范围过于广泛，冲淡了业务的信托性质，使我国的信托机构缺乏自己的业务定位。这首先表现在我国信托机构经营的业务和一般银行业务的界限模糊。信托机构可像普通银行一样从社会吸收存款，还能从其所依附的银行那里获得资金支持，并不是主要以委托人的信托财产作为资金来源。此外，我国的信托机构还从事一些国外的信托机构不经营的业务（如租赁业务、担保业务、咨询业务等），或根本不存在的业务（如委托贷款业务），并且这些业务在我国信托机构的业务总额中占有很大的比重。因此，在我国信托机构成了变相的银行，一些地方政府部门成立信托机构的目的就是为了摆脱对政府设立银行的限制。

② 我国的银行信托机构和其所依附的银行之间业务上没有严格分离，而这是不符合信托业务的要求的。这种状况不利于保护委托人的利益，因而也是不利于我国信托业务的健康发展的。

③ 由于银行信托业务和一般的银行业务没有严格的分别，且政府对信托机构的管理相对较松，使得信托业务在我国有时成为银行和企业逃避国家信贷控制的一种手段。当国家限制银行对企业的信贷的时候，银行往往将资金转入信托部门，并通过它继续对企业提供信贷，地方政府、企业也可通过委托贷款及委托投资对其指定的企业提供融资。以致出现了这样一种怪现象，每当国家紧缩信贷的时候，信托业务反而会有较快的发展。各部门及地方政府一窝蜂地设立信托公司，高峰时的 1988 年达到 1 000 多家。

④ 虽然我国的信托机构的业务种类繁杂，包括了一些传统上不属于信托机构的业务，但在另一方面，有许多重要的信托和代理业务又没有开展。如在西方国家越来越重要的公司理财业务、个人信托和代理业务等都没有能够大力开展。

由于管理不善，20 世纪 90 年代中期后信托公司陷入困境的比比皆是，成为中国金融业的一大隐患。特别是 1998 年 10 月 6 日，中国第二大信托投资公司——广东信托投资公司（GITIC）破产倒闭，中国政府明确表示不会为一家金融企业还债，"谁家的孩子谁抱"，引起国际金融界的极大震动，严重损害了中国的信誉。

为了防范金融风险，我国政府自 20 世纪 80 年代就开始着手整顿信托业。先后于 1982年、1985 年、1988 年、1993 年和 1995 年五次对信托业进行了整顿。整顿的基本原则是信托业应以信托业为本，信托业与银行业、证券业分业经营、分别设立、分业管理。1996 年后，我国开始处理了一批陷入困境的信托公司。1996年，中国政府以注资方式解决了湖北国投的问题，关闭了中农信托，广东发展银行收购了中银信托。1998年中国政府更果断地接连关闭了中国创业投资公司和广东信托。到1998年，我国的信托投资公司剩下约240家，总资产达6 100亿元。1999年，中国人民银行颁发了《整顿信托投资公司方案》，再次对信托业进行整顿。到2000年底，中国信托投资公司整顿方案出台，其基本原则是"一省一国投"，原有的240家信托公司只保留约60家，其余都被关闭。20余家中央级信托公司只保留3家，且均移交中央金融工作委员会管理。

2001年，我国先后颁布《信托法》、《信托投资公司管理办法》和《信托投资公司资金信托业务管理暂行办法》。中国人民银行2002年第5号令根据《信托法》和《中国人民银行法》等法律和国务院有关规定再次对《信托投资公司管理办法》进行修订，其内容较原《信托投资公司管理办法》对信托投资公司业务开展的可操作性方面进行了重大调整。《信托投资公司资金信托业务管理暂行办法》也于2002年6月13日正式颁发，并在7月18日正式实施。至此，我国基本建立起了由《信托法》、《信托投资公司管理办法》和《信托投资公司资金信托业务管理暂行办法》构建起来的信托公司规范发展的政策平台。从此我国的信托业务结束长期盘整，步入规范运行的轨道。

在信托业的整顿过程中，银行与信托分业经营成为我国金融业监管的基本原则。1995年我国通过的《商业银行法》将分业经营作为法律确定下来，其第43条规定：商业银行在我国境内不得从事信托投资业务。经过整顿后，我国的银行所办信托机构要么关门，要么与原发起单位已经完全脱钩。

自从1999年以来，随着混业经营的国际大趋势的发展，我国政府对银行混业经营态度已逐渐放松。2001年7月4日，中国人民银行发布实施了《商业银行中间业务暂行规定》，明确商业银行在经过中国人民银行审查批准后，可以开办金融衍生业务、代理证券业务，以及投资基金托管、信息咨询、财务顾问等投资银行业务。2002年5月重新修订的《信托投资公司管理办法》中明确规定：信托公司可以发起、设立投资基金或基金管理公司，并规定信托投资公司可以进入银行间同业市场进行同业拆借等其他相关业务。另外，在审批环节方面也进行了简化。《开放式证券投资基金试点办法》也已经从同年10月起开始执行，规定商业银行可以买卖开放式基金，开放式基金管理公司也可以向商业银行申请短期贷款（霍津义，2002）。

2007年1月23日中国银行业监督管理委员会以2007年第2号主席令颁布了新的《信托公司管理办法》和《信托公司集合资金信托计划管理办法》（简称新办法）。新办法自2007年3月1日起施行，原《信托公司管理办法》和《信托公司资金信托管理暂行办法》（简称老办法）不再适用。

2007年3月份，银监会下发通知，根据《新办法》重新发放信托公司牌照，要求信托公司要么换发新牌照，要么进入为期三年的过渡期。截至2007年12月，我国正常营业的信托公司有54家，获得中国银监会批准，通过"重新登记"获发新的金融牌照的信托公司已经超过30家，超过一半。

从2007年信托产品的资金运用方式来看，以集合类信托产品为例，证券投资类信托产品数量为178个，资金规模为293.7亿元，分别占2007年上半年全部集合信托产品的63.6%和71.9%，居集合类信托产品第一名，与2006年同期相比分别提高46.4和62.0个百分点。这与 2007 年股市的火暴密切相关。贷款类信托产品为 74 个，资金规模 62.68 亿元，分别占 2007 年上半年全部集合信托产品的 26.4％和 15.3％，比 2006 年同期分别下降 27 和 55.8 个百分点。其他类型的信托产品所占比重不大。

从信托产品的投向分布来看，2007 年集合类产品中投资于金融市场的信托产品有 187 个，涉及资金 309.0 亿元，分别占该年上半年全部集合信托产品的 66.8％和 75.6％，与 2006 年同期相比分别提高 35.5 和 60.8 个百分点；投资于房地产市场的信托产品 28 个，涉及资金 34.9 亿元，分别占 2007 年上半年全部集合信托产品的 10.0％和 8.5％，与 2006 年同期相比下降 13.7 和 30.6 个百分点；投资于基础设施（含能源、交通）的信托产品 35 个，涉及资金 32.3 亿元，分别占 2007 年上半年全部信托产品的 12.5％和 7.9％，与 2006 年同期相比下降 13.8 和 16.8 个百分点；投资于工矿企业的信托产品 20 个，涉及资金 26.0 亿元，分别占 2007 年上半年全部信托产品的 7.1％和 6.4％，与 2006 年同期相比下降 6.3 和 3.2 个百分点；投资于其他领域的信托产品 10 个，涉及资金 6.3 亿元，分别占 2007 年上半年全部信托产品的 3.6％和 1.6％，与 2006 年同期相比下降 1.7 和 10.2 个百分点。以上数据表明，除金融领域外，2007 年集合类信托产品投资于其他各领域的产品数量和规模都有不同程度的减少，其中房地产领域降幅最大，其次为基础设施。这说明信托新政对贷款方式的限制对依赖贷款较大的房地产和基础设施类信托产品影响较大。此外，中央对房地产业综合调控政策也是房地产信托产品大幅下降的重要原因。

单一资金信托产品一直发展较为缓慢，但在 2007 年也有迅猛的发展。其发展势头超过集合类资金信托产品。其中主要是以银行为唯一受托人的单一信托产品，这反映了银信合作的迅速发展。据初步估算，全国信托公司 2007 年全年发行的单一资金信托产品有可能达到 1 万亿元。

2. 我国信托业务的主要内容

如前所述，在发展之初我国的信托机构所经营的业务与外国的信托业务不尽相同，十分庞杂，与传统银行业务界限不清，这是我国信托业发展出现混乱的原因之一。为按照国际惯例规范信托业的发展，2007 年 1 月 23 日中国银行业监督管理委员会重新颁布的《信托公司管理办法》对信托公司的业务范围作了详细的规定。综合新办法第三章"经营范围"项下的各项条款的规定，信托公司可以向中国人民银行申请经营下列部分或全部本外币业务。

① 资金信托；

② 动产信托；

③ 不动产信托；

④ 有价证券信托；

⑤ 其他财产或财产权信托；

⑥ 作为投资基金或者基金管理公司的发起人从事投资基金业务；

⑦ 经营企业资产的重组、购并及项目融资、公司理财、财务顾问等业务；

⑧ 受托经营国务院有关部门批准的证券承销业务；

⑨ 办理居间、咨询、资信调查等业务；

⑩ 代保管及保管箱业务；

⑪ 公益信托业务；

⑫ 对外担保业务；

⑬ 法律法规规定或中国银行业监督管理委员会批准的其他业务。

分析上述业务范围，第一到第五项及第十一项为纯粹的信托业务，第五到第九为投资业务，第十项为代理业务，第十项为担保业务。

在资产业务方面，新《信托公司管理办法》第二十条规定，信托公司可以开展存放同业、拆放同业、贷款、租赁、投资等业务，但投资对象限定为金融类公司股权投资、金融产品投资和自用固定资产投资。即信托公司不再如《旧办法》所规定那样可以固有财产进行实业投资，并要求信托公司在限期内"采取剥离、分立、出售或转让等方式处置实业投资业务"。旧办法规定的自有资金的各项业务已不再允许经营。旧办法允许的担保业务及同业拆放、贷款业务虽然得到保留，但也受到很大限制。新《信托公司管理办法》第二十二条规定，信托公司对外担保余额不得超过其净资产的 50%。相比旧办法规定的担保余额不得超过注册资本金的 50% 有较大幅度下降。在贷款业务方面，新《信托公司集合资金信托计划管理办法》第二十七条第二款规定，信托公司管理信托计划向他人提供贷款不得超过其管理的所有信托计划实收余额的 30%，旧办法对贷款业务比例并无限制。新办法规定颁布时超过 70% 的信托公司的贷款业务超过 70%。

在负债业务方面，信托公司的资金来源可分为自有资本、信托资金、借入资金三个部分。就信托资金而言，可以分为为单个受托人设立的单一信托资金和为多个受托人设立的集合信托资金。在集合信托方面，新《信托公司集合资金信托计划管理办法》引入了"合格投资者"的概念。该法第六条规定，合格投资者"是指符合下列条件之一，能够识别、判断和承担信托计划相应风险的人。

① 投资一个信托计划的最低金额不少于 100 万元人民币的自然人、法人或者依法成立的其他组织。

② 个人或家庭金融资产总计在其认购时超过 100 万元人民币，且能提供相关财产证明的自然人。

③ 个人收入在最近三年内每年收入超过 20 万元人民币或者夫妻双方合计收入在最近三年内每年收入超过 30 万元人民币，且能提供相关收入证明的自然人。"

在单个集合资金信托计划的投资者数量方面，新《信托公司集合资金信托计划管理办法》取消了原《管理办法》规定的集合资金信托计划份额不得超过 200 份的限制。新《管理办法》第五条第三款规定，"单个信托计划的自然人人数不得超过 50 人，合格的机构投资者数量不受限制。"一方面提高了自然人投资者数目的限制，同时彻底放开了对机构投资者数目的限制。

在借款方面，新《信托公司管理办法》规定信托公司不得开展除同业拆入业务以外的其他借款业务，关闭了旧《信托公司管理办法》允许的向金融机构借款的渠道。信托公司也不得以卖出回购信托财产的方式融通资金。这样信托公司的借款渠道就只剩下同业拆入这一条，且同业拆入的额度受到很大限制，其余额不得超过其净资产的 20%。

新《信托公司集合资金信托计划管理办法》第五条第二款规定，"参与信托计划的委托人为唯一受益人。"也就是说，集合资金信托均应该是自益信托。作出此项规定一是为了向投资基金看齐，有利于产品的标准化；二是为了防止信托公司通过一份信托计划多个收益人的方式变相突破前述的自然人数量限制。

由上述禁止性条款可以看出，所有这些措施都是为了使我国信托公司能够真正成为"受人之托，代人理财"的机构，按照信托业的国际惯例开展经营。

3. 我国银行与信托业的关系

如前所述，在 1995 年我国颁布《商业银行法》后我国银行不能再直接经营信托业，但随着我国金融改革开放的发展，我国银行开始重新涉足信托业，但和过去银信不分的混乱局面不同的是，目前我国银行发展的趋势是混合经营、分业管理，统一监管。目前我国银行可以如下两种方式之一从事信托业：一是入股信托公司，二是直接设立信托基金或与信托公司合作设立信托基金。

2007 年《新办法》颁布以后，信托基金再次受到银行及其他金融机构的重视。如交通银行以现金出资 10.2 亿元人民币持有了湖北信托 85％的股权。2007 年 10 月 28 日，湖北信托改组为交银国际信托有限公司后在武汉成立，为 15 年来首家银行系信托公司，这是自 1995年我国通过《商业银行法》后银行与信托业的首次重新融合。同年民生银行也出资 23 亿元人民币入股陕西信托，获得并列第一大股东的地位。建设银行投资收购了浙江国投。

银行可以通过设立信托基金或与信托公司合作设立信托基金的方式直接参与信托业。进入 21 世纪后，随着我国金融市场的发展及收入水平的提高，银行理财业务得到了迅速地发展，特别是从 2005—2007 年股市繁荣期间，银行理财产品发展速度更为惊人。据统计 2006年中外资银行共发行理财产品 1 089 种，而到 2007 年 11 月底，达到 2120 种。2005 年我国银行个人理财产品的发行规模达到 2 000 亿元人民币，2006 年则达到 4 000 亿元，而 2007 年上半年，24 家主要中外资银行的个人理财产品发行规模就达到 3 886 亿元，与 2006 年相当，预计全年商业银行理财产品发行规模将接近 1 万亿元。银行还是某些公益信托的受托人或投资管理人。

另一方面，银行还可与信托公司通过"双层信托，连接理财"的模式合作发行信托产品。这一模式可以两种方式进行：一是银行代其理财产品客户将资金投资于信托公司的信托计划，二是信托公司推出以购买银行信贷资产受益权为目标的信托产品。在这一合作关系中，众多的银行理财产品的投资者与商业银行之间构成第一层的信托关系，这属于集合信托；而银行与信托公司之间则为第二层信托关系，由于在这一信托关系中银行为唯一的委托人，故它属于单一信托产品。2006 年以来。这一合作对银信双方都具有很大好处，对银行来说，这种合作使得我国银行在仍然无法直接经营信托业的制度环境下获得了进入信托业的一个主要渠道；对信托公司而言，则可以扩大投资领域，并充分利用银行的网点渠道推销自己的信托产品。

我国银行还积极充当信托基金的各项代理人，如托管人、账户管理人等。

11.5 国际银行代理业务

所谓代理（Agency），就是代他人做某事的意思。从广义上说，代理业务也属于银行信托业务的范畴，它和严格意义的信托业务的不同之处在于，代理业务通常并不涉及委托人资产的转移。在办理代理业务过程中，受托人始终是以委托人代表的身份为委托人服务的。也就是由于这一原因，在代理业务中，有关的经营决策一般是由委托人作出，代理人只是负责执行委托人的决策。

银行在从事各项业务时，都离不开代理业务。如前所述，银行的存款最初就是从金银的代保管发展而来的。在银行的结算业务中，不论是国内结算，还是国际结算，都涉及客户委托银行代收代付款项的情况。为了国际业务的开展，银行还有必要相互设立代理行（或称联系行）关系。在辛迪加贷款业务中，也需要设立代理行。然而，在本节只涉及单纯的，即不是因其他银行业务而引起的国际银行代理业务，因其他银行国际业务而引起的代理业务会在有关的章节中有所阐述。单纯的代理业务也是一项历史十分悠久的银行业务，但是在进入20世纪90年代后，此类代理业务的发展更为引人注目，在银行业务中的地位提高很快。在有的银行，此类业务收入的重要性甚至超过了信贷业务。

银行的代理业务和银行的信托业务（狭义的）有着密不可分的联系，事实上在信托业务中银行通常会附带地负有代理的义务，代理业务的当事人、具体操作方法和信托业务也极为相似。因此，银行通常是把代理业务和信托业务归并到一个部门、一套业务人员和管理班子经营。代理业务的分类和信托业务也大致相同，下面分别进行阐述。

1. 个人代理业务

同个人信托业务一样，个人代理业务也是银行及其他一些金融机构为个人提供的代理业务。银行可以为个人客户提供的代理业务种类很多，其中重要的有以下几种。

1）保管代理

保管代理是指银行替顾客保管财产，这是一项历史非常悠久的银行业务。银行可为客户保管的财产种类很多，如金银珠宝，证券，重要的、秘密的文件等。由于银行在各国都是最重要的专门从事金融业务的机构，故大多拥有十分安全的保管场所，顾客将自己的重要物品交由银行保管，比放在身边要安全得多，这就使得保管业务很受人们的欢迎。

保管业务主要有以下3种方式。

（1）开封保管

开封保管是由委托人将需保管的物品交给银行，由银行当面清点后交给委托人一份收据清单，届时委托人凭此收据领取被保管的物品。银行对保管清单中所列的每项物品的完整均负有责任，若有遗失，必须如数赔偿。

（2）密封保管

在密封保管中，委托人将需保管的物品密封后再交给银行，银行并不知道顾客封装的是什么物品，因而不必对封包的物品的完整负责。当委托人提取被保管的物品时，银行只要将密封物原封不动地交给他就可以了。

（3）保险箱服务

许多银行还提供保险箱出租业务，租用者可随意将需保管的物品放入保险箱。租箱的时候客户必须预留印鉴（签名或印章），办理租用证，手续办完后由银行发给租户保险箱钥匙。每个保险箱通常都分为内外两个箱子，外箱配有两把锁，一把锁的钥匙交给租箱人保存，另一把锁的钥匙则在密封后由银行保存，开箱时由客户和银行各自打开相应的锁，内箱钥匙则由租户单独保存。以后客户在开箱存入或取出物品时，都必须核对印鉴，并办理入库手续，然后凭入库证明和租用证入库开箱。保险箱服务实际也是一种密封保管，银行对存入保险箱的物品也是不负任何责任的。

2）个人银行服务

个人银行服务是近年来颇引人注目的新兴银行代理业务之一，它是指银行代其存户处理一些日常的财务事务。例如，代存户买卖证券及其他投资，并代收存户所持证券应得的股息、利息，为客户代交税款、保险金、水费、电费、电话费、房租、有线电视费等公用事业费，为存户定期提供个人收支账目，为存户对外出具收入和财产证明，等等。出于成本的考虑，银行一般只对存款达一定数额的客户才提供上述额外的服务，它目前已成为银行吸引存款大户的一个重要手段。

银行在代存户办理上述业务时，对每项收入和支出都应该及时办理，以免因延误时间而使客户蒙受损失。对在办理各项业务时遇到的各项事宜，如催促存户交纳（或追加）款项、债券发行人违约未支付应付的本息、所持股票的送配股通知等，也应及时通知存户。

2. 公司代理

公司代理是银行为企业提供的代理业务，它在银行同企业之间的业务往来中占有十分重要的地位。银行可以为公司客户提供的代理业务种类也很多，其中常见的有证券代理和公司理财两种，下面分别予以阐述。

1）证券代理

所谓证券代理，是指银行代发行证券的公司办理和证券有关的各项事务。

（1）证券的登记

对于记名证券，在发行之初都必须登录每一名购买者的姓名及其购入的数额，发行人通常需要委托一家银行（或其他金融机构）负责此项工作。这样做的目的，除了是为了减轻发行人的工作负担外，主要是为了控制公司证券的发行总额，看其是否超过法律所允许的合适水平，防止由于证券发行过滥而使投资者蒙受损失。美国的纽约证券交易所甚至规定，只有由经其认可的代理人登记的记名证券才可以在该所上市。

登记代理人一般由证券发行公司的董事会经研究后委任。

（2）证券的过户

对于记名证券来说，如果证券在发行后被转手，则还必须办理过户手续。也就是将被转让的证券的所有权从原所有者名下转移至新所有者的名下。此项工作发行公司一般也是委托给一家银行（或其他金融机构）代理。

当一项记名证券的交易完成后，证券的新持有人（证券交易的买方）均应持有关的交易凭证，以及经卖方签名背书的证券到指定的过户代理人处办理过户手续。过户代理人最重要的工作是要检验过户申请人提交的证券和凭证是否符合要求，特别是证券上的发行人、登记代理人和证券人出让方（卖方）的签名的真实性和有效性。为此目的，对于法人申请过户代理人还会要求其在办理过户手续时提交签名人的签名受权证书，在审核无误后才可以办理过户手续。过户的手续还是十分简便的，但视新旧客户而有所不同。如果过户人过去已持有了同种证券，那么过户代理人只需将申请过户的证券从原持有人的账户转至过户申请人的账户即可；若过户申请人是该证券的新持有人，则申请人必须在过户代理人处新开立一个账户，此时申请人在过户时必须携带有关的身份证件，并填写相应的开户申请表格。在初级市场上购买了新发行的证券的投资者也应按照同样的方法办理开户手续。

同登记代理人一样，过户代理人一般也由发行公司的董事会挑选一家金融机构（大多是银行）担任。原则上说，登记代理人和过户代理人的职责应委托不同的机构承担，但由于这两项业务有着非常密切的关联，为了便于工作和提高效率，证券发行公司如今大都委托同一家机构承担这两项工作，不过代理人仍必须将登记和过户业务独立开来分别履行。记名债券则通常只设登记代理人，由它兼任过户代理人的职责。这是因为对一家公司而言，其所发行的记名债券的数量较其所发行的股票要少得多，过户代理人有能力掌握全部持有人的名单，不必仅仅记录债券的转手情况。

（3）支付代理

过户代理人通常还兼任了支付代理人的职责，为发行公司代付股票的股息或债券的本息等。由于作为代理人的银行拥有先进的支付结算系统及广泛的分支机构和联系行网，因此由银行代发行公司发放股息（或债券本息）不仅可以大量减少发行公司的工作量，对股东（债券持有人）也会更为便利。

支付业务的手续还是十分简单的，就股息发放而言，过户代理人只需根据股东账户计算出每名股东应得的股息数额，然后按照各股东在开户时填写的地址，将相应数额的支票连同其他一些辅助性的文件一并寄给股东就可以了。记名债券本息的发放和股息发放相同，但如果是不记名债券，则凭出示的债券（或债券所附的息票）向支付代理人支取本息。

此外，对债券的外国持有人应得的利息收入，不少国家的政府有征收利息预扣税的规定，此时支付代理人在向债券的外国持有人支付利息时还负有替政府代扣税款的义务。

（4）其他证券代理业务

证券的过户代理人除了要办理过户和支付业务外，通常还代委托人办理下述与证券有关的事项。

① 未发行的证券的保管。由于各种原因，发行人已印好的证券数额可能大于计划规定的证券发行额，导致在证券发行完毕后仍然有一些证券留存下来。那些未能销售出去的证券通常都由过户代理人保管，以防这些证券被盗取或被发行公司非法发行。

② 证券的补发。如果证券持有人手中的证券因各种原因而被遗失、毁损，他可以向过户代理人申请补发新的证券。过户代理人对于此类申请，首先应查明申请人是否真持有如其所称的金额的证券，在核实之后还应征得发行公司的许可，并对遗失或毁坏证券的持有人课以一定数额的罚金，罚金数额根据证券的市价的高低而定。

③ 对报废的证券处理。对于收回的报废证券，过户代理人将保存一段时间，在此之后这些报废证券将由发行公司收回。保留报废证券的目的，一是为了在必要时作为纳税的凭证，另一方面也是防备有人对某笔证券交易的合法性提出疑问。

④ 证券的替换。过户代理人通常还替证券发行人办理证券替换业务。例如，当发行公司重组或被其他公司吞并时，常常也需要以新股票代替旧股票，或以吞并企业的股票替代被吞并企业的股票。此外，一些优先股和债券在发行时定有可转换的条款，其持有人可以在任何时候将其手中的优先股（或债券）按事先规定的兑换比例转换成发行公司的普通股，这一责任通常也由过户代理人承担。

⑤ 新证券的出售。普通股的股东一般享有优先承购新股权，即在发行公司发行新股时，有权按优惠价格优先购买一定限额的新股票。这一工作一般也由过户代理人负责。代理人需将认股权证分发给各个股东。认股权证一般也是可以通过买卖而转让的，其转让同样应在过户代理人处办理过户手续。认股权证持有人在办理了过户手续后，还应将购股所需资金寄给代理人，以换取新股。

⑥ 证券的赎回。有些优先股和债券的发行人拥有赎回权，即发行人有权在它认为必要时，从证券持有人手中购回部分甚至全部证券。这项工作通常也是由过户代理人办理的。代

理人负责向证券持有人发出通知，支付购买证券的款项，并从持有人手中收回证券。赎回价格的估算方法可以在发行之初预先规定，由于提前收回对持有人是不利的，故发行人通常会在赎回证券的实际价值之上加一溢价作为对持有人的补偿。若发行人并不是要收回全部的证券，则可采取向持有人询价的方法，从那些索价最低的持有人手中赎回预定金额的证券。代理人也可通过在证券市场上以市价购买的方式收回全部或部分证券。

2）公司理财

公司理财是指银行代其公司存户办理财务上的一些事宜。

① 帮助企业制定、审核财会报表，计算企业的资本负债率、利润率、生产成本，编制预、决算报告等。

② 帮助企业建立或完善财务会计制度。

③ 接受企业委托对企业的财务状况进行分析，并提出改进的建议。

④ 为企业培训财会人员。

⑤ 代收代付各种款项，如代催货款、代交税款、代办保险等，并可为企业提供纳税咨询服务。

公司代理是近年来发展较快的一项银行信托业务，其在银行业务中地位正日益提高，一些国际大银行甚至不惜以信贷等传统银行业务为手段来发展公司代理业务。例如，美国的花旗银行为了获得杜邦公司的股票登记、退休基金托管、外汇风险基金管理三项服务，不惜向该公司提供 120 亿美元的低息贷款。

11.6 国际私人银行业务

1. 私人银行业务的概念

正如本书绪论所提及的，私人银行业务（Private Banking）是零售银行业务的一种，简单来说，它是以高端个人客户为目标的，整合了传统的信贷、结算、咨询、信托、代理等银行业务的全方位的高品质银行服务。

私人银行业务起源于 16 世纪中叶的瑞士，当时法国一些经商的贵族因宗教原因逃到相对比较开明的瑞士，这些贵族利用他们与欧洲各国权贵的关系开展理财业务，成为瑞士第一代私人银行家。瑞士的私人银行业很快就发展起来。迄今为止瑞士仍然是世界上私人银行业务最为发达的国家，以其完善的客户保密制度闻名于世。瑞士的金融机构管理着世界超过三分之一的离岸资产，瑞士银行集团（UBS）的私人银行业务额居各国银行的首位。

英文"Private"首先是指个人，也就是说，私人银行业务的服务对象是具体的个人，而不是公司等公共机构，所以它属于零售银行业务的一种，但"Private"又有私密的意思，银行为富裕客户提供私人银行服务通常在十分隐秘的内部办公室进行，不大肆招摇，并注意为客户保密。事实上最早从事私人银行业务的瑞士私人银行也极具私密性，多为个人所有的无限责任公司或至少有一人承担无限责任的合伙制责任公司。

与私人银行业务有联系但又有所不同的一个概念是"财富管理"（Wealth Management）。私人银行业务是早在 17 世纪就已存在的古老行业，财富管理则是近十年才出现的一个概念。二者的区别在于后者的业务核心是为客户提供全面的理财服务（不仅像投资基金等提供资产运作的服务，还包括负债方面的服务），而前者的业务范围则要广泛得多，品质也要高得多，因此私人银行业务是更为高档的服务，其门槛也要高得多。一般来说，个人可被管理的金融资产（Asset under Management，AuM）达到10万美元的客户就可享受银行的财富管理服务，而要享受银行的私人银行服务，则个人AuM至少在100万美元以上。

2. 私人银行业务的对象

如同其他高档服务一样，私人银行服务通常是根据每个具体客户的需求而有针对性地提供的，因此对于私人银行的客户，银行必须按照一定的标准进行划分，以便根据每类客户的特点量身打造不同的服务方案，从而提高客户满意度，增加自身产品的竞争力。

最常用也是最传统的划分方法就是根据客户的财富或收入水平对客户进行分类。客户的财产水平不同，对服务内容的要求会有所不同，其对价格的承受能力也会有很大差异，银行可对不同的财富层次的客户提供不同的服务方案。一般来说，财富层次越高，银行提供的服务内容越广泛，服务档次也越高，当然收取的费用也越高。

例如，波士顿咨询集团（Boston Consulting Group，BCG）将私人银行客户分为：大众富裕客户（Mass Affluent Investors），指拥有AuM在10万～100万美元之间的客户；新兴富有客户（Emerging Wealth Investors），指拥有AuM在100万～500万美元之间的客户；成熟的富有客户（Established Wealth Investors），指拥有AuM在500万美元以上的客户。而普华永道（PriceWaterhouseCoopers，PWC）公司2007年公布的环球私人银行/财富管理调查（PWC，2007）则将客户分为：富足客户（Affluent Investors），指拥有的金融资产净值在10万～50万美元之间的客户；富裕客户（Wealthy Investors），指拥有的金融资产净值在50万～100万美元之间的客户；高资产净值客户（High Net Wealth Investors，HNWIs），指拥有金融资产净值在100万～500万美元之间的客户；很高资产净值客户（Very-High Net Wealth Investors，Very-HNWIs），指拥有金融资产净值在500万～5 000万美元之间的客户；超高资产净值客户（Ultra-High Net Wealth Investors，Ultra-HNWIs），指拥有金融资产净值在5 000万美元以上的客户。

美林集团旗下的凯捷咨询（Capgemini）的分类与普华永道相似，只是较为简单，它将拥有50万美元以上AuM的人称为富裕人士，拥有100万～3 000万美元AuM的称为高资产净值客户（HNWIs），拥有3 000万美元以上AuM的称为超高资产净值客户（Ultra-HNWIs）。

通常只有拥有AuM在100万美元以上的客户才是私人银行业务的服务对象，拥有的AuM少于100万美元的客户通常被归入零售银行业务部门的"贵宾客户"（Premium Customer）之中。当然，这种分类也会随不同市场的特点而有所差异。

财富的绝对水平并不足以反映私人银行客户的全部特征，拥有同样财富水平的客户对私人银行服务的要求可能有很大的不同，因此银行通常还会根据其他标准对客户进行划分。

（1）财富的来源

根据客户财富的来源可以对客户进行多种划分，如可将客户的财富分为旧财富和新财富，即靠继承得来的财富和靠自身努力获得的财富。

新旧财富拥有者对私人银行业务的态度和要求是不同的。"新财富"拥有者往往富有冒险精神，对投资的态度较为积极，喜欢高风险但也有高回报的投资组合，但同时他们对自己的投资能力往往很有信心，多希望自己打理自己的财产，不愿将自己的财产委托给他人，即使委托给他人了也希望自己能更多地参与投资决策。相反"旧财富"的拥有者往往更注重保护已获得的财产，对投资的态度趋于保守，也更注重生活享受。不过根据普华永道（2005）的调查，"新财富"和"旧财富"拥有者对私人银行服务的需求差别正逐步缩小。

此标准还可进一步划分为第一代财富、第二代财富、第三代财富……，其中只有第一代财富是自己创造的新财富，其余都属继承性财富，但第二代财富拥有者往往也参与了财富的创造，所以对财富的态度与第一代往往相似。"新财富"拥有者还可再细分为"暴富"和"渐富"两种。大多数新富人都属于花费数十年甚至毕生精力以经商办企业等传统方式所获得的，但也有些人以各种非传统的方式迅速暴富，如文化、娱乐和体育明星，上市企业高管都能迅速致富。

（2）客户的投资态度与风格

根据投资者对风险的态度（attitude to risk）可将客户分为积极的投资者和保守的投资者。积极的投资者愿意承担较大的风险，以换取较高的投资回报；相反，保守的投资者则属风险厌恶型的投资者，更注意投资的安全。投资者的投资风格（Investment Style）也很重要。例如可以根据客户参与理财方案的意愿将客户分为放权者和积极参与者。放权者对参与理财的具体过程不感兴趣，愿意把投资决策全权交给私人银行客户经理完成；相反，积极参与者则希望更多地拥有投资决策的主导权，能亲身参与被管理资产的运作。

（3）客户的个人特征

一些银行按照客户的个人特征（Personal Characteristics）对客户进行划分，如可把客户按其职业分为：企业高管人员；专业人士，指律师、会计师、投资分析师、医师等可能获得高收入的人群；企业家，即自己拥有企业的高收入人士；文体明星；地主，即拥有土地、住房等不动产的富有人士。

客户的职业对客户对私人银行业务的要求有着重要的影响，这对分析那些"新财富"的拥有者的需求尤为重要。例如，前三类人士一般都工作繁忙，故需私人银行为其打点个人资产，但这些人又多拥有较强的投资能力，其中有些人可能会要求积极参与被理财资产的投资决策，对风险的态度较为激进。文体明星的特点是一般很年轻就获得了大量收入，同时理财知识较前几类人士缺乏，职业生涯往往非常短暂，故他们一般会放权给私人银行经理进行投资，并需要较完善的财务规划，使他们的生活能在整个人生阶段都能保持较高的水平。此外，这些人通常会有大量的现金收入，故对银行的现金管理有特别要求。体育明星还有很高的职业风险，故保险也是应予考虑的重要因素。地主则多数希望自己的资产能多元化，并希望得到财产继承方面的服务。

银行还可以根据性别对客户进行划分。随着社会的进步，拥有巨额财富的女性人数大大增加，已成为私人银行机构不可忽视的潜在服务对象。女性财富所有者通常更愿意听从投资顾问的建议。

（4）客户所处的人生阶段

一个客户在生命周期中所处的阶段对其投资态度及对私人银行服务的需求是有很大不同的，私人银行部门通常会把客户分为青年、中年和退休人士。中年富裕人士由于正处于其生命周期中财富创造能力的高峰，一般投资态度趋于激进，而退休人士则对如何保存和向下一代转移财富更感兴趣。

（5）客户所处的地理位置

根据客户所处的地理位置，可将客户分为本地公民、旅居本国的外侨、生活在国外的外国人和本国人等。

（6）客户对盈利的贡献能力

不同的客户群对银行利润的贡献能力是不同的，在私人银行业务领域，少数客户往往带来了银行大部分的利润。利润贡献能力不同，对银行的重要性也自然不一样。根据利润贡献能力对客户进行划分，可以使银行锁定业务利润的主要来源，从而有针对性地加强对这类客户的营销和服务。

不过按盈利能力划分与按客户财富水平划分有很大的重复性，因为客户的 AuM 越高，通常其给银行带来的盈利也越大。

（7）产品组合特征

产品组合特征（Product Mix），即客户偏好的投资组合的特点。

图 11-1 是普华永道《2007 全球私人银行/财富管理调查》对客户划分标准的分类及该报告所调查的机构采用这些分类标准的情况。

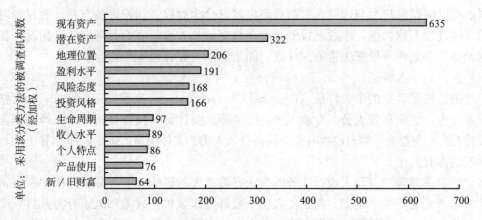

图 11-1 被 PWC 调查的金融机构采用客户的分类标准情况

资料来源：PWC，"Global Private Banking/Wealth Management Survey 2007".

不同的私人银行机构会采取不同的分类方法，有些仅采取单标准的简单分类方法，有的则会采取较为复杂得多标准细分法。根据普华永道 2007 年的调查，被调查的财富管理机构有 78% 在 2006 年采取了某种对客户的分类分析，另有 11% 的机构计划在今后三年内采取此种做法。不过目前金融机构采取的客户分类方法相对还是比较简单，最常见的分类标准仍然是客户现有的和潜在的资产数量。即使作了某种分类，被调查的金融机构也没有充分利用它们已经采用的客户分类。只有 67% 的财富管理经理回答说他们所在的金融机构有针对特别群体的特别产品，而主要的分类方法则是把客户分为专业人士和企业家。此外，虽然按财富水平划分客户是最常用的客户分类方法，有四分之一的财富管理经理回答说他们所在的金融机构对被管理资产最高的 20% 客户与最低的 20% 客户没有什么区别待遇。

3. 私人银行业务的内容

私人银行业务不仅仅是代客理财那么简单，而是整合了银行多个业务领域的综合服务，它甚至包括某些非金融领域的服务，其内容涵盖从基本的银行服务到投资服务、保险、融资和顾问服务等广泛领域。

（1）基本银行服务

包括活期账户、定期账户等存款账户的管理及现金管理服务等。

（2）广义的财富管理服务

包括全权委托式的财富管理和非全权委托式财富管理。投资的对象则可以分为：传统的股票投资、债券等固定收益投资、房地产投资及房地产信托基金投资（REITs）和另类投资。所谓另类投资（Alternative Investment），包括对套头基金投资、外汇投资、商品投资、衍生金融产品投资、私募股本投资/风险投资、激情投资[①]等。图 11 - 2 为凯捷咨询统计的 2004—2006 年富豪（持有 AuM 在 100 万美元以上，即属 HNWIs 以上级别人士）投资对象的分布情况。

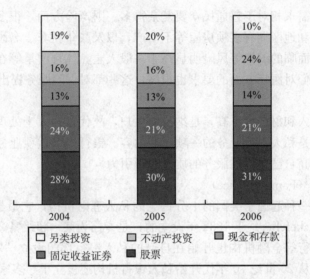

图 11 - 2　富豪投资对象的分布情况

资料来源：Capgemini：2007 World Wealth Report.

（3）贷款

贷款也是银行对私人银行客户提供的重要产品之一。贷款可延伸私人银行业务对银行业务的影响力，提高私人银行业务的利润，加强对客户的了解及与客户的联系，是一个对双方都有好处的业务领域。最大的私人银行瑞士信贷集团私人银行业务项下的贷款总额 2005 年达到约 350 亿美元，约占瑞士信贷集团风险加权资产的 20%。在美国，对高资产净值客户（HNWIs）的贷款额占总贷款额的比重自 1989 年起就保持在 5% 左右（David，Maude，2007）。

私人银行贷款的用途既有消费性的（如购买别墅等住宅、游艇、私人喷气飞机、赛马等），也可以是投资性的或经营性的，用于满足客户在金融投资或经营活动中的流动性需要。

---

① 所谓"激情投资"（Investment of Passion，是指兴趣、收藏和投资相结合的投资活动。根据凯捷咨询的分类，所谓"激情投资"包括：奢华收藏品（Luxury Collectibles，包括豪华汽车及游艇、私人飞机等）、珠宝、艺术品、与运动相关的投资（如购买球队、赛马等）；其他收藏，如葡萄酒、古董及钱币等。

"激情投资"是富裕人士特别喜好的一种投资方式，它既可以提高富豪们的生活品位，又具有很好的投资价值。以艺术品投资为例，一家私人银行的经理曾计算过：高收入阶层中有超过 20% 的人群有收藏艺术品的习惯，其收藏品价值平均相当于其全部资产的 5% 左右，这意味着整个高收入阶层大约可以支付超过其财产 1% 的部分投入到艺术品市场。

（4）信用卡服务

提供比一般的金卡、白金卡级别更高的信用卡也是私人银行服务的重要内容。这种信用卡不仅较一般的金卡、白金卡有更高的透支额度，是银行对私人银行客户的重要信贷渠道，还可以享受银行提供的多种专有的特殊服务，如秘书服务、专有的活动和旅行服务、私人喷气飞机服务等。

（5）退休规划与信托

不少富裕人士（特别是企管高层和专业人士）都非常关注自己及其家人的退休计划，以使自己在晚年能够更好地享受自己所创造的财富。

（6）保险服务

富裕人士的保险需求相对于普通民众要复杂得多。财产险方面，很多富裕人士在不同的地方甚至不同的国家和地区拥有多项房屋等不动产，以及豪华轿车、名画等奢侈品；而在人寿险方面，富裕人士面临的绑架等风险明显高于一般人士，体育明星等在人身伤害方面也存在较高的风险，富豪们对医疗方面的要求也很高，这些都对保险服务提出了较高的要求。

（7）税务规划

富裕人士由于收入和财产水平高，是纳税的大户，故代富裕人士处理税务问题、帮助这些人士合法地避税也是私人银行业务的一项重要内容。银行提供这项业务的目的往往不是为了获利，而是为了提高自己提供的服务的质量和吸引力。

（8）家庭办公室（Family Office）

家庭办公室原是一种起源于美国的十分古老的私人理财机构，它最早是由约翰·D·洛克菲勒（John D. Rockefeller）于1882年设立的，是专门为某一超级富豪家庭成立的投资理财机构。近年来，银行等金融机构也开始在自己的私人银行部门设立"家庭办公室"。为了吸引中等富裕客户，从20世纪70年代开始私人银行机构还设立了"多家庭办公室"（Multi-Family Office），即同时为几个家庭服务的办公室。有了"多家庭办公室"后，现在客户并不需要拥有如洛克菲勒家族那样的巨额家庭资产（通常门槛仅为3 000万美元，而单独的家庭办公室则至少需要1亿美元的财富）就可以享受准"家庭办公室"般的私人银行服务。相比于一般的私人银行服务，"家庭办公室"专门为某一个或少量几个家庭工作，因而客户可以得到更为专注、更加量身定做的服务；而且其关注的时间段也要长于普通的私人银行服务，因它不是为一个人服务，而是为两代以上的人服务。"家庭办公室"目前在欧美广受富裕家庭的青睐，据估计目前美国的"家庭办公室"多达4 000家，欧洲也有500家。

（9）社会责任投资

所谓社会责任投资（Socially Responsible Investment，SRI），是流行于北美的一个概念，在欧洲的类似概念为"道德投资"（Ethnical Investment，EI），有些地区则称为"环境、社会责任和治理投资"（Environmental，Social and Governance Investment，ESGI）。社会责任投资要求投资者在投资时要考虑投资对象在环境保护、社会福利、良好的政府管理等方面的表现。现代的富裕人士越来越注重自己的社会责任，因此也越来越注重自己投资的社会效果，并要求私人银行经理在配置自己的资产时考虑这一因素。因此，此类投资将在私人银行的投资资产中占有越来越重要的地位。根据凯捷咨询2007年《世界财富报告》的调查，被调查的金融机构表示分别有11％的超高资产净值客户（Ultra－HNWIs）和10％的高净值资产客户（HNWIs）对它们提出了社会责任方面的要求，这两类客户的社会责任投资占其资产组合的比重分别为9％和8％。尤其令人惊奇的是，亚太地区的 HNWIs 对社会责任投资的重视无论是从人数比例来看还是从资产份额来看都是最高的，相反被广泛认为社会发展较为成熟的北美地区的 HNWIs 对社会发展投资实际较不重视，其排名仅领先于拉美地区的 HNWIs。2006 年各地区 HNWIs 以上级别人士的社会责任投资情况如图 11 - 3 所示。

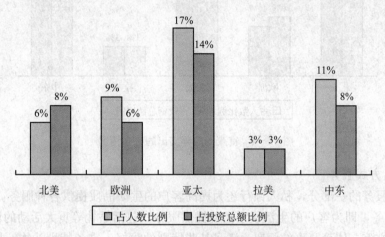

图 11 - 3　富豪的社会责任投资情况

资料来源：Capgemini：2007 World Wealth Report.

实践表明，社会责任投资不仅有良好的社会效果，在投资的经济回报上其实也高于一般的投资。特别是环境保护和另类能源方面的投资近年来尤其受到追捧。根据某些社会责任指标从标准普尔 500 指数（S&P 500 Index）成份股中选出部分股票构成的社会指数（Domini 400 Social Index）从其公布的 1990 年起到 2005 年其年平均增长率达到 12.71％，同期标准普尔 500 指数仅增长了 11.49％（Capgemini，2007）。

（10）慈善咨询

除关注投资的社会效应外，现代的富裕人士较过去的富人还更积极地将自己的财富反馈社会。各国政府也通过对慈善支出免税等方式鼓励富裕人士增加慈善支出。根据凯捷咨询2007 年《世界财富报告》的统计，在 2006 年，被调查的金融机构的 HNWIs 客户有 11％要求将自己所委托的资产部分用作慈善用途，用于慈善用途的资产占了这些客户资产总额的7％。超高 HNWIs 在这方面尤为积极，有 17％的超高 HNWIs 要求将自己所委托的资产部分用作慈善用途，这些客户平均将其委托资产总额的 10％用于慈善目的。2006 年全球HNWIs 用于慈善目的的资产总额达到 2 850 亿美元。这方面北美和亚太地区表现较为突出，图 11 - 4 为各地区 HNWIs 以上级别人士慈善活动的分布情况：

新富裕人士不仅在慈善方面更为慷慨，而且更注重其慈善活动的实际效果，这使得他们更青睐所谓的投资式（Investment-like）的慈善活动。为适应这一潮流，私人银行业积极扩展慈善咨询服务，它们就慈善项目的选择、投资的时机选择与金额等问题向客户提供建议与咨询。一些金融机构还设立了慈善性质的基金供富裕人士投资。

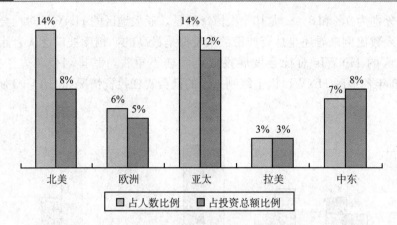

图 11 - 4 富豪的慈善支出的分布情况

（11）生活方式服务

作为附属服务的一部分，私人银行还为提高客户的生活品质提供各种服务。

① 生活服务，即为客户的生活娱乐活动提供服务。包括婚礼等重大活动的计划，预定饭店座位，预定剧院、体育赛事的门票，满足某些特别的癖好，准备特别礼物，提供运输及递送服务，汽车维修服务，照料宠物等。

② 旅行服务，即为客户旅游和旅行提供规划和帮助。包括旅行项目的选择、旅游路线的设计、代理签证和出境手续、机票及机场出租车预订、宾馆预定及海外别墅租赁、旅途中车、船或小型飞机的租赁等。

③ 房屋及家庭服务，此类服务包括房屋出售与转让，房屋的装修、维修，搬家服务，水电气安装、维修，园艺工作，地址变更通告等。

④ 奢侈品购买，包括属于前述的"激情投资"及不属于"激情投资"的奢侈品购买代理及咨询。

（12）教育服务

这也是私人银行机构为招揽客户提供的一项附属服务。这类服务包括对客户本人及其子女提供的教育项目。私人银行机构有时会对客户提供理财知识培训，这样可以加强客户对该机构提供的理财产品及服务的了解，加强彼此的沟通与信任，从而密切机构与客户的关系。私人银行机构还会为客户的子女提供培训，包括理财培训和领导能力培训等，这不仅可以取悦客户，还可以加强机构与下一代富豪的联系。

4. 私人银行业务对银行的利益

相比于一般的零售银行业务，私人银行业务能给银行带来更高、更为广泛的利益。

（1）更高的收益率

由于服务的对象是高端的个人客户，私人银行业务的盈利能力远高于公司客户和一般个人客户。据 Unicredito Italiano 的估计，金融机构经风险调整的业务收益率对大公司业务为0.05%，对小企业业务为 5.3%，对一般公众业务为 29.6%，而对富裕客户的业务和私人银行业务则分别高达 405% 和 409%（Maude，2006）。美国波士顿咨询集团（BCG）则估计私人银行客户的人均利润是大众零售客户人均利润的 10 倍（BGG，2007）。

（2）更为稳定的收入

由于私人银行业务中银行和客户之间的关系是较为长期的关系，且转移成本较高，故收入较为稳定，而且随着经济的增长，其业务发展前景良好。

（3）业务成本和进入壁垒低

与普通的零售银行业务相比，私人银行业务并不需要庞大的营业网点，只需在一些重点大城市有少量办公室即可，故成本较低。这还使得外国银行在私人银行领域并不像普通零售银行业务领域那样与本地银行相比存在基础设施方面的劣势，故私人银行业务成为银行国际业务的重要内容，而普通零售银行业务除信用卡业务外在国际银行业务中不占重要地位。由于是对富裕客户的业务且业务较为稳定，相对于普通的零售银行业务其监管资本的要求也较低。

（4）具有很高的外部效应

即带动其他业务的能力。由于私人银行业务的客户多具有很高的消费能力，因此它具有很强的带动其他零售银行业务的能力。根据花旗银行的评估，私人银行业务与信用卡业务之间的相关性在 0.96～0.999 5 之间；私人银行业务与消费者金融净利润的相关性也高达 0.67（连建辉、孙焕民，2007）。由于富裕人士中有很多是企业主管及公司高层管理人士，故其对公司金融的带动作用也是不可忽视的。

5. 国际私人银行业务的现状

从 20 世纪 90 年代起，由于世界经济发展迅速和各国资本市场的繁荣，全球富裕人士不论是其人数还是其拥有的资产数额都有迅速的增长。根据凯捷咨询的估计，从 1996 年到 2006 年的 11 年里，全球富豪（拥有 AuM 在 100 万美元以上的 HNWIs，下同）人数及这些人所拥有的 AuM 价值的复合年平均增长率[①]分别达到 7.8% 和 8.4%；在 2006 年，富豪人数从 870 万人增加到 950 万人，较上年增长了 8.3%。同期他们所拥有的金融资产从 2005 年的 33.3 万亿美元上升至 37.2 万亿美元，年增长率 11.4%。表 11－1 为从 1996—2006 年的富豪人数及其持有的 AuM 数额情况。

表 11－1　全球富豪的人数及其持有的 AuM 数额情况

	1996	1997	1998	1999	2000	2001	2002	2003	2004	2005	2006
金额/万亿美元	16.6	19.1	21.6	25.5	27	26.2	26.7	28.5	30.7	33.3	37.2
人数/百万人	4.5	5.2	5.9	7	7.2	7.1	7.3	7.7	8.2	8.7	9.5

资料来源：Capgemini；2007 World Wealth Report.

根据凯捷咨询 2007 年《世界财富报告》，2006 年全球范围内的富裕人士（拥有 AuM 在 10 万美元以上的人士，下同）约有 89.7% 的人拥有 100 万～500 万美元的资产，这些人所拥有的财富占全球富裕人士财富总值的 42.2%。在全球富裕人士中，有 1% 可归类为超高 HNWIs，这些最富有阶层持有的财富占全球富裕人士财富的比例由 2005 年的 33.6% 上升至 35.1%。

私人银行业可按地域划分为北美、欧洲、亚太、非洲、中东和拉丁美洲 6 个区域，这些

---

① 复合年年均增长率（Compound Annual Growth Rate，CAGR）也就是几何年平均增长率，计算公式为

$$复合年增长率 = \left[\left(\frac{现期价值}{基期价值} \right)^{\frac{1}{n}} - 1 \right] \times 100，其中 n 为计算期的年数。$$

区域的私人银行业务市场都有各自的特点。

以美国为主的北美市场是世界最大的私人银行业务市场。根据凯捷咨询的估计，2006 年北美富豪的人数为 320 万人，占全球富豪总数的 33.7%；其所持有的 AuM 价值达 11.3 万亿美元，占全球富豪持有 AuM 总额的 30.4%。美国富裕人士多数属于自我创业的新富豪，靠遗产继承形成的旧富豪所占比例较少。北美通过继承得到的"旧财富"约占所有富裕人士拥有财富的 5%～15%。特别是自 20 世纪 80 年代以来，随着"新经济"的发展，出现了以比尔·盖茨为代表的大批新富豪，这类富豪相对年轻，平均年龄为 55～57 岁。由于经济相对成熟，北美的私人银行市场相对于新兴经济体发展速度略低，2006 年的富豪人数及其财富的复合年增长率分别为 9.2% 和 10.3%，在六大地区中分别居第四位和第五位。

美国富裕人士因新富豪所占比重较高，故投资态度较为激进，投资组合中股票投资比重较大。由于政治经济体制的成熟及税收体制相对合理，因此美国的资本流失现象不是很严重。美国富裕人士把自己财富的一半以上资产投在国内，这一比例高于全球水平。北美富裕人士喜欢根据关系和服务质量多方选择私人银行机构，然而一旦选择了满意的机构，常愿把自身财富的很大一部分交给单个私人银行机构管理。

欧洲是全球第二大私人银行业务市场，2006 年欧洲的富豪人数为 290 万人，占全球富豪人数总数的 30.5%；其所持有的 AuM 价值达 10.1 万亿美元，占全球富豪持有 AuM 总额的 27.2%。西欧国家多数属老牌资本主义国家，故其富裕人士中属靠继承获得财富的旧富豪人数比例相对较高，其富豪的平均年龄在 59～62 岁，相对于北美偏高；通过继承得到的"旧财富"占所有富豪拥有财富的比例在 15%～25%，也远高于北美。不少私人银行机构管理的还是两三代人以前的财富。总体来看，欧洲由于经济成熟度高其私人银行市场发展相对较慢。欧洲 2006 年的富豪人数及其财富的年增长率分别为 6.4% 和 7.9%，位居六大地区之末。不过在 20 世纪 90 年代后东欧和俄罗斯发生体制变革，产生了大批新富豪，其富豪人数及其 AuM 金额增长都非常迅速。

西欧富裕人士由于"旧财富"所占比重大，其投资风格倾向保守，但东欧和俄罗斯的富裕人士由于新富豪的比重较高，其投资理念和北美及亚太地区相近，对私人银行业的要求是私密和投资收入稳定。他们在选择私人银行机构时更注重机构的声誉和形象，但一般不把自身财富完全由一家金融机构管理，投资对象偏好债券、存款等固定收益产品。由于本地区内存在伦敦等发达的境外市场，加上一些国家的税收负担较重（如德国等西欧国家）或政治经济形势不够稳定（如东欧一些国家），欧洲财富中境外理财的部分相对北美要大。这种情况在东欧和俄罗斯更为严重。例如俄罗斯财政部估计 2005 年俄罗斯的资本外流达 100 亿美元（Maude，2006）。

亚太地区是全球第三大私人银行业务市场。2006 年亚太地区的富豪人数达到 260 万人，占全球富豪总数的 27.4%；其所持有的 AuM 价值达 8.4 万亿美元，占全球富豪持有 AuM 总额的 22.6%。得益于国民经济的快速增长及相应股票、房地产等市场的繁荣，亚太地区的私人银行市场发展较快。按复合年增长率计算，2006 年亚太地区的富豪人数及其财富的年增长率分别为 8.6% 和 10.5%，在六大区中分别排名第五和第四，均略高于全球的平均增长水平。但如果剔除日本和澳大利亚这两个发达国家，其增长速度还是很快的。其中，新加坡、印度及印尼的富豪人数增长速度位居全球榜首，2006 年的增长率分别为 21.2%、20.5%、16.0%。中国内地与日本占亚太地区富豪财富总值的 64%。

亚太地区各国经济差异很大，故该地区不同国家的私人银行市场也各有特点。总体来看亚太地区富裕人士也较为年轻，特别是在中国和印度等新兴市场，投资对象更偏重于不动产、现金与现金等价物。房地产在我国台湾和香港，以及韩国特别受到欢迎，很多富豪是靠房地产起家的。该地区富裕人士控制的资产中股票投资所占比例的平均水平为25％，少于全球31％的平均水平，但其中澳大利亚、中国内地及印尼富裕人士对股票配置的份额比其他市场高；固定收益投资的比例为15％，也处于较低的水平。亚太地区富裕人士的激情投资在其资产总额中所占比例为8％（Capgemini，2007），在全球处于较低水平。相比大多数其他地区，亚太地区富裕人士更注意投资的社会效果，在慈善开支方面也更为慷慨。亚太地区富裕人士的境外资产占其全部财富的比例较高。

拉美地区在全球私人银行业务市场中排名第四，2006年拉美地区的富豪人数达到40万人，占全球富豪人数总数的4.2％；其所持有的AuM价值达5.1万亿美元，占全球富豪持有AuM总额的13.7％。虽然拉美地区整体的经济发展速度低于亚太地区，受益于金属矿产及石油价格的上涨，拉美地区的私人银行市场发展很快。按复合年增长率计算，2006年拉美地区的富豪人数及其财富的年增长率分别为10.2％和23.2％，在六大区中分别排名第三和第一。

相比多数其他地区，拉美地区的贫富差距很大。根据世界银行的统计，拉美收入居前10％的人占有了拉美国民收入的45％，而美国为30％，欧洲和亚太地区仅为25％。从前述富豪人数的统计数据来看，其富豪人均拥有的AuM价值明显高于其他地区，这也反映了该地区贫富差距大的现实。

中东地区在全球大私人银行业务市场中排名第五，2006年中东地区的富豪人数为30万人，占全球富豪人数总数的3.2％；其所持有的AuM价值达1.4万亿美元，占全球富豪持有AuM总额的3.8％。同样受益于石油价格的上涨，中东地区的私人银行市场发展速度高于全球一般水平。按复合年增长率计算，2006年中东地区的富豪人数及其财富的年增长率分别为11.9％和11.7％，在六大区中分别排名第二和第三。

中东的财富集中在少数几个家族手中，且多数属于延续了好几代的"旧财富"，其离岸管理的财富所占比例也较高。

非洲地区由于经济发展水平落后，其富豪人数及其拥有的财产数量也是全球最少的。2006年非洲地区的富豪人数为10万人，占全球富豪总数的1.1％；其所持有的AuM价值达0.9万亿美元，占全球富豪持有AuM总额的2.4％。也是受益于近年来各种资源价格的上涨，非洲地区的私人银行市场发展速度在全球居于前列。按复合年增长率计算，2006年非洲地区的富豪人数及其财富的年增长率分别为12.5％和14％，在六大区中分别排名第一和第二。

非洲的财富也高度集中，其中南非就占有了该地区60％的财富（Maude，2006）。同样有很大一部分财富为离岸财富。

表11-2总结了主要地区富豪人数及其持有的资产在全球的分布情况。

表 11-2 主要地区富豪人数及其持有的资产在全球的分布情况

	2004		2005		2006		2006 年 CAGR/%	
	人数/百万	金额/万亿 $	人数/百万	金额/万亿 $	人数/百万	金额/万亿 $	人 数	金 额
北 美	2.7	9.3	2.9	10.2	3.2	11.3	9.20	10.3
欧 洲	2.6	8.9	2.8	9.4	2.9	10.1	6.40	7.8
亚 太	2.2	7.1	2.4	7.6	2.6	8.4	8.60	10.5
拉 美	0.3	3.7	0.3	4.2	0.4	5.1	10.20	23.2
中 东	0.3	1	0.3	1.3	0.4	1.4	11.90	11.7
非 洲	0.1	0.7	0.1	0.8	0.1	0.9	12.50	14

＊此处富裕人士是指拥有的 AuM 在 100 万美元以上的人士。

资料来源：Capgemini：2007 World Wealth Report.

6. 我国的私人银行业务

在过去，我国银行除了存款业务外并不注重零售业务，其业务的中心主要是公司业务，但随着改革开放的发展及人民收入及财富水平的提高，以个人理财为代表的零售银行业务自 20 世纪 90 年代后在我国得到了迅速的发展。进入 21 世纪以后，我国银行开始注意发展面向中高端客户的理财业务。招商银行于 2002 年推出面向中高端零售客户的"金葵花理财"业务，并于 2005 年 8 月在深圳成立了首家面向高端客户的"金葵花"财富管理中心。截至 2007 年 11 月末，该业务下达到私人银行门槛的客户达 5 000 名。2004 年 4 月，工商银行在北京成立 4 家名为"8n 财富"的高端客户银行网点，锁定客户为拥有 50 万以上金融资产的富人。中国建设银行于 2005 年 6 月成立了国内第一个高端客户部，并于 2006 年 9 月在浙江杭州成立了浙江省分行财富管理中心，客户门槛为存款 100 万元人民币。中国农业银行则于 2007 年 3 月在深圳成立金钥匙理财 VIP 俱乐部。

私人银行的概念在 2005 年后才在中国出现，最初将这一概念引入我国的是来往于香港和内地的外资银行客户经理，但直到 2007 年，私人银行业务才真正在中国内地开始起步。2007 年 3 月 28 日，中国银行与苏格兰皇家银行合作建立的中国银行私人银行部在北京和上海两地正式开业，在国内率先推出了私人银行业务。2007 年 7 月，中信银行在北京成立了第一家完全由国内商业银行创立的私人银行——中信银行私人银行中心。同年 8 月，招商银行也成立了私人银行中心。其他中资银行也在发展或筹备各自的私人银行业务。

这些金融机构的私人银行业务的门槛不一，但多数在 100 万美元或等值的人民币。例如中信银行的门槛为 100 万美元资产以上，招商银行则规定个人金融资产需在人民币 1 000 万元以上。

如前所述，私人银行业务由于进入门槛低，通常是外资银行重点发展的业务，因此外资银行近年来也加快了在中国发展私人银行业务的步伐。2004 年 6 月，花旗银行在上海设立富裕人士理财中心"CitiGold"，开外资银行在华高端理财的先河。2007 年 6 月，渣打银行（中国）有限公司首先在北京正式启动私人银行业务，客户的门槛是 AuM 高于 100 万美元（或等值 800 万元人民币）。其他外资银行，如汇丰银行在上海设立了私人银行业务办事处，东亚银行的北京财富管理部也已经低调设立了相关的私人银行部门。

根据凯捷咨询公司 2008 年联合发布的《亚太区财富报告》，截至 2006 年年底，中国共有 34.5 万富豪，比 2005 年增长 7.8％。2006 年中国富豪拥有的财富总值同比增长 8.8％，达到 1.7 万亿美元。而根据波士顿咨询公司（BCG）《2007 中国财富市场报告》的估计，从 2001－2006 年的 5 年期间里，中国家庭拥有的 AuM 从 0.9 万亿美元上升至 2.5 亿美元，年平均增长率（CAGR）为 23.4％，居世界首位，2006 的增长率更是高达 31.6％。同期中国有百万美元以上 AuM 的家庭的数目从 12.4 万上升到 31 万，居全球第五，复合年增长率为 20.1％；他们所拥有的 AuM 则从 0.34 万亿美元增加到 1.03 万亿美元。最新发布的"2007 胡润百富统计榜"显示，今年上榜的 800 名富豪，其控股企业的总销售额为 16 000 亿元，占全国 GDP 的 8％，其财富总量为 3.4 万亿元，占 GDP 的 16％以上。

中国家庭财富的财富集中程度越来越高。据 BCG 的估计，从 2001 年到 2006 年，拥有 AuM 在 500 万美元以上的家庭所持有的资产在中国家庭总资产中所占比重从 13.3％上升至 20.1％。2006 年，不足 1％的中国家庭拥有全国 67％的家庭财富；而拥有 AuM 在 100 万美元以上的 HNWIs 家庭在中国家庭总数所占比例仅为 0.1％，却拥有中国家庭 41.4％的财富（见表 11－3）。

表 11－3　中国家庭财富的分布情况

	家庭数目	财产金额
AuM<10 万美元	375.67	809
AuM 在 10 万～100 万美元之间	2.35	541
AuM>100 万美元	0.31	1 027

资料来源：BCG.2007 中国财富市场报告.

作为世界上发展最为迅速的新兴市场，中国的财富显得非常"年轻"。根据 BCG 的估计，中国内地的富豪有 89％是企业家，10％是靠工资的收入致富，且多数是第一代的富豪，只有 1％来自遗产继承。

在投资对象方面，中国富裕人士的投资分布出现两极分化的局面，尽管逐年有所下降，中国富豪的投资组合中现金占了很大比例（见图 11－5），这点和中国人的储蓄观念有很大关系。另一方面，由于富豪中多数属于企业家，故投资的风险容忍度非常高；中国富裕人士偏好房地产、实业及股权投资，近年来对外汇、金融衍生工具也表现出了越来越大的兴趣，而且他们多数希望能参与投资决策，对自己的投资能力非常有信心。

由于环境的影响，不论其财富来源是否存在灰色因素，中国富豪多数不喜欢招摇，故在私人银行机构的选择方面对私密性有很高的要求。此外，中国富裕人士喜欢将财富分散交给不同地区的多家私人银行机构管理，以增加财富的安全性及自己的讨价还价能力。

私人银行业务在我国还刚刚起步，其内外环境还存在许多不尽如人意的地方。就外部环境而言，我国投资渠道仍然有限，难以满足富裕人士的多元化需要。由于我国的资本管制仍然非常严格，境外理财仍然无法合法开展，只能通过迂回渠道进行。在内部环境方面，我国银行的管理状况尚无法满足私人银行业务的需要。我国的银行机构设置多是地区型或部门型的，这种结构的机构设置在部门间业务的整合方面存在先天的劣势，这对私人银行业务的发展非常不利，因为私人银行业务要求对客户提供方便且优质的全套金融服务。地区分支机构或银行的其他业务部门可能不愿意将自己的高价值客户让渡给私人银行部门，或全力支持私人银行部门的工作。在内容方面，目前我国银行能够提供给私人银行客户的产品非常有限，一些银行的私人银行部门只是将银行其他部门提供的各种产品设法卖给大客户。我国私人银行部门距离根据客户的要求量身定做产品、满足客户的具有个性的要求还有很长的一段路要走。

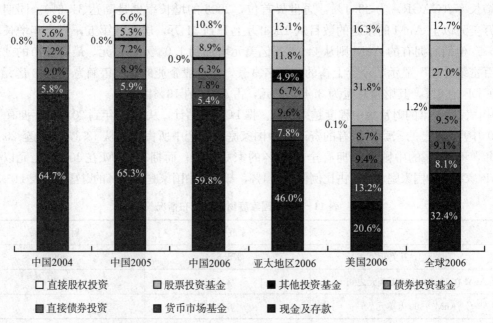

图 11-5 中国富豪的投资组合与其他国家和地区的对比
资料来源：BCG.2007 中国财富市场报告.

思 考 题

1. 一项信托关系的委托人享有哪些基本权利？
2. 与传统的银行存贷款业务相比，信托业务具有哪些特点？
3. 代理业务与信托业务有何不同？
4. 私人银行业务与银行财富管理业务有何不同？
5. 私人银行业务对银行有何意义？

第12章

跨国银行的经营管理

一家银行之所以被称为跨国银行，不仅仅是因为它在海外拥有一定的分支机构，或是在海外从事一定规模的业务，更为重要的是它的经营管理也是国际化的。随着银行业务的国际化，银行的经营管理也就不能再以母国为中心，而必须从全球的角度来安排。本章主要研究业务全球化背景下的银行经营管理的有关问题。

12.1 跨国银行的机构管理

银行的跨国经营活动必须有高效率的组织机构作为保证才能有效地进行，银行跨国经营的发展必然会影响到银行组织结构的变化。银行跨国经营程度越深，其机构设置中有关国际业务部分的地位也就越高，其对银行管理的影响也越大。

1. 银行的总体机构设置

一家地区性国内小银行的机构设置往往较为简单，管理层次少，一般实行垂直管理。随着银行业务规模的扩大，管理难度加大，其机构会越来越庞大和复杂。跨国银行由于拥有数量众多的海外分支机构，且总行与分支机构之间距离遥远，故总行的机构设置更为困难。为了提高机构设置的效率，必须根据某种原则合理设置银行总行与分支机构的机构设置。银行的总体机构设置可以按照以下原则设立。

（1）地区型

地区型机构设置是按地区来设置银行的总部机构，如亚洲部、欧洲部等。分支机构则按业务及职能设立机构，并受相应的地区部门的管理。采用这种形式机构设置的跨国银行管理较为分散，其好处是有利于发挥国外分支机构的经营积极性，便于分支机构的灵活经营，使分支机构的经营能够很好地符合当地的具体情况；其弊端是不利于银行整体经营管理的协调统一，而且容易导致机构设置的重叠。当各地分支机构的业务有很大的不同时，宜采用地区型机构设置方式。银行由于业务同一性较强，故采用地区型总体机构设置的不多。

（2）业务型

所谓业务型的组织结构，是指按公司业务及管理职能的不同类型来设置部门，如贷款部、信托部等。采用这种形式机构设置的跨国银行管理较为集中，其好处是有利于银行经营的一体化，充分发挥专业分工合作的效益，减少机构设置的重叠，发挥国外分支机构的经营积极性；其弊端是不利于分支机构独立自主性的发挥，不能使分支机构的经营很好地符合当地的具体情况，从而导致银行经营管理的僵化，对市场反应迟钝、决策缓慢。此外，这种组织方式也不利于各业务部门的交流、协调，易导致各业务部门的本位主义，无法向客户提供综合服务，客户可能不得不面对彼此隔膜的银行职能部门。当银行各分支机构的业务有很大的一致性时，可采用这种机构设置方式。此外，银行管理职能统一的程度和银行信息收集和处理的能力有很密切的关系，银行总行越是能及时地了解各分支机构的经营情况，就越有能力集中管理权限；反之，则应该采取放权的管理方式，给予各分支机构更大的经营自主权。

（3）客户型

即以客户为中心设置银行机构，如企业客户部、个人金融业务部等。在当前客户利益日益受到重视的今天，这种机构设置方式非常流行。采用这种组织结构方式的好处在于它能打破银行部门和地区机构之间的界限，充分利用银行各个部门和各地区机构的资源，并能根据客户的不同特点为客户量身打造服务产品，从而更好地为顾客服务。

（4）混合型

此种结构综合应用了地区型和业务型、客户型的组织结构方式。采用这种组织方式时每家分支机构都要受数个总行部门的交叉管理，故此种组织方式又可称为矩阵式结构。采用这种组织方式可以综合地区型和业务型组织方式的优点，从而使公司的组织结构更为灵活、精简，从而节省成本。但混合型的公司结构较为少见，因为其设计较为复杂。

这里必须指出的是，跨国银行的组织关系是十分复杂的，其机构的设置反映的往往是表面的、正式的职权关系，这种正式的关系在相同层次的各银行之间一般是差异不大的，它通常是由银行的经营惯例及政府有关的管制条例所决定的。但是，同其他组织机构一样，跨国银行内部通常还存在非正式的但却十分重要的权力关系，这种关系可能与银行表面的组织结构所反映的有很大的不同。

随着金融自由化的发展，银行有向"全能银行"发展的倾向。一般来说，"全能银行"是在一控股公司的旗帜下设立独立子公司分别从事不同种类的金融业务，但由控股公司实行并表管理。

以全球最大的金融集团——花旗集团（Citigroup）为例，该集团在董事会下将全公司的业务分为4个部分，如表12-1所示。

表 12 - 1　花旗集团（Citigroup）业务分类

（一）环球信用卡服务（Global Cards）
　　1. MasterCard
　　2. VISA
　　3. Diners Club
　　4. Private label
　　5. Amex（U. S.）
（二）消费者银行业务（Consumer Banking）
　　1. 消费者融资（Consumer Finance）
　　（1）房地产贷款（Real estate lending）
　　（2）学生贷款（Student loans）
　　（3）汽车贷款（Auto loans）
　　2. 零售布局（Retail Distribution）

(1) 花旗银行分支机构 (Citibank branches)
(2) 花旗金融分支机构 (CitiFinancial branches)
(3) Primerica 金融服务 (Primerica Financial Services)
3. 零售银行业务 (Retail Banking)
(1) 零售银行分支机构 Retail bank branches
(2) 中小型市场商业银行业务 (Small and middle market commercial banking)
(3) 投资服务 (Investment services)
(4) 退休服务 (Retirement services)
(5) 房地产贷款 (Real estate lending)
(6) 个人信贷 (Personal loans)
(7) 销售贷款 (Sales finance)
4. 商业银行业务 (Commercial Business)
中小型市场商业银行业务 (Small and middle market commercial banking)
(三) 机构客户集团 (Institutional Clients Group, ICG)
1. 销售与贸易/资本市场 (Sales and Trading/Capital Markets)
2. 投资银行业务 (Investment Banking)
3. 公司与商业银行业务 (Corporate and Commercial Banking)
4. 环球交易服务 (Global Transaction Services)
(1) 财务与贸易解决方案 (Treasury and Trade Solutions)
(2) 证券与基金服务 (Securities and Fund Services)
5. 另类投资 (Alternative Investments)
(1) 私人股权投资 (Private equity)
(2) 套头基金 (Hedge funds)
(3) 不动产 (Real estate)
(4) 结构性产品 (Structured products)
(5) 管理期货 (Managed futures)
(四) 环球财富管理 (Global Wealth Management , GWM)
1. 超高净值 (Ultra High Net Worth)
(1) 私人银行 (Private Bank)
(2) 财富管理服务 (Wealth management services)
(3) 美邦家庭咨询 (Smith Barney Family Advisory)
2. 高净值客户 (High Net Worth)
(1) 美邦 (Smith Barney)
　　 咨询 (Advisory)
　　 财务规划 (Financial planning)
　　 经纪 (Brokerage)
(2) 退休服务 (Retirement services)
(3) 银行服务 (Banking services)
3. 新兴富裕客户 Emerging Affluent
我的财政 (myFi)
4. 机构客户 (Institutional Clients)
5. 投资 (Investments)

图 12-1 为银行总体的机构设置图。

2. 银行设立海外分支机构的原因

银行赴海外设立分支机构属于对外投资，所以分析一般企业对外投资动机的理论也可以用来分析银行设立海外分支机构的动机。有不少经济学家尝试用跨国公司理论对银行设立海外分支机构的动机进行理论和经验分析。

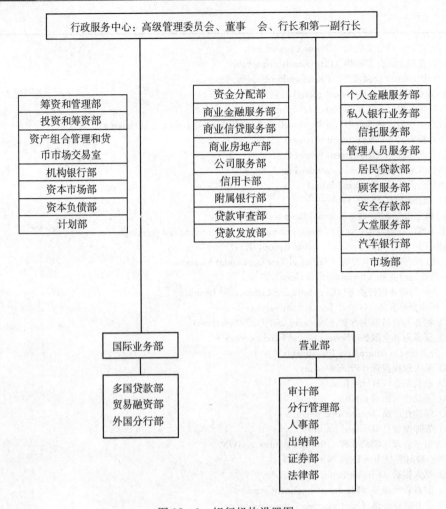

图 12-1　银行机构设置图

资料来源：Rose P S（2004）. Commercal Bank Manasement.

（1）寻求业务和利润的增长机会

几乎所有的海外投资的动机都可以归结为扩展业务或增加利润（或其反面减少亏损），此处特指一般的情形。大银行一般都起源于发达国家，这些国家经济发展已非常成熟，业务及盈利增长空间有限。某些海外市场由于具有较大的市场前景和利润空间，就会吸引外国银行进入设立分支机构。这些市场通常是经济发展很快的新兴工业化国家，如过去的"四小龙"，今日的巴西、俄国、中国和印度"金砖四国"。

（2）利用竞争优势

Grubel（1977）首先应用竞争优势理论对银行的对外扩张进行了理论解释。与本地银行相比，海外银行分支机构存在许多不利因素，外国银行只有拥有某些竞争优势才能够克服这些不利因素与当地的银行展开竞争，并从它们手中夺取部分市场份额。有些银行之所以到海外设立分支机构就是为了充分利用自己拥有的竞争优势，以争取最大程度的利润。

银行的竞争优势来源多种多样，它可以来自微观领域即银行自身，如母行的声誉，母行的规模（scale）优势及范围（scope）优势，先进的管理技术与经验，在某项业务领域长期积累的技术、知识、声誉与经验，硬件设施（如机构网络、技术设备、信息系统等），人才优势，等等。竞争优势也可以来自宏观领域，如母国的低税率或较为宽松的金融及监管政策导致的经营成本下降，母国较低的利率或高昂的储蓄率导致的银行低融资成本，本国汇率上升导致的对外投资成本下降，等等。20 世纪 90 年代初日本由于日元升值、国内利率下降导致的银行对外扩张潮就是一个很好的例子。

反过来，银行也可通过并购海外分支机构来获取某种竞争优势。例如，银行意欲拓展某项新业务领域，与其自己慢慢摸索，不如并购某个在该领域已具有一定优势的银行更为有利。花旗集团并购旅行者集团就是花旗集团试图扩展环球信用卡业务的一个很好例子。

（3）追随客户

关系银行业务（Relation Banking）是银行开展业务的重要手段。各大银行手中都有一些重要的大客户，他们是银行利润的主要来源，银行为他们提供包括信贷、结算、经纪、代理等在内的全面银行服务。如果这些重要客户到海外去投资，为了更好地为客户服务，银行也可能追随这些重要客户到他们较为集中的海外投资所在地开设分支机构，以方便这些跨国公司的融资、结算和理财，否则银行就可能失去这些客户。

（4）分散风险

投资海外可以使银行的资产地区分配多样化，从而分散银行的风险。因为虽然各国经济间的联系日益紧密，但世界经济的发展仍然是不平衡的，经济与政治危机也往往有很强的区域性。到海外设立分支机构，并据此拓展海外业务，可以有效地避免由于业务集中在本国国内所可能遭受的经济与政治冲击。对于那些处于经济和政治不稳定的发展中国家和转型国家来说，这一点尤其重要。

（5）逃避管制

有些银行对外发展的动机是逃避本国政府对其业务的限制。正如笔者在绪论中所指出的，离岸金融市场的出现与发展就与美国 20 世纪六七十年代政府所采取的一些限制措施（如限制活期存款的 Q 项条例、阻止资本外流的利息平衡税、限制银行从事投资业务的 Glass-Stegall 法案等）有很大的关系。

（6）地理位置的影响

与母国的距离是决定某国是否是该母国的投资流向的重要决定因素，但其对银行海外分支机构的设立的影响是非常复杂的。一方面，分支机构所在国家或地区离跨国银行母国的距离越近，该跨国银行对该分支机构的监控成本就越低。因此有些学者认为，在其他条件相同的情况下，国家或地区离某个跨国银行越近，就越可能成为该银行对外设立海外分支机构的所在地。此即所谓的"重力说"（gravity attraction）。例如，美国附近的某些小岛国（巴哈马、开曼群岛）就是很好的例子。

另一方面，一个国家或地区离跨国银行母国的距离越远，跨国银行母行直接对该地客户提供业务的成本（如调查客户信誉）就越高，就越有必要在当地设立分支机构。

3. 分支机构的种类

虽然国际银行业务可以由母行在本国直接向外国客户提供，但它更多的是通过其海外分支机构来进行的，因为银行业务往往要求银行与客户之间建立密切的联系，彼此应十分熟悉，相互信任，消息要灵通，这通常只有面对面的接触才能做到。因此，大跨国银行除在总行设立国际业务部外，还会在全球各地设立各种分支机构，并在国际业务部的具体指导和管理下使它们形成一个完整的全球网络。

跨国银行海外分支机构的形式是多种多样的，主要有以下几种。

(1) 分行 (Branch)

分行是跨国银行分支机构中最主要的一种形式。分行不是独立的法人实体，它和母行之间有连带责任关系，其资产负债表也不是独立的，而为母行资产负债表的一部分。从法理上说，分行可以从事所有的银行业务，但实际上它一般仅从事批发业务，其资产业务多是对大型企业或银行的贷款。在负债业务方面，虽然分行一般被允许吸收东道国居民的零售存款，但因为这么做需要较完善的机构网络，投资巨大，且需接受东道国更为严格的管理，故它一般通过母行或银行同业市场解决资金来源问题。

(2) 子行 (Subsidiary)

子行为银行在海外设立的独立法人实体，自负盈亏，与母行之间不存在连带的责任关系。只要一家银行直接或间接地拥有另一家银行的股票达到一定比例，使其能够绝对控制后者的经营决策，则后者可视为前者的子银行。与分行不同，子银行一般被视为东道国的居民，与东道国的银行没有什么本质的不同，故子银行更像一个普通的银行。它除了从事批发业务外，也开展零售业务。对母行来说，成立一家子银行更像是一笔投资，而不像分行那样是业务的拓展。相对于分行来说，子行的优点在于母行对其只承担有限的连带责任，被准许的业务经营范围更广泛，甚至可以从事母行本身不能从事的银行业务，如很多国家都要求商业行必须设立独立的子行从事投资银行业务。缺点是子行的规模一般较大，起始资金要求高，管理成本更高。

(3) 联属行 (Affiliates)

联属行是银行在其中拥有股份，但持有的比例尚不足以绝对控制其经营管理的银行机构，此时银行仅是该机构的一个普通参与者。

(4) 国际联合银行 (Consortia Bank)

它是由多个（2家以上）不同国家的银行合资建立的国际银行，其中任何一个银行都不持有绝对控制权的股份比例（即50％以上）。建立联合银行的目的在于联合多家银行的资金、技术，以满足大客户对巨额资金的要求。从某种意义上说，只有国际联合银行才称得上是真正的多国银行。

(5) 代理行 (Agency)

代理行同分行一样，也是银行设立的一种非法人实体，只是职能简单些。例如在美国，在负债业务方面，它通常无权吸收东道国国内的存款，但可吸收东道国以外的存款并持有信用余额（从国外的借款）。在资产业务方面，它自身可以像分支银行那样可以作为母行在当地的代理人开展所有的贷款业务。

(6) 代表处 (Representative Office)

代表处与代理行职能相似，只是更简单些，它自身不从事任何银行业务，甚至不能像代理行那样吸收国外存款，也不能持有信用余额，它仅是代表母行从事信息收集、传递、公共关系、业务招揽等活动。在所有种类的银行海外分支机构中，代表处功能最简单，因而设立和运营成本也最低，是受到东道国政府准入限制最少的分支机构，故它常常是银行在海外设立分支机构的最初形式。

银行对分支机构形式的选择取决于许多因素。

① 母行在东道国的经营战略，如母行期望在东道国的市场参与程度。对那些较为成熟、业务量大或盈利前景好，母行希望重点发展的市场，母行一般会设立规模较大的分行或子行。母行也可以动态地选择所设结构类型，即对一个新市场先以代表处等低等级的机构进行试探，业务扩展后再将原机构逐步升级。

② 可投入的资源。如前所述，不同种类的机构对银行资源的要求是不同的。相对而言，分行和子行的投入要求大，而代表处则是对各项投入的要求最少的。即使是投入要求相差不多的机构，其对各项投入（资金额、人员规模和素质等）的要求也是有差异的。

③ 当地政府的法律规定。各国对不同的外资银行机构有不同的限制和偏向。例如有的鼓励外资设立分行，禁止、限制或不鼓励设立子行，有些国家则相反，对此本书在第13章将有专门论述。母行在国外选择分支机构时不可能不考虑到此因素，有时甚至可能别无选择。

④ 税收政策。不同的分支机构的纳税义务是不尽相同的。子行由于是东道国的独立法人实体，一般享有当地居民的待遇，其公司所得税要向东道国政府缴纳。而分行等机构不是当地独立法人，就不需要缴纳当地的公司所得税。各国根据自己的偏好，也会对不同类型的机构征收不同的税收。母行会根据自己的全球税收管理策略考虑在某国设立的机构类型。例如，对纳税负担比较重的国家，将尽可能不设独立分支机构，以便把利润从该国转移到纳税负担比较轻的母国或某个第三国的独立分支机构。又如分支机构在成立之初通常亏损，此时成立非独立分支机构有利于母行减轻纳税负担，在分支机构开始盈利之后则可以将其升为独立分支机构。

一般来说，大多数银行倾向于在海外设立分行或代理行、代表处，而不喜欢设立子行，因为子行的结构复杂，建立和营运成本高昂，且其经营自成体系，有较强独立性，有时东道国政府还设有当地经理人员参与比例限制，故更不易受母行控制。此外，由于子行与母行无连带责任关系，因而它只能以自身资本为基础开展业务，业务开展遂受到很大限制。

4. 分支机构的发展策略

跨国银行有两种策略可用于拓展海外分支机构：设立新的机构或并购当地已有的银行。这两种方式各有优缺点，银行会根据自身的业务需要及东道国的相关政策、法律规定决定设立海外分支机构的策略。

并购已经存在的东道国银行可以使跨国银行迅速在东道国启动业务，可利用被并购的东道国银行的资源，如机构网络、人际关系、信誉、人力资源等。如前所诉，用户还可通过这种方式获得自己所迫切需要的竞争优势。此外，并购还可以减少自己的竞争对手。

另一方面，建立新的分支机构可以使成立的新机构更符合跨国银行发展战略的需要，使分支机构的经营能更好地融入跨国银行的整体经营战略之中，避免减少处理不合其发展战略的被并购机构的人员、机构和业务的麻烦。在有些国家，政府不允许或限制外国银行并购本国的银行，这种情况下设立新机构可能是银行对外扩张的唯一途径。

12.2 跨国银行的经营战略管理

所谓经营战略，是指一个企业拟定的在未来一段时期内的经营目标及实现这一目标的策略、方案。银行的长期经营战略出现于 20 世纪 60 年代，最早开始制定长期经营战略的是欧文信托公司（Irving Trust Company）和第一芝加哥银行控股公司（First Chicago Corp.）。但在 20 世纪 70 年代前，银行中作长期计划的还很少，70 年代后银行经营战略的制定在美国银行界已经十分普遍[①]。根据 1980 年美国的一份调查报告，1970 年以前，79 家银行中只有 6 家建立了正式的长期战略计划制定制度；1974 年以后，有一半以上银行开始制定长期战略计划；到 1980 年，美国最大的 134 家银行中只有约 25％的没有搞长期战略计划[②]。

对于一家银行来说，制定跨国经营战略对其大力扩展国际银行业务具有十分重要的意义。只有在经营战略的指导下，银行的决策部门在决定国际银行业务的预算编制、机构设置、人员培训、公共关系等方面工作时才会有章可循，从而便利了各级职员的工作，使各级部门的工作能够协调一致，向着一个方向努力，"人治"因素也会大为减少。经营战略的存在还能使银行在经营过程中如遇到意外事件需处理时有既定的方针和程序供其参考。

1. 银行跨国经营战略的制定程序

银行经营战略的制定大致需完成以下工作。

① 对银行自身经营状况及银行经营环境的分析。

② 对影响银行经营的主要因素未来发展趋势的预测。

③ 银行基本经营目标的制定。

④ 银行具体经营策略的制定。

跨国银行业务经营战略的各个方面并不是前后相续的单向关系，它们在制定战略的过程中可以相互反馈。跨国银行的经营战略就是在这种不断的反馈修订过程中制定出来的，如图 12-2 所示。

银行的跨国经营战略一般由董事会负责制定，但银行的每个部门通常都参与制定过程。大的银行大多设有专门的委员会或计划部专门负责跨国经营战略的制定，它们的国标业务部通常也有相应的部门负责跨国经营战略的制定。这些计划部门或委员会往往拥有许多技术专家，甚至经济学家，制定的战略有长、中、短期之分，但通常不超过 5 年，超过这一期限，因环境因素一般很难预测，因而仅能制定远景规划。银行的经营战略也并非一经制定就固定不变，而是应随内外环境的变化而不断修正，并将随时间不断顺延，使其具有滚动性，以更好地适应形势变化的需要。

在过去，银行的跨国经营战略仅是银行总体经营战略的一部分，然而随着银行跨国业务在其总业务中所占比重的日益提高，跨国经营战略在银行总的战略中的地位也因此不断上升。目前，大跨国银行的海外业务大都占了其总业务规模的一半以上，它们的经营战略往往

---

① 俞乔，刑晓林，曲合磊. 商业银行管理学. 上海：上海人民出版社，1998.

② 格拉迪，斯宾赛尔，布隆逊. 商业银行经营管理. 北京：中国金融出版社，1991.

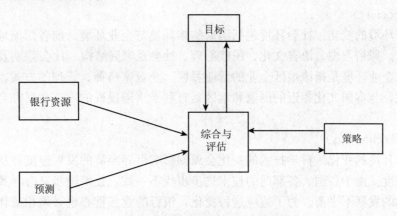

都是从全球角度制定并实施的。跨国经营战略对这些银行来说已不再仅仅是银行总战略的一个组成部分，而是总战略本身。

图 12-2　银行经营战略制定流程图

资料来源：EDWARD W R. Commercial banking. 3rd. Prentice Hall international Inc. 1983。

2. 银行自身资源及经营环境的评估与预测

在制定经营目标和策略时应考虑的因素很多，但主要的有银行自身资源及外部环境两类。银行自身的资源对其经营目标及策略的影响是巨大的。例如，如果银行资金力量薄弱，信息收集和分析能力不强，那么它要独自在海外扩展业务将十分困难，尤其是难以开展与大客户（政府、跨国公司）的业务。银行的经营状况，如银行的资产负债状况、风险分布、盈利情况等对银行业务的扩张速度也会产生重大的影响。此外，银行人员的人才结构和称职程度也具有非常重要的意义，某些专业人才的缺乏也会影响银行发展某些特殊行业或特殊形式（如项目贷款）的信贷业务，等等。银行在制定经营战略时应与其他银行进行充分比较，分析本银行的长处和短处，从而制定出能够充分扬长避短的经营战略。

决定银行经营战略的另一个因素是银行经营的外部环境，有人将银行经营的外部环境归纳为 PEST 4 个字符①。

（1）P（Politics）

表示政治环境的变化。政治环境包括一国政局的稳定性，是否有发生战争、内乱，政变的可能性；劳资关系是否融洽；对企业的征税情况；政府经济政策的连续性如何；有关银行监督和控制的国际及国家法律的变动情况；各级政府的办事效率等。一般来说，政局稳定、经济政策有利于投资，且连续性强的政治环境是有利于经济发展的，从而也是有利于银行经营的。对东道国而言，除上述一般因素外，还应考虑该国政府、人民对外国银行的态度、对本国的政治态度、经济政策是否有利于外国投资、对资本及利润的自由汇出有无限制、对外商投资给予的优惠条件的多少、有关外商投资的法律情况等。

（2）E（Economy）

表示经济环境的变化。即其母国及拟扩展业务的国家和地区的宏观经济形势，包括经济增长情况、货币供应和利率变动情况、通货膨胀水平、汇率稳定程度、其他种类金融业务（如证券交易）的变动情况等。一国的经济发展速度快且发展稳定，国民收入高，其市场容

---

① 格拉迪，斯宾赛尔，布隆逊. 商业银行经营管理. 北京：中国金融出版社，1991.

量就越大，企业盈利可能性就越大，对银行各项业务的需求就越大；一国通货膨胀率高，价值不稳定，准确估计对外投资的成本收益也就越难，投资风险就会增加。

（3）S（Society）

表示社会环境的变化。社会环境包括国家整体环境与企业环境。前者指该地区的宗教信仰、道德标准、风俗习惯、语言文化、民族心理、社会及家庭结构、社会差别及其社会阶层的流动性等。企业环境是指该地区企业的营业习惯、企业家精神、管理的方式、经营的战略等。一般来说，与本国文化相近的国家和地区是有利于该国投资的，这在兴办合资企业时更是如此。

（4）T（Technology）

表示技术环境的变化。科学技术的变化会深刻影响世界经济的发展速度，从而影响银行业务的发展速度。由于各国、各部门的技术进步步伐不一致，技术进步又会导致各地区、各国、各部门间的发展不平衡。为了适应这种变化，银行的业务重心也必须相应作出调整。技术进步本身也会对银行业务和经营管理方式产生深刻的影响，信息技术在银行业的应用就是典型的例子。

银行在制定经营战略时不仅要对银行目前的状况和外部环境作认真的评估，而且要对影响银行经营业绩的因素的未来走向进行尽可能准确的预测。当然，要准确预测所有影响银行经营业绩的因素的未来走向是十分困难的，也过于烦琐，故银行一般只挑选出一些主要因素进行预测。预测通常是根据已有的数据，采用数学模型的方法（如趋势推移法等）进行。

3. 银行基本经营目标的制定

制定银行跨国经营战略首先应该确定跨国经营的目标（Aim），亦即银行希望达到的目的。同其他盈利性机构一样，跨国银行从事任何业务的最终目的都是最大可能地盈利，即利润的极大化。如果假定一家跨国银行的市场可以分为国内和国外两个市场，同时假定银行业是一个垄断竞争的行业，则根据微观经济学原理，该银行利润极大化的条件为

$$MR_d = MR_f$$

即银行在国内市场的边际收益等于国外市场的边际收益，否则银行将业务转移到边际收益高的市场将能提高银行的收益。若业务的边际报酬率递减律成立，这种做法将使边际收益低的市场的边际收益因业务量减少而增加，而边际收益高的市场的边际收益因业务量的增加而减少，结果国内、国外市场的边际收益将趋于一致。

对股份制银行来说，利润的极大化目标具体表现为银行价值的极大化目标，也就是银行股价的极大化。由于股价是银行利润的虚拟化，故从长期来看股价应是每股银行盈利和利率的函数。设银行股价为 P，每股盈利为 π，市场利率为 r，则股价极大化的公式为

$$Max\ P = f(\pi, r)$$

因此银行股价从长期来看与银行的利润水平正相关，利润极大化和股价极大化二者从根本上说是一致的。但是，具体在某一时间二者走势并不一定完全一致，因为某一时刻的一家银行股票的价格除了取决于该银行的盈利外，还取决于银行的经营决策和分配政策。例如，银行为扩大业务可能会收取较低利息和服务费，以争取客户，这可能在短期内会减少银行盈利率，从而影响银行股价的提高，但从长期来看，它有利于银行利润率的提高，因而最终会促使银行股价提高。

但是，任何企业的经营都是存在风险的，因而企业需要在利润最大化和风险控制之间进行平衡，或者说银行的利润最大化目标应经过风险的调整（这主要是通过对每项业务的盈利结果按一定的风险概率进行调整）。银行由于资本与资产比（杠杠率）比工商企业要低，风险承受能力差，收益与风险之间的平衡就显得尤为重要。银行必须在经营战略中规定自己对风险的基本态度。例如是侧重于安全性，因而宁可少获收入；还是侧重于高收益，而甘愿冒较大的风险？银行业务发展的速度应偏快还是应稳重？等等。

此外，由于现代银行大多属于股份制银行，其所有权和经营权是分离的，因此银行的实际经营有可能会偏离利润最大化这一目标。因为银行经理的经营目标和股东的经营目标并不是完全一致的，经理的目标是其薪金收入的增加和经理职位的稳固。例如，经理可能会偏好业务额的最大化（W. Baumol，1959），或业务增长速度的最大化（R. Marris，1964）。不过随着期股制等奖励方法的推广，以及股票持有人对发行公司的影响越来越大，出现了所谓的股东资本主义。经理们现在已更重视本公司股票的市场表现，他们的经营目标和股东的目标正日趋一致。

除了最终目标外，银行经营管理的各个方面也都有其具体的目标，具体经营目标的表述往往是简明扼要、十分笼统的，一般不超过十条。例如，自有资本收益率应达15％；我们将主要在亚洲，在那些有良好的业务扩展前景，并能满足预先规定的利润原则的地方扩展业务。

4. 银行经营策略的制定

经营目标确定后，接下来就应该制定经营的策略（Strategy），如果说银行的经营目标要解决的是银行业务的性质、方向、发展速度等大的方面的问题，那么银行的经营策略则决定银行实现经营目标的具体方式、方法和步骤，它比经营目标要具体、详细得多，可以视为银行经营目标的具体化。例如，为客户提供新的金融工具，提高存款利率，广告计划，具体地决定在哪些国家设立分支机构，设多少，以什么形式设立，是否扩大人员招聘，等等。

12.3　跨国银行的资产负债管理

资产负债管理是任何企业经营管理的重要组成部分，是企业经营安全性的重要保证。对于银行来说，资产负债管理更具有特殊的重要意义。因为商业银行的一个特点就是它的杠杆率（Leverage），即负债与资本之比极高。根据"巴塞尔资本金协议"，典型的商业银行的资本充足率（资本与风险调整后资产比）保持在8％就算是健康的，自有股本充足率则仅需保持在4％以上。如此之高的杠杠率使得银行必须十分谨慎地管理其资产和负债，否则稍有不慎就可能陷入困境。

1. 银行资产负债管理理论的演变

对于商业银行而言，负债管理也就是对银行资金来源的管理。商业银行的资金来源基础为银行发行的股本，这一点同其他股份企业没有什么不同，只不过银行的自有股本占其全部资产的比重特别小罢了。作为最为典型的存款类金融机构，银行资金的主要初始来源自然为非银行客户的存款，包括活期、储蓄及定期存款。不过目前非存款性质的借款已在银行资金来源中占了主要比重，银行借款主要有银行同业信贷、发行债券，以及与中央银行的资金往来。银行负债管理的主要内容就是努力拓展各种资金的来源渠道，并在各种资金来源之间进行协调，使之形成最佳的组合。

银行的资产业务也就是其所筹集资金的运用。银行所吸收的资金必须有一部分留作储备金，用于应付意想不到的客户提款要求、贷款申请、坏账损失等意外事件。银行准备金首先包括库藏现金、在中央银行的储备头寸，以及在往来银行的存款头寸等。这些都是一旦需要立即可以动用的资金，最为可靠，故被称为第一储备。银行还有一些资产虽然不能立即动用，但可以很容易地转化成现金而不会有较大损失，如国库券、银行承兑票据及其他在市场上流动的商业票据等，这些被称为银行的二级储备。留足储备后，银行就可以放手将所余资金用于各种投资。商业银行最主要的投资形式是贷款。银行贷款种类繁多，有贸易信贷、项目贷款、辛迪加贷款等，可满足客户多方面的需要。银行资金投向的另一个重要方面是证券投资。特别是在国际银行业中，由于对银行购买股票及公司长期债券等的限制较某些国家（如美国）的国内银行业要少，因而更具有重要意义。此外，银行还从事不动产等的投资。

在西方，银行的资产负债管理理论经历了很大的演变。在过去，银行侧重的是资产管理策略，其主要精力放在资金的运用，即资产业务上。这是因为当时人们认为银行的资金来源主要是存款，它是被动的，不取决于银行，而取决于存户。在 18 世纪，著名古典经济学家亚当·斯密（Adams Smith）提出了真实票据论，主张银行应以有贸易票据作抵押的、具有自偿性的贸易融资为主要业务，而长期投资的资金要求则应通过留存利润、股票、长期债券等长期资金来满足。这一理论在美国演变为商业贷款理论。真实票据理论主要被应用于商业银行发展的早期，当时还不存在中央银行，故银行对流动性的要求较高。随着中央银行的出现及金融市场的发展，银行获取清偿力的能力大大增加，真实票据论就显得较为保守了，它严重束缚了银行的业务范围。而且这一理论并不能使银行整体避免风险，因为支付债务是有连锁性的。假设 A 企业获得 B 企业的付款，则银行对 A 企业的贸易融资得到偿还，风险消失，但若 B 企业也是靠银行信贷进行支付，则风险就转移到银行对 B 企业的贷款上了。此外，该理论还有加剧商业周期的作用，因为在经济繁荣时期，交易活跃，真实票据增多，银行信贷会相应增加，从而进一步刺激经济发展；反之，在经济萧条时期，交易稀少，真实票据减少，银行信贷会相应下降，这会加剧经济萧条。

在 1918 年，英国的 H. G. 莫尔顿（Moulton）提出转化能力理论（Shift ability Theory），认为银行可以持有期限虽然较长但信誉良好，且流动性强的资产，如商业票据、银行承兑汇票、国库券等，不一定局限于贸易融资，这就扩大了银行资产的范围，延长了银行资产的期限。

1949 年，赫伯特·V·普鲁克诺（Herbert V. Prochnow）提出预期收入理论，主张银行贷款的偿还基础是借款人的未来收入，而不是银行现有资产的清偿价值。这一理论大大扩展了银行的资产选择对象，为银行对工商企业的贷款，特别是项目贷款提供了理论基础。

虽然资产管理理论越来越具有进取性，但总的来说，它注重银行资产的安全性和流动性，经营理念较为保守。

但是在第二次世界大战以后，特别是自 20 世纪 60 年代以来，各种借款在银行资金来源中所占的地位日益提高，银行在资金筹集方面不再处于完全被动的地位，银行的经营策略因而发生了变化，它们更加重视资金来源的开拓，而不是已有资金的使用，负债管理策略因而逐步取代了资产管理策略而在银行资产负债管理中占据了主要地位。负债管理策略侧重于银行资金来源的开拓,认为只有不断扩大银行资金来源,银行业务才能发展,银行的安全才有保障。相对于资产管理而言,负债管理显得更具有进取性,但由于相对忽视了对银行资产的管理,它也加大了银行的风险。

在 20 世纪 80 年代初,银行业又盛行资产负债管理策略,该策略强调银行资产与负债之间规模和结构的对称,从而使银行经营达到收益、风险、安全性三者的最佳组合。该理论综合了资产经营策略和负债经营策略的优点。

2. 跨国银行资产负债的搭配

对银行来说,资产负债管理的目标主要有 3 个,即高收益、低风险和高流动性(即可以迅速脱手而无需承受较大的损失)。只有这样,才能既满足银行对盈利的要求,同时又维持银行经营的安全性。但是这三者往往是有矛盾的,因为高收益的资产通常风险也大,而风险低的资产往往收益也少。鱼与熊掌,难以兼得。银行资产管理的关键就在于使银行资产的组合达到风险和收益的最佳搭配。

在 20 世纪 50 年代初,银行并未根据不同种类负债在流动性方面的不同对资产组合进行选择,而是把所筹集的所有资金集中起来,汇集成一个资金总库,然后按照不同的比例用于不同的资产。这种做法被称为"资金总库法",其做法可用图 12-3 来表示。

"资金总库法"只根据银行总的负债水平来决定银行的资产规模,没有考虑负债的不同流动性特点对银行流动性的影响,有夸大银行存款流动性的倾向,导致银行过于强调资产的流动性,使银行在经营上过于保守,故无法使银行资产负债在高收益、低风险和高流动性三者的结合方面达到最佳。当然,这和早期银行负债比较单一、主要是活期存款的特点有关。

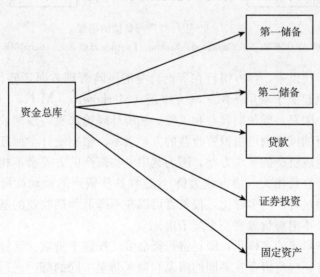

图 12-3 资金总库法

资料来源:EDWARD W R. 3rd. Commercial banking. Prentice Hall international Inc. 1983.

由于其他种类的负债数量微不足道,银行就没有必要对负债进行区分。此外,这种方法一般不重视负债的管理,它一般认为资金总库的水平是由外部因素(如经济景气度)所决定的,银行对此无能为力,银行不能通过自身的经营努力来扩大负债水平。

自 20 世纪 60 年代以来，随着银行负债种类的日益增多，银行开始注意根据负债的不同特点来选择银行资产。银行在决定资产组合时不仅应考虑各种资产自身的风险、流动性和收益，还应考虑银行各种负债的特点。这种方法称为资产负债搭配法或资金转换法，其特点是将每一种负债都作为独立的资金来源加以运用。例如，活期存款是随时可能被提取的负债，因而银行必须对其活期存款提取较大比例的储备金，其余部分也基本上只能用于短、中期贷款，而不可用于购买股票、长期债券及做其他长期投资。相反，定期存款由于流动性低，因而应提取的准备金比例也就较低，故可以较大比例用于贷款和其他投资。图 12-4 说明了银行各种资产与负债的搭配关系。

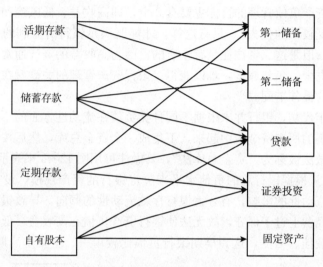

图 12-4　银行资产与负债的搭配

资料来源：EDWARD W R. 3rd. Commercial banking. Prentice Hall international Inc. 1983.

在 20 世纪 60 年代以来，西方银行在资产自身的风险管理方面还盛行资产分散化理论。资产风险分散化理论起源于哈里·M·马克维茨（Markowitz, M H, 1987），该理论认为，投资者主要考虑两个因素，即预期收益和风险。从统计理论来看，预期收益可由投资收益的期望值表示，而投资的风险则可由投资收益的方差表示。根据统计学原理，投资资产组合的方差通常会小于其组成资产的平均方差，因为其中一些资产的方差会不相关（协方差为零），有些资产的方差甚至会负相关（协方差为负），这样这些资产的波动就可能会不同向，因而会相互抵消。因此通过资产的多样化，投资者可以在不降低预期收益的基础上降低投资的风险。通俗的说法就是不把鸡蛋放在一个篮子里。

首先是实行资产形式的多样化，即将银行资金多元投资于贷款、证券、房地产、租赁等多种资产形式，此外还应将资金在不同的国家和地区乃至不同的部门进行分配，即实行资金地区投向和部门投向的分散化。各个银行对单一客户、单一国家、单一货币的业务额占银行业务总额的比重都有限制，各国政府在对银行的监管中通常也规定有这方面的要求。参加贷款辛迪加及组成国际联合银行也是一个分散风险的重要手段。因为它一方面可以使一家银行在单个贷款项目中仅承担部分金融，从而减少银行在单个贷款项目中所承担的风险；另一方面，由于银行在单个项目中所投资金减少了，银行的全部资金就可以用于更多的贷款项目，从而使风险分散。

对于跨国银行及其分支机构（尤其是那些与母行有连带责任关系的分行等类机构）来说，仅注意母行或分支机构的资产及负债状况是远远不够的，只有综合观察银行整个系统的资产负债状况才能真正了解银行的资产负债情况，确定其安全性。正是由于这个原因，关于银行国际监督的"巴塞尔委员会"（见本书第 13 章的有关介绍）才于 1978 年确定了"综合资产负债表"原则，要求各国政府在监督本国银行时应将母行和其海外分支机构作为一整体考察其资产负债状况，即实行并表管理。

最后应该提出的是，资产负债表是不能反映银行经营活动及其安全性的全部的，因为银行还有许多表外业务。这些业务要么本身具有很大风险（如外汇买卖），要么是一种或有债务（如担保、承诺），因而也会对银行的安全性造成很大威胁。随着国际银行业务日趋向表外业务偏移，这方面的问题已日益引起银行自身及社会的重视，巴塞尔委员会发表的《资本金协议》已将表外业务折算后纳入资产负债表，以便全面掌握银行的业务情况。

12.4　国际银行的风险管理

同其他国际经济活动一样，银行从事跨国业务所冒的风险要远远大于从事国内业务所要冒的风险，因为银行要面对不同的政治、法律环境，对外国客户的了解往往也难以像对国内客户那样透彻，而且还需要面对不同的货币。

1. 风险的种类及防范的措施

1）银行面临的风险种类

一家国际银行在其经营过程中通常会遇到以下的风险。

（1）信用风险（Credit Risk）

信用风险又称违约风险（Default Risk），是指因银行交易对象的信誉不佳所导致的交易风险。如果交易对象不能履行其义务，银行就会蒙受损失。例如借款人无力偿还贷款、外汇交易中交易对方未能支付相应的货币金额等，都是明显的例子。

（2）市场风险（Market Risk）

市场风险又称价格风险，是指由于银行持有的金融资产的价格变动所导致的风险，如利率风险、汇率风险、股票价格波动的风险等。

（3）政治风险（Political Risk）

所谓政治风险，是指借款国发生内乱、战争、政变等而导致借款国政府、借款企业无力偿还贷款，新上台政府拒绝承担前任政府的债务，政府借款企业实行国有化，并拒付其债务等。

（4）法律风险（Law Risk）

这是银行由于牵涉法律诉讼而可能蒙受的损失。它包括诉讼在经营上给银行造成的不利影响、应诉的法律费用及一旦败诉需支付的赔偿金。有的时候法律纠纷会给银行造成很大的损失，甚至会使银行破产。

（5）经营风险（Operational Risk）

这是由于银行内部经营管理方面的缺陷导致的风险，如经营策略的失误、风险控制机制的不足等。

（6）外汇风险（Foreign exchange risk）

上面所述的风险是所有银行业务都会面临的，而外汇风险则是国际业务特有的风险。它包括汇率风险和转移风险（transfer risk）前者是由于与业务相关的货币的汇率可能发生不利于银行的波动而给银行带来的风险，它属于市场风险的一种。银行在从事国际业务时经常会遇到不同的货币，因此会存在汇率风险。后者则是指银行在将资金汇出或汇入一国国境时可能遭遇各种阻碍而产生的风险。阻碍资金跨境转移的大多是政府采取的外汇管制措施，故转移风险一般被视为政治风险的一种。

2）银行防范信用风险的措施

为了防范信用风险，银行首先需根据自身资本的数额控制信贷的规模，即将自己的资本充足率（见本书第13章的有关介绍）保持在一定水平以上。不仅如此，银行还应避免业务过度集中在单一的某个客户、某个国家或某个行业，以分散风险。

提取准备金是银行避免信用风险的一个重要途径，银行除应提取正常的存款准备金以应付不测事件外，银行对于可能有坏账风险的"问题"贷款还要提取坏账准备金。

银行应付跨国业务信用风险的另一种方法是信贷资产的重估及转让。为了使资产负债表能更准确地反映银行的经营状况，银行会不时地对其信贷资产进行再估值，主要是注销一些已无回收希望的信贷。在美国，通常在债务人无法支付本息后的 90 天银行即可将其列为"坏账"。银行还会将一些"问题贷款"折价出售。在第三世界国家债务的二级市场上，贷款账面价值须打 25％～50％的折扣才能出售。债务重估和出售能使银行甩掉包袱，认清自己的真实处境，从而有利于其日后的安全经营。

保证与保险也是银行避免信用风险的一种手段。银行通常要求借款人为借款项目投保必要的险别（如工程险、第三者责任险、财产险等），从而确保在发生意外事件时借款人仍有足够的收入用于还本付息。同时，银行还会要求借款人为借款项目提供由可靠的第三者（如借款人的母公司、其他银行、政府）出具的担保，以保证银行在借款人无法还款时能从其他途径获得补偿。银行还可向母国或东道国的有关政府机构投保国家风险。

3）汇率风险分析及其防范

正如在第8章中所述，控制汇率风险的关键在于控制外汇头寸，包括各种外汇的即期头寸和远期头寸。

银行的外汇部门会定期制定外汇交易的报表提供给管理决策部门，在规模较大的银行，这些报表一般是每日一份。外汇交易的报表不仅是银行管理部门决策所需要的，也是政府监管部门十分重视的，因为外汇头寸是银行监管的重要内容之一。外汇交易报表由银行的外汇交易部门制作，但应经银行会计部门审核。由于跨国银行往往持有多种外币，为了简化工作，所有外汇头寸都转化为对本国货币的头寸，这样就可以计算出银行的总外汇头寸。表 12-2 为一家银行外汇头寸表的样本。

银行通常在了解自己的外汇头寸状况后，就可以通过外汇互换、外汇远期合约、外汇期权、期货等交易方式改变自己的外汇头寸，以控制外汇风险。

表 12 - 2　银行外汇头寸表

| 币种 | 即期外汇汇率收盘价 | 外汇头寸/百万 | | 本币对应值/ |
		多　头	空　头	百万人民币
美元	8. 267 5	220		1 818.85
英镑	12. 374 4		45	−556.848
马克	3. 873 3	32		123.945 4
日元	0. 076 1		26	−1.978 6
法郎	1. 154 9		18	−20.788 2
⋮				
净外汇头寸总额	—	—	—	1 363.180 6

4）市场风险的防范

如果把汇率看作是外汇的价格，上述的汇率风险实际上就是市场风险的一种。除了外汇外，目前银行可投资的品种包括债券等利率产品、股票、商品及这些投资品种的衍生金融工具等。随着银行业务的多元化，银行面临的市场风险日益增加，对市场风险的防范越来越重要。

如同汇率风险一样，防范其他风险资产的关键是控制各风险资产的头寸，即一项风险资产的资产与负债间的差额，包括量上的差额和期限上的差额，因为它代表了银行在该风险资产上的实际风险暴露额。

前节所述的资产多样化也是避免价格风险的一种有效方法。资产多样化可在不降低资产组合总预期收益率的情况下减少资产组合的综合风险，从而降低银行所面临的市场风险。

增加资本也是提高银行对市场风险承受力的有力手段。

2. 企业信用风险分析

在银行的国际借贷业务（即传统的表内业务）中，特别是贷款业务中，企业是最为重要的客户之一。为了减少贷款的风险，必须对企业借款人进行详尽的信用分析。

1）企业信用分析的基本方法

就企业客户而言，分析的方法主要有两种：一种可称为"清偿法"或"历史法"（liquidation or Gone Concern），一种可称为收入法或"动态法"（Going concern）。"清算法"以静止的观点看待借款人，即主要考虑其目前的偿还能力。该方法观察其现有的资产与债务，如果该借款人的资产超过负债一定比率，则被认为是可靠的。"动态法"则主要考虑借款企业是否在今后有足够的经营现金收益用来偿还贷款本金。这种方法认为，除了一些特殊情况（如某些自偿的商业票据、存货、应收账款等资产）外，没有哪家银行会期望靠借款人资产的变卖所获收入来偿还本息，贷款的本息最终一般还是要从企业的经营收入来偿还。这种方法目前应用较广。

为了进行有效的信用分析，需要借款企业的详尽金融数据，包括历史数据和预测数据，首先应分析借款人的流动比率（Liquidity）和负债率（Gearing），前者为流动资产与流动负债之比，反映了企业以资产支付债务的能力；后者为企业所有债务占全部资本的比率。除了看比率大小外，资产和负债的性质也很重要，例如，固定资产是否陈旧而急需更换，是否过于专业化而难以转手；投资的价值估计是否合理；无形资产是如何定价和分摊的，是否很快会被注销掉；债务期限分布是否合理而不是集中在某一时期；债务的货币结构是否合理，有无汇率损失风险，是否与其资产与现金流量一致；其他种类债务的情况，等等。

流动性与负债率只是应考虑的一个方面，现金收益的情况也很重要，包括其过去、现在的情况及今后的可能趋向。重要的指标有利润率，包括资本利润率（利润占企业资本的比率）、资产利润率（利润占企业所有资产的比率）等。除了要考虑历史的和现在的现金流量数据外，还应对借款人的未来现金流量情况，特别是贷款项目的未来现金流量情况进行预测，看其是会增加还是会减少，以及这种变化的幅度与速度，这对"动态法"是最重要的。如前所述，动态信用分析的一个重要特征是：只要借款人的未来现金收益足够大，那么即使借款人的流动率和资产负债率很低有时也是可以接受的。因此，在分析借款的现金流量时，银行通常亲自进行此项工作，但有时也会要求借款人提供预测报告。

2）5C 分析法

5C 分析法是运用非常广泛的一种信用分析方法。

（1）品格（Character）

品格是指借款者（在企业则是指其主要管理人员）的个人品质，主要是指其偿还贷款的意愿。毫无信誉、随意赖账的人是不能借款的。个人品质可以通过该借款人以往的偿债记录来进行分析。

（2）能力（Capacity）

能力是指借款人的经营能力。一个企业如果其经营主管管理能力强，则即使目前财力不够雄厚，将来的前景也是光明的，对这样的企业贷款银行就较为放心。反之，如果借款企业的主要管理人员能力低，则即使该企业目前的财务状况良好，其今后的发展前景也堪忧，对这样的企业贷款要格外小心。

（3）资本（Capital）

资本是指借款人的自有资本。自有资本的大小对企业的经营及承担风险的能力有很大的影响，自有资本雄厚的企业自然更不易发生无力偿债的情况，故信誉较好。

（4）抵押物（Collateral）

在有担保品的贷款中，借款人无力偿债时贷款银行可通过变现抵押物来弥补自己的损失，因此有担保品的贷款的风险要小于无抵押物的贷款。而抵押物的价值越大，质量越高，贷款的风险就越小。

（5）外部条件（Condition of Business）

外部条件是指借款人的经营环境。这既包括借款人所在国的政治状况、经济状况等宏观因素，也包括借款人所在行业的前景等行业因素。

前 4 个"C"由美国银行家柏斯特在 20 世纪初提出，第五个"C"则是在 20 世纪 40 年代由银行家爱德华·吉姆提出。

3. 国家风险分析

国际银行业务和国内银行业务的一个很大不同就是它涉及多个国家，因此会涉及所谓的国家风险（Country risk）问题，这就使得国家风险分析在国际银行风险管理中占有十分重要的地位。20 世纪 80 年代以后频繁发生的国际金融危机更凸显了国家风险分析的重要性。

所谓国家风险，是指投资者因局限于一个国家内的宏观经济、政治、社会和自然灾害等因素所导致的损失。国家风险是一个比"主权风险"（Sovereign Risk）外延更大的概念，后者主要是与政府借款人相关的风险。除了主权风险外，国家风险还包括：政治风险；外汇风险；由于宏观经济政策失误而导致的一国私人借款人偿还能力的普遍下降。在 1997 年亚洲金融危机后，此种风险受到广泛重视。

国家信用的评估是十分困难的，但随着国际经济交往的增加，这方面的工作又必须加以展开。不少国家、商业刊物、国际信用机构和学者在这方面做了不懈的努力，提出了各种各样的国家信用评估模型。按照美国进出口银行的分法，这些模型大致可以分为 4 类：纯定性模型、使用一些统计数据的结构性定性模型、采用某些定量分析技术的结构性加某些定性指标的定性模型、计量模型。

在这些模型中，最经常被考虑的变量可归为经济类变量和政治类变量两个大类。在政治风险方面，银行首先应分析其政治形势，借款国是否拥有一个稳定的、有效率的管理制度，政府机构的管理水平如何，是否存在权力更替的正常机制，后续政府承认前任政府债务的可能性，有否发生政治动荡的可能性，该国经济调整的承受能力等。

在经济风险方面，银行应考查借款国的经济情况，特别是国际收支情况。这包括借款国出口产品结构、进出口的情况及前景、进出口产品的比价走向、该国国际储备情况等。一般来说，出口潜力大、压缩进口和替代进口可能性大的国家偿付的能力就强，反之就差。

外债的情况对一国偿债能力也是十分关键的。分析一国外债负担不仅要看其规模（包括绝对数与外汇收入、GNP 的比率），而且要看其结构，包括货币结构、偿还期结构、利率结构等，这对一国还债能力也有很大影响。一国能够负担的外债与其行政机构的管理能力也密切相关。经济政策正确、经济开放度高、市场机制健全的国家由于创汇能力强，外债使用得当，故即使外债规模较大也仍会有能力按期还本付息；反之，则尽管外债并不重，一国仍有可能发生债务危机。20 世纪 80 年代的拉美债务危机和 90 年代后期的东南亚金融危机都证明了这一点。

表 12-3 是各类国家风险模型中最常出现的因素。

表 12-3　国家风险评估模型中最常被考虑的因素

经　　济	政　　治
1. 经济背景	1. 稳定性
（1）自然资源	（1）政府的类型
（2）人口特征	（2）政治权力更替的有序性
2. 即期指标	（3）人口的一致性
（1）内部指标	2. 外部关系
① GNP	（1）与主要贸易伙伴的关系好坏
② 通货膨胀	（2）与美国关系的好坏
③ 政府预算	3. 长期的社会与政治发展趋势
④ 消费	
⑤ 投资	

经　济	政　治
（2）外部指标	
① 贸易项目收支	
② 经常项目收支	
③ 资本项目收支和/或外债状况	
④ 其他	
● 出口多样性	
● 进口可压缩性	
● 主要的贸易伙伴	
3. 长期指标	
（1）管理能力	
（2）人力资本投资	
（3）长期预测	
① 内部经济指标预测	
② 外部经济指标预测	

资料来源：Andrew W. Mullineux and Victor Murinde（ed.）（2003）Hand book of international banking.

其中，在实践中应用较多的是各种定性定量结合的模型。纯计量模型（如采用 Probit 或 Logit 等虚拟应变量模型来预测借款国的偿债前景或发生金融危机的可能性）目前主要还停留在学术领域，这是因为经济的情况很复杂，必须根据一国的环境和历史情况灵活掌握才能得出准确的判断。例如，4％的经济增长率对多数发达国家来说可能是非常优秀的指标，可以给高分，但同样的指标对中国这样的国家则是非常糟糕的指标了。

在各种定性模型中，一种方法是利用市场判断间接判别国家信用的高低，而市场判断则可以用对该国信贷的风险溢价来表示。这方面有代表性的为《欧洲货币》（Euro-Money）最初所采用的评估方法。该法为欧洲货币辛迪加服务机构（Euro-money syndication service）所创，并在《欧洲货币》中定期刊登。以一国所获的所有信贷的加权平均利差（其利率与 LIBOR 的差幅）作为衡量该国信用高低的标准，一国的加权平均利差低，说明这个国家在银行界的信誉好；反之，则较差。其计算公式为

$$R = \frac{\sum_{i=1}^{n} D_i Q_i T_i}{\sum_{i=1}^{n} Q_i T_i}$$

式中，R 为加权平均利差，D_i、Q_i、T_i 分别为第 i 笔贷款的利差、金额和期限。从公式中不难看出 R 是以 Q_i 和 T_i 乘积为权数的。

加权平均利差虽然是一个衡量一个借款国信用相当客观的标准，不过它并不能非常准确地估价借款国的信誉。所以，《欧洲货币》后来对加权平均利差作了重大修改，修改后的国家信用评级采用直接的方法。该杂志开发一套指标体系，每项指标都规定有最高得分，一国的国家风险评级就由该国的各项评分之和决定，总分最高为 100 分。这些指标共分三大类：

分析性指标、信用指标和市场指标。具体包括9种经济指标，每项指标都有一定的权数，各项指标及其权数为：政治风险（25％）、经济表现（25％）、债务指数（10％）、违约或被重新安排的债务（10％）、信用等级（10％）、银行信贷的可获程度（5％）、短期融资的可获程度（5％）、资本市场的可获程度（5％）、福费廷的贴现率（5％）。一国的每项指标若得的是最高分，则得加权的满分，最低的得分则为零分。其余得分的计算方法为

$$最终得分＝（得分－最低得分）\times \frac{权数}{最高得分－最低得分}$$

将各项指标的得分加总，就可以得到该国的最终得分。新的指数每6个月公布一次。

另一种著名的评估方法为《欧洲货币》在美国创办的杂志《机构投资者》（Institution investor）所发明的，方法是：对世界75～100家大银行进行秘密调查，要求这些银行的高级管理者对各国的信用打分（满分100分）；然后再将调查结果加权平均（权数由该杂志自己定），得出各国的信用分。评估结果每半年公布一次。

不少国际著名的评级公司也提供国家风险或主权风险评级服务，它们拥有各自的提供国家风险评价体系。这其中最为人所知的是穆迪（Moody's）公司、标准普尔公司（Standard & Poor's）和Fitch IBCA三家公司提供的评级，它们的评级对各国主权债务的风险溢价有广泛的影响，并且为其他主权评级机构所借鉴（如前述《欧洲货币》杂志的信用等级评分就采用了三家评级的加权平均数）。

穆迪公司的国家风险评级系统包括4个项目：经济结构及表现（Economic Structure and Performance）；政府财务状况（Government Finance）；外部支付与债务（External Payments and Debt）；货币、外部状况的脆弱性及流动性指标（Monetary, External Vulnerability and Liquidity indicators）。每个项目又分若干指标，共有54项指标。

穆迪公司提供债券及银行存款的国家风险评级，且都分为外币和本币两种，即外币负债的国家上限（Country Ceilings for Foreign Currency Obligations），指可给予一国金融当局发行的各种以外币定值的政府债券或票据的最高评级；外币银行存款的国家上限（Country Ceilings for Foreign Currency Bank Deposits），指可给予位于一国境内的银行（包括外国银行分支机构）吸收的各种外币存款的最高评级，该上限也包括对该国政府的辛迪加贷款及该国政府发行的除上述债券与票据外的其他证券的评级；本币负债的国家上限（Country Ceilings for Local Currency Obligations），指可给予一国金融当局发行的各种以本币定值的政府债券或票据的最高评级；外币银行存款的国家上限（Local Currency Deposit Ceiling），指可给予位于一国境内的银行（包括外国银行分支机构）吸收的各种外币存款的最高评级。外币与本币评级的差异在于后者没有考虑转移风险的问题。这4个类别的上限又都分短期和中长期两类。

穆迪公司的国家风险评级所涉及的对象多达100个主权国家政府，25个超国家机构，以及位于39个国家内的360个政府财政机构。这些国家被分为发达工业化（Developed Industrial）国家和发展中（Developing）国家两大类，或者因为内部差异很大又被进一步细分为多个组别。

标准普尔公司的评价体系包括9个项目，每个项目又分若干指标，每项的总评分从1分到6分，具体见表12-4。标准普尔公司的主权评级也分为外币和本币债务两类，每类评级分为短期、长期（LT）和未来展望（Outlook）3种评级。此外，标准普尔公司还单独提供转移和兑换（Transfer and Convertibility，T&C）风险的评级。标准普尔公司的评价体系如

表 12 - 4 所示。

表 12 - 4 标准普尔公司的评价体系

Sovereign Ratings Methodology Profile

Political risk
- Stability and legitimacy of political institutions
- Popular participation in political processes
- Orderliness of leadership succession
- Transparency in economic policy decisions and objectives
- Public security
- Geopolitical risk

Economic structure
- Prosperity, diversity, and degree to which economy is market oriented
- Income disparities
- Effectiveness of financial sector in intermediating funds; availability of credit
- Competitiveness and profitability of nonfinancial private sector
- Efficiency of public sector
- Protectionism and other nonmarket influences
- Labor flexibility

Economic growth prospects
- Size and composition of savings and investment
- Rate and pattern of economic growth

Fiscal flexibility
- General govemment revenue, expenditure, and surplus/deficit trends
- Compatibility of fiscal stance with monetary and external factors
- Revenue-raising flexibility and efficiency
- Expenditure effectiveness and pressures
- Timeliness, coverage, and transparency in reporting
- Pension obligations

General goveerment debt burden
- General govement gross and net (of liquid assets) debt
- Share of revenue devoted to interest
- Currency composition and maturity profile
- Depth and breadth of local capital markets

Offshore and contingent laiblilities
- Size and health of NFPEs
- Robustness of financial Sector

Monetary flexibility
- Price behavior in economic cycles
- Money and credit expansion
- Compatibility of exchange-rate regime and monetary goals
- Institutional factors, such as central bank independence
- Range and efficiency of monetary policy tools, particularly in light of the fiscal stance and capital market characteristics
- Indexation and dollarization

external liquidity
- Impact of fiscal and monetary policies on external accounts
- Structure of the current account
- Composition of capital flows
- Reserve adequacy

external debt burden
- Gross and net external debt, including nonresident deposits and structured debt

续表

- Maturity profile，currency composition，and sensitivity to interest rate changes
- Access to concessional funding
- Debt service burden

NFPEs-Nonfinancial public sector enterprises.

资料来源：www. stand and poor. com.

不同机构的信用评估结果常常不一致，其原因有三：一是评级机构之间对各国信用度的看法并不一致，评价根据的指标体系不同，结果自然不一样；二是选择权数不同，不可能不存在评估机构主观上的偏见；三是评估所取数据的时点不同，因时间变化同一国家的信用度也会发生改变。

几乎所有主要国家的出口信贷机构，如美国的进出口银行、英国的"出口信贷保证局"（ECGD）等也都提供国家风险评级服务。

一些国际机构也提供国家风险评级服务，其中最为引人注目的是 OECD 关于出口信贷的"君子协议"（见本书第 4 章有关论述）所定义的国家风险评级系统。"君子协议"制定国家风险评级系统的目的与前述的评级系统有所不同，它是为了为各国出口信贷及保险机构评价国家风险提供一个较公正的标准，避免各国的上述机构为了提高本国出口信贷及保险的竞争力而人为地提高一个进口国的信用等级，从而降低对该国出口信贷的利率溢价或保费。该评级系统包括 5 项内容：

一是买方/借方/担保人所在地的政府或可影响债务偿还的政府机构宣布一般性地延缓对外偿还债务；二是在贷款国以外的国家发生的阻止或延缓贷款转移境外的政治事件、经济困难或行政措施；三是买方/借方/担保人所在地颁布法律措施规定本币是偿还外债的合法手段，而不考虑由于汇率的波动本币的偿还额在其转移的当日转换成贷款货币时已不足以覆盖该债务的金额；四是其他外国政府采取的阻碍信贷偿还的措施或决定；五是该国发生的不可抗力事件，如战争（包括内战）、国有化、革命、内乱、骚动、内部不稳定、飓风、地震、火山爆发、核事故等。

"君子协议"制定的国家风险评级系统由两部分组成。一是被称为国家风险评估模型（Country Risk Assessment Model，CRAM）的数量模型，该模型根据三组指标对国家风险进行定量评估：该国对外支付的历史，即有无拒付的历史；该国的金融状况；该国的经济状况。该模型对三组指标分别打分，然后对各组指标灵活给予一定的权数再加总。二是对上述定量模型的结果作定性分析，将政治风险及其他一些未在模型中给予充分考虑的因素整合到模型里。根据总体得分，"君子协议"把世界各个国家和地区分为 8 个类别（Category）。其中，0 类由 OECD 的高收入成员国（每年由世界银行根据规定的人均国民收入门槛确定）组成，对这些国家的出口信贷不需要加任何风险溢价；其余 1～7 类国家的风险逐级上升，各国根据其得分被划入不同的风险级别。评估结果每年更新一次。

除了上述政府与民间的外部信用评估机构可供利用外，大银行往往建立有自己的国家风险评估模型。

国家风险评估方法目前虽然已有相当大的发展，但目前应用仍不尽如人意。例如，20 世纪 90 年代后半期发生的墨西哥金融危机和东南亚金融危机都出乎大多数国家风险评估家的预料。这部分是因为未来难以预测因素太多，特别是难以捉摸的短期国际资本的流动对一国的金融稳定影响很大，增加了各国金融稳定的异数。此外，还有一个预期自我实现问题，即如果人们预期某国会出现债务危机，那么该国可能真的会出现债务危机。

12.5　国际破产清算

在国际银行业务中，经常会遇到外国债务人（主要是借款人，但一些表外业务也可能遇到同样的问题）的破产清算问题。破产清算通常必须按照破产人所在地的法律，并由当地的专门破产法庭进行。由于牵涉到外国法律和法院，国际破产案件要比一般的破产案件复杂。各国的破产法律不尽相同，往往有一些特别的规定，外国债权人如果不了解这些特别规定，在破产清算中就会蒙受损失。因此，为了尽可能地维护自己的利益，国际银行必须充分了解破产企业所在地的破产法律。

1. 破产的基本程序

破产法律尽管随国家的不同而有所不同，但有些基本内容是一样的。

（1）破产的起始日

破产的起始日往往由破产法庭决定，通常是由企业向法庭提出破产申请，破产法庭在调查后可以批准也可以不批准企业的破产申请。破产可以对无力履行偿债的企业提供保护，一旦破产申请得到法庭的批准，破产企业就可以免除对债权人的支付义务，但它同时也失去了处置其资产和对外签订合同的权利。如果破产企业在申请破产后仍然对外签订合同从事交易，则属于欺诈行为，要受到法律的制裁。

在一些国家，从申请破产到法庭正式批准企业的破产有一个过渡期，了解这一过渡期对外国债权人是非常重要的。大多数国家的法庭在破产过渡期间对破产企业的行为进行监视，防止破产企业以牺牲其他债权人利益为代价对个别债权人给予优待。

判断一家企业是否会破产主要取决于贷款银行等债权人是否愿意与该企业重新安排债务，或提供新的贷款使该企业能够借新债还旧债。要确定是否让一家企业破产，贷款银行必须判断债务人的财务状况是否能够得到改进，以及如果挽救失败，会使自己的损失增加多少。如果银行在借款企业经救援仍能生存的情况下决定让借款企业破产，其贷款损失可能更大，但是当一家企业已不可救药时，拖延其破产也会给银行带来更多的损失。此外，如果借款企业认为银行不会让其破产，则它会拖延采取必要但是痛苦的调整措施，结果企业最终破产的可能性反而会增大，因此银行必须让借款企业知道在必要时自己会不惜让其破产。

在国际破产案件中，还会牵涉到民族感情的问题，有很多人认为让外国银行使一家本国企业（特别是一家重要的企业）破产是不可接受的。这会大大破坏银行在该国的形象，从而影响银行在该国今后的业务。所以银行在决定申请外国企业破产时应格外小心，即使在必须使企业破产之时，最好也是由借款人自己或当地的债权人提出破产申请。

（2）决定不同债权人清偿次序的制度

外国银行应该了解破产企业所在国的破产清偿次序，几乎所有国家对某些债权都规定有优先受偿权，其受偿次序甚至可能超过有物权担保的债权。例如，所得税、财产税、社会保障税、工资（及相应的税收）等的要求权一般就先于其他债权，至少是其他无担保物权的债权。一些国家还有一些特别的规定，如西班牙要求所有的债务都必须登记，受偿次序按登记时间先后决定；美国有所谓附属债务（Subordinate debt）的规定（指不正规的债务）。代位求偿权也会受到受偿次序的影响，例如在英国，银行给企业支付工资的贷款与工资一样拥有优先偿还权。

（3）未完成合同的处理条款

对于破产企业与第三方签订的未完成合同，债权人可以接收这些合同，并代替破产企业完成这些合同，所获收益归债权人所有。如果债权人认为履行合同无利可图，他也可以放弃这些合同。在一些国家，法律规定合同的另一方可以就因债务人违约而给自己造成的损失提出赔偿要求，但也有一些国家的破产法律（如挪威）不承认这种赔偿要求。

（4）债权债务的抵消

如果破产企业与某些债权人之间存在相互的债权债务关系，大多数国家的法律允许他们之间相互抵消债权债务，不过这必须在清算之前完成。

2. 破产企业的重组

对破产企业的一个重要处理方法就是进行重组，这可以发生在破产清算之前，也可以发生在破产清算之后，或是在两个阶段都被允许。重组的目的是使企业在财务上恢复健康，使得破产企业得以继续存在，债权人的支付要求也因此最终可以得到满足。为达此目的，各国法律往往会限制债权人对重组企业的索赔权，对此贷款银行必须予以足够的重视。

在破产企业的重组中债权人首先必须选出一个清偿人（Liquidator）。所谓清偿人，是指负责一家破产企业债权清偿工作的人。在一些国家，他是由债权人选出的，在企业重组过程中，他负责管理破产企业。直至企业的经营状况能最大限度地满足债权人的清偿要求之后，才将其归还给企业管理层继续经营。在英国及其他英国法系的国家，清偿人往往是一位会计师，在多数欧洲大陆国家，清偿人则可能是律师，在美国则通常是一位退休的企业家。清偿人向法院负责，但在经营过程中有很大的自主权。但也有许多国家的清偿人是由法院指派的，其经营受法院的严格监督，清偿人的自主权较少。

如果是由债权人指定清偿人，银行必须了解清偿人是如何被选出的，并挑选自己所满意的候选人或对其他债权人提出的候选人进行评估。

多数国家的法律允许债权人组成委员会（或由法院指定或由债权人指定）监督清偿人的工作。在某些国家它只对重组企业的总的经营方向负责，具体决策由清偿人负责。但在另一些国家，如挪威，它是主要的决策者，而清偿人则是具体执行人。委员会成员往往被要求代表债权人整体，而非某个具体的债权人。了解债权委员会的选举程序和工作情况对贷款银行也是非常重要的。

3. 银行在处理外国破产事件时应注意的事项

银行在处理外国破产事件时应注意以下事项。

① 最好在破产企业所在地设有分支机构，并雇用熟悉当地破产法律的工作人员，以便与破产企业和法院、清偿人保持密切的联系。分支机构由于规模太小，一般不设置全职的处理破产企业清算的专家，但可能有一名有处理企业破产清算经验的信贷专家负责处理此类事务，他还可以从总部的专家那里得到指导。银行在总行可设有专门的机构帮助当地的分支机

构，为它们提供技术支持。

② 银行总部或地区分部应有一个协调人，以便从银行总体或某一区域整体的角度来考虑各地所发生的借款人违约事件，防止各分支机构仅从自身利益的考虑来处理此类事件。协调人应由一名高级经理或信贷专家担任，或两类专家都有。

③ 银行应订有明确的处理坏账程序。一些银行由专门组成的专家小组（在日本它被称为医院）负责与破产企业有关的事宜，一些银行则认为原来负责此项贷款的管理人员应继续对该项贷款负责，由他来处理破产企业的清算问题。

4. 政府的债务重组

由于主权的问题，政府是不会被破产清算的，但政府也可能无力或不愿意按期支付银行贷款本息。这可能出于政治原因，如在政权的非正常变更时（沙皇的债务就被推翻它的前苏联政府拒绝承认），但目前更多的是出于经济原因，即债务管理不善、国际收支困难等。一国可以公开宣布拒绝偿还债务，但这样做将会使它在国际金融市场上声誉扫地，故遇到偿债困难的国家更多的是宣布无力偿还贷款，要求重新安排（Rescheduling）债务，同时威胁如果债权银行不同意重新安排债务，将停止偿还债务。

当获得此类信息时，银行应及时与该借款国的中央银行或财政部进行联系，以获得更为完整的信息，并与借款国谈判债务重新安排问题。这通常是在 IMF 的牵头下，由对该国拥有债权的所有外国银行组成的委员会与借款国进行磋商。如果对该国提供贷款的银行众多，贷款种类繁杂，还可以成立小组委员会处理不同性质的贷款（如短期贷款、银行同业信贷、中长期贷款、对私营部门贷款和对政府部门的贷款等）。每个小组委员会通常由 3～5 家银行组成。

贷款银行必须达成一致意见，这通常是非常困难的。每一个借款国家都有许多债权银行，甚至一笔大的辛迪加贷款就有许多银行参与，这些银行的国家背景、规模、管理能力、对借款国的依赖程度都大不相同，因此他们的意见很难达成一致。

思 考 题

1. 银行的总体机构设置有哪些类型？
2. 跨国银行的海外分支机构的形式主要有哪些？它们各自适合哪些环境？
3. 什么是 5C 分析法？
4. 国家风险可分为哪些种类？
5. 银行在处理外国破产事件时应注意哪些事项？

第13章
国际银行的宏观监督和管理

第二次世界大战后，跨国银行的发展对国际经济的发展起了很大的促进作用。然而正如本书绪论所述，它也导致了许多问题，对国际贸易与金融的稳定，以至国际银行业的自身安全都造成了很大的危害。因此，如何在继续发挥国际银行业对各国经济的促进作用的同时消除其消极影响，这一直是有关国家政府乃至整个国际社会都十分关心的问题。自20世纪70年代以来，各国政府及国际社会对跨国银行的管理均大为加强。本节将从母国、东道国、国际社会3个方面对国际银行业的宏观管理进行分析。

13.1　各国对国际银行业的管理

1. 母国对本国银行海外业务的管理

各国政府对本国银行从事海外业务制定有许多管理措施，这些措施有些是专门针对银行海外业务制定的；有些虽然不是，但其实施在客观上也会影响本国银行海外业务的发展。

（1）业务的申请

银行欲到海外开展业务、设立分支机构必须得到本国有关部门的批准，申请时银行必须提供证据说明自己有足够的金融和管理实力来开展海外业务。例如，根据美国1933年通过的《联邦储备法》，美国的联邦注册银行如欲在国外建立分支机构，至少应有100万美元以上的自有资本。

（2）业务范围限制

由于银行管理法规上的差异，各国商业银行在其国内被允许的经营范围是不一致的。于是各国银行管理当局在管理本国银行的海外业务时就会面临这样一个问题，如果某项业务在本国是不允许商业银行经营的，但在国外却是允许的，管理当局此时是否应批准本国银行开展此项业务？一般来说，为了避免使本国银行在海外竞争中处于不利地位，政府通常允许本国银行在海外从事在国内不允许其经营的业务。例如，根据美国的《格拉斯哥·斯蒂格尔法案》（Glass-Stegall Act），美国的商业银行不允许从事投资业务（如购买公司股票、为公司发行证券等），然而在德国等国家则无此限制，因而美国银行在海外被允许从事这类业务不过随着金融自由化的开展，这一问题已有所缓解。

（3）财会数据的审报与检查

　　各国政府的有关部门在对本国银行的定期财务检查中多要求其提供详细的海外业务资料，这些资料往往是各国货币当局了解本国银行海外业务活动情况的重要情报来源。例如美国 1983 年一个法案规定：美国跨国银行应每季度报告一次国家风险情况，并首次要求报告由美国政府担保的国际贷款的风险暴露情况，每周报告一次外汇交易收益情况，每月报告一次外汇头寸和期限。各国货币当局还定期派出检查人员，并在主要的国际金融中心设立常驻机构，以便现场检查本国银行的海外分支机构的经营情况。又如，美国的货币监理局（The Office of The Comptroller of The Currency，OCC）设有跨国银行处，专门负责监督海外银行业务。从 1967 年开始，每年该机构的检查人员到近 20 个国家检查本国银行在当地的分支机构；该局还在伦敦特别设立了一个常驻机构，专门负责监督在伦敦的美国银行分支机构。

　　到海外检查本国银行的分支机构必须取得东道国政府的认可。在"巴塞尔协定"签订后，东道国政府一般是会给予充分合作的，但也有少数例外，如瑞士就不允许外国政府代表对在当地的银行机构进行检查。在这些国家，母国的货币当局只好依靠当地政府提供信息和资料，一般这些资料也是完整、可靠的。

　　（4）存款准备要求

　　存款准备金制度是政府为确保银行业安全，保护广大储户的利益而采取的一项措施，曾被誉为 20 世纪 30 年代大危机后出现的两大制度之一（另一制度为社会保险制度）。对于本国银行海外分支机构所获存款是否也应交纳准备金的问题，各国规定不一，有的规定要交，有的则不要求交，还有的规定外币存款不必交，本币存款则要交。美国联邦储备委员会规定，对于美国银行海外分支机构吸收的存款其总行应提留准备金。在 1969 年以前，美国银行总行从海外分行拆借的资金则不需交纳准备金，因为同业拆放不属存款。但在 1969 年 9 月后，为控制国内银行贷款能力和国内货币供应，美国货币当局对这类借款也一律要求银行提留 10％的准备金，在 1980 年 3 月《存款机构放松管制和货币控制法》（Depository Institutions Deregulations and Monetary Control Act）生效后，该比例降到 3％。

　　（5）外汇交易管理

　　外汇交易是一项风险极高的业务，银行从事外汇交易不慎而破产的事时有发生。例如，曾轰动一时的奥地利赫穆斯塔特银行的破产就是外汇交易失败所致。自那以后，为避免本国银行因从事不谨慎的外汇交易活动而陷入困境，各国政府都大大加强了对银行外汇交易的管理。管理的主要方式为限制银行持有的各种外汇即期及远期头寸，从而减少其外汇风险暴露程度。此外，一些国家的政府还对银行提供外汇业务的客户信誉及对单一客户的外汇业务占其全部外汇业务的比重也作了限制。

　　除了上述直接的措施外，母国政府另外还有些措施虽然并非是针对本国银行海外业务而制定的，但其实施却会间接地影响银行海外业务的发展。例如，20 世纪 60～70 年代美国采取的利息平衡税、自动贷款限制及在 80 年代前实行的 Q 项条例等措施，都大大刺激了美国银行将业务转向海外。

　　2. 东道国对外国银行分支机构的管理

　　东道国对外国银行建立在本国的分支机构的经营活动，以及外国银行对本国居民的银行业务的管理自 20 世纪 70 年代后也在不断加强。在这方面各国的态度及做法是有很大差异的，大致可分为 4 种：完全禁止外国银行进入本国金融市场；虽然允许外国银行的进入，但对其经营活动存在许多歧视性政策；对外国银行实行所谓"国民待遇"，即对其与本国银行一视同仁；对外国银行的进入采取鼓励、优惠的政策。比较上述 4 种态度，应该说第三种态度，即国民待遇态度是较为合理的，它不论对整个国际社会还是对东道国自身都是最为有利的。目前，发达国家对外国银行的管理一般是朝这个方向发展的，但发展中国家出于发展本国经济和银行业的需要，或对外国银行采取禁止、限制的做法，或采取优惠措施吸引外国银行的进入。

东道国对跨国银行的管理主要集中于以下几个方面。

（1）进入管理

绝大多数国家对外国银行的进入采取某种管理措施，首先是对外国银行资格的审查。例如，在新加坡，外国银行要想在当地设立分支机构，其母行至少应名列世界最大 300 家之列，总行资本价值应在 600 万新加坡元以上。此外，一些国家还规定外国银行在本国开设分支机构必须提交由总行出具的保护声明书，对分支机构的负债提供担保。

（2）报告与检查

如同国内银行一样，外国银行分支机构也必须定期向东道国有关金融管理部门申报经营数据，并接受有关部门的检查。在 20 世纪 70 年代以后，由于不断发生重大银行破产事件，几乎所有的发达国家都加强了这方面的要求，申报和检查日趋严格，次数也越来越频繁。例如在德国，德意志联邦银行和联邦银行监察局联手对银行实行定期例行检查，银行须提交信贷报告、月资产负债表、损益书等。还可对"问题银行"进行非常规的审核，一经发现问题马上采取纠正措施，甚至吊销银行营业执照，而这种非常规审核 20 世纪 70 年代前是极少进行的。

（3）财务指标控制

为确保外国银行分支机构的经营安全，避免这些机构的不谨慎业务活动造成本国银行业的不稳定，各国政府均设立了一些明确的财务指标要求外国银行分支机构遵守。这些指标因外国银行分支机构的不同性质而有所区别。一般来说，外国子银行因为是东道国的独立法人实体，其应遵循的指标和东道国本国银行应遵循的指标无太大差异；而对于外国分行，则通常将其与其总行放在一起统筹考虑。这些指标主要包括：

① 流动性比率。例如香港规定：银行流动资产（指现金和 7 天之内可以变现的其他资产）应达其存款总额的 5％。

② 单一贷款比例，即银行对单一客户贷款所占比重，该比重过高会严重危害银行的安全性。美国政府规定，对单一客户的贷款比例不能超过银行自有资本和盈余的 10％。

③ 外汇头寸指标。为了使银行避免承担过多的外汇风险，各国银行管理当局对银行持有的外汇头寸（远期和即期）均有限制。例如英格兰银行规定，银行持有一种货币的头寸总和不能超出其资本的 10％，各种货币的头寸不能超过 15％。

④ 资本充足比例。指经风险调整的银行资本对总资产的比例。在巴塞尔协议颁布后，该指标已成为国际社会管理国际银行业的共同的也是最重要的指标。

（4）业务范围的限制

为了保护本国民族银行业，同时也是为了本国银行业的安全，大多数国家对外国银行分支机构可从事的银行业务范围进行限制。外国银行分支机构往往不能利用东道国中央银行的再贴现业务，也不能从当地居民那里吸收存款。例如在美国，只有参加了联邦存款保险制度的银行才能吸收非银行存款，而外国银行分支机构吸收的存款往往得不到保险，因而就无法从事零售存款（非银行客户存款）业务，而只能从事批发存款（银行同业拆放）业务。银行业务范围的限制在发展中国家更为常见，这些国家有时还硬性规定外国银行分支机构贷款的部门分配比例。

（5）机构形式的限制

对于外资银行可以在本国设立的分支机构的种类，东道国也多采取各种限制措施。例如加拿大曾规定，外国银行只能设立子银行，不能设立分行；新加坡等国则规定，外国银行需先设立代表处等机构才能设立分行或子银行；美国的许多州则规定了所谓的对等原则，即只有外国政府允许美国银行设立某种机构，该国银行才能在该州设立此类机构。此外，为了防止外国银行控制本国银行业，许多国家还对外国银行与当地银行建立合资银行的参股比例也作了限制。

（6）存款准备金与存款保险规定

在过去，东道国政府对外国银行分支机构所吸收的存款通常没有提取准备金和存款保险的要求，但在 20 世纪 70 年代后，为了银行业的安全，一些国家提出了这方面的要求。

3. 美国对外国银行管理的主要措施

美国是国际银行业务的主要吸收国，有众多的外国银行分支机构在美国境内开展业务，故美国政府向来十分重视有关国际银行业务政策的制定。鉴于美国在国际银行业中的突出地位，以美国对外国银行管理的措施作为典型是非常合适的。

1）外国银行的进入

与其他发达国家不同的是，美国实行的是联邦注册银行和州注册银行并存的双重银行制度（Dual System）。在过去，外国银行可选择向所在州申请成立州注册银行，也可向货币监理局（Office of Comptroller of the Currency，OCC）申请成立联邦注册银行。在 1991 年"外国银行监督加强法"（The Foreign Bank Supervision Enhancement Act of 1991，FBSEA）颁布之后，外国银行在任何州开设任何性质的分支机构均需要获得联邦储备委员会（Federal reserve board，FRB）的批准，已批准设立的外国银行分支机构若要改变机构性质，也需要得到联储的批准。联储在批准新外资银行的进入时主要考虑申请银行的母国是否在并表的基础上对该银行的所有分支机构进行了统一的严格监管。

在 FBSEA 颁布之前，外资银行收购美国银行 25％以上的股权也必须事先得到美联储的批准，而该法将此比例降为 5％。

2）外国银行业务的经营范围

在 1978 年"国际银行法"颁布之前，在美国的外资银行往往能够从事较美国银行范围更为广泛的业务种类，特别是在投资业务领域。因为根据当时的美国法律，美国银行还不能从事证券发行、买卖等投资银行业务，而欧洲许多国家的法律却允许本国银行经营投资银行业务，故在美国的欧洲银行分支机构也能够从事投资银行业务。"国际银行法"虽然在一定程度上缩短了双方之间的差距，但仍然未能平息美国国内一些人的不满。他们继续向国会和政府施加压力，要求外国银行接受和美国银行一样的业务范围限制。例如在 1987 年，美国国会通过了一项由参议员 Breaux 提出的"1987 银行公平竞争法"（Breaux Amendment to S.790），要求修改"1978 国际银行法"的某些条款，并建议暂停外国银行投资业务一年，以加强对外国银行分支机构从事投资业务的限制。

尽管如此，外国银行分支机构在业务范围方面仍拥有某些特权。根据美国联邦储备委员会 k 项条例，这些特权包括：可在美国境外从事任何种类的业务；可在美国境内从事附属于其境外业务的业务；可持有或控制没有直接或间接在美国从事经营活动（与国际业务有关的活动除外）的公司的股票。

进入 20 世纪 90 年代以后，美国国会有关银行自由化的立法工作大大加速，其主要精神就是要打破商业银行和其他金融机构在业务方面的人为界限。特别是美联储于 1997 年初修改了《银行持股公司法》，取消了许多对银行持股公司从事非银行业务的限制。1999 年 11 月 4 日，美国国会通过了《金融服务现代化法案》（Gramm-Leach-Bliley Financial Service Modernization Act），从而基本结束了自 1933 年的《格拉斯·斯蒂格尔法》（Glass-Steagall Act）以来实行的金融分业经营、分业监管的制度。外国银行和美国银行在业务范围方面的矛盾得到缓解。

3）外国银行分支机构的存款管理

在"1978 国际银行法"颁布之前，由于外国银行只能向各州政府申请设立分支机构，且无法获得联邦存款保险公司（FDIC）的存款保险，因而外国银行分支机构实际上无法在美国吸收零售存款（金额在 10 万美元以下的非银行客户存款），除非该存款不是银行主动吸收的，且其金额未超过外国分支机构存款总额的 4%。"1978 国际银行法"使外国银行分支机构（无论是州注册的还是联邦注册的）也有资格参加联邦存款保险公司的存款保险计划，这样外国银行也就和美国国内银行一样能够吸收零售存款。根据该法，外国银行还可以埃治法（Edge Act）公司的方式成立分支机构，这样就可以吸收从国外汇入的存款。然而，外国银行分支机构若想获得存款保险，就必须接受美国联邦保险公司的额外的监督。例如，该银行的母行及其所有分支机构，不论是美国境内的还是境外的，都必须接受 FDIC 的检查；在 1999 年"金融服务现代化法"颁布之前，希望吸收零售存款的外国银行必须选择一个州作为其母州（Home State），非经所在州的同意不能在其他州另设分支机构。在资产保证及资产质量方面也有更高的要求，取得存款保险的外国银行还必须受到其他一些法律的约束，如"贷款真实法"（Truth in Lending Act），"公平信贷机会法"（Equal Credit Opportunity Act）等。这些额外要求既使外国银行受到了更大的约束，又增加了银行的经营成本，对外国银行非常不利，所以在美国外国银行很少有申请存款保险的，这就使得它们大多并不从事零售存款业务。

美国的"1978 国际银行法"还对外国银行分支机构的存款准备金作了明确的规定，该法授权美国联邦储备委员会可以对那些全球总资产超过 10 亿美元的外国银行在美设立的分支机构（不管是联邦注册的还是州注册的）设置法定的准备金比例要求。

4）对外国银行业务活动的监督

在联邦一级，美国负责银行监管的主要机构是联邦储备委员会（Federal reserve board，FRB）、货币监理局（Office of Comptroller of the Currency，OCC）和联邦存款保险公司（Federal Deposit Insurance Company，FDIC）。FRB 主要负责对银行持股公司、银行持股公司的非银行附属机构和州注册但属联邦储备系统的成员的银行的监管；OCC 负责联邦注册银行及其分支机构的监管；所有参与了联邦存款保险计划的银行则同时需受 FDIC 的监管，因此它成为非联邦储备系统成员但加入了 FDIC 的州银行的主要管理者。既非联邦储备系统成员又非 FDIC 成员的州银行则由所注册的州政府管理。在 FBSEA 颁布之后，美国对外国银行的监督统一归 FRB 负责。FRB 不仅有权管理联邦注册的外国银行分支机构的业务，以及州注册外国银行分支机构的跨州业务，还可以管理州注册外国银行分支机构的州内业务。它还有权检查甚至停止任何外国银行的在美业务；只要它确信该行违反了美国的有关法律，或是从事了它认为是不安全的或不适当的交易活动。此外，FBSEA 还规定对违反"1978 国际银行法"的外国银行，可以采用刑事处罚，对提供虚假的、误导性的财务及经营报告的外国银行加重民事处罚。这样 FBSEA 实际上导致了美国对外国银行的管理体制由双重体制向统一的联邦体制转变。

美国对外资银行实行所谓的"国民待遇原则"，因此在美国的外国银行分支机构需接受同美国国内银行一样的监督。例如，凡向联邦政府申请注册的外国银行分支机构都必须满足联邦政府对其所在地的联邦注册银行的资本充足率要求。不过，联邦注册的外国银行分支机构并不需要像联邦注册的美国国内银行那样必须成为联邦储备系统的成员。

根据巴塞尔委员会（详见 13.2 节）的相关规定，FBSEA 还确立了对外资银行的"综合并表管理"（Comprehensive consolidated supervision，CCS）原则，即要求外资银行的母国在合并财务报表的基础上负责对外资银行的所有分支机构进行整体监管。只有来自符合这一原则的母国的银行才可以获美联储批准进入美国金融市场。

13.2 跨国银行的国际监督及巴塞尔协议

在过去，对跨国银行的监督和管理都由母国和东道国各自进行，基本上不存在国与国之间对银行监管的协调和统一。由于国际金融市场的统一，各国银行可以很容易地在各主要金融市场间转移业务和资金，以利用各国管理上的差异逃避管制，使得各政府对银行的管理监督漏洞百出，作用大减。

20 世纪 70 年代中期，国际上连续发生了一系列的重大银行破产事件，其中包括美国的富兰克林国民银行（Franklin National Bank）和奥地利的赫穆斯塔得银行（Herstatt Bankraus）。整个国际社会为之震动，它使各国政府意识到加强银行监督已刻不容缓。自那以后各国就此问题开展了频繁的双边和多边磋商，这些磋商的主要成果即为"巴塞尔协议"。

1. 前期的协议

在 1975 年 12 月，十国集团成员国加上瑞士共 11 个国家的中央银行监管官员在国际清算银行的发起下在瑞士巴塞尔组成了"银行管理与监督实践委员会"（The Committee on Banking Regulation and Supervision Practice），简称巴塞尔委员会（Basle Committee），并签署了"银行国外机构的监督原则"（Principles for the Supervision of Bank's Foreign Establishments）。1983 年巴塞尔委员会又对该原则作了重大修改，修改后的原则主要是根据外国银行机构的性质对跨国银行管理责任在各国间的划分，以及管理监督的主要内容及指标的统一协调等方面做出了较原原则更为明确的规定，其主要内容如下。

① 无论是东道国还是母国，都要对跨国银行进行监督，即对跨国银行的监督由母国和东道国共同负责。但由于跨国银行业务的整体性，应基本上由母国对银行的跨国业务负主要的管理责任。所有银行在国外开展业务均不能逃避管制。

② 流动性、清偿力和外汇头寸是对跨国银行业实行监督的 3 个主要方面。"巴塞尔协议"

综合了股权原则和地方市场原则对母国和东道国在上述 3 个方面的管理责任进行划分。就清偿力而言，原则上应由母国负主要监督责任，因为银行分支机构的清偿力与母行对其的控制和管理关系最大，但由于子行、合资银行均为东道国的独立法人，因此东道国也有责任对其清偿力进行监督。同样道理，如果合资银行中有一国银行占了多数股权，也应由东道国和该银行的母国共同监督。流动性本质上更具有地方性（和所在地关系最密切），在其所在地更易掌握，故分支机构的流动性应由东道国政府负主要责任，其中分行的流动性由东道国和母国共同负担，子银行和合资银行由东道国负主要责任，但要求总行对其提供担保。至于外汇头寸，它和流动性一样也具有地方性，故协议规定由母国统筹管理整体的外汇头寸，由东道国负责管理在其境内的外国银行分支机构的外汇交易及其头寸。

③ 各国政府之间应注意加强合作，如加强信息、资料交流，允许母国监察人员到本国检查母国银行在当地的分支机构的经营情况等。为了防止管理漏洞，1983 年修订后的"巴塞尔协议"增加了"双钥匙原则"（Dual Key），即由母国和东道国各自对对方进行监督，只要任一方认为对方监管不力或不适当，原则上允许另一方采取补救措施，扩大自己的监管权力，以弥补漏洞。

2. Basle I

1975 年及 1983 年的"巴塞尔协议"中仅是笼统地提出了管理跨国银行应注意的几个方面，并未提出衡量跨国银行业绩的具体指标。1987 年 12 月，为了弥补这一缺陷，巴塞尔委员会通过了"统一的国际银行的资本衡量和资本标准"（International Convergence of Capital Measurement and Capital Standards），简称"巴塞尔资本金协议"（Basle Capital Accord）。这是巴塞尔委员会第一份关于银行资本金的协议，简称 Basle I。Basle I 就考察银行安全性的指标作了统一规定，提出以资本充足率（Capital Adequacy Ratio）指标作为考察银行安全性的主要指标，协议要求各国银行的资本充足率至少应为 8%，并统一了资本的概念和资产的估算方法。

根据 Basle I 的规定，各国银行的资本应分为两个部分：一是核心资本，一是附属资本。所谓核心资本（Core Capital），又称一级资本（Tier 1 Capital），它是银行资本的基础部分。"巴塞尔委员"对作为核心资本的资产，规定必须具备 3 个标准：价值相对稳定，无偿还义务，风险小；对各国银行而言，它是唯一相同的成分，并在银行开发者的资产负债表中完全可见；它是市场判断资本充足率的基础，并对银行净盈利和竞争能力关系极大。

1）核心资本

具体来说，核心资本包括以下几类。

（1）股本

股本是任何一家股份制企业的资金基础，其他资金来源都是在此之上，并在此之后才产生的。银行作为股份制企业之一种，自然也不例外，因此股本就成了银行核心资本的最基础的部分。

股本又可分为普通股（Common Stock）和优先股两种（Preferred Stock）。普通股是股份公司股本的主要部份，此种股本的持有人有权参与公司的经济管理，分享公司的利润。它的产生和增长主要是通过两个途径：一是向社会公开发行普通股股票，这是普通股股本的最主要来源；二是发行公司留存盈利转化为普通股本。

优先股是一种较特殊的股本，相对于普通股，优先股的持有人在两个方面拥有优先权：一是对发行优先股公司的利润的优先要求权；二是对银行资产的优先要求权，但优先股的股东并不参与发行公司的经营管理，也不参与企业盈利的分配，只是按固定的收益率获取股息，从这点来看优先股又近似于债券。优先股又分累积（Accumulative）优先股和非累积（Non-Cumulative）优先股，前者的固定红利是可以累积的，即某期红利如因发行公司经营不佳而无法发放时可以累积到下期发放，而后者则不能。只有永久性（即无赎回期限）非累积优先股才可列入银行的核心资本。

（2）公开储备金（Disclosed Reserve）

所谓公开储备金，是指由留存利润或其他盈余如股票发行溢价、未分配利润和公积金构成的储备金等。

2）附属资本

附属资本（Supplemental Capital）又称二级资本（Tier 2 Capital），是银行资本的另一组成部分，被列入附属资本的资产对银行经营的安全性也是有很大作用的，但其可靠性不如核心资本，因而作为资本的价值也要低些。Basle I 要求在银行资本中附属资本不能高于核心资本的 100％。Basle I 将附属资本分为以下几类。

（1）未公开储备金（Undisclosed Reserve）

未公开储备金和公开储备金的性质是一样的，只是前者未公开，仅反映在损益账上。由于未公开储备缺乏透明度，而且国际上有许多国家或是不承认未公开储备为可接受的会计概念，或是不承认其为合法的资本组成部分，因而 Basle I 未将其列入核心资本之列。

（2）资产重估储备（Revaluation Reserves）

所谓资产重估储备，是指银行对其资产按照一定的会计原则重估后，所获的资产增值所转化的资本。例如，房地产的增值、股票等有价证券的增值等。但由于这些资产的增值只是账面上的收益，当银行真地试图从出售这些资产以获取现金时，可能由于价格的变化而实际上得不到这些增值收入，而且在许多国家资本增值收入是需要交纳资本增值税的，这就更减少了银行从这些资本的出售中所能获得的收入。因此，Basle I 未将资产重估储备列入核心资本之内，并且认为，即使将其列入附属资本之列，最好也将其打 55％的折扣。

（3）普通准备金/普通坏账准备金

普通准备金（General Provisions）或普通坏账准备金（General Loan-Loss Provisions）是指银行为了防止未来可能出现但并未被确认的银行资产亏损而设立的一种流动资产，但那些为已确认的资产损失而专门提取的特别坏账准备金不能列入附属资本之列，因为它不是为了未来不能确定的任何财产损失而设立的。

（4）混合资本工具（Hybrid Debt Capital Instrument）

所谓混合资本工具，是指兼具股本和债务特征的特殊资本工具。此类工具除包括永久性累积优先股外，还包括一些国家特有的金融工具。例如加拿大的长期优先股；英国的永久性债务工具（如永久性 FRN），美国的委托可转换债务工具（Mandatory convertible debt instruments）等；法国的参与证券（Tires participatifs）和无固定期限的附属证券（Tires subordonnés à durée indéterminée），德国的银行浮动利率票据（Genussscheine）等。由于此类资本工具发行人大多不负偿还义务，与股本相似，因而也应被列入附属资本之列。

（5）长期附属债务（Subordinate Term Debt）

所谓长期附属债务，是指银行所发行的中、长期债券（5 年以上期限）。中长期债券之所以被列为附属资本之列，是因为中长期债券的偿还期较长，而且相对于银行存户的本息要求权，银行债券持有人对银行资产的要求权是第二位的。也就是说，银行在破产清算时实际上可以债券持有人的资金清偿存户的要求权。不过，中长期债券同其他债务一样，仍有法定的还本付息义务，而且只有在银行破产清算时才可以起到弥补银行损失的作用，因此同其他附属资本相比，其对银行安全性的作用是较低的。Basle I 认为，长期附属债券占附属资本的比例最多应为 50%，并且偿还分期安排应足够合理地分散。

Basle I 还认为，应将下列两项资产从银行的资本中扣除，以使资本能更准确地反映银行的安全。一是在第一档资本中，应扣除商誉这一无形资产。虽然银行的信誉是银行安全性的一项十分重要的因素，但由于其准确价值很难有一个客观的定价标准，且极易变化，因而将其排除在资本之外。二是各国可以自由决定是否从总资本中扣除银行所持有的对从事银行业务和金融活动的附属机构的资本。这样做是为了避免同一银行集团内部的分支机构之间交叉投资控股，使同一资本在集团内重复计算，导致该银行集团及其各分支机构的资本数额出现大量增加现象，并避免银行通过此种方式逃避对其资本充足率的监督。但如果马上实施，一些国家（主要是日本）可能会遇到困难，因为这样做会造成这些国家银行体系的巨大变动。因此，决定由各成员自己决定是否实行这一扣除，但成员若不作这一扣除，银行持有其他金融机构的资本将按 100% 的风险系数进行计算。同时应禁止为人为扩大股本而交叉持股的做法，并不排除今后在必要时采取强制性的限制措施。

Basle I 采用风险加权的方式计算银行的资产，它对每类银行资产根据其风险状况采用不同的风险调整权数（Risk Weight）进行调整。和一般的资本资产比（The Gearing，又可称资本负债率、平衡率、杠杆率）相比，风险加权资本资产率具有以下优点：可以在较公平的基础上对资产结构不同的银行进行国际比较；可以把表外业务纳入资本资产分析之中，因而可以更全面地反映银行的安全度；不妨碍银行持有流动性强、价值稳定的资产，因其风险调整权数极低，甚至可为零，故对资本资产比的影响较不作风险调整时更为有利。具体的风险调整权数规定了 5 个：0%、10%、20%、50%、100%，这样规定的目的在于简化资产的计算。

各项银行资产的具体风险调整权数如下。

① 以下资产按 0% 的权数调整：

● 现金（在限定的基础上包括由国家管制当局自主决定的金银条块）；

● 以本国货币定值的对本国中央政府和中央银行的债权，但国家监管当局有权将它按较高的权数调整；

● 对 OECD 国家中央政府和中央银行的债权；

● 以现金或 OECD 的中央政府有价证券为抵押的或由 OECD 中央政府担保的债权，同样，国家监管当局有权将它按较高的权数调整，但同一国家的债权应有相同的权重；部分担保或保证的债权只能将被担保的那一部分挂靠低的风险权重。

② 对国内公共部门实体的债权（不包括中央政府）和由这些实体担保的贷款，可以按 0%、10%、20% 或 50% 调整，具体权数由各国自行决定。

③ 以下资产应按 20% 的权数调整：

● 对多边发展银行（如世界银行、亚洲开发银行、欧洲投资银行）的债权或由其担保的债权；

● 对 OECD 成员国银行的债权和由 OECD 成员国的银行担保的贷款；

● 对非 OECD 成员国银行的所剩到期时间不超过一年的债权和由非 OECD 成员国银行

担保的所剩到期时间不超过一年的贷款；

- 对非本国的 OECD 成员国的公共部门实体（不包括中央政府）的债权和由这些实体担保的贷款；
- 托收中的现金款项。

④ 以已被或即将被借款者所租出或占有的住宅财产为抵押的全担保贷款，按 50％的风险权数调整。

⑤ 下列资产按 100％的风险权数调整：

- 对私人部门的债权；
- 对非 OECD 成员国银行的所剩到期时间超过一年的债权；
- 对非 OECD 成员国的中央政府的债权（除非以本国货币定值，在那种情况下它的风险权重挂靠为零）；
- 对公共部门拥有的商业公司的债权；
- 场所、工厂、设备和其他固定资产；
- 不动产和其他投资（包括在其他公司的非整合性投资参与，即被参股公司的经营活动并未并入银行的资产负债表）；
- 持有的其他银行发行的资本性证券（除非从资本中扣除出去的部分，此时没有确定的权重）；
- 所有其他资产。

对表外业务，《巴塞尔资本金协议》规定需以 1988 年 3 月巴塞尔委员会公布的《银行表外项目风险管理——监管者的观点》（The management of the banks' off-balance-sheet exposures-a supervisors perspective）文件中确定的信用换算因子（Credit Conversion Factor, CCF）折算成表内项目，再乘以相应项目的风险权数。折算方法为

$$风险调整表外资产额＝表外资产本金额×信用换算因子×风险调整权数$$

各种表外项目的信用核算因子如表 13-1 所示。

表 13-1　表外项目的信用换算因子

类　　别	信用换算因子
贷款的替代方式，如普通债务担保，包括用于贷款或证券担保的备用信用证、银行承兑（包括银行背书）	100％
与交易有关的或有负债，包括履约保证书、投标保证书、保单、为具体交易开具的备用信用证	50％
短期的与贸易有关的且具自动清偿能力的或有负债，如由海运或其他货运单据作抵押的跟单信用证	20％
售后购回协议及具有追索权的资产出售	100％
远期资产出售、远期定期存款及以分期支付方式购买的股票及其他证券①	100％
票据发行便利（NIFs）和循环包销便利（RUFs）	50％
其他承诺，如初始期限超过一年的正式的备用信贷	50％
期限在一年以内的、能随时取消的备用信贷额度	0％

---

① 远期定期存款（Forward Forward Deposit）是一种由两个交易对象签订的协议。根据协议规定，其中一方会于约定的未来日期按协定的利率将一笔确定金额的定期款项存入另一方，而另一方会于约定的未来日期按议定的利率接受该项存款。

对于同汇率、利率有关的金融期货、期权合约，需要特别处理。协议认为，期权期货（有正值的）的价值应按照市场的即期价格重新估价，然后再加上以一定的风险调整系数计算的风险调整值，以反映合约剩余期的风险，即

合约价值＝合约（有正值的）的即期市场价值＋合约面值×风险调整系数

汇率、利率有关的金融期货、期权合约的风险调整系数如表 13-2 所示。

表 13-2　汇率、利率有关的金融期货、期权合约的风险调整系数

剩余到期日	利率合约/%	汇率合约/%
一年以下	—	1.0
一年以上（包括一年）	0.5	5.0

3）巴塞尔委员会关于资本金的补充协议

自巴塞尔资本金协议颁布以后，其基本精神正被包括许多发展中国家在内的越来越多的国家所接受。虽然巴塞尔资本金协议只是针对所谓的"国际活跃银行"的，但目前在多数国家它已成为对所有银行的监管原则。它有力地促进了对银行监管的国际协调，有利于国际银行的健康发展，然而该协议也并不是完美无缺的。

首先，该协议主要是关于资本金的协议，在监管原则方面则并无进展，在这方面原有的相关协议存在的问题没有得到解决。例如，协议没有完全消除各国在跨国银行管理政策方面的差异，给了跨国银行以可乘之机。在管理责任的划分方面仍有不够明确之处，多处规定由东道国和母国共同管理，导致管理漏洞依然存在。因为人人都管事实上常意味着人人都不管。

第二，Basle I 并未就最后贷款人问题作出任何决定。在各国国内，银行在缺乏资金时可以向本国中央银行以票据再贴现等方式融通资金。如果银行濒临破产，政府也通常会尽力挽救。各国还设有存款保险制度，当银行破产时各储户可获得一定金额限度内的赔偿。然而外国银行的分支机构却通常享受不到东道国和母国政府的类似待遇，这不仅大大损害了广大储户的利益，而且也严重影响了外国银行分支机构的信誉。因为根据货币银行学原理，银行由于其自身的高资本负债比的经营特点，其信誉是根本经不住"流言蜚语"的袭击的。只要储户因情绪恐慌而出现挤兑风潮，经营业绩再好的银行也会支持不住。因此，为稳定储户情绪，保证国际银行业的经营安全，迫切需要解决外国银行分支机构最后贷款人问题。

第三，由于 Balse I 的资本评估标准和银行自身采用的内部风险控制指标体系不尽相同，这些银行可能不得不保持两套风险控制体系，一套用于应付监管者的要求，一套用于自身的风险管理。这可能会降低银行的经营效率，还可能减弱银行改进自身风险管理体系的积极性。

最后，虽然 Basle I 考虑了银行表外业务对银行安全性的影响，但对金融衍生产品对银行安全性的影响仍然估计不足。这是因为金融衍生产品的风险和银行信贷的风险有很大不同，前者主要是市场风险（Market Risk）和经营风险（Operational Risk），而后者则主要是信用风险（Credit Risk），二者很难有统一的风险评估标准。这在该协议发表时并不是一个很严重的问题，因为当时金融衍生产品在银行业务中并不具有非常重要的地位，然而进入 20 世纪 90 年代后，金融衍生产品交易发展十分迅猛，在银行业务中占有了举足轻重的地位，

Basle I 的缺陷就变得日益明显了。例如，巴林银行在 1995 年 2 月破产前其资本充足率远远超过 8%，却因所持有的金融衍生产品价格暴跌而导致其资本迅速蒸发。

鉴于此，20 世纪 90 年代后巴塞尔银行监管委员会提出了一系列补充协议。1995 年 4 月 12 日，巴塞尔银行监管委员会发布了一项新的关于市场风险资本计算标准的建议，在充分征询了各方意见后，于 1996 年初正式以《巴塞尔资本金协议市场风险修正案》（Amendment to the capital accord to incorporate the market risk）的名义发表了该文件。修正案由正文及两个附件组成，正文分前言、标准测算方法、测算市场风险的内部模型的使用、示例 4 个部分。该修正案将银行资产和负债分为银行项目和交易项目，前者包括传统的银行存、贷款业务，后者则包括为获取价差而持有的短期头寸和为保值持有的头寸。银行项目下的资产的资本要求仍然按照 1988 年颁布的 Balse I 的规定确定，而交易项目下的资产的资本要求则按照一组新的、以市场风险为基础的衡量标准来估算。修正案对如何计算与市场风险相关的资本金要求作了详细且明确的规定。

虽然修正案弥补了旧巴塞尔资本金协议的一些漏洞，但仍然存在一些不足，如它只强调了可以预期和量化的风险，而对难以预期和量化的突发事件（如墨西哥危机）所造成的风险却未能考虑。其次，虽然修正案要求对银行进行应力测试，但在如何考虑应力测试的结果方面目前仍无一致的意见。此外，新建议只考虑了市场风险，而未能考虑法律风险和经营风险，银行托拉斯（Bank Trust）公司所遇到的法律纠纷和巴林银行事件说明了这两类风险有时是能够给银行造成很大困难的。正是考虑到上述问题的存在，所以尽管有不少银行抱怨新建议对银行内部风险模型的检测标准过于严格，但巴塞尔委员会仍坚持不放宽标准。

巴塞尔银行监管委员会发布的另一个重要协议是 1997 年 9 月公布的《有效银行监管的核心原则》（Core principles for effective banking supervision），该文件制定了有效监管体系必备的 25 条基本原则。除原则本身内容外，这套文件还包括介绍监管者在实施核心原则时可以运用的各种手段。

3. Basle II

1）Basle II 的制定过程

国际社会在进入 20 世纪 90 年代后就开始寻找新的银行安全评估标准。欧共体于 1993 年 3 月公布了一份新的资本充足率指令；1998 年，巴塞尔委员会也决定对 Basle I 进行全面的修改，并于 1999 年 6 月首次公布了新的资本协议征求意见稿，征求成员国的建议。

1999 年巴塞尔资本新标准草案公布后，引起了各国银行监督机构和金融界人士的广泛争论，一些人士对该新协议提出了批评意见。

① 对中小银行和公众来说，该标准过于复杂，难以理解和掌握，而对那些广泛参与了金融衍生产品交易的大银行来说又过于简单和粗糙。

② 该标准对金融衍生产品的不同特点考虑并不是十分周密，如没有考虑到差价风险（Spread Risk，指期限相同，而品性不完全一样，但其价格或收益率具有相关性的两项金融产品由于二者之间的价差或利差的变化而给交易者造成的损失）和期差风险（Gap Risk，指品质相同，但期限不同的两种金融产品之间的价差或利差的变化而给交易者带来的损失）的差异。新标准也没有考虑到金融衍生产品对基础金融产品的价格波动的敏感性所造成的风险

（伽马风险）和基础金融产品价格波动对金融衍生产品造成的风险（维加风险）[1]，因此该标准会鼓励银行采用期权交易的风险战略。新标准也没有考虑到不同金融产品间风险的相关性，因而银行所采取的保值（如对冲交易）措施和风险分散化（如资产分散化）措施不会在新标准中得到反映，即这些措施不会减少银行的资本要求量，这自然会降低银行采取此类安全措施的积极性。

③ 该标准还缺乏灵活性，难以扩展其适应范围，这对于金融衍生产品来说尤其明显。因为金融衍生产品领域的金融创新非常活跃，不断会有新的产品和交易方式出现。

④ 新标准将银行资产分为银行项目和交易项目的做法也显得过于武断，因为银行项目下的资产同样存在市场风险，而交易项目下的资产也存在信用风险。何况信用风险和市场风险也不是毫不相关的，如金融衍生产品市场价格的剧烈变化就可能会使金融衍生产品交易的对方无力履约。

⑤ 该标准采用以某一时点的风险量来计算资本需求量，此种静态方法也无法准确地估算银行在采取动态交易战略（指银行根据一定的规则不断地变更其资产的组合，以达到某一预定的风险暴露目标）时的风险暴露情况及其资本的需要量[2]。

在多方征求意见之后，巴塞尔委员会又分别于 2001 年 1 月、2003 年 4 月和 2004 年 6 月发布了新的资本协议征求意见第二、第三、第四稿，定稿于 2006 年 6 月颁布。新的协议被称为 Basle II。2006 年底，新的协议就全面取代了旧的协议。

2）Basle II 对原协议的主要改动

与旧资本金协议相比，新资本金协议主要作了如下改动。

① 内容大为丰富。Basle II 除吸收了《有效的银行监管的核心原则》和《市场风险修正案》的内容外，还添加了许多新的内容，从而改变了旧资本金协议单靠资本金来维持银行的安全性的做法，形成了较完整的银行监管原则体系。Basle II 将对银行的监管分为三大部分，即所谓的"三大支柱"（Three Pillars）。第一个支柱是资本金的要求，第二支柱是对监管体制的审核，第三支柱则是市场约束机制的建立。

② 扩大了适用范围。Basle I 只适用于银行，随着混业经营的发展及全能银行的出现，这种分业监管的做法已不能适应金融业的现实。Basle II 的适用范围扩展到拥有银行的控股公司（Bank holding company），对这些银行控股公司应该在合并其下属公司报表的基础上适用新的协议。这意味着这些控股公司旗下的拥有多数股权的证券及其他金融实体（如融资租赁公司等）均应受到资本金协议的约束，但在目前阶段银行控股公司旗下的保险公司或实业实体不在新协议的约束之内，故银行控股公司持有的这些实体的资本应在计算资本充足率时予以扣除。拥有少数（非控股）股权的金融企业的资本也不在监控之列，其资本也应该在计算资本充足率时予以扣除。

③ 在计算资本充足率时，Basle II 还给了银行更多的选择。为了提高银行建立自身风险控制机制的积极性，同时降低银行的风险控制成本，Basle II 鼓励有条件的大银行采用自己的模型计算资本需要量。

④ 与资本计算方法相对应，在风险评级方面，改变了原协议统一且相对简单的分类方

① 关于伽玛风险和维加风险的具体概念及计算方法见本书附录。
② 国际清算银行．国际资本市场：发展、前景和政策．北京：中国金融出版社，1995．

法，而是采用了相对复杂的外部评级法，并允许银行制定自己的评级标准。

3）Basle II 的第一支柱：资本金的要求

与 Basle I 相比，Basle II 吸收了《市场风险修正案》的内容并加以扩展，把资本金的要求在信用风险之上扩展到经营风险和市场风险，银行的资本金要求即为这三项风险的资本金要求之和。

（1）信用风险

信用风险（Credit Risk）的资本要求是 Basle I 原有的内容。在资本的定义及最低资本充足率的标准方面，Basle II 与 Basle I 相同，即核心资本充足率必须在 4％以上，资本充足率在 8％以上。不同的地方主要是对资产的风险调整方法作了改革。在信用风险方面，银行现在可以选择两种方法之一计算信用风险的资本需要量：标准方法（Standardized Approach）和内部评级法（Internal Ratings Based Approach，IRB）。所谓标准法，即 Basle II 规定的统一的衡量标准，而内部评级法则是银行自行采用的计算方法。

（2）经营风险

Basle II 所指的经营风险（Operational Risk）是指由于银行内部程序的缺陷或失败、人员、制度，甚至外部事件等原因导致的损失。与第 13 章中所定义的经营风险相比定义略宽，包括法律风险，但不包括战略风险（Strategic Risk）和声誉风险（Reputational Risk）。

计算防范经营风险资本要求的方法有 3 种：基本指标法（Basic Indicator Approach）、标准方法（Standardized Approach）和高级法（Advanced Measurement Approach）。三种方法的复杂程度逐级上升。Basle II 鼓励满足条件的银行采用较为高级的方法计算经营风险的资本要求。对国际活跃银行来说一般至少采用标准法以上的方法。

（3）市场风险

Basle II 所指的市场风险（Market risk）是指银行持有的表内及表外风险资产头寸由于其市场价格的变化导致的风险。在计算市场风险所对应的资本方面，Basle II 继续采用了《市场风险修正案》所规定的方法。该方法采取分块法（Building Block Approach），即按资产的性质将交易项目下的资产①分为股权、利率、外汇（包括黄金）和商品四大类，对每类资产按照其风险的特点分别规定一套计算资本要求量的规则，然后将每类资产的资本要求量相加，得出市场风险项目下的总资本要求量。

如同信用风险和经营风险一样，抵御市场风险所需的资本的衡量标准也有标准测量法（The standardized measurement method）和内部模型法（Internal models approach）两种。

在市场风险方面，Basle II 提出了第三级资本（Tier 3）的概念。第三级资本由短期附属债务组成，但只有那些在需要时可以成为银行永久资本的一部分，因而可以被用于吸收银行损失的短期附属债务才可以成为第三级资本。这些债务工具必须：

- 是无抵押的、附属的和全额付清的（即银行已获得该工具承诺的全部款项）；
- 原始期限至少在两年以上；
- 除非监管部门同意，在规定的偿还日期到期前不能偿还；
- 规定有"锁定（Lock in）"条款，即规定如果银行的资本水平落入或保持在最低标准之下，无论是该债务的本金还是利息都不用被支付。

---

① 交易账户（Trading Book）下的资产由出于交易或保值目的而持有的金融工具或商品构成。

第三级资本只可用于计算市场风险所需的资本，且总额不得超过核心资本的 250%，这意味着至少有 $28_{1/2}$% 的市场风险必须由核心资本来支持。

各种风险的具体计算方法见本书附录。

4）Basle II 的第二支柱：政府的监管程序

Basle II 意识到即使是改进了资本金的要求也并不足以保证银行的安全，因此另外添加了确保银行安全的两个支柱，其中之一就是对政府银行监管程序的要求。在《有效银行监管的核心原则》的基础上，Basle II 政府银行监管程序提出了一些最低标准，这些最低要求包括以下四大原则。

原则一：银行必须拥有评估与它们的风险状况相适应的总体资本充足程度的程序，以及如何维持它们的资本水平的策略。

具体包括：

- 董事会和高级经理人员对银行风险状况的有效控制；
- 稳妥的资本评估制度；
- 对风险的全面评估；
- 充分的风险监控与报告制度；
- 对内部风险控制制度的定期检查制度。

原则二：银行监管者应对银行的内部资本充足状况评估体系，以及其监控和确保符合监管部门规定的资本比率的策略、能力进行定期检查。如果对检查的结果不太满意，银行监管者应该采取适当的监管行动。

定期检查可以涉及以下内容的某些组合：

- 现场检查；
- 场外评估；
- 与银行管理人员谈话；
- 评估外部审计人员所作的报告（条件是报告内容与银行的资本问题足够相关）；
- 定期报告制度。

原则三：监管者应该期望银行在监管机构规定的最低资本比率水平之上运营，并有能力要求银行持有比最低要求更高的资本水平

Basle II 第一支柱规定的最低资本要求已经考虑了一定的缓冲余地，但对于具体的每家银行或某个具体市场内的所有银行这一标准仍然可能过低，监管者可以根据这些银行面临的风险状况对它们规定高于第一支柱规定的最低标准的资本标准。此外，监管者还应鼓励银行持有超过最低标准的资本水平。例如可以在最低要求之上另外设置一些类别以区别不同资本水平的银行。如果银行的资本水平超过一些关键（Trigger）或目标（Target）水平，该银行可归入资本充足（Adequately capitalized）的银行、资本状况良好（Well Capitalized）的银行等不同的级别。

原则四：监管者应在问题出现的早期就采取干预行动防止一家银行的资本水平落到支持该银行的风险状况所需的最低水平之下，并应在该银行的资本水平无法维持或恢复时要求采取迅速的补救措施。

这些措施可能包括：

- 加强对该银行的监督力度；

第13章 国际银行的宏观监督和管理

- 限制红利的发放；
- 要求银行准备和实施一项令监管者满意的资本充足水平恢复计划；
- 要求银行立即募集新的资本；等等。

5）Basle II 的第三支柱：市场纪律约束

在市场经济条件下，市场对银行的经营行为有约束能力。如果一家银行的资本水平相对于其资产的风险过低，这家银行就会被存户和投资者抛弃，其存款水平和股价会大幅下降；相反资本充足率高，经营谨慎的银行则会受到存户和投资者的追捧。这种力量将迫使银行保持其资本比率在一定的水平之上。一些银行甚至会持有远远高于监管部门要求的最低水平的资本充足率。Basle II 第三支柱的目的就是确保这种市场约束能够正常发挥作用，采取的做法就是发展了一套规范的银行信息披露制度供各国监管部门参考。这种信息披露制度能够保证市场参与者能够及时得到评价一家银行资本充足程度所需的必要信息。

13.3　国际银行业的自由化

在对跨国银行的管理方面，除了对跨国银行的监督外，另一个重要的问题就是国际银行业的自由化问题。这和前一问题是有所不同的，它涉及的是放宽各国对本国银行业的保护，即减少对外国银行歧视的问题。而对跨国银行的监督是一个管理的宽严问题，目的是为了国际银行业及整个国际金融体制的安全与稳定。只要这种管理措施对本国银行和外国银行的影响是相同的，就不构成对外国银行的歧视，因而也就不属于贸易保护主义措施。

1. 银行业的贸易自由化与贸易保护主义

过度的对银行业进行贸易保护对一国经济是非常有害的，其影响甚至大于一般经济部门中存在的贸易保护主义。由于银行业在经济中属于为其他部门服务的中介部门，因而银行业的贸易保护主义的影响同其他中间部门的贸易保护主义的影响是相似的，它会使一国最终产品的成本提高，在国际市场上的竞争力下降。更糟的是，现代银行业不仅为国际经济交往提供资金调拨、货币兑换、投资与贸易融资等传统业务，还新创了诸如掉期交易之类的保值手段供国际交易者用来规避汇率风险，其作用远非仅为国际交易提供方便那么简单。因此，银行业的贸易保护主义会严重地影响一国对外贸易的发展。从世界整体来看，银行业的贸易保护主义使资金的自由流动受到阻碍，不利于全球资金的最佳配置。

但银行业的贸易自由化相对一般的行业而言，又是极为困难的。因为银行业在一国经济中占有非常重要的地位，它对一国货币政策的实施、经济的发展具有举足轻重的作用。银行的破产对社会的影响也远比一般的行业要广泛，因此世界上几乎所有的国家都对外国银行进入本国银行业采取了某种保护措施，只是在保护的程度上存在某种差异。在发展中国家对银行业贸易保护主义尤为普遍和突出，这是因为发展中国家的银行体系无论是在资金力量还是在技术及管理水平上均远远不如发达国家，金融市场的管理体制也大多很不完善，发展中国家的政府担心一旦开放本国的银行业，本国银行会由于无力与发达国家的银行竞争而纷纷破产。此外，他们还担心外国银行会冲击本国的金融市场，从而影响政府对本国宏观经济及国际收支状况的调控。

虽然银行业的贸易自由化困难重重，但自 20 世纪 70 年代以来，银行业的贸易自由化还是取得了很大的进展。特别是发达国家，可以说已基本实现银行业的贸易自由化。银行业的贸易自由化使得国际银行业得到迅速的发展。根据 UNCTAD 的《贸易和发展报告》，到 1990 年，11 个发达国家的银行资产约三分之一具有国际特征，最高的达到 90％，其中三分之二为银行间资产。

在银行业的贸易自由化方面，各国的态度及做法是有很大差异的。具体来说，各国对银行业贸易自由化的态度大致可分为 4 种：一是完全禁止外国银行进入本国金融市场；二是虽然允许外国银行进入，但对其经营活动存在许多歧视性政策；三是对外国银行实行所谓的"国民待遇"，即对其与本国银行一视同仁；四是对外国银行的进入采取鼓励、优惠的政策。

在主张银行业的贸易自由化的发达国家中，对于银行业自由化的态度实际上仍然是有所差别的，可以分为两种不同的类型。一种是主张"国民待遇"（National Treatment）原则，该原则要求给予外国银行分支机构同当地银行同样的待遇；另一种是采取所谓的"对等原则"（Reciprocity），即根据外国政府对本国银行的待遇决定对来自该国的银行的待遇。但对等原则也可以分为"国民待遇"对等和"镜像"对等（Mirror-Image Reciprocity）。"国民待遇"对等是指只要外国政府对本国银行给予了国民待遇，则本国政府也将给予该国银行在本国的分支机构以国民待遇；而"镜像"对等则是指本国将给予外国银行在本国的分支机构同本国银行在这些银行分支机构的母国享受的待遇完全相同的待遇。由于各国对银行业的管理宽严不同，因此这两种对等原则的实际实施效果还是有差异的。假设有 A、B 两个国家，A 国对银行业的管理较宽，B 国则较严，那么对 A 国来说，若采取"国民待遇"对等原则，则只要 B 国对本国银行在 B 国的分支机构给予了国民待遇，那么本国对 B 国在本国的银行分支机构也将给予国民待遇；但如果是采取"镜像"对等原则，则即使 B 国给予了本国银行国民待遇，本国也不能给予该国的银行以国民待遇。因为在 B 国银行受到的限制多于银行在 A 国受到的限制，所以此时在 B 国的 A 国银行的分支机构和在 A 国的 B 国银行分支机构所享受的待遇并不完全相等。

国际货币基金组织和世界银行也参与了关于金融业自由化的讨论，特别是国际货币基金组织，态度尤为积极。巴塞尔委员会也参与了有关银行业监督政策的国民待遇问题的讨论。

2. 美国对外国银行在美分支机构政策的演变

在 1979 年之前，美国对外国银行分支机构的管理还是十分宽松的，主要是由各州政府自行决定，外国银行可以不受限制地向各州政府申请设立分支机构，各州对外国银行分支机构的政策则互有不同。在有些州，政策较为宽松，实行的是所谓的"国民待遇原则"，给予外国银行分支机构同当地银行同样的待遇；但也有些州对外国银行则限制较严，实行所谓的"对等原则"，即根据各外国银行的母国对本地银行的待遇决定对该外国银行的待遇。如某些国家只允许外国银行在本国设立分行、代理处等类机构，而不允许设立子银行，因而美国的一些州也不允许来自这些国家的外国银行在其州内设立子银行。

但是，这一政策实施的结果使得外国银行得以不受限制地在美国跨州设立分行，而在当时根据美国的法律，美国本国的银行却是不能够跨州设立分行的。此外，如前所述，根据当时的美国法律，美国银行还不能从事证券发行、买卖等投资银行业务，而在美国的欧洲银行分支机构却能够从事投资银行业务。所有这些都使得美国银行在同外国银行分支机构的竞争中处于十分不利的地位，外资银行在美国银行业中所占的份额逐渐增加。到 1977 年，在美国的外资银行分支机构提供的工商业贷款已达到了美国工商业贷款总额大约 10%。在整个 20 世纪 70 年代，美国银行一直在游说国会修改银行法律，其结果就是 1978 年"国际银行法"（International bank act of 1978）的通过。

1978 年美国国会通过的《国际银行法》是美国在第二次世界大战后颁布的首部有关外国银行分支机构的联邦法律，它使美国对外国银行分支机构的政策开始由联邦政府统一制定和实施。该法确定了美国对外国银行分支机构的所谓的"国民待遇原则"。《国际银行法》规定："外国银行分支机构的经营应享有同所在地国内银行一样的权利和待遇，但也应承担和在其所在地开展业务的国内银行同样的义务、责任，接受同样的限制、条件和标准"。基于此原则，该法取消了外资银行原享有的跨州设立分行的特权，规定所有外资银行应该选择一个州作为东道主，其日后建立的分行应局限于该州境内。该法还取消了外资银行在非银行类业务方面实际享有的优惠，此类业务现在要受到与国内银行持股公司相同的管制。但该法又规定美国的外资银行可以和国内银行一样享受美联储的各种服务，如贴现和支票清算等。

1978 年的《国际银行法》也考虑了其他国家对美国银行在当地的分支机构的待遇问题。该法第九部分（Section 9）要求美国财政部长及其他有关联邦政府官员监督美国银行在国外所受的待遇，并定期向国会报告；报告时除应说明美国银行在海外所受待遇的现状外，还必须报告美国政府采取的取消外国政府对美国银行的歧视性政策的措施。

不过，美国对外国银行的政策还是相当开放的，没有类似"超级 301"那样的对别国实施报复的法律条文。也就是说，上述对外国银行的"国民待遇原则"是单方的，并不以外国银行母国对美国在该地的分支机构的待遇为前提。美国 1978 年《国际银行法》还规定，美国联邦政府有权批准外国银行在美国任何一个州设立分支机构，不必考虑所在州是否订有"对等原则"的法律，除非该州完全禁止外国银行进入。这一规定很自然地受到了那些实行"对等原则"的州的反对，但未能成功。这样单方的"国民待遇"原则最终成为美国统一的对外国银行的政策。

美国在国际银行业务方面之所以采取了较对外贸易更为开放的政策，主要是因为相对于商品贸易方面较为虚弱的地位而言美国在国际银行业务领域拥有很大的优势，这从美国在贸易收支方面长期处于逆差，而在银行服务收支项目上则一直是顺差的现象上就可以明显地看出。这使得美国不仅不怕外国银行进入，反而希望通过自己对外国银行的较为开放的政策来换取其他国家对本国银行在当地开展业务也采取同样的开放政策，从而促进本国银行海外业务的发展。然而，20 世纪 80 年代后，随着美国国内贸易保护主义势力的日益高涨，美国国内要求在国际银行业务方面采取"对等原则"的呼声也越来越高，这在美国国会内陆续提出的一些有关提案就可以明显地看出。例如在 1988 年，有议员在国会提出"贸易与竞争混合法案"（Omibus Trade and Competitiveness Act of 1988），该法要求给予总统任命的美国联邦银行谈判代表类似美国贸易谈判代表根据"超极 301"条款拥有的权力，可以对他认为对美国银行海外分支机构存在歧视措施的国家实施制裁。该法虽然因美国总统等的反对而未获通过，但 1988 年美国通过的《金融报告法》实际上包含了它的一些内容，如该法要求美国财政部每四年报告一次美国银行在海外所受待遇的情况。

20 世纪 90 年代后，外国银行在美国银行业的影响不断增强，当时在美国已有近 300 家外国银行在开展业务，占了美国银行工商业信贷的 30%，这就使得美国对外国银行的双重管理制度越来越不能适应形势的需要，因为州政府既缺乏权力也没有足够的能力管好在其名下注册的外国银行分支机构。

1991 年国际信贷和商业银行（BCCI）的破产对国际银行界造成了极大的冲击，使美国政府感到有必要进一步加强对外国银行的管理，故在同年通过了《联邦存款保险公司改进法》（FDICIA）。该法的第二篇（Title Two）又单独被称为"外国银行监督加强法"（The Foreign Bank Supervision Enhancement Act of 1991，简称 FBSEA），它专门对外国银行的管理作了一些新的规定，确立了美联储在对外国银行业务管理中的主导地位。

1994 年美国通过了《1994 年里格尔-尼尔州际银行及分行效率法》（The Riegle-Neal Interstate Banking and Branching Efficiency Act of 1994），取消了长期存在的对银行在跨州经营和跨州设立分行的限制。这样不论是外资银行还是美国银行都可以跨州经营和跨州设立分行。

1996 年美国《经济增长和监管文牍工作减少法》"The economic growth and regulatory paperwork reduction act of 1996"在减少对外资银行的费用方面作了一些规定，该法要求美联储在对外资银行进行监督检查时不得收取检查费，除非对本国银行也收取同样费用。

美联储又于 1997 年 12 月对其《K 项条例》作了修改，以简化由 FBSEA 确定的外资银行申请的程序，降低申请费用。根据修改后的条例，两类银行（母国已被美联储确认符合"综合并表管理"标准的银行和在 1991 年以前已设立了分行、代理机构的银行）增设分支机构的申请程序得到简化。

而 1999 年通过的《金融服务现代化法案》则基本结束了自 1933 年的《格拉斯·斯蒂格尔法》（Glass-Steagall Act）以来美国实行的金融分业经营、分业监管的制度，外国银行和美国银行在业务范围方面的矛盾得到缓解。

3. 欧共体对外国银行的政策

由于欧洲在国际经济及金融业方面的重要地位，有大批的外国银行进入欧洲开展业务，因此对外国银行的管理也成为欧洲许多国家银行业管理的重要内容。

欧洲共同体成立后，统一对外国银行的政策也成为其货币一体化的一项重要内容。1977 年 12 月 12 日，欧共体议会颁布了"与信贷机构的持有及经营有关的法律、规定、行政措施有关的合作的第一号议会指导条例"（First directive on the coordination of laws, regulations, and administrative provisions relating to the take up and pursuit of the business of credit institutions）。该指导原则要求欧共体各成员国之间取消对银行业的进入障碍，统一对银行业的管理措施。该指导原则规定，如果非成员国的银行在某一成员国设立了分行，那么它就可以在其他成员国不受限制地另外设立分行。然而条例同时规定，成员国不能给予非成员国的银行分支机构较成员国的银行分支机构更加优惠的待遇，但并不反对成员国对非成员国的银行分支机构采取歧视措施。此外条例也没有涉及子银行的问题。

1985 年欧共体发表建立"欧洲统一大市场"的宣言，决定于 1992 年建立"欧洲统一大市场"，其中资本的自由流动是统一大市场的重要内容。新的形势要求欧共体进一步加强在银行业管理方面的合作，因此欧共体议会在 1988 年 2 月 23 日通过了关于银行业管理的"第二号指导条例"（The Second Directve）。该条例规定，任何成员国对银行业的管理均应满足条例规定的最基本的原则和要求，以保证银行业的安全及客户的利益。在此前提下，条例规定成员国的银行到其他成员国设立分行或子行由其母国审批，而不是由东道国审批，但该银行分支机构的活动应在条例附录中所列的业务范围之内。由于母国原则大大减少了东道国政府限制其他成员国银行进入的能力，因而它加强了欧共体内部银行市场的统一。为了使本国银行能够应付来自其他成员国的日益激烈的竞争，那些对银行业管制较严的成员国不得不加快放松银行业管制的步伐，这就促进了欧共体银行业整体的自由化程度的提高。

对于非成员国的银行，"第二号指导条例"采取了"对等原则"（Reciprocity），即根据外国政府对欧共体成员国银行的待遇决定对来自该国的银行的待遇。当某一非成员国银行在任一成员国申请建立分支机构时，该成员国必须先向欧洲议会提出咨询，直至欧洲议会确信所有成员国的银行在该外国银行的分支机构均未受到歧视，才批准该外国银行的申请。如果有成员国提出受到歧视的申诉，欧洲议会将要求各成员国暂停考虑该外国银行的申请，然后同该银行的母国进行磋商，要求其改变歧视性的措施。但"第二号指导条例"也给予了外国银行更大的进入自由，它规定只要外国银行被允许在某一成员国设立分行，它就可以在其他成员国设立分行，并将这一待遇扩展到子银行。

但"第二号指导条例"仍存在两个缺陷：一是其所谓的对等概念有些模糊不清，不明白是指相互给予"国民待遇"，还是指"镜像对等"；二是该条例未能明确将新的待遇给予在"第二号指导条例"公布之前进入欧共体的外国银行分支机构，引起了这些机构的忧虑。

鉴于此，欧共体委员会于1989年12月颁布了"第二号指导条例"的修正版。修正版的"第二号指导条例"明确规定，所谓"对等原则"是指国民待遇原则，同时修正版条例还提供了"祖父条款"，将修正版"第二号指导条例"的适用范围扩大到"第二号指导条例"公布之前进入欧共体的外国银行分支机构。修正版"第二号指导条例"还规定，欧共体委员会将独立调查非成员国对欧共体银行的待遇，而不再仅仅依靠各成员国提供的意见。

在银行业的国际自由化方面，美国和欧共体之间的矛盾还是相对缓和的。虽然欧共体对外国银行采取的是公开的"对等原则"，但由于美国目前实行的是"国民待遇原则"，因而依据"对等原则"，欧共体对美国银行也给予了"国民待遇"，双方并没有发生矛盾。90年代初，欧共体开始建立"欧洲统一大市场"，这一度曾使美国银行担心会受到歧视，但后来欧洲议会颁布的有关外国银行管理的条例解除了美国银行的疑虑。倒是欧共体对美国颇有些意见，因为一般而言，欧洲大陆国家的银行体制较美国的银行体制相对要自由些，特别是并不限制商业银行从事投资业务，故虽然欧美都给予对方银行以"国民待遇"，但实际上美国在欧洲的分支机构可从事的业务范围要比欧洲银行在美国的分支机构能够从事的业务范围要广一些。鉴于此，欧共体的一些官员曾要求美国政府给予欧洲银行在美分支机构同美国银行在欧分支机构同样的待遇，即实行所谓的"镜像"对等。不过随着美国金融自由化的发展，这一问题又有所缓解。

4. GATT乌拉圭回合关于金融服务贸易自由化的谈判

在1986年6月开始到1993年12月结束的GATT乌拉圭回合谈判中，金融服务的贸易自由化是其关于服务贸易谈判的一项重要内容，成员国试图经过谈判在该回合所达成的服务贸易总协定（GATS）下签署一项关于金融业的附录。

根据GATS对国际服务的定义，所谓国际金融服务应该是指：由一国金融机构（包括银行、储蓄银行、证券公司、经纪人公司及其他金融服务提供机构）提供的所有和金融有关的跨越国境或货币的服务。这些金融服务要么涉及非居民，要么涉及以外币定值的资产。具体来说，国际金融服务包括以下内容：

① 从一国境内向任何其他成员方境内提供金融服务；

② 在一国境内向任何其他成员方的服务消费者提供金融服务；

③ 由一国的自然人到其他任何其他成员方的境内提供金融服务；

④ 一国居民通过在任何其他成员方的境内设立金融服务供应实体向当地消费者提供金融服务。

前三项属于纯粹的金融服务贸易，其中①类未涉及自然人的国际流动；②类和③类则均牵涉到自然人的国际流动，但人员流动的方向是相反的：②类是由外国消费者到金融服务的提供国消费金融服务；③类是由金融服务的提供者出国为外国消费者提供金融服务；④类则属于金融业的对外投资。

在乌拉圭回合金融业关于贸易自由化的谈判中，美国和发展中国家发生了很大的意见分歧。美国对金融业的贸易谈判原本十分热心，但在 1993 年 12 月乌拉圭回合谈判结束时，美国突然宣布拒绝在已拟定的"服务贸易总协定"（GATS）关于金融业的附录上签字，使得关于金融业的谈判又不得不延长了 18 个月。1995 年 6 月，在关于金融业的谈判眼看就要达成协议时，美国再次宣布退出谈判。美国之所以在 GATT 关于金融业的谈判中屡屡退出，主要原因就是它认为发展中国家在谈判中出价不够，不能使它感到满意。美国认为，按照发展中国家在金融业谈判中所开出的具体承诺单，拟议中的金融业协议将无助于美国银行进入这些国家的金融市场；而东南亚和拉美的金融业发展迅猛，获利机会远远超过已趋饱和的发达国家金融业。美国十分希望东南亚和拉美等地区的发展中国家对美国金融企业进一步开放金融市场。因此，美国决定放弃多边谈判的做法，改为分别同世贸组织的各成员国按"对等原则"举行双边谈判。对于欧共体等银行业自由化程度较高的国家，美国也向它们开放本国的银行市场；反之，对于那些银行业自由化程度较低的国家，则视其对美国银行的限制程度相应地对来自这些国家的银行进入美国采取不同的限制措施。

美国的退出在参加金融业谈判的各国之间引起了很大的震动，其他一些国家也准备收回其已开出的金融业开放具体承诺单。因为它们觉得，鉴于美国在世界金融业中的地位，若协议不能使它们国家的银行更自由地进入美国，则协议将是毫无意义的。一时间 GATS 关于金融业的协议濒临破产。在此种危急情况下，经欧盟首席谈判代表布里丹的斡旋，GATS 缔约国决定以一项为期一年的、没有美国参加的临时条约代替永久性的协议，美国也答应一年后它将重新参与谈判。经过这番努力，世界贸易组织（WTO）的约 90 个缔约国终于就金融业达成了一项临时协议。

在此次金融服务谈判中，有许多国家在其开出的金融服务具体承诺单中做出了进一步开放本国金融市场的承诺。在发达国家中，欧盟允诺开放对欧共体金融市场的准入；日本同意将日美达成的双边金融服务协议中给予美国的待遇推广到其他成员国，从而开放了其公共和私人养老金市场；加拿大答应将北美自由觅易协议的有关优惠待遇扩大到 WTO 的所有会员国。发展中国家也在很大程度上做出了开放本国金融市场的承诺。例如菲律宾 50 年来首次允许外国人在该国设立新的银行；泰国同意在 1997 年后每年允许增加 7 家外国银行；印度允许每年增加 8 家外国银行；韩国允许外国银行、保险公司和证券管理机构进入其金融市场，并将外国公司在韩国金融机构中的参股比例最高限从 10％提高到 15％。马来西亚将外国公司持有马来西亚保险公司的股份比例最高限从 30％提高到 49％。巴西允诺允许外国保险公司进入巴西金融市场，并准许外国银行参与目前该国进行的国有银行私有化进程。南非也允诺向外国企业开放本国的金融市场，允许外国公司购买当地金融机构或在当地设立新的金融分支机构。

总计有近50个成员国承诺维持或推广其先前实施的金融开放措施，23个国家放宽了对外国银行经营的限制，19个国家大幅度开放保险市场，14个国家同意外国证券公司的进入。虽然没有美国的参加，该协议仍然涵盖了约90％的全球金融市场，影响了约20万亿美元的银行存款，2万亿美元的保险收入，10万亿美元的世界证券市场资本市值和10万亿美元的上市债券市值。

然而1995年7月临时协议到期时，美国又未能和其他成员国就金融服务达成一项永久性协议。1996年12月，WTO在新加坡举行的首届部长级会议上，成员国一致决定于1997年4月恢复有关金融服务的谈判。经过有关各方的努力，终于在同年12月达成了正式的金融服务自由化协议。协议于1998年1月正式签署，并于同年3月正式生效，该协议的生效将对跨国银行的发展起到很大的促进作用。

思 考 题

1. 东道国对外资银行机构的管理措施主要包括哪些？
2. 旧巴塞尔资本金协议存在哪些问题？新协议是如何解决这些问题的？有哪些问题仍然没有解决？
3. 简述银行服务自由化的意义。

参 考 文 献

[1] ABRAHAM M G. International finance handbook. Volume 1~2. John Wiley & Sons, 1983.

[2] ALIBER A R Z. International banking: asurvey. Journal of Money, Credit and Banking, 1984, 16 (4): 661-678.

[3] BAKER T . How to measure a giant. The Banker. 2006 (1) .

[4] DEREK F C. Bank strategic management and marketing. John Willey and Sons, Inc. , 1986.

[5] EDWARD W R. Commercial banking. 3ed. Prentice-Hall Inc., 1986.

[6] GRUBEL, HERBER G. A theory of multinational banking. Banca Nationale del Lavoro Quaterly review, 1977, 123 (12): 349-63.

[7] GUNTER, DUFEY, GIDDY I H. The international money market. Prentice-Hall Inc. , 1978.

[8] HURN, STANLEY . Syndicate loan . Woodhead-Faulkner (Publishers) Limited, 1990.

[9] RICHARDSON L . Bankers in the selling roles. 2 ed John Willey and Sons, Inc. , 1988.

[10] MARKOWITZ H M. Mean-variance analysis in portfolio choice and capital markets. New York: Basil Blackwell, 1987.

[11] MATHA D R, FUNG H G . International bank management. Blackwell Publishing Ltd. , 2004.

[12] NIGEL R L. Money and exchange dealing in International banking. The Macmillan Press LTD, 1979.

[13] PAOLO S, GEORGE S. Euro dollars and international banking. The Macmillan Press Ltd,. 1985.

[14] PHILIP R W. Principles of international insolvency. Sweet and Maxwell Limited, 1995.

[15] BREAK P M . Finance of international trade. Peter Andrew Publishing Company, 1988.

[16] WESTON R. Domestic and multinational banking. Groom Helm Limited, 1980.

[17] SMITH RC , INGO W. Global banking. Oxford university Press, 2002.

[18] DONALDSON T H. Lending in international commercial banking. 2 ed. The Macmillan Press ROSE P S. Commercial bank management. 5th ed. Mcgraw-Hill LTD, . 1989.

[19] MIKDASHI. Z International banking: innovations and new policies. Macmillan Press,. 1988.

[20] 加特．管制、放松与重新管制．北京：经济科学出版社，1999.

[21] 萨莫斯．支付系统：设计管理和监督．北京：中国金融出版社，1996.

[22] 恩诺克，格林．银行业的稳健经营与货币政策．北京：中国金融出版社，1999.

[23] Clifford Chance 法律公司．项目贷款．龚辉宏，译．北京：华夏出版社，1997.

[24] 金赛波．福费廷：实务操作与风险管理．北京：法律出版社，2005.

[25] 陈一元．贷款风险分类管理．北京：中国商业出版社，1999.

[26] 陈锡荣．新编国际信贷．北京：中国环境科学出版社，1996.

[27] 陈望平，兰冰，李忠林，高建国．西方银行管理技术．北京：经济管理出版社，1993.

[28] 戴国强，赫广才，田晓军．商业银行经营创新．北京：中国财经大学出版社，1999.

[29] 莫德．全球私人银行业务管理．刘立达，译．北京：经济科学出版社，2007.

[30] 格拉迪，斯宾赛尔，布隆逊．商业银行经营管理．谭秉文，纪东坷，刘连，译．北京：中国金融出版社，1991.

[31] 邓瑞林．跨国银行经营管理．广州：广东经济出版社，1999.

[32] EMMANUEL N R．国际银行学．马之驹，译．上海：上海远东出版社，1992.

[33] 马之驹．国际银行学概论．上海：复旦大学出版社，2001.

[34] 布罗代尔．15 至 18 世纪的物质文明、经济和资本主义．上海：三联书店，1993.

[35] 茨威格．花旗银行．海口：海南出版社，1999.

[36] 龚维新．国际融资．上海：立信会计出版社，1997.

[37] 国际清算银行．国际资本市场：发展、前景和政策．北京：中国金融出版社，1995.

[38] 弗雷克斯，罗歇．微观银行学．刘锡良，译．成都：西南财经大学出版社，2000.

[39] 何忠妹，陈映申．国际服务贸易：银行．上海：上海交通大学出版社，1998.

[40] 江曙霞．银行监督管理与资本充足性管制．北京：中国发展出版社，1994.

[41] 金晓斌．银行并购论．上海：上海财经大学出版社，1992.

[42] 康书生．商业银行内控制度：借鉴与创新．北京：中国发展出版社，1999.

[43] 刘狄．跨国银行与金融深化．上海：上海远东出版社，1998.

[44] 李洪心，马刚．银行电子商务与网络支付．北京：机械工业出版社，2007.

[45] 连建辉，孙焕民．走近私人银行．北京：社会科学文献出版社，2007.

[46] 迈耶．大银行家．海口：海南出版社，2000.

[47] 王少红．存款业务基础知识．北京：知识出版社，1995.

[48] 奥本海默．跨国银行业务．官青，译．北京：中国计划出版社，2001.

[49] 沈达明，冯大同．国际资金融通的法律与实务．北京：对外经济贸易大学出版社，1985.

[50] 田松光．银行外汇担保业务和案例分析．北京：经济管理出版社，1996.

[51] 多布森，雅凯．WTO 中的金融服务自由化．彭龙，译．北京：北京出版社，2000.

[52] 伍海华，范建军．现代跨国银行论．大连：东北财经大学出版社，1996.

[53] 薛求知，杨飞．跨国银行管理．上海：复旦大学出版社，2002.

[54] 赫弗南．商业银行战略管理．万建华，雷纯雄，译．北京：海天出版社，2000.

[55] 俞乔，刑晓林，曲合磊．商业银行管理学．上海：上海人民出版社，1998.

[56] 张延年．外汇银行知识入门．北京：中国金融出版社，1989.

[57] 赵家敏. 电子货币. 广州：广东经济出版社，1999.

[58] 邹平，黄健. 国际经济合作习题和解答. 上海：立信会计出版社，1996.

[59] 邹小燕，朱贵龙. 银行保函及案例分析. 北京：中信出版社，1993.

[60] 泽木敬郎，石黑一宪. 国际金融实务. 许少强，译. 上海：上海翻译出版社，1990.

[61] 周林. 世界银行业监管. 上海：上海财经大学出版社，1998.

[62] 周祥生. 外汇银行业务. 浙江大学出版社，1989.

[63] 郑文通. 金融风险管理的 VAR 法及其运用. 国际金融研究. 1997（9）.

[64] 陈卫东，宗良，张兆杰. 入世五周年外资银行发展的基本特点与趋势. 国际金融研究，2007（3）.

[65] 林孝成，管七海，冯宗宪. 金融机构的国家风险评估模型评价. 当代经济科学，2000（1）.

[66] 陶铄，刘榕俊，陈斌. 巴塞尔新协议资本金计算方法评述. 国际金融研究，2001（7）.

[67] 王振忠. 祁太溜子. 读书. 1995（2）.

[68] 王晓雷. 20 世纪 70 年代以来全球银行产业竞争格局的变化. 国际金融研究. 2006（12）.

[69] 张颖. 银团贷款与证券融资分阶段发展的趋势. 国际金融研究，1997（3）.

[70] http：//www. akabank. de，德国出口信贷集团网址.

[71] http：//www. berneunion. org. uk，伯尔尼联盟网址.

[72] http：//www. coface. com，法国出口信贷保险公司网址.

[73] http：//www. ecgd. gov. uk ，英国出口信贷保证局网址.

[74] http：//www. exim. gov，美国进出口银行网址.

[75] http：//www. factors-chain. com，国际保理协会网址.

[76] http：//www. fcia. com，外国信贷保险协会网址.

[77] http：//www. hermes-kredit. com，赫尔墨斯信贷保险公司网址.

[78] http：//next. go. jp，日本出口与投资保险公司网址.

[79] http：//www. opic. gov，美国海外私人投资公司网址.